文物藏品保护理论与技术研究

崔美丽 孙珩滔◎著

吉林科学技术出版社

图书在版编目（CIP）数据

文物藏品保护理论与技术研究 / 崔美丽，孙珩滔著
. -- 长春：吉林科学技术出版社，2023.7
　　ISBN 978-7-5744-0781-7

　　Ⅰ．①文… Ⅱ．①崔… ②孙… Ⅲ．①文物－藏品保
管（博物馆）－研究 Ⅳ．①G264.2

中国国家版本馆 CIP 数据核字（2023）第 157596 号

文物藏品保护理论与技术研究

著	崔美丽　孙珩滔	
出 版 人	宛　霞	
责任编辑	张伟泽	
封面设计	皓麒图书	
制　　版	皓麒图书	
幅面尺寸	185mm×260mm	
开　　本	16	
字　　数	250 千字	
印　　张	17.5	
印　　数	1–1500 册	
版　　次	2023年7月第1版	
印　　次	2024年2月第1次印刷	

出　　版　吉林科学技术出版社
发　　行　吉林科学技术出版社
地　　址　长春市福祉大路5788号
邮　　编　130118
发行部电话/传真　0431-81629529 81629530 81629531
　　　　　　　　　81629532 81629533 81629534
储运部电话　0431-86059116
编辑部电话　0431-81629518
印　　刷　三河市嵩川印刷有限公司

书　　号　ISBN 978-7-5744-0781-7
定　　价　87.00元

崔美丽，女，汉族，中共党员，1980年1月出生，山东省栖霞市人。1999年7月，毕业于山东省济南市幼儿师范学校，2009年12月取得中共山东省委党校经济管理专业本科学历。现就职于山东省栖霞市牟氏庄园管理服务中心。在单位任职以来，主要从事文物陈列、文物保护等工作，并积极参与了栖霞市文物普查等工作。公开发表论文3篇，曾获"优秀共产党员""市委市政府嘉奖""最美战'疫'先锋"等称号。

孙珩滔，男，汉族，1973年12月出生，烟台市牟平区人，本科毕业于山东师范大学美术系，文学学士学位，现任烟台市牟平区博物馆副馆长，长期从事文物与博物馆专业方向的研究，主要负责陈列展览、藏品保管、宣传教育以及文物监察等工作。山东省作家协会会员，山东省摄影家协会会员，兼任烟台市牟平区摄影家协会主席，《牟平摄影》杂志主编。在文学、美术、摄影等艺术创作上，多次入选国家级、省市级展览并获奖。

前　言

　　本书全面地总结了文物保护学的基础内容，包括文物相关的基本概念，文物的分类，文物的价值，文物的材质与制作工艺，文物的病害类型与成因，文物保护和修复理念、原则的发展历程，文物保护的基本方法，文物保护工作者的职业操守等，了解和掌握这些知识是理解文物保护学的基础。本书可以促进文物保护学科教学体系的建设和完善，并了解文物保护及其重要意义，可为文物保护相关专业提供介绍文物保护基础知识的参考，也可以为文物保护工作者的参考数目及广大文物爱好者的科普读物。崔美丽负责编写第1章至第8章，共计13万字，孙珩滔负责编写第9章至第13章，共计12万字。

目 录

第一章 博物馆

博物馆是为社会服务的非营利性常设机构，它研究、收藏、保护、阐释和展示物质与非物质遗产。向公众开放，具有可及性和包容性，博物馆促进多样性和可持续性。博物馆以符合道德且专业的方式进行运营和交流，并在社区的参与下，为教育、欣赏、深思和知识共享提供多种体验。

第一节 博物馆的定义与构成要素

一、博物馆的定义

由于希腊文化的影响，公元前三世纪埃及亚历山大城成立了一所庞大的博物院，以研究学术学识为重心，设立图书馆，并收藏珍贵文物。百余年后，罗马帝国掠夺希腊，所有美术品皆移存到罗马城的宫廷、寺院及王公贵族的家园里，美术品变成贵族私产。中古世纪的欧洲基督教寺院成为保存美术品的场所。十六世纪欧洲航海事业兴起，私人搜集珍物的热潮展开，文艺复兴运动亦激起古物学研究的风气。使博物馆学的领域展开新局面，文物分类法与修护技术相随而起。十七世纪私人收藏家开始公开其珍藏文物供一般民众参观，私人博物馆出现，公共性博物馆相继成立。十八世纪至十九世纪间美国各地大兴博物馆事业，亚洲国家中国、印度、日本、韩国亦新兴博物馆事业。二十世纪初叶迄今，现代博物馆管理的方法与观念日趋进步，由静态进入动态，视听设备及新科技皆被应用到新的陈列设计与管理上。

公元前4世纪，马其顿的亚历山大大帝在建立地跨欧亚非大帝国的军事行动中，把搜集和掠夺来的许多珍贵的艺术品和稀有古物交给他的教师亚里士多德整理研究，亚里士多德曾利用这些文化遗产进行教学、传播知识。亚历山大去世后，他的部下托勒密索托建立了新的王朝，继续南征北战，收集来更多的艺术品。公元前三世纪托勒密索托在埃及的亚历山大城创建了一座专门收藏文化珍品的缪斯神庙。这座"缪斯神庙"，被公认为是人类历史上最早的"博物馆"。博物馆一词，也就由希腊文的"缪斯"演变而来。

与我们今天见到的博物馆不同，缪斯神庙其实是一个专门的研究机构，里面设大厅研究室，陈列天文、医学和文化艺术藏品，学者们聚集在这里，从事研究工作。传说在洗澡时发现了浮力定律的著名物理学家阿基米德以及著名数学家欧几里得都是在这里从事研究工作的。

缪斯神庙这座人类历史上最早的博物馆，在公元 5 世纪时被毁于战乱。按照西方的标准，中国最早的孔庙也是最早的博物馆。

现代意义的博物馆在 17 世纪后期出现。在 18 世纪，英国有一位内科医生汉斯·斯隆，是个兴趣广泛的收藏家。为了让自己的收藏品能够永远"维持其整体性、不可分散"，他决定把自己将近八万件的藏品捐献给英国王室。王室由此决定成立一座国家博物馆。1753 年，大英博物馆建立，它成为全世界第一个对公众开放的大型博物馆。

1933 年蔡元培等倡建国立中央博物院（今南京博物院），以弘扬中华民族传统文化精神，于 1936 年 6 月 6 日动工建设，国立中央博物院是中国第一座也是当时唯一一座仿照欧美第一流博物馆建馆的现代综合性大型博物馆。

1946 年，国际博物馆协会在法国巴黎成立。1974 年协会对博物馆进行了明确的定义，公益性成为它的首要职责。从 1977 年开始，国际博物馆协会把每年的 5 月 18 日确定为"国际博物馆日"，并且每年都会确定一个主题。

还有一种说法："博物"作为一个词，最早在《山海经》就出现了，它的意思是能辨识多种事物；《尚书》称博识多闻的人为博物君子；《汉书楚元王传赞》中也有"博物洽闻，通达古今"之意。到了 19 世纪的后半叶，中国模仿日本，把"博物"一词开始作为一门学科的名称，博物的内容包括动物、植物、矿物、生理等知识。

"博物"与"馆"连成一个词作为一种文化教育机构的称呼在中国出现得比较晚，仅有一百来年的时间。日语中的"博物"一词来源于英文、法文、德文中通用的 museum 一词，而这一来源于拉丁文的词又是出于希腊文 meusion 一词，它的意思是一个专门为供奉希腊神话中掌司诗歌、舞蹈、音乐、美术、科学等活动的九个女神 meusin 的场所。

在古代希腊，另外有一种与现代博物馆性质比较接近的专为保藏宝物的机构，它是一种专门保存版画、珠宝、王室的旗帜以及其他珍贵饰物的收藏机构。这种宝物库在欧洲其他的国家也有发现。一直到了文艺复兴时期，随着收藏内容的扩大，原来一些宝物库逐渐使用了当时流行的拉丁文 museum。在德国慕尼黑，两种不同名称的博物馆同时存在了很长的时间。随着时代的转移和社会教育发展的需要，改了名称并扩大了规模的博物馆逐渐取代了原来的宝物库，终于成为今天流行的为广大群众开放的博物馆。

博物馆在适应社会发展的漫长历程中，形成多职能的文化复合体。随着社会的发展，博物馆的职能仍在不断地发展变化之中。

博物馆的新职能、新形态、新方法、新的收藏对象也不断地出现。因此，国际公认的博物馆定义也在不断修改之中。国际博物馆协会为了给博物馆下一个各国都能接受的定义，进行了很多工作，花了很长时间，曾经作过多次讨论和修改。

1946年11月，国际博物馆协会成立时的章程中提出：博物馆是指为公众开放的美术、工艺、科学、历史以及考古学藏品的机构，也包括动物园和植物园。1951年、1962年、1971年，国际博物馆协会又多次对博物馆定义进行了讨论修改，直到1974年，国际博物馆协会才明确规定：博物馆是一个不追求营利的、为社会和社会发展服务的、向公众开放的永久性机构，为研究、教育和欣赏的目的，对人类和人类环境的见证物进行搜集、保存、研究、传播和展览。很多人认为，这是较为适当的一个定义，但也有人认为，这只是国际间的一般性定义，各国仍按自己的认识和理解去对待博物馆。

美国《简明不列颠百科全书》指出：现代的博物馆是征集、保藏、陈列和研究代表自然和人类的实物，并为公众提供知识、教育和欣赏的文化教育机构。美国博物馆协会认为：博物馆是收集、保存最能有效地说明自然现象及人类生活的资料，并使之用于增进人们的知识和启蒙教育的机关。《苏联大百科全书》提出：博物馆是征集、保藏、研究和普及自然历史标本、物质及精神文化珍品的科学研究机构、科学教育机构。日本的博物馆法规定：博物馆是收集、保存、展出有关历史、艺术、民俗、工业、自然科学等资料，供一般民众使用，同时进行为教育、调查研究、启蒙教育等所必要的工作，并对这些资料进行调查研究作为目的的机关。

中国对于博物馆的认识，有一个逐步深入的过程，对其定义也有过多次修改。20世纪30年代中期，中国博物馆协会认为：博物馆是一种文化机构，不是专为保管宝物的仓库，是以实物的论证而作教育工作的组织及探讨学问的场所。中华人民共和国建立后，对博物馆的定义进行了两次大的讨论和修改，直到1979年才明确规定：博物馆是文物和标本的主要收藏机构、宣传教育机构和科学研究机构，是中国社会主义科学文化事业的重要组成部分。博物馆通过征集收藏文物、标本，进行科学研究；举办陈列展览；传播历史和科学文化知识；对人民群众进行爱国主义教育和社会主义教育，为提高全民族的科学文化水平，为中国社会主义现代化建设作出贡献。中国博物馆界对国际博协1974年做出的这一定义基本上是肯定的。

中国博物馆史据文献记载始自夏朝，历代帝王便以绘铸图像于器物，或描绘圣贤列像于庙堂壁上，以成教化、助人伦，教育百姓。自隋炀帝以后，历代帝王皆设宫室专事收藏名家书画及珍玩，或设画院，置画官，提倡艺术，迨至清而不废。唯专供帝王玩赏，并未以惠泽百姓为目的，致使千余年来中国士大夫艺术与民间艺术的风格迥异其趣。"博物院"一词，出现于中国图书典籍者，始见于清同治年间孙诒让撰周礼政要观外新："西人，凡都会地皆有博物院比较场"。清代西方文化传入中国显见于一般。

以近代西方博物馆之形态出现于我国者，始于清同治七年（公元一八六八年）法籍神父韩伯禄在上海首创自然历史博物院，后续建新馆，又称徐家汇博物馆。同治十三年英国亚洲文会在上海设立自然历史与考古类博物馆。光绪三十年（一九四）设于天津租界的新学中学设立华北博物院，是自然历史及民俗类博物馆。以上三馆均属西人建设。国人自设博物馆者，乃光绪三十一年张謇开办南通博物院为肇始。次为宣统元年济南市山东省立图书馆附属山东金石保存所成立，收藏出土古器物万余件。宣统二年，南洋劝业会教育馆成立，以上皆民间建设。

2022 年 8 月 24 日，国际博物馆协会官网发布信息，正式公布了博物馆的新定义：博物馆是为社会服务的非营利性常设机构，它研究、收藏、保护、阐释和展示物质与非物质遗产。向公众开放，具有可及性和包容性，博物馆促进多样性和可持续性。博物馆以符合道德且专业的方式进行运营和交流，并在社区的参与下，为教育、欣赏、深思和知识共享提供多种体验。

二、博物馆的构成要素

一般意义上的博物馆通常由四个要素构成：一定数量的藏品，馆舍及其他硬件设施、设备，有基本陈列及持续向社会公众开放，掌握专业知识与技能的人才。

（一）一定数量的藏品

藏品指博物馆收藏的有关历史、民俗、艺术、技术及自然科学等领域的各种资料，既包括物质资料也包括非物质资料。博物馆藏品是博物馆业务活动的基础，藏品的质量和数量是博物馆定级的重要标准，以及衡量其社会作用的一个主要条件，也是博物馆声誉之所在。世界上一流的博物馆都是藏品实力雄厚的博物馆，如美国史密森博物学院（Smithsonian Institution）有藏品 1.4 亿件，建立于 1753 年的大英博物馆现有藏品 800 余万件，故宫博物院有藏品 180 余万件，中国国家博物馆有藏品 140 余万件。博物馆藏品具有实物和信息复合性的特点，藏品在博物馆中的地位和作用由社会发展所产生的社会需求决定。

（二）馆舍及其他硬件设施、设备

作为社会文化机构的博物馆必须拥有馆舍及其他硬件设备、设施以保障博物馆的正常运行。博物馆馆舍必须能满足和适应博物馆的运作，安全是博物馆馆舍最根本的要求，展览厅、会议室、餐厅、卫生间等空间的设计与装修布置也应该有服务博物馆运作的意识，在"形式必须服从功能"的基础上，建筑风格应与博物馆的位置与主题相协调。

（三）有基本陈列及持续向社会公众开放

陈列展览是博物馆主要的业务活动形式，也是参观者评价博物馆的重要依据，有基本陈列并持续向公众开放是博物馆实现其基本功能的重要途径。只有根据社会需求和观众特点，利用藏品、信息、视觉形象、空间环境等因素设计陈列，并吸引观众去参观陈列，博物馆才能真正地实现为社会公众服务。有基本陈列及持续向社会公众开放是博物馆的重要构成因素之一。

（四）掌握专业知识与技能的人才

博物馆的一切活动都是由具备博物馆专业知识的人才主持和管理的。人才是博物馆事业发展的关键，博物馆事业的发展最终取决于博物馆人才。博物馆的各种人才既包括博物馆的管理者，也包括经营、管理、研究藏品，开展社会教育的专业人员。首先，现代博物馆的发展需要具有现代经营管理理念的人才，管理者的行政能力、对外交往能力、专业素质高低直接决定了博物馆事业发展的成败。其次，博物馆社会功能的实现需要掌握博物馆学理论知识、具有创新精神和较强实践能力的各种专业人才。

第二节 博物馆的特征与功能

一、博物馆的特征

所谓特征，是指一个事物区别于其他事物的特别显著的标志。博物馆是以文物或标本为基础，组成形象化的科学的陈列体系，对群众进行直观宣传教育的公共文化机构，其特征可表述为实物性、直观性、广博性与开放性。

（一）实物性

博物馆虽然也收藏非物质文化遗产，但实物仍然是博物馆一切活动的基础和出发点。"实物"既包含"自然物"，也包含各种"人工制品"，收藏和利用实物是博物馆的最基本特征。

美国学者史蒂芬·康恩（Steven Conn）提出："未来的博物馆还需要实物吗？"他认为随着图像复原、科技手段的发展，可以弥补"实物"的不足，甚至取消对"实物"的依赖，并认为"物质收藏已经丧失了曾经在博物馆建设的前一个时代拥有的视觉或者认识论的力量"。"实物"虽然在陈列过程中可以被各种各样的技术性实现的物质转换形式替代，但是，"物像"本身就是"物质"的一种形式？而且非物质文化遗产的收藏与展示也要借助物质的介质与手段。随着科技的进步、信息化的发展，博物馆物质属性的特征并不会发生改变，数字博物馆、虚拟博物馆与智慧博物馆等博物馆的出现也不能改变博物馆的物质特征，博物馆的实物仍然是其区别于一切其他文化形式的根本界限，未来的博物馆非但不可能离开物质，相反有必要更好地发掘物质的意义和价值。

（二）直观性

博物馆中的实物并不能直接发挥作用，必须在科学而完整的陈列体系中与观众进行交流，通过内容表现与视觉表达手段，向观众的各种感官输送知识、艺术、历史、情感等多元化信息。以文物、标本为主，辅以模型、图表等实物性辅助展品的陈列，比其他文字资料和图片资料更直观、生动和有吸引力，更有助于强化观众的记忆。所以直观性是博物馆的又一特征。随着现代科技在展陈中的应用，观众不仅能多角度观察藏品，还可以通过亲自操作实验，获得身临其境的情感体验，使博物馆的直观性特征更为明显。

（三）广博性

随着社会的发展，博物馆呈现多元化的局面，博物馆的收藏内涵不断丰富，涉及文物、艺术、科技、自然等多个方面，从文物到日常用品，从物质文化到非物质文化，从标本到活物等资料都是博物馆收藏和研究的对象，博物馆类型不断增多，专门性博物馆大量涌现，并且出现了许多新形态的博物馆。由此可见，广博性是博物馆区别于其他文化机构的显著特征，而且随着社会的前进与博物馆的发展，这个特征日益显著。

（四）开放性

博物馆的开放性不仅体现在对公众开放上，更体现在对社会的广泛关注以及与观众的交流互动上。陈列在设计之前要进行观众调研，明确目标观众群，确立陈列定位；设计过程中，要接受观众代表的优化建议，考虑观众的特点，选择适宜的知识背景和语言表达方式；展陈阶段，欢迎观众进入陈列场所，允许观众基于自身的知识解读陈列内容，鼓励观众将参观成果转化为有利于个人发展的资源和动力，并收集整理观众反馈意见，对陈列效果做出科学评价。

二、博物馆的功能

西方博物馆学界对博物馆的功能有诸多看法。20 世纪 70 年代，曾任美国博物馆协会主席的约瑟夫·维奇·诺贝尔（Joseph Veach Noble）在《博物馆宣言》中提出博物馆的五大功能说："Collect"（收藏）、"Conserve"（保存）、"Study"（研究）、"Interpret"（解释）、"Exhibit"（展览）。80 年代，有学者把博物馆的功能概括为"三 E"，即"Educate"

（教育国民）、"Entertain"（提供娱乐）、"Enrich"（充实人生）；纽约自然历史博物馆（American Museum of Natural History）馆徽中包含着 Education（教育）、Expedition（探索）、Research（研究），表示对本馆功能的认识；荷兰学者彼得·冯·孟石（Peter Van Mensch）也认为博物馆具有三种功能，即"Preserve"（保藏）、"Study"（研究）和"Communication"（交流）。

（一）收藏、保管功能

博物馆现象起源于收藏珍品，中国古代收藏书画、彝器、古玉、玺印的现象起源很早，在商周时期即已出现。古希腊、古罗马等文明古国贵族对奇珍异宝的收藏是现代博物馆产生的基础。藏品是人类文明的重要见证，是博物馆工作的核心与基础，收藏、保管也是博物馆首要功能与最基本的功能。随着社会的发展，目前博物馆收藏、保管的对象已不限于珍贵文物与艺术品，而是涉及人类与人类生存环境的各种见证物，既包括物质遗产，又包括非物质文化遗产。只有博物馆能最广泛、最全面地保藏着人类活动和自然发展的真实物证，并把它永久地传给后人，这是博物馆特有的功能。

博物馆获得收藏的途径主要有文物征集、获得馈赠和遗赠、从私人收藏家或拍卖会上购买藏品、田野考古发掘和调查等。

（二）科学研究功能

博物馆最初的研究主要是对藏品本身的基础研究以及应用性研究，大量藏品只有进行深入研究，所具有的历史价值、艺术价值与科学价值才能被揭示，明确主题、挑选藏品、设计展览与撰写解说词等过程都需要进行科学研究，可以说研究工作贯穿博物馆工作的全过程。随着时代的前进与社会的发展，博物馆作为全民共享的文化机构，其研究对象已不再局限于藏品本身，而是扩展到博物馆实践以及博物馆公众研究等方面。

博物馆研究的目的是社会利用、展览和教育普及服务，只有达到较高的研究水准，才能保证博物馆各项工作的水平与服务的质量，许多著名的博物馆不只藏品丰富，同时也是重要的学术研究重镇，如美国史密森博物学院、大英博物馆、芝加哥艺术博物馆等。一些博物馆为了加强研究，还专门设有研究部门并主办学术刊物，如中国国家博物馆设有学术研究中心，故宫博物院设有故宫研究院，河南博物院设有研究部等。

（三）教育功能

教育作为博物馆的基本功能之一，是收藏与研究功能的延伸与扩展。博物馆对外开放后，观众走进博物馆，通过观看展览受到教育与启发。博物馆教育的对象为整个社会的全部成员，从儿童到老人，从一般群众到残疾人，从国内观众到外国旅游者，从个人到团体，博物馆都对他们开放。博物馆不只是学校的第二课堂，也是家庭教育与社会教育的第 N 个课堂，人们可以自由地出入各个陈列室，通过参观展览、参与博物馆的各项活动，吸取科学文化知识。

博物馆的教育方式生动形象，通过大量运用文物标本、模型等实物资料，作用于观众的感官。这无论从人的生理机制或者认知过程来说，都会使观众感到亲切，易于接受和理解。此外，博物馆还通过讲解服务、公众讲座、出版物以及丰富多彩的文化活动等方式来加深观众对博物馆陈列的理解。

2015 年，我国《博物馆条例》正式颁布，借鉴了国际博协对博物馆的定义，亦将教育功能提升，虽然只是顺序的调整，表明了博物馆学界对博物馆认知的提升与社会责任的强调。国家文物局近年在对博物馆的评审工作中，也已经将教育以及相关的比重提升，博物馆观众研究越来越得到重视，从以藏品为中心到以观众为中心，是博物馆发展的趋势和潮流。

（四）娱乐功能

美国人类学家弗朗茨·博厄斯（Franz Boas）在 20 世纪初就提出应关注博物馆的娱乐功能，"我们一定不能忽视博物馆作为公众娱乐场所的价……观众有很多在博物馆这种健康而充满生气的环境中享受闲暇时光的机会"。无论是对儿童还是成年人，教育与乐趣都是紧密联系在一起的。

随着博物馆的发展，国内的博物馆学者也越来越认识到博物馆娱乐功能的重要性，苏东海在《博物馆演变史纲》中指出，"在文化生活高档化趋势下，一个值得重视的现象就是文化娱乐的需求。在工业社会紧张喧嚣的生活中闲暇时间是很宝贵的。高尚的文化娱乐活动是休息和积蓄精神再生产能力的积极方式。博物馆是提供高尚文化娱乐，培养生活情趣，满足美感要求的场所，博物馆应该强化这方面的职能"。

随着博物馆的免费开放，博物馆已成为公众休闲娱乐的必选，博物馆与文化创意、旅游等产业相结合，参观博物馆也被提上旅游的重要日程，许多博物馆成为旅游热点。这是博物馆面临的机遇与挑战，一方面，博物馆的陈列设计要融入休闲娱乐的文化元素，使专业知识通俗化，向观众提供趣味性强的展览；另一方面，要增加扩大这方面的项目设施，积极开办具有吸引力的各种欣赏娱乐活动。

而且，博物馆教育功能的实现，在很大程度上取决于观众自觉自愿的自发行为（自觉地走进博物馆）。众多调查和研究结果表明，出于娱乐性动机和目的参观博物馆的观众在数量上远远多于以接受教育为动机和目的的观众，因此，现代博物馆既要重视教育，也应关注观众的娱乐性需求，吸引观众，"寓教于乐"，使观众在接受教育的同时又能获得愉悦、新奇、惬意等娱乐性的享受。值得注意的是，博物馆娱乐功能的发挥必须以博物馆的藏品为基础，以教育为最终目的，博物馆并不是纯粹的娱乐机构。

第三节 博物馆的类型

博物馆的类型主要是由博物馆的藏品所决定的，博物馆类型的变化，体现了博物馆事业的发展。

一、类型划分的意义

博物馆的类型，就是根据博物馆各自的性质、特点的异同而划分出来的具有共同特征的博物馆所形成的类别。

从博物馆整体的性质、特点和基本任务而言，它与其他社会文化教育机构是有区别的。但是，即便是具有共同的基本性质和特征的博物馆，也并不都是完全相同、一模一样的，这就产生了博物馆划分类型的问题。

科学地划分博物馆的类型，对博物馆事业发展和博物馆具体工作的开展均有着积极的现实意义和深远的历史意义。第一，有利于深刻认识和掌握博物馆自身的特点和工作规律。第二，有利于明确各类博物馆的专业方向。第三，有利于博物馆事业合理布局和科学发展。第四，有利于开展博物馆学术交流活动。

二、类型划分的依据

博物馆类型的划分，是博物馆学研究的新课题。依据不同，划分出来的类型也会有所不同。关于划分类型有两个依据。其一，以藏品性质和博物馆所反映的内容来划分。可以将博物馆划分为社会历史类、自然科学类和综合类三个大类。其中，社会历史类博物馆，依其所反映的内容的不同，还可以进一步划分出不同的类别，如历史类、革命史类，民族类、民俗类博物馆，以历史人物和历史事件为专题的纪念馆，以及属于社会科学范畴的文化艺术博物馆等。自然科学类博物馆，依其具体内容的不同，又可划分为自然性质博物馆和科学技术性质博物馆。其中，自然性质的博物馆还可分为一般性的、专门性的和圆圈性的三种。科学技术类博物馆还可以分为科学技术博物馆和科学技术史博物馆两种。

综合性博物馆，是指包括社会历史类和自然科学类两大类内容，同时兼具社会科学和自然科学双重属性的博物馆。它的主要内容包括自然部分、历史部分（包括革命史）等，民族地区的博物馆还包含民族内容。其二，以兴办博物馆的目的并结合藏品的性质来划分。可以把博物馆划分为专门性博物馆、纪念性博物馆和综合性博物馆等类型。其中，专门性博物馆大致可以分为历史、革命史、民族民俗、文化艺术、自然科学和科学技术等类型。纪念性博物馆可以划分为历史纪念馆（纪念古代历史事件或历史人物）和革命纪念馆（纪念近代、现代历史事件或杰出人物）等类型。综合性博物馆，是指全面反映自然历史和社会历史发展规律的博物馆。它既包括社会科学方面的内容，又包括自然科学方面的内容。国部分省级、市级和县级博物馆，如黑龙江省博物馆、南通博物苑等，就是这类综合性博物馆。

博物馆的划分表现为：划分为综合性、纪念性和专门性（也称专题性）三类；从隶属关系按照主管部门和领导管理系统来划分。一般划分为：文化（文物）系统博物馆，即国家和各省、市、县博物馆；国家科技系统博物馆，即中国科学院和各地方科技厅（局）主管的自然博物馆和其他专门博物馆；园林系统博物馆，如沈阳北陵博物馆等；民政系统博物馆，如杨靖宇烈士陵园博物馆、淮海战役纪念馆等；高校系统博物馆，即大学、专科院校博物馆，如北京大学赛格勒考古艺术博物馆、中山大学生物博物馆等；军事系统博物馆和纪念馆，如中国人民革命军事博物馆；此外，还有其他政府部门主管或筹建的博物馆，如邮票博物馆、煤炭博物馆、石油博物馆、桥梁博物馆、铁道博物馆、交通博物馆、茶叶博物馆等。按照博物馆的性质和陈列教育活动内容划分。

新时期，我国博物馆事业快速发展，截至2022年底，全国已备案博物馆6565家，博物馆数量的增加，也带来了博物馆类型的丰富以及博物馆类型划分依据的新变化：依据兴办主体来划分，可以将博物馆划分为国立博物馆、私立博物馆、民营博物馆、企业博物馆、行业博物馆等；依据形态来划分，可以将博物馆划分为传统博物馆、生态博物馆和社区博物馆等；依据观众来划分，如中国儿童中心老牛儿童探索馆；依据展示方式来划分，可分为室内博物馆、露天博物馆、遗址博物馆等。

三、博物馆类型的划分

传统的博物馆类型，一般划分为社会历史类、自然科学类和综合类。随着博物馆事业的不断发展，博物馆的类型越来越丰富，传统的类型划分已经不能充分反映博物馆的实际情况，也无法满足博物馆事业发展和高度发达的信息时代的需要，应该重新划分。

根据我国博物馆事业发展的实际情况，并结合长期类型划分实践过程中已经形成的习惯和约定俗成的认识，博物馆类型大致可划分为以下几类。

1.历史类

以收藏、研究历史文物藏品，并以展示和反映古代历史的发展过程、发展规律等为主要内容的博物馆，如陕西历史博物馆、河南博物院等。

2.革命史类

以收藏、研究近现代历史文物藏品，并以展示和反映近现代历史发展与进程等为主要内容的博物馆，如中国人民革命军事博物馆、井冈山革命博物馆等。

3.纪念类

以收藏、研究、展示和反映历史事件、历史人物等方面的文物藏品为主要内容的博物馆，包括纪念馆和名人故居，如文天祥纪念馆、郭沫若纪念馆等。

4.遗址类

在考古发掘遗址原址上和古建筑旧址上建立的博物馆，前者以收藏、保护、研究和展示该遗址发掘出土的文物和各种遗迹等为主要内容，后者以收藏、保护、研究、展示古建筑旧址及其内部原有物品为主要内容，以原状复原陈列和模拟复原陈列等为主要手段加以展示的博物馆。包括考古遗址博物馆、古建筑旧址博物馆，如西安半坡遗址博物馆、沈阳新乐遗址博物馆、北京恭王府博物馆等。

5.文化、文体艺术类

以收藏、研究文体艺术类藏品，并以展示和反映文体艺术发展与演变过程和规律等为主要内容的博物馆。如徐悲鸿纪念馆、舞蹈武术博物馆、中国体育博物馆、南京奥林匹克体育博物馆等。

6.民族类

以收藏、研究民族文物藏品，并以展示和反映各少数民族的历史发展过程及其规律等为主要内容的博物馆。如北京民族文化宫博物馆、广西壮族自治区民族博物馆等。

7.民俗类

以收藏、研究民俗文化类藏品，并以展示和反映各民族民俗文化、特色民俗等为主要内容的博物馆。如年画博物馆、农民画博物馆等。

8.宗教类

以收藏、保护、研究宗教文化类藏品，并以展示和反映宗教文化的发展过程及其发展规律等为主要内容的博物馆。如敦煌博物院、佛教艺术博物馆等。

9.自然类

以收藏、研究自然地质类藏品，并以展示和反映各地区自然史，天文、地质、生物资源，以及人类的发展过程及发展规律等为主要内容的博物馆，如北京自然博物馆、中国地质博物馆等。

10.科技类

以收藏、研究科学技术类藏品，并以展示和反映科学技术的发展过程和发展规律等为主要内容的博物馆。包括科学技术博物馆，如中国科技馆、北京航空航天大学博物馆、自贡市盐业历史博物馆等。

11.专门类

以收藏、研究某一专题类藏品，并以展示和反映某一专题类藏品的发展过程和变化规律等为主要内容的博物馆。包括各种专题博物馆（如西安碑林博物馆）、行业博物馆（如长春电影博物馆）、高校博物馆（如四川大学博物馆）、非物质文化遗产博物馆（如各地的酒文化博物馆、昆曲艺术博物馆、吉林图们延边朝鲜族非物质文化遗产博物馆）等。

12.地志综合类

以收藏、研究地方社会历史和自然类藏品，并以展示和反映地方自然和社会历史文化艺术综合发展与不断进步等为主要内容的博物馆。包括省级地志博物馆和地市级地志博物馆，如黑龙江省博物馆、山东博物馆、新疆维吾尔自治区博物馆、西藏自治区博物馆等。

随着博物馆事业的不断发展，博物馆的类型也会不断增加。博物馆类型的扩展，主要体现在博物馆类型的增加与丰富，以及博物馆类型划分依据的增多上。传统的博物馆类型只有根据博物馆藏品性质划分的自然，历史、综合等类型。现在，博物馆类型划分的依据越来越多，所划分的类型也越来越丰富。博物馆类型划分的扩展，反映出博物馆事业的发展。

总之，随着博物馆事业的不断发展，博物馆的定义也在不断完善中。博物馆已经成为社会服务机构和公共文化服务机构，把为社会发展服务作为自己的宗旨。博物馆所具有的直观性、公共性、科学性、非营利性等特征，使得博物馆的功能不断加强。博物馆数量的不断增加，带来了博物馆类型的丰富，划分类型可参考的依据也越来越多，这些都充分表明博物馆是具有生命力的可持续发展的社会机构。

第二章　文物藏品保护基本知识

前文对博物馆的有关知识进行讲述，本章主要对文物藏品保护有关知识进行讲述。

第一节 文物藏品在博物馆工作中的重要性

一、博物馆与文物藏品

（一）文物藏品在博物馆中的重要地位

博物馆的创建目的是使有关联的、意义相同以及属性相似的文物藏品展览出来，使得参观者在观看时，能围绕着博物馆的具体藏品进行展览学习，从而对于相关历史有一定程度的了解。博物馆的核心是藏品。博物馆的所有工作都以文物收藏为中心。从储存到保护再到最后的显示，我们都需要注意一些问题。一般情况下，博物馆的规模会受到文物收藏数量和质量的影响。藏品的数量、质量和价值将影响博物馆的规模与影响力。例如，故宫和卢浮宫藏有大量的珍品，价值连城。

博物馆种类繁多，包括自然科学、军事、艺术、人文等。无论哪种类型的博物馆，都需要大量的藏品，而这些藏品需要有历史价值或者艺术价值。藏品丢失或损坏时，将是不可逆的。即使用技术修复或再生产，也无法完全修复，其价值也会降低。博物馆的规模和影响力取决于藏品的价值。因此，博物馆有责任和义务妥善保存馆藏文物，定期开展维护工作。文物的价值在于时间的积淀，在千百年的沧桑中，会获得越来越深刻的历史意义。

（二）博物馆中藏品的意义

对古物和艺术品的收藏，博物馆有藏品是其存在的前提，任量的藏品，那么就无法实现对于藏品的研究、保护等工作，就不能从藏品当中获得更好的、更优质的知识，也就无法发挥教育作用，不仅仅影响到博物馆的日常运行，还会使得博物馆失去其存在的意义，因此，博物馆当中的藏品数量以及质量是其社会地位的主要指标。管、展示、科研、宣传教育、编辑出版构成了博物馆经营活动的整体。它们之间的联系紧密，都有着各自的作用及价值。馆藏是有机连接博物馆业务工作的核心，是博物馆开展业务活动必不可少的物质基础。博物馆的所有业务工作都与收藏密切相关。没有藏品存在，博物馆就不能正常开展业务工作。

博物馆藏品是科学研究的物料。藏品是人类历史的见证，描绘了我们的发展历程以及进化，不仅仅是提供了实物的证明，还可以为科研提供重要的资料，有利于我们对于其当时的社会进行窥探，帮助人们正确认识社会和自然。它不仅是历史，还可以对于历史进行证明、补充，同时还能对于历史进行纠正。很多藏品当中含有很高的制作工艺，还有着当时科技成果的展现，实用价值也很高。

博物馆藏品是思想教育的"活"教材。藏品不仅仅对于先辈的艰苦奋斗进行了记录，还凝聚人民群众的智慧，体现出了"三个臭皮匠，顶个诸葛亮"这一典故。藏品是国家发展的见证，对人民的精神教育起着非常重要的作用，不仅仅是培养爱国主义精神，还有利于人民群众的团结合作，有利于国家的统一。藏品具有真实性、形象化、直观性的特点，能给不同学历、不同专业的人留下难忘的印象。同时，藏品多艺术性能给人美的感受，从而有效地提高人们的文化艺术修养。

二、文物藏品的重要性

文物藏品是我们祖先遗留下来的，也是我们今天生活的背景，文化遗产逐渐积累和增长。同时也是人类文化延续的象征。每一个文物藏品都经历过沧桑。

博物馆藏品并不是任何一个物品就能担当得起的，其必须有着历史价值、科学价值或者艺术价值才可以说此为藏品，这也说明了藏品有的特殊含义，这也是博物馆中收藏藏品的基本条件。藏品是原始物质资料，能从不同方面反映出事物的本来面目；馆藏文物能对于一个国家的人类社会发展历史、政治、经济、军事、科技、文化艺术以及一个民族的生产、生活条件和风俗习惯进行有效的反应。这也是历史遗迹存在的价值。除了历史价值以外，艺术珍品藏品还有着很高的艺术价值。能对于古代艺术的不同流派以及风格进行反应，并使人了解到当时的艺术、科技等成就，能提供艺术演变过程以及艺术技巧，并且提供了实物范例。馆藏的自然标本不仅可以反映宇宙结构、自然资源分布、动植物进化、生物繁殖，还可以帮助人们对于过去、现在、未来进行了解、把握、探索，了解大自然的发展规律。

物品转化为博物馆馆藏，除了要符合必要的条件外，还应当符合博物馆馆藏标准，而后按照规定进行藏品的登记、编目等手续。当物品变成藏品后，它们就有了不同的意义，能在博物馆中发挥出应有的光彩，因此，其也是国家非常重要的科学文化财产，博物馆需要对其进行科学的保护以及研究和管理。而不当的管理和保护会对于藏品产生无法弥补的损失。博物馆的藏品与其他对象不同，不可再生。即使可以按照原始状态进行收藏，或者可以找到相同的对象进行替换，原始对象的固有意义和价值也已经丢失。

博物馆藏品种类繁多，不仅仅是局限于考古当中发掘的文物，还有收藏的标本、科技成果以及工农业当中的产品。由于藏品是人们社会以及大自然的实物见证，是非常重要的文化载体，因此，在如今专业细分的当下，博物馆需要进行收藏的范围也应当不断扩大。藏品必须具有范围广、种类多、内容广、形式多样、数量巨大的特点。

以上可以看出，博物馆藏品有着不可再生、广博性的特点，并且具有特殊含义，因此每一件文物藏品都是很重要的。

三、文物藏品的利用工作

博物馆藏品的利用通常会有几种方式，一是在博物馆内正常陈列文物供人们参观；二是科学家对博物馆文物进行科学研究；三是博物馆文物影视宣传活动；四是复原博物馆的文物，使博物馆的文物能在全国范围内展出；五是文物异地展示，提高文物在博物馆的知名度。这些活动可能会对博物馆文物在再利用过程中造成不可挽回的破坏。为了有效防止这些问题的发生，在博物馆文物利用过程中，有必要从以下两个方面做好博物馆文物的管理和保护工作：第一，在博物馆文物运输过程中，注意保护博物馆内的文物，不要因道路崎岖而造成损坏；第二，在文物展览期间，注意博物馆藏品的安全。

（一）文物藏品的利用方式

文物藏品展示。文物收藏是记录和反映自然与人类发展的重要文物证据。它具有历史和科学价值。它也是博物馆展示和科学研究的重要实物材料。陈列是博物馆最重要、最基本的功能，通过展示民众可以可控地接触到真实的文物收藏。

保护利用，仿真复制。为了进一步完善和优化文物收藏的保存，更好地实现延长文物使用寿命和保持文物收藏固有外观的目的，博物馆应当对于复制品进行最大限度的开发使用，从而在藏品得到良好保护的前提下进行研究展示。利用模拟复制技术，能促进各个博物馆之间的交流，夯实博物馆运营的物质基础。只有这样，才可以在保证文物安全的前提下，对于文物进行合理利用。博物馆在利用复制文物时，还应当科学合法，从而增强文物藏品的利用价值，使得博物馆能发挥出社会效益，实现社会效益的最大化。

拓宽利用渠道。藏品受到展品数量的限制使得利用率降低，因此，有必要积极拓展相应渠道，提高藏品的利用效率。可以开展借用业务，对于部分博物馆来说，自身场地有限，文物数量少，较为珍贵，因此，可以与其他的博物馆进行互相借用交流，从而使文物藏品得到更好的展示，节省有关经费。

文物参观注意事项。第一点，有必要避免过度开发，以避免对博物馆整体安全和文物收藏的威胁。一些不可移动的文物，如建筑遗址，博物馆为了提高自身的经济效益向公众开放，不仅会影响个别建筑结构，还会影响遗址的安全。第二点，对于来博物馆参观的游客数量进行有效控制，从而为保护文物藏品奠定基础。因此，博物馆应立足于自身的实际情况，在保护文物收藏的前提下，在节假日旅游旺季，通过售票控制和流量限制等手段控制游客数量。第三点，做好文化的共建与发展，在博物馆周边建设一些免费的文化公园，可以吸引更多的游客。在减少博物馆参观人数的前提下，可以促进博物馆文物展览的顺利开展，从而促进文物保护与旅游经济的平衡发展。

（二）文物藏品的利用保护

博物馆对于藏品进行使用时，应当根据藏品本身以及使用用途进行管理和保护。在博物馆藏品展览期间，文物藏品的位置较为显眼暴露，而参观的人数相对较多，因此文物藏品很容易受到破坏。鉴于这种情况，博物馆在对于藏品进行展示时，应当对于容易受到损坏的文物轻拿轻放，双手握住，减少与文物藏品的接触。同时，应当要求游客在对文物藏品参观的过程中，要求其不得吸烟或喝水，以防止博物馆藏品受损。博物馆收藏的藏品出库时，应进行登记。

在展示文物的过程中，我国目前博物馆很难满足来访者的需求，专业研究人员也很难方便地将博物馆藏品用于科学研究。为了有效提高博物馆藏品的利用效率，博物馆管理人员有必要更新自己的观念，运用先进的技术，将博物馆当中的资源进行整理，放到数据库当中 6。而在科技的发展中，文物藏品的保护以及管理也在提升，但是仍然与国外存在着一定差距，文物藏品的快速检索还并未做好。最后，博物馆应当开展巡回展览，从而提高藏品多利用率，因此，博物馆应当对于内部展厅进行改进，延长展品的展示周期。

第二节 博物馆近现代文物藏品管理的现状与对策

一、博物馆文物藏品管理现状

（一）文物藏品保存设备滞后

文物藏品长时间接触空气发生氧化以及与空气中湿润气体发生化学反应等，均可能会污染藏品，导致藏品遭到破坏。而博物馆在对文物藏品进行保存管理时，由于保存设备滞后，从而致使博物馆一般会采取金属箱或木质柜对其进行保存，但由于文物藏品对密封性的高要求，使博物馆所提供的金属箱与木质柜无法满足文物藏品需求，导致纸质、棉质、铁质等性质的文物藏品皆会受到一定程度的破坏。

（二）文物藏品资源利用率不高

博物馆在定期对文物藏品进行展览时，仅能将不易被破坏的文物进行陈列，而这类文物大多具有某方面同一性，从而致使参观群众对博物馆藏品的观看兴致大打折扣，进而长期发展，使博物馆客流量持续降低。与此同时，由于文物在地下已经经历上百年甚至上千年埋藏，因此，大部分出土的文物都会遭受一定程度的损坏，严重影响博物馆文物藏品管理工作成效。

二、完善博物馆文物藏品管理策略

（一）优化文物藏品保管措施

文物藏品自身所蕴含的历史价值、研究价值、文化价值以及艺术价值要求博物馆在对其进行保存管理时应慎之又慎，不应进一步加重文物藏品损坏程度，从而使文物藏品所代表的历史意义得以充分保留。基于此，为有效完善博物馆文物藏品管理策略，可以从优化文物藏品保管措施层面出发，具体表现为以下四个方面：

第一，严格把控文物藏品保存环境，根据文物藏品实际需求打造具有高密封程度的玻璃柜，从而有效隔绝空气中的氧化分子、湿气以及有害气体。

第二，博物馆的文物藏品管理人员需要定期对文物藏品保存环境进行查看，从而将不利于文物藏品保存管理的因素进行清除。

第三，聘请专家对文物藏品进行修理维护。而对文物藏品进行修理维护时要根据文物藏品特性选择最恰当的清理方式，例如以青铜器为例，由于青铜器为铁制品，因此，在长时间土壤埋藏中会产生较为严重的腐蚀物质，而其表面上存在的腐蚀物质主要无害锈与有害锈两种。基于此，在对青铜器进行修理维护过程中，对锈体面积较小的青铜器可以进行保护材料涂抹，防止锈体面积扩大，而对锈体面积较大且损坏严重的青铜器则应选择机械清除，从而避免锈体进一步传染到其他区域。

（二）数字化技术在文物藏品管理中的应用

伴随着信息技术快速发展，数字化技术于20世纪就被使用于博物馆文物保护与管理中。数字化技术不仅可将珍贵文物进行三维数字化修复，还可将博物馆所珍藏且无法对群众进行展览的典藏文物转换为数字投影，从而面向群众进行陈列展览。此外，新媒体技术可依托大数据分析参观者的兴趣爱好，研究参观者与馆内所陈列的文物匹配度，在尊重参观者的意愿下，将参观者带领到相关文物面前并沉浸式了解文物的各种形态和信息，进而通过体验式互动加强文物藏品与参观者之间的情感交流。

基于此，数字化技术的应用革新了传统文物藏品保护与管理形式，利用各种先进信息技术将文物信息进行采集，从而进行数字化文物典藏，使文物保护与管理不再受诸多外界因素影响，促使文物可以长久保留与珍藏。同时，新媒体技术还能够打破空间壁垒，将文物具体形状与对应信息展示在群众眼前，让群众身临其境感，受到珍贵文物的魅力。

三、博物馆文物藏品管理发展趋势

（一）时空对话

新媒体技术的应用主要体现在新颖，酷炫上面，因此，在博物馆文物藏品管理发展中应积极与新媒体技术相结合，从而侧重参观者的感官体验，发展人物与文物时空对话管理形式。即借助新媒体技术连接参观者与文物，使二者可以通过新媒体技术进行时空对话，让参观者身临其境感受到文物所诞生年代的文化情境氛围，聆听文物故事，从而消除参观者与文物之间相隔上百年甚至上千年的"距离感"，使参观者感知到中华传统文化的魅力，进而增加民族认同感。

（二）交互式导视系统

交互式导视系统即在文物陈列中插入交互功能的技能型动画，参观者可以根据兴趣自主选择交互动画，从而在参观者主动参与的基础上，进一步激发参观者的主观能动性，使参观者通过主动选择提高参与积极性。而交互动画所模拟的素材皆来源人们日常所能接触到的生活，因此，无论参观者选择什么样的动画题材都容易与动画形成情感共鸣，从而吸引参与者注意力，使参与者沉浸其中，全方面体会文物内涵。

第三节 博物馆藏品管理系统盘点与人工盘点

博物馆的藏品是博物馆存在和发展的基石，是一个博物馆的灵魂。它是博物馆为了社会教育和科学研究，根据自己的性质，搜集保藏的自然界和人类社会物质文明、精神文明发展的见证物，是具有历史价值、艺术价值、科学价值的珍贵遗产。博物馆有义务对其管理、维护、修复、利用，使其价值最大化，藏品管理是博物馆的一项核心工作，是博物馆开展其他工作的重要前提。为确保藏品的安全管理，核清数量，掌握增减变动情况，切实掌握文物藏品的现状，摸清家底，做到账物相符，不挂空账，藏品信息准确有效，为博物馆其他业务工作的开展夯实基础，博物馆会定期开展文物藏品盘点工作。这也是文物保管的基础性工作之一。

传统的盘点，一般指人工盘点。保管员定期将文物藏品与账册、藏品登记卡等信息进行比照核对，查看数量等各项信息与记录的信息是否相符。一般各库房保管员会不定期开展自查，上级主管单位会开展抽查，总账管理人员会不定期抽查，博物馆每几年会开展一次在账文物的整体盘点清查。传统的盘点工作主要依靠保管人员手动核对，对于藏品数量大、存储方位繁杂的博物馆是一件耗时耗力的工程。人工盘点依赖于文物登记账册、藏品登记卡、藏品电子档案及图像信息。由于藏品文字信息和图片信息的分离，管理人员需要在成千上万的藏品信息资料中检索要查找的信息后再进行核对比照，因此盘点程序繁琐，效率偏低，出错率偏高。人工盘点还要求保管员必须亲眼看到实物并比对，需要直接与文物藏品接触，在盘点过程中拿取、收展也会造成一定的风险。

伴随着社会的发展，互联网大数据等新兴技术兴起，博物馆的藏品信息管理也开始向数字化、智慧化的方向迈进。部分博物馆开展了智慧博物馆的建设。智慧博物馆下的藏品管理系统利用互联网技术打造成管理平台，支持多方面的操作。在文物库房的应用场景广泛，可以实现对文物库房的综合性管理，包括对库房的房间、柜架、储格等空间管理。对文物管理人员、提用人员、保管人员的分类分级权限管理，还包括对物品管理，如文物出入库管理、文物修护保养、文物盘点管理等。文物盘点也是该系统的重要功能模块，该模块相对于传统的人工盘点，具有较强的优势。将藏品的文字、图像等资料在平台进行上载，可以实现盘点过程中的高效查询，该功能结合手持机 RFID 射频识别技术可以开展快速盘点，查看待盘点数据，同时将盘点任务和结果上传至藏品管理系统，使保管员在繁重的盘点工作中解脱出来，提高盘点的工作速率。

相较于传统人工盘点，藏品管理系统的盘点功能不仅能高效完成藏品的盘点工作，而且还有很多传统盘点无法实现的功能。

第一，藏品管理系统盘点可留痕。系统盘点可以由管理人员应需分派盘点任务、对盘点人员的盘点进度进行掌握，同时可以显示盘点中存在的异常，以及对盘点后的集中审核、梳理、汇总等。通过藏品管理系统开展的盘点可以完整地保留工作流程并进行全程记录、归档，如盘点时间、盘点人、盘点事由等信息，使盘点工作留痕，且有据可循。

第二，藏品管理系统盘点可分类筛选。盘点人员可在系统中对藏品进行筛选，完成对不同类别、不同库房、不同材质、不同完残状况、不同年代等多种筛选，应需开展分类盘点。这种筛选不仅有利于盘点工作的开展，而且对文物展览文物的筛选、待修复文物的管理等多重业务工作大有裨益。

第三，藏品管理系统盘点可实现"非接触性"。利用手持机移动终端设备，对绑定RFID 电子标签的藏品开展盘点，过程可以不接触文物藏品本体，扫描相应库位标签，即可完成该库位的藏品盘点。减少了因清点藏品时与藏品的直接接触造成的潜在风险。

第四，藏品管理系统盘点可查找不在库藏品。藏品盘点的对象不仅是保存在文物库房中的藏品，也包括陈列展示、外借、修复中的藏品。在博物馆文物库房日常管理充分开发和使用系统平台的基础上，藏品管理系统可以查阅不在库文物信息，对待盘点到但未在库位的文物，可以直接进行说明，避免了翻查各类出入库纸质档案资料的工作。同时利用该功能及时掌握在发展文物的情况，适时对文物藏品进行入库保养、休眠。

第五，藏品管理系统盘点可生成各类表单。盘点后各类文物藏品信息可以根据需要生成表单或图表，表单可以直接导出，为盘点情况汇总、报告提供更多样的呈现方式，提高工作效率。

第六，藏品管理系统配备了手持机可移动终端。手持机可移动，更便捷。盘点人员利用手持机，可查看文物藏品的各类数据信息，包括图像。在盘点过程中替代了传统的各类纸质账本、卡片等，机身比笔记本电脑更轻巧，更具便捷性。

第七，藏品管理系统盘点快捷、高效。对于藏品体量较多的收藏单位，人工盘点一次可能需要耗时半年、一年甚至几年时间，因为盘点耗时久，盘点人员工作量极大，导致部分博物馆几年都无法彻底完成一次整体盘点，因此部分博物馆采取规定时间抽查盘点的模式，多年无法开展文物库房的整体盘点。而利用系统盘点，文物管理人员可以快速地完成文物库房的整体盘点工作。

第八，藏品管理系统使文物与藏品位置信息绑定，在上级主管部门和其他业务部门，借展、盘查、抽查时可以高效地锁定文物藏品的具体位置，便于查找提取。

但藏品管理系统的盘点功能也存在一定的弊端。首先，藏品管理系统盘点需要庞大的信息数据库作为支撑。数据库的信息应根据文物藏品的变化及时更新且越详尽越好，数据库的创建包括文物藏品信息的采集、整理、文物原始档案的数字化处理等，整理、上传全部文物藏品信息需要开展大量前期工作，绝非一日之功。数据库信息不完整、不准确、缺乏时效性都会造成误差。

其次，藏品管理系统盘点，目前主要依靠 RFID 射频识别技术，这使系统盘点极度依赖藏品电子标签上载的库位信息。为确保准确性，要将全部馆藏品关联上电子标签，同时定位藏品库位信息，对库位信息需逐一校对，甚至反复校对，同样需要大量人力、时间。在文物藏品使用、修复过程中，库位信息的变化需及时在平台进行变更，一旦有漏更和错更都会直接影响盘点结果。

再次，藏品管理系统的藏品信息由电子标签与文物藏品绑定生成。目前主要有两种绑定方式，一种是物理黏合，另一种是悬挂绑定。就像为藏品生成一个"身份证"，然而"身份证"和"身份证持有人"在实际中不能保证实现完全匹配和不可分离的效果。在藏品管理中会发现部分藏品体量过小、过光滑无法进行绑定、关联。为保证不对文物藏品本体产生影响，往往会选择黏合、存放于装具内或装裱上，藏品一旦与装具分离或重新装裱，盘点就会出现错误。电子标签的黏合寿命也有期限，存在自然剥落的可能。悬挂类的电子标签可以重复使用，但黏合类的标签只能一次性使用。因更换装具、装裱，为保障展陈效果主动剥离标签，标签老化自然剥落等情况发生时，都会导致盘点存在偏差。需要及时上载信息再次绑定，经历核对与信息登录过程。

再者，RFID 芯片也有目前无法攻克的技术障碍，如芯片识别受干扰，部分金属质地藏品的前后排列存放，部分存放于囊匣、装具内的藏品，会因彼此之间的遮挡导致部分芯片的读取失败。芯片本体存储信息有一定的生命周期，数年后芯片是否仍有效，无法由系统平台判断等。电子芯片在不断迭代，不能确保不同批次芯片的稳定效果，且需要长时间的维护。系统平台由各博物馆分别采购，不同公司定制化研发，目前还没有形成固定模式，电子芯片就有二维码芯片、普通芯片、抗金属芯片等多种品类的区分。

还有，藏品管理系统盘点要求藏品管理系统平台的平稳运行以及文物收藏单位特别是文物库区无线网络的稳定。无线网络的配备不仅要分布在文物库房的范围，还需在所有收藏单位的文物存放、展览展示、修复等多重使用平台的位置场景进行接入才能发挥系统平台的效用。

此外，平台的更换迭代，与数据迁徙都存在技术壁垒。目前承接藏品管理系统平台建设的多家公司并没有形成统一。各家虽然录入的文物藏品信息格式都以第一次可移动文物普查为基础。但设计和配置的系统平台操作流程与软硬件设计都不同。系统平台为了维护数据的安全性，部分只接入了无线局域网，导致博物馆大数据一体化难度升级。

最后，系统手持机 RFID 盘点的"非接触性"是优点也是弊端。手持机盘点只能确认物品存在于该库位内，却无法完成进一步的现状核实。部分有机质和部分形态变化中的无机质藏品在文物盘点过程中无法发现其变化。件套类文物藏品会因修复、装裱导致拆分、合并，手持机盘点无法核查，仍不可避免手动翻查等。

上述问题的存在都会影响藏品管理系统盘点施行的可行性与精确性。综上，目前藏品管理系统的盘点功能与 RFID 射频识别技术在实际文物库房的盘点管理中的表现并非完美，还存在一定的缺点，部分技术难题还有待解决，需要理性判断。

建议在使用藏品管理系统前，先开展一次馆藏文物的人工盘查。在盘点的过程中完善藏品相关数据，数据是开展文物智慧化管理的基石，要充分全面地采集文物图像、影像资料、原始资料等，并将其数据化、图像化、规范化处理，做到文物相关信息应采尽采，对现登记有误的信息进行修正。在盘点的过程中不断更新文物的状态，对发生变化的文物形态、状态进行说明，对因修复、装裱造成的拆分组合进行记录，对修复后的文物进行新的资料信息采集等，逐步完善电子和纸质档案。在盘点的过程中对需要修复的藏品进行记录，并为藏品更换适配的装具。在盘点的过程中仔细核对器物号，并对模糊的器物号、脱落的器物号进行再标识。在盘点的过程中进一步调整存放位置，让物品存放位置更趋于合理化，确保文物不会经常挪移，并记录库位信息。这些更新和完善的藏品数据信息最终将形成数据库，被导入藏品管理系统，为后期系统盘点的开展打下基础。

人工盘点工作时间长、任务重，可以将文物盘库工作与改善文物保管条件相结合；文物盘库工作与完善管理制度相结合；文物盘库工作与提升馆藏文物等级相结合；文物盘库工作与学习相结合；文物盘库与文物移库、文物移交相结合；文物盘库与完善藏品信息数据库建设相结合；文物盘库与新老馆搬迁相结合；文物盘库与待修复藏品摸排相结合等。使文物盘点不单单是一次文物摸底。多项工作的结合不仅可以减少重复劳动，还可以在盘点过程中提升文物库房的管理水平，培养保管员的业务能力，规范文物库房的管理制度，开展规模性的文物挪移，一举多得。

在数字化时代、大互联网时代的发展推动下，数字化、智慧化博物馆成为博物馆发展的大趋势。对于即将开展智慧化博物馆建设，推动藏品管理系统平台建设的博物馆，藏品的智慧化管理开展的基础前提，一定是要围绕博物馆的自身建设。务必要先打好文物藏品数据信息库的基础，充分全面地采集文物数据，确保系统平台数据资料的准确性。在此基础上再行推动，此前暂不可盲目依赖系统盘点，彻底抛弃纸质档案和人工盘点，以免形成疏漏与错误。对于已经做好文物信息数据化等业务基础的情况下，还需要对藏品管理系统本身提出要求，如系统平台具有完善的功能与成熟的软硬件设备、过硬的紧跟时代发展的技术支持等。在藏品管理系统技术服务的公司的选择上也需要注意甄选，可以参考已经开展藏品管理系统建设的博物馆，在采购价格合理的基础上选择业务更成熟，通用率更高，后期升级、维护成本比较低，且具有持久性研发创新能力的公司。部分公司可以开展藏品管理系统模块订制化的服务，可以更好地适用于不同的藏品收藏单位实际工作场景的应用。

博物馆文物藏品管理平台化、智慧化不仅是各文物收藏单位的趋势，同时也是文物管理行政部门的趋势。目前部分省份已经推行使用省级文物局综合管理平台，如江苏省、吉林省等，但平台导入信息依旧以第一次可移动文物普查数据为主。第一次可移动文物普查完成至今已有五年，普查的数据信息显然已略显滞后，不能完全展示文物的当前状态。但省文物综合管理平台与各家文物收藏单位的藏品管理系统无法实现互联互通，藏品管理系统中的最新数据无法导入，仍需各藏品管理人员在数据的基础上进行手动修改。各类数据管理平台层出，又缺乏互通，这必然会导致多平台数据的不统一，重复管理也会加重文物管理人员的工作量。文物行政部门的管理系统因为不涉及文物的日常管理，因而不具备文物的外展、修复、盘点功能等。但在实际文物管理工作中，等级文物的修复、借展、复制、拓印等工作均需上报上级主管部门。未来形成互联互通的综合管理大平台，文物管理更加规范化、标准化也是一种方向。

在文物管理工作细化、规范化、标准化的同时，藏品管理系统也在不断更新、日趋合理。平台通用的数据格式在以第一次可移动文物普查为登记标准的基础上还结合了馆藏文物等级文物档案须填报的相关数据等，更加全面、实用。如原等级文物档案信息需要逐一填写，现利用系统平台可以实现等级文物档案表的直接导出等。系统平台的管理流程也趋近于博物馆的实际工作流程，在提升管理效率的同时使文物管理流程走向标准化。如文物借展的流程是由陈列部门提出展览申请，保管人员办理出库，上级主管领导审核通过等层级，流程清晰可查。

可以预见未来藏品管理系统的建设与发展都将走向更合理、更全面、更适用、更标准、更智能、更便捷、更安全的方向，以满足博物馆文物管理工作数字化、智慧化、智能化发展的需要。利用藏品管理平台不仅可以开展文物库房的盘点，还可以开展新增藏品的入库，借展文物的出入库办理，文物展览、文物修复档案记录等，系统可以消除文物收藏单位部门之间不可协同的障碍，使原本繁冗、枯燥的藏品管理工作变得便捷、高效，使文物保护与利用的多种工作可以交叉结合，并形成完整的档案，实现了博物馆藏品管理工作的升级。也可以使藏品管理人员能够对每次展览的藏品进行分析，从而有针对性、计划性地开展文物藏品的展览，让文物更好更安全地走出去，让博物馆的藏品不再明珠蒙尘，真正显示它们的历史价值、社会价值和教育意义。

第三章　文物信息学

本章论述的文物保护学科领域内的文物信息学，均是建立在文物实体质点模型与质点运动概念之上的。主要内容包括通过研究文物实体质点改变或位移的状态，以及对文物实体存在的各种现象的解读，探讨文物实体与人类活动和自然环境变迁相关信息的变化规律。

第一节 文物信息学基本概念

一、文物信息

文物，是人类创造的物质文化遗存和精神文化的物化遗存。故自地球上有了人类起，也就有了文物。一切文物都是一定历史时期的社会产物，它也是凝固的历史，除了其固有的审美和艺术价值外，它还蕴含着丰富多彩的历史信息、科技信息、人文信息。因而对文物进行科学研究，除了要更好地保存其物质形态外，更重要的是应把文物放在人类知识所能了解的已逝年代的文化背景下，去观察、探讨、诠释文物赖以产生和存在的环境状态，解读它所承载的历史人文信息，进而认识社会历史的真实面貌及其沧桑变迁，从而揭示人类社会发展的客观规律。

文物，不仅是文物学的研究对象，也是考古学、历史学、艺术学和美学，乃至相关的自然科学、建筑学、技术学和工程学的研究对象，只是研究目的不同而已。例如，研究科技史离不开文物，文物中有许多古代科技的产物，通过对此类文物的研究可以获得大量古代的科技信息。反之，研究文物也离不开现代科学技术，通过运用现代科技方法对文物进行研究分析，可解答大量未知的历史之谜。

文物信息是文物与历史有关的存在方式以及运动状态。文物信息与一般信息的区别在于：一是时间跨度大，文物信息的积累经历了漫长的时间，大多数文物都具有数百上千年的历史；二是信息破碎程度高，文物信息来源广泛，既有材料、环境等自然科学方面的，还有古代历史、文化、艺术等人文科学方面的，然而往往丢失的部分多，完整性差；三是受干扰严重，单个文物信息可能存在多个来源，文物信息有可能与人类活动有关，也可能是环境因素作用所致，还有可能是两种或多种因素共同作用的结果；四是提取和解读难度大，文物信息具有鲜明的区域性、民族性、历史性特征，对文物信息的解读涉及文物实体材料变化、自然环境变迁、人的精神文化内涵、社会结构等诸多方面。由此可见，对文物信息的准确解读是非常困难的。多数情况下，只能依据经验和逻辑，通过比较研究，选择相对较为合理的解释。

从文物信息学的角度看文物保护，从某种意义上讲，文物信息是一种流动的"活信息"，它随着时间的流逝、空间的改变、周围环境的变化而发生着不易察觉的变化，如环境因素的影响造成文物实体降解、老化、腐蚀，从而使文物实体出现变形、残破、外观色彩改变等现象。而文物保护的目的就是为了让这种信息的变化速度减慢，尽可能地保留文物最原始的信息，从而给研究人员更多的时间和精力来释读文物所包含的信息。对文物信息的保护可以说就是对文物的保护，这种保护不仅注重文物外在的显信息，更重要也最难的是保护文物内在的隐私信息。

信息依附于物质，物质蕴含信息。从这个意义上说，文物信息就是文物蕴含的信息，它既包括文物的状态和变化特征，也包括文物在不同时间和空间内与客观环境之间的联系特征。由人类创造的并与人类生活有关的一切有价值的遗物和遗迹，均从不同角度展示了特定历史条件下的生产力发展水平和社会生活风情，生动地记载了各国各族人民生活生产活动的艺术成就和文化结晶，为后人了解前人的历史、科学、文化提供了钥匙和园地。文物是文化的产物，为人类的活动所遗留，每一件文物除了其自然属性之外，更多的还有其文化和社会属性。文物的信息至少包括如下三个方面：第一，文物本身的三维数据；第二，文物在遗址中的三维或多维数据（类似于小件坐标和倾角）；第三，在现有知识技术背景下可以采集的所有的文物信息以及社会文化特征（如产源、质地、色彩、制造工艺、纹饰特征、文化类型、共存关系、残破与修复状况、研究追踪、展览与保管记录等）。文物蕴涵历史、艺术、科学等多方面价值，具有传播科学知识、开展社会教育、弘扬文化传统、陶冶人文情操等多种作用。对文物价值的把握，取决于文物所蕴涵的有效信息的多少，人们对文物信息的认识，人们对文物信息和价值的保护、开发和利用的方法及认知的深度和广度。文物信息的采集研究是挖掘文物价值的需要，在一定的历史条件下，文物的价值相对来说是固有的，由于人们对文物的认知方法和认识程度具有局限性，因此对文物信息的认知也有一定的局限性。随着人们认识文物的观念、理论和方法的变化，以及科学技术进步带来的信息采集手段上的改进，对文物的价值认知也会改变或深化，采集的文物有效信息的能力和价值认知的正确性也会大大提高。

二、文物信息学与文物质点模型的关系

文物实体状态是文物实体质点运动的结果。文物实体质点运动包括质点内粒子（原子核、电子）运动、文物实体质点改变和文物实体质点的位移，三方面的共同运动构

成了文物实体的信息。文物信息蕴含在文物实体质点运动状态之中,人们通过对文物实体质点运动状态的解读获取文物信息。文物信息学通过研究文物实体质点改变或位移的运动状态,探讨文物实体与人类活动相关信息的变化规律。

1.文物实体质点内部组成粒子运动

文物实体质点微观层面是由原子,分子组成的,亚微观或介观层面有些是细胞,有的是由特定质点群组成的"相"。原子由原子核和核外电子构成,电子和原子核均可被视为微小的球体,电子围绕原子核运动,电子自身在不停地转动即电子自旋,原子核自身也在不停地转动即原子核自旋,这些运动都会释放或吸收能量,即辐射或吸收特定波长的电磁波,使用电子自旋波谱仪和核磁共振波谱仪等仪器可以检测到这些电磁波。分子的运动主要是化学键的振动与转动,这些运动同样也会辐射或吸收特定波长的电磁波,用专业仪器也可以检测到这些电磁波,如红外光谱仪等。细胞运动产生的形态是细胞显微观察的重要依据,是木材等动植物材料鉴定的常用手段之一。上述文物实体质点的运动信息可用于文物成分检测分析、病害诊断以及保护效果的评估等。

2.文物实体质点的改变

文物实体质点改变是因为发生了化学反应,形成了新物质。新物质的化学性能和物理性能与文物本体材料不同,如金属器物氧化和硫化,纸张和纺织品高分子材料降解等。文物实体质点改变后,文物实体的色泽、强度、水溶性等均会发生变化。例如,金属文物发生氧化或硫化反应后色泽会加深,降解严重的纸张和纺织品文物遇水会很快分解,些文物实体因表面极性基团被破坏分解、长期与水作用后出现的表面凹凸状的形貌所导致的憎水性改变。通常情况下,严重糟朽的古代丝绸的表面会出现憎水现象。

3.文物实体质点的位移

文物实体质点的位移往往会导致裂隙、微孔、残破、粉化等现象的产生,用肉眼观察、宏观分析、微观检测等方法和手段都能得到科学数据。例如,核磁共振法、压汞法、氮气法可用于检测文物实体微孔隙,分子量测定法可以用于分析纸质和纺织品文物高分子材料的降解程度等。

文物实体会经历制作加工、使用、废弃、埋藏、出土到后期的保护修复和进入馆藏这几个阶段,在不同的阶段,其状态、性质,性能以及蕴含的信息会发生不同程度的变化。从这一点上看,文物实体在各阶段所蕴含的信息是不同的,部分信息可能会发生改变。

文物实体质点模型所阐述的材料变化,以及与时间和环境的关系等。都指示了相应的文物实体信息。文物实体从产生到埋藏、保存和修复,其材料的物理、化学性质都发生了一定程度的变化，变化包括文物实体材料的腐蚀、降解、变形，相关污染物的引入、文物实体材料的转化和消亡等。

综上所述，文物实体状态的概念十分重要。文物实体的最初状态即加工成型后作为成品或者实用器的状态，而目前我们所见到的文物实体状态所蕴含的信息既包含了文物本体的原材料信息，加工工艺信息、用途、使用者的信息，又包含了文物实体作为实用器寿命终结，进入埋藏时所蕴藏的埋藏环境信息和相关的祭祀、随葬、迁徙等历史文化信息。除此之外，还包含当文物实体被发掘出土后，其含有的信息为文物实体埋藏之前信息的集合，包括文物实体的发掘信息和文物实体在被埋藏的过程中遗留的修复痕迹所蕴含的修复工艺等信息。当文物实体作为收藏品或者展品时，此时所蕴含信息又包括了发掘信息、保护或者修复的信息以及展列信息等。因此，文物信息学包含了文物实体的整个寿命过程中所蕴含的所有信息，其信息量巨大、种类复杂，与文物实体状态密切相关。

第二节 文物信息的特点和类型

一、文物信息的特点

1.时空性

文物信息是特定的时空在客观事物上的反映，从本质上看信息是对人类历史发展进程中相关事物特征、现象、本质及规律的描述，文物信息是对古代社会和自然环境变迁的现象、本质及规律的反映，这是文物信息可以用来重构古代社会场景的主要依据。文物信息通过各种载体进行传播和表征，如文物信息所描述的内容能够通过如符号声音、文字、图形、图像和人的记忆（传说、口述史）等形式实现表征和传播。

2.依附性

文物是由分子或原子组成的物质实体，同时，文物实体又是文物信息的载体。文物信息强烈依附于文物实体，如果没有了文物的物质实体，我们无法观察或探测到文物信息。文物所承载的历史人文信息通过文物的物质实体展现，是客观存在。文物的历史人文信息包含表观、亚微观、介观和微观多个层次。对陶瓷文物来说，其三维尺度体现了时代特征和社会文化，这些信息是表观的，肉眼可见的；内部矿物颗粒属于亚微观或介观层面，存在形式和形貌反映了陶瓷文物的烧制工艺；元素组成，则属于微观层面信息，与工艺、原料来源相关。

3.低强度

在文物分析过程中，仪器出峰强度与文物样品所含成分（或特定基团）的浓度有关，文物分析中出峰强度普遍较弱。产生上述现象首先是因为文物的珍贵性，取样会对文物实体造成一定的损伤，取样量越大，对文物实体的损伤也越大，因此，文物取样量应控制在微量范围。对极微量或痕量的样品进行分析检测时，仪器的出峰强度往往较弱。其次是文物样品中污染物含量较高，对检测结果有很强的干扰性。例如，古代丝织品上常含有血迹，血迹成分与蚕丝的成分相似，同属蛋白质，且含有相同的官能团，在红外光谱中谱峰出现的位置基本相同，对古代丝织品进行红外光谱分析所得结果中干扰因素很多。再次，某些文物样品中的待检测成分（元素或特定基团）浓度较低、出峰较弱，如常用于鉴定陶瓷文物产地的微量元素，其在陶瓷文物中含量极低，出峰信号强度相对于其他成分而言很弱。鉴于上述情况，在仪器分析检测之前，往往需要对文物样品进行分离、富集，以除去杂质，尽可能提高样品浓度。

4.动态性

文物信息具有动态性。从哲学的角度来说，信息是事物运动的存在或表达形式，是一切物质的普遍属性，包括了一切物质运动的表征。文物实体从产生到消失的过程不是静止的，是在不断变化的，文物信息也处于动态变化之中。文物信息的动态特征表明文物信息始终处于不断积累（时间和环境的印记）、转化（本体材料转化）的过程中，人类对文物信息的认知也在不断地变化，并且逐步深化。

二、文物信息的属性

1.客观属性

文物实体质点运动状态是一定时空的产物，是客观存在的，不以人的意志为转移。文物信息的本质是文物实体客观存在的各类现象，现象本身不会表述，人类在研究时对这些现象进行解释，就实现了文物实体存在的现象向文物信息的转变。不论人类对文物实体存在现象的解释准确与否，正确的答案必然存在，只看我们能否追寻到。

另一方面，由于时间和空间不会消失，所以文物实体质点运动状态产生的信息也不会消亡，很多情况下我们得不到文物过去的信息，那是因为我们无法进入文物过去所处的时空。信息不像物质和能量，物质是不灭的，能量也是不灭的，其形式可以转化，如人类可以把电能变成热能，但变成热能后，电能就没有了。而信息的不灭性与物质不灭、能量不灭非同一种含义。文物信息的不灭是基于文物实体质点运动状态不灭基础之上的。以这一思想进行解读，"雁过留声"蕴含的是大雁经过此地的情况和人类知晓大雁经过此地的信息永久留在了大雁飞过的空间里；"破镜难圆"中构成镜子的原子、分子依旧存在，没有消失，作为镜子的状态现在虽已无法"看"到，但镜子的状态和从镜子状态解读中获得的文物信息永恒存在。例如，古籍《考工记》原版已不复存在，但很多后代的古籍引用了《考工记》里的内容，后人对引用的内容进行编辑，使其基本得以复原，文物信息的不灭性是考古学家得以存在和发展的科学基础。

文物实体质点运动状态和文物信息依赖于特定时间和空间而存在，如果能回到文物实体消失之前的时空，则一定能看到原有的文物实体。人类获得的文物信息可以经记忆、记录等多种方式被转录，转录是特定时空中的文物实体质点运动状态和文物信息再现的一种方式。民间典故、历史人物故事、神话传说，都是历史信息的记录方式。

2.主观属性

文物信息是人对文物实体质点运动状态的结果（现象）的解读，是经过人脑加工过的，是人的主观意志的反映。这里有两点需要厘清。前已述及，文物信息的来源是文物实体质点运动状态，是客观存在。但文物实体质点运动状态一这一客观现实经过人类大脑的识读、解释，最终被翻译成人类的语言，即成为文物信息。识读或翻译的准确度则依赖于翻译者的知识背景和经验积累程度，所以文物信息中一定包含人的主观意志。某些情况下，文物信息还有可能随着人的主观意志而改变，即被人为地篡改。此时文物信息就会失去它的价值，甚至不能称为"文物信息"了。

由于文物信息具有主观属性，因此文物信息也具有主观局限性。文物信息是主观层面的，如当汉代青铜器物向青铜文物转化的过程中就包含了人类意识的作用。器物永远是一个器物，是客观存在，当人类认为某一器物具有文物价值时，就会将之与一般的器物区别开来，称其为文物。词语"文物"或"antique"只是客观现实的代表符号，反映的是客观存在的现实。文物是人们思维活动所形成的一个概念，是一种观念形态，它的内容是客观的，来源于文物的客观存在，它的形式又是主观的，是人们对文物实体客观存在的主观反映，是人们感知和思维活动的结果。也就是说信息具有加工的痕迹，人们获得的任何信息要么是人的大脑思维获得的结果，要么是通过仪器设备分析得出的数据，然后经人脑分析形成最终结果。实际上文物信息的加工来自两方面：一是机器加工，如仪器分析得出的数据，所给出的图谱、图表、图片和数据等，都是仪器通过运算、软件处理得到，这可被视为文物信息的机器加工。虽然是机器加工，但人类通过仪器的设计、制造间接对信息进行了人为加工。二是人类通过观察、分析仪器给出的数据，对文物信息的深度加工，即结合人类掌握的知识，对文物信息进行全方位解读。所以，信息始终留有人脑加工的痕迹。由于受技术和知识水平限制，文物信息的加工有可能正确，也有可能产生错误，因此在对文物信息进行解读时必须存真去伪。

3.价值属性

文物价值通过文物信息表达，不论是文物的历史价值、科学价值以及艺术价值，都是经由对文物实体材料、制作工艺和造型等方面的信息采集挖掘得到的。一般情况下，文物信息只有被人们利用时才能体现出其价值，而有些文物信息的价值则可能尚未被人们发现。

文物的历史价值、科学价值和艺术价值是文物"与生俱来"所特有的价值属性，尽管时空不断改变，文物的这三大价值也不会消失，但是文物的经济价值则会随着人类社会经济发展程度、人的文化素养水平时刻发生变化。经济价值不是文物"与生俱来"的属性，战争年代珍贵文物被贱卖，甚至无人问津这一事实，就说明文物的经济价值是人赋予文物的，不是文物的自身属性。

三、文物信息的类型

1.形态分类

文物信息既可以是感触到的文物实体，也可以是抽象存在的文物属性与文化内涵。因此，根据不同的分类模式，文物信息的类型也可以分成多种。根据信息的外在形态可将信息分为显信息和隐信息。显信息是指可被观察、测量、辨别的考古学实物，显信息可分为文物的本体信息和文物的环境信息两个方面，文物所蕴含的以及肉眼可以直接观察到的显信息包括文物实体的形状、花纹、铭文、结构、组合形式等。隐信息是肉眼无法识别，需要借助复杂的仪器设备或通过化学、生物学的处理才能得到，与文物实体演变过程和规律有关的信息，它们是文物信息价值研究和寻找的真实对象，如文物实体材料的组成、配比、腐蚀、污染情况等。现代科技手段可以帮助人们透过表面形态观察文物的内部信息，例如，通过科技手段分析陶瓷器、金属器中的常量、微量、痕量成分，可以判定其产地、制作工艺以及古人生活的某些情况。文物的隐私信息实质上是文物的衍生信息，即对隐信息多层级的解读。

为了从显信息中揭露出隐信息，往往要对大量显信息进行反复处理。处理文物信息的时候。文物的数量特征和属性特征是最小信息单位。如果把属于某个文物的多个特征集合在一起，就构成了关于该文物的信息记录。由于任何一个文物都是独一无二的，所以，每个文物的属性信息记录中，都存在一个以上足以让其与其他文物属性互相区别的"主属性"或称"识别属性"。主属性在文物信息处理中是一个极为重要的概念。

2.来源分类

以文物信息的来源划分，文物信息可分为文物的本体信息、文物的环境信息、文物的衍生信息。文物的本体信息是采用观察，分析等手段，从文物实体以及文物实体排列组合方式获得的制作材料、工艺、功能、文化、病害、保护、修复等方面的信息。文物的环境信息是采用观察、分析等手段，从文物实体所处的环境和从文物实体上获得的与文物所处环境有关的信息。文物的衍生信息是由文物的实体信息和文物的环境信息经信息加工所获得的信息。例如，通过对青铜器锈蚀产物的分析，可以得到埋藏环境和古代青铜材料腐蚀机理的信息。

3.属性分类

该分类包括材料信息、产地信息、年代信息、工艺信息、功能信息、环境信息、病害信息等。

材料信息主要是涉及文物实体材料的信息，包括原材料的信息、辅助材料的信息、老化产物的信息、污染材料的信息、保护修复材料的信息等。原材料和辅助材料的相关信息一般在文物实体产生之前就已存在，如铸造青铜器的矿料，青铜器制作完成后，此信息一般不会增加。而老化产物和污染材料信息会随时间推移而增多，在保护修复后此类信息可能会增速减缓。保护材料信息主要是指人为对文物实体施加的清洗、加固、封护等技术措施所留下的与保护修复材料相关的信息。材料信息的获取部分可通过肉眼进行观察，但主要依靠现代仪器分析手段，例如通过扫描电镜及能谱分析、红外光谱分析、各种显微镜的显微观察、X射线荧光光谱分析等方法，对材质进行宏观和微观层面的检测分析、研究。

产地信息主要是指文物实体材料来源和制造地点的相关信息，包括产地特征物质信息、产地文化特征、产地使用特征等。产地特征物质既包括宏观上在该地域文物实体上出现的物质材料，又包括微观上各种特征元素及含量等信息。例如，不同时代、不同窑口的瓷器胎釉的特征元素含量是不同的，可以通过统计学的方法利用这些产地特征物质进行产地示踪。产地文化特征是指文物所折射出的区域文化的共性特点，通过对本地域大量文物进行分析，能够塑造出该地域人文和科技的面貌。例如，许多唐代金银器具有异域风情的造型和装饰，反映出了唐代海纳百川、兼容并包的文化盛景以及中西文化之间的频繁交流。产地使用特征是对文物具体用途和用法的区域性总结。例如，文物中的考古残存物能够提供丰富的使用信息，出土的青铜器中盛有美酒即显示其作为酒器的用途。对于产地信息的分析研究在科技考古领域已有广泛应用，采用的分析方法主要有中子活化分析、电感耦合等离子体发射光谱，铅同位素比值法等。

年代信息向来是考古学重视的研究领域。文物年代信息包括年代特征，地质年代特征、材料年代特征等方面。一件文物的年代信息不仅涉及它产生的地质年代、所使用材料的年代，还包括其埋藏的地层年代的信息，并且通过考古类型学的方法可以得到其年代特征。现代考古测年方法很多是依据特定物质变化速度来推算年代信息的。

工艺信息包含的内容众多。加工工艺信息包括原材料的清洗技术（如洗矿技术）、初加工技术等。制作工艺信息包括成型技术、材料配比、部件结合方式、技法和风格、制作时间或季节、制作工具等。文物实体生产流程的任何一环都与工艺信息息息相关。正是这些传统工艺信息的留存，为现代复原古代文物及工艺提供了良好的技术支持。工艺信息的获取，可以借助现代仪器方法对文物样品进行分析检测，对文物实体外观进行美学研究，同时还应参照古文献的记载以及对传统工艺传承地及传承人进行实地调查。

功能信息主要是与文物的使用功能有关的信息。例如，出土的许多青铜器具有酒器实用功能，爵、斝、觚、觯等均为酒器的器型。由使用功能在文物实体的痕迹遗留衍生发散，可得到的功能信息还包括残存（留）物的信息、微痕信息、人机关系（机械类文物）的信息以及与其他器物的组合关系信息等。许多文物的功能信息难以从文物实体表观判断，需要通过对相关残存（留）物、微痕进行分析或者进行实验考证而获得。而残存（留）物多以附着的混合物形式或肉眼不可见的显微形态存在，这类信息的获得需要采用较为复杂的量化分析手段。

环境信息是指文物实体与环境因素之间相互作用。环境信息主要包括微生物、有害气体、紫外线、土壤等对文物实体材料腐蚀降解的影响，尤其在埋藏环境下，环境对文物实体的保存状态会产生重要作用，环境的影响会在文物实体上留下痕迹，因此在提取文物信息时不可忽视埋藏环境信息。例如，墓葬气体的有效提取、土壤环境的测量、地下水环境样品的采集和分析等，这部分信息易被忽略，往往会给后续保护研究工作的开展带来困难。

病害信息是文物保护学关注的热点。主要包括病害的类型、病害的程度、病害的内因和外因等，材质不同的文物其病害的分类也不同。例如。纸张的病害种类有水渍、污渍、褶皱、折痕、变形、残缺、炭化、变色等。病害程度的判断需要对文物病害状况进行科学评估，而分析病害的内外因则需对病害产生和发展进行深层次剖析。病害的程度有时难以被合理量化，而其内外因作用机理的获取也需要大量的基础研究工作作为支撑。

一般说来，文物实体从诞生那一刻就具有了材料信息、年代信息、产地信息、工艺信息；在使用过程中加入了功能信息和环境信息，还可能存在病害信息；在埋藏环节与外界环境相互作用，又产生了环境信息和病害信息以及老化材料信息；经过典藏，最终呈现在我们面前的文物由于经历了岁月的侵蚀而成了病害信息、环境信息、老化材料信息，以及保护材料信息等众多信息的集合体。

第三节 文物信息的系统及价值

一、文物信息系统

1.文物信息的产生与变化

严格来说，在文物实体还没有产生之前，文物的信息便开始了积累。一件文物历经岁月的沧桑遗留到现在一般经历了加工、制作、使用、埋藏、典藏等过程。不同阶段的文物，信息的特点也是不同的。

在加工之前首先要寻找原材料，原材料包括原始的文物主体材料和各种辅助材料。如青铜器的原材料不仅包括主体的矿料，还有范铸法需要的陶范泥料等。原料的采集也蕴含着许多人类的劳动，青铜器冶炼所需要的铜矿石的开采，就反映了古人的采矿技术水平，这部分信息都属于文物制作原料的信息。原料采集完成后，古人就开始对原材料进行加工以及对文物个体进行制作，原材料的加工可能涉及多种技术，如毛纺织原料的初加工包括净毛和弹毛等环节。对文物个体的制作既包括使文物成型的过程，又包括其局部的精修与装饰，甚至可能还有二次加工的过程。金银器的成型方法主要为锤揲和浇铸，而其器物表面的工艺处理和装饰技法又包括錾刻、抛光、镂空、焊接、镶嵌等，这些加工工艺和制作工艺共同组成了文物的工艺信息。制作完成后，文物投入使用，长时间的使用磨损会在文物实体上留下痕迹，包括使用的频率和使用人的习惯等信息，以及使用期间的破损修补信息，这部分信息是文物的使用修复信息。除了传世品，大多数文物实体都会进入埋藏环境。在漫长的埋藏过程中，文物实体与环境互相作用，文物实体材料会发生老化，会发生微生物腐蚀。由于腐蚀降解作用，有时文物实体的整体性都难以保证，这些都是埋藏阶段的文物信息。考古发掘后，埋藏环境被打破，文物重见天日，进入典藏阶段。这期间，由于环境平衡的破坏，可能有新的病害出现或者病害加重的情况产生，也可能增加了对文物实体进行保护与修复产生的修复历史痕迹，还有可能为文物附加了典藏的相关信息（如登录编号、展览等）。经过这几个阶段后，呈现在我们眼前的文物是蕴含着庞大信息资源库。

2.文物信息的积累

在信息学中，信息量是信息多少的量度，信息量的变化是熵增过程，是过程量，是与信息传播行为有关的量。其存在是相对的，信息量越大，即负熵越大，熵值越小。而我们需要了解的是文物信息绝对数量的变化规律，即信息数量。

3.文物信息系统的要素

一般意义上的信息系统包括三个要素：信源、载体、信宿。文物信息系统中的信源是古代社会的人类，文物是信息系统的载体，信宿是现今的人类。文物与人的关系，是客观与主观的关系，文物是客观存在，它需要我们人类去认知、提取它的信息、挖掘它的价值。

每件文物都包含年代、产地、材料、工艺等信息，这些信息组成了文物的"身份证"的全貌，是保护研究的核心内容，也是鉴定文物的重要依据。上述信息并不是孤立的组分，它们之间相互依存、相互作用，如产地和材料信息的相互依存，材料和工艺信息的相互作用等。同时它们共同构成一个统一的整体，形成一个信息系统，将同遗址或同区域的不同种类文物的信息汇集起来，建立更高层次的文物信息系统，并且人们获取、传递、接受、加工，储存、利用信息的过程也是文物信息系统的一部分。通常情况下，信息系统有五种特性，分别是整体性、关联性、动态性、有序性、目的性，这五种特性同样也适用于文物的信息系统。

现代信息学认为信息交流的结构由信息、信源、信道、信宿、噪音五个要素构成，这五要素亦适用于文物信息学。在文物信息系统中，信源是古代社会的人类，传递给我们的信息均由文物实体承载、提供。信源具有众多性和相关性，对一件文物从不同角度，依据不同目的进行观察，可以发现不同的信源，有时获得了一件文物的信息，会对了解另一件文物有所帮助。这需要我们注意信源之间的交叉性，以争取最大程度地获取信息。信道是信息传播的媒介，对于文物信息而言，主要是指各种量化分析手段。每一种分析手段所能获取的信息量往往是有限的，所以一个文物信息系统应当具有多种信道。文物信息的信宿就是我们每一个研究者，不同的研究者对信息所作的解读是有差异的，即对于某些问题的结论可能存在不同意见。噪音在文物信息系统中同样存在，主要包括文物样品的干扰信息，由于文物样品具有复杂性与多样性，受到环境因素的干扰后，常常导致信道中传递的信息减少，复杂程度增大。

文物信息系统的信源、信道、信宿、噪音密切相连，每一项对我们所获取的信息量的大小都会产生影响。这就要求我们从信源角度，在考古发掘现场和实验室及时做好文物的保护工作，最大程度保存文物持有的信息。从信道角度，应采用多种量化分析手段，相互交叉佐证，传递尽可能多的信息容量。从信宿角度，应注重提高研究者的业务水平和人文素养。从噪音角度，应侧重研究如何合理防止和利用噪音信息，这对于文物信息的准确认知非常重要。

4.文物信息链

信息链是以信息为中心环节描述信息运动的一种逻辑构造。文物的信息链是以文物信息为中心环节的，信息链由事实（facts）→数据（data）→信息（information）→知识（knowledge）→智能 intelligence）五个链环构成间。我们凭借感官或机器能从文物实体获得的最原始的映像便是事实，事实是文物信息链的起点。数据是我们通过各种手段，包括仪器检测、模拟实验等得到的定性或定量结果，即从文物实体获得的能够记录的一组符号。数据是事实呈现的一种形式，数据只是一些符号、数字或图像（图谱），经过分析解读后才能展现有价值的内容，这部分就是我们需要的文物信息。文物信息既有物理意义，也有认知意义。它既有客观文物状态的反映，又有人类主观认知的成分。作为信息链中心环节的文物信息，表面上看似乎是杂乱的、无序的，但在时间坐标上一定是有序的，也存在一定逻辑关系，因此需要对此进行总结归纳并使之系统化。加工后的文物信息变成了知识，这是对信息的升华。智能是对知识准确清晰的运用，是经过信息链各个环节最终形成的"完美的境界"。

信息链在单个文物信息系统和多个文物信息系统之间进行信息的有效传递，文物信息蕴含在文物实体运动状态之中。文物实体存在无限多的运动状态，其中绝大部分是无法知晓的。但有几种文物的运动状态对文物保护研究十分重要，一是文物实体的始态，承载的是文物最原始的信息，与文物的三大价值关系最为密切；二是文物实体出土时的状态，它与文物在埋藏环境中的腐蚀、降解过程有关，通过研究文物实体出土时的状态，可以为文物考古发掘现场保护提供支撑；三是文物实体馆藏过程的状态，其研究结果可以为文物预防性保护、保护修复实践提供科学依据。文物实体的状态随时间推移而不断变化，每一次的变化都会导致信息链开端的"事实"发生改变。而我们通过理化手段，得到符号化的"状态"信息，对难以辨识或者量化的文物实体状态信息进行转换。符号化的数据语言经过处理、编译，成为我们可读的文物实体状态的转述，即一条条关于文物的信息，而这些信息经过文物保护学语言的总结归纳后就成为文物保护的学科知识。这些知识逐步积累、发散，文物信息系统量的积累最终带来质变，通过搜寻不同文物信息之间的联系和差别，使原有的知识得到延伸和运用，形成智能化的文物信息系统，为文物保护实施过程中的文物价值认知、保护技术和保护材料的筛选提供重要依据。

二、文物信息的价值

若想了解文物信息的价值，就需要对文物信息进行加工处理，这要求研究者具备一定的经验、知识和智力背景（即观察、分析、推理能力）。资深研究者对文物信息的理解和认识往往高于普通人。

文物信息包罗万象，是文物保护、考古、科学技术史等多个学科关注的焦点，这与文物信息的价值密不可分。文物一般具有历史价值、艺术价值或科学价值，文物信息以文物实体为载体，因此文物的历史、艺术、科学价值均要通过文物信息来体现，如青铜器的历史信息要通过铭文信息来反映。文物是不可再生的，我们只能最大限度地延缓其劣化进程，但是文物信息具有延续性和继承性，纵使文物实体消亡，文物信息也可在某种程度上还原该文物实体的原貌，文物信息的延续比文物实体的延续容易实现。人们对文物价值的认识并不是一次性的，是一个与时俱进的过程，而对文物价值认识的提高主要来源于对新的文物信息的获取和认知。

文物的工艺技术和功能信息，是文物科学和艺术价值的主要反映。文物的年代、产地信息是文物历史价值的体现。文物的环境信息是人类与环境之间关系的体现，也能够为文物实体的保护修复提供依据。对以上文物信息进行扩展、补充，便得到了文物的人文信息，文物的人文信息是文物历史、科学、艺术价值的集中体现。文物实体的材料信息，是在文物实体产生的时间段内人类社会认识自然、改造自然能力的体现，亦是对文物进行科学保护，使其本体得以延续的重要参考依据。文物实体的材料信息蕴含着文物的科学价值，同时也能为现代材料科学的发展带来启示。文物实体的病害信息是文物实体保存状态的重要评价内容，文物实体的材料、病害信息与文物实体的寿命息息相关，是保存文物实体物质属性的重要参考依据。

同时，对于文物信息的价值的理解，不能局限于某一件文物，或者某一类文物，而应将其纳入整个考古学的领域进行思考。通过文物信息体现人类认识自然、改造自然的状况，寻找不同区域、不同时代的共性与差异，探索人与自然的演变规律。我们很难从几件孤立的文物的信息中获得启示，但是同一区域内的不同文物的信息量积累起来，可以得到该区域文化的相关认知，对几个区域文化的信息进行对比整理，又可挖掘文明发展，演变的方方面面，最终汇入到人类文明的浩瀚海洋之中。这也是文物信息的增值过程。系统化的文物信息可带领我们领略人类文明的面貌，并清晰展现整个系统内部的相互联系、相互作用。文物信息能够连通区域交流的通道，将孤立的系统网状化，并通过信息链，最后形成信息网，获得信息规模化收益。

第四章 我国博物馆文物藏品利用研究

前文对文物藏品进行讲述，本章主要对我国博物馆文物藏品利用进行讲述。

第一节 博物馆文物藏品利用与保护

所谓文物藏品利用是指以保护为基础，通过科学研究得到文物藏品的内涵与价值，将这些信息传播出去，利用这些内涵发挥教育作用，并永久地保存这些信息，此外还通过多种新技术与新手段来完成藏品陈列展示等。博物馆花费大量成本进行文物藏品的征集与保护，目的是希望尽可能地利用文物藏品内涵与价值。由于本身的不可再生性、唯一性等特性，文物藏品容易受到自然与人为因素的威胁产生安全问题，所以如何利用并保护好文物藏品就成为人们关注的重要问题之一。

一、博物馆文物藏品利用与保护的理论与实践

新中国成立以来，我国文物藏品管理保护的理论与实践经历了一个不断摸索并完善的过程，尤其是近年来成果不断，通过总结这些实践成果，我们的理论体系与工作规程已逐渐形成。

这些理论成果使博物馆界开展文物藏品保护与利用实践工作有理可依，获得一系列成果。到二十世纪末，我国许多级别较高的博物馆基本上完成了文物藏品的等级、编目、建档、定级、分类等基本工作。博物馆借助数字化对馆内文物藏品进行管理，建成藏品数据库，创建数字化博物馆，与其他博物馆进行馆际沟通。

二、博物馆文物藏品利用与保护的关系

社会对博物馆的利用本质上是对博物馆中文物藏品的利用，文物藏品以各种方式和手段被直接、间接地利用到博物馆工作之中，在这个过程中难免会产生损耗，因此我们要处理好文物藏品利用与保护的关系。

（一）保护是基础，利用是目的，保护第一，利用第二

文物藏品是博物馆开展工作的前提，没有保护作基础，文物藏品就无法达到可持续利用。在特殊情况下，利用要服从保护，一些珍贵且易损的文物藏品要减少直接使用的次数，不能以失去为代价进行利用。对此可拓宽思路，退而求其次，采用照片、复制品等利用形式。虽然保护处于第一一位，但是我们可以深化文物藏品内涵、扩展

其外延来达到利用目的。衡量一座博物馆业务水平、社会效益等方面的标准是科学研究、宣传教育等业务活动，这些业务活动都需要围绕文物藏品开展，如果片面地秉承"子子孙孙永葆用"的理念，将文物收藏在库房之中，那么文物藏品的价值则没有被充分挖掘。

（二）文物藏品的利用与保护既相互矛盾又相互统一

我们既希望更为长久地保存文物藏品，又希望其发挥出更多的价值，两者的矛盾与统一始终贯穿着博物馆的业务工作，我们要在利用中保护，在保护中利用。首先，在利用时要给予足够的重视，建立严格的管理制度。对文物藏品进行陈列展示、复制、研究等利用时，安全设施和安全设备要到位。尽量减少文物藏品的受损条件，寻找更多的间接利用形式来代替直接使用，如藏品目录、图片等方式。其次，在保证安全基础上加以利用，保护中体现利用。保管部门为了使文物藏品得到更好的保护，会根据其特点进行研究，辨别真伪、鉴定年代、材质、流传经历等，对文物藏品的研究实际上就是找到使用价值的过程，并对利用中如何保护提出建议。管理时进行的编目、排架、拍照等工作，旨在方便日后对文物藏品进行利用，亦旨在展开有序保护。如文物藏品数字化工作，获取数字化资源既是管理与保护，又是为间接利用做好准备。

（三）永续保护与永续利用

当利用与保护出现矛盾时，应以"可持续"为基准来衡量利弊。如果无法做到文物藏品"可持续"，也谈不到长远的利用与保护，应该暂缓对其使用，当前服从长远，做到文物藏品永续利用与保护的统一。

第二节 博物馆文物藏品的利用方式

纵观我国博物馆行业对文物藏品的利用情况，大致可以分为五种利用方式：进行陈列展示、利用课程资源配合学校教育、展开科学研究、开发文化衍生产品、利用数字资源。

一、陈列展示

博物馆的陈列展览是在展厅等空间内，以藏品为根本，以科学技术为手段，以现代设备为辅助，按照某个特定陈列主题、按特定艺术形式进行排列组合，并以将藏品信息传递给观众为最终目的。

当前我国博物馆陈列展览的理念是通过对文物藏品的研究找到联系，确定展览主题，以解释展品文化为线条，空间布局为载体，表现语言为手段，现代技术为辅助，将文物藏品的自我阐释与外在解释结合在一起，使文物藏品的展示既有思想性，又被赋予趣味性，共同创造出精品陈列展览。

1.文物藏品的自我阐释

单霁翔先生说"原始质朴的石器陶片，精致典雅的商周铜器，凝重生动的秦砖汉瓦等以及优美新奇的纹饰图案，这些足以让人们心动、幽思不息。"每件文物藏品都有自己背后的故事，我们需要做的是在组织展陈之前通过科学研究尽可能发现它们的文化内涵，找寻情感线索，以此为依据来排列组合。策展人无需对它们在意义、性质上进行判断，过多的解释是带有主观色彩的干扰。

文物藏品是地域文化的载体，反映出当地民族特点、历史特点等独特性。《社会科学方法辞典》对"地域文化"一词的概念进行了具体阐释："在一定时空范围内，人们日常生产与生活行为的习惯形成该地区的文化特色，众多相关文化特色组成了为文化丛，人们对文化特征的选择构成文化类型或文化圈，这个文化类型或文化圈就是我们所说的地域文化。"近年来国家文物局开展"全国博物馆十大陈列展览精品"评选活动，由评选结果可以看出，通过特色文物藏品反映地域文化的陈列展览是入选精品展览的重要条件。如回族博物馆，为呈现文物藏品的内涵与独特，策划了回族专门史陈列展示，共分为"回族形成的历史"等在内的五个主题。优秀的策展理念向观众展示了回族珍贵的历史文化遗产，传递了回族文物的特色。又如湖南省博物馆拥有独特的马王堆文物资源，蜚声国内外，因此湖南省博物馆设计出以马王堆汉墓文物藏品为核心，以瓷器、青铜器、书画等其他常设展览为辅助的陈列展览。展示内容将湖南省博物馆的特色资源优势与观众兴趣点结合在了一起，既有创新，又符合观众的需要，是博物馆陈列展示比较成功的案例之一。另外还有河南省博物院推出的"中原古代文明之光"展览，以河南省考古发现的文物为载体，让文物叙述自己的特色，将中原地区文明化进程以及中原在历史发展中的地位完整地呈现给观众。

2.文物藏品的外在解释

特色文物藏品使陈列展览具有思想性，但距离成为精品展览还远远不够，还需要对文物藏品进行外在解释，包括空间布局与辅助展品、现代技术手段，使陈列展览具备趣味性。

博物馆建筑之内的陈列空间以占据空间的物体之间相互存在关系来确定，作为精品的陈列与展示能够让观众在参观中觉得舒适，不会觉得乏味，参观过程充满乐趣。比如营造历史空间就是一种将设计理念与展示方法相互结合的手段，通过实践使其方法与设计获得观众的认可而成功。这要立足于文物藏品的思想性，在展示空间之内进行历史的叙述，给人感官的强烈冲击。在具体主题之下，通过艺术构思，在展示空间之内进行全方位的艺术造型、色彩搭配、灯光照明等搭配设计，制造良好的展示氛围，塑造整体空间。在突出文物藏品的前提之下，将文物藏品融入到周围环境之中，这样呈现在观众面前的就是立体的历史文化因素和流畅的时间线条，做到局部的物景融合。

辅助展品和现代技术手段以直观、趣味、新鲜的特点，给观众带来强大视听体验，由传统静态展示转变为动静结合。展板、地图、模型、沙盘、蜡像、壁画等辅助展品能够帮助还原和重现历史，使表达的信息更为丰满。博物馆的陈列要以它特有的语言与观众形成对话，这里"特有的语言"一方面指文物藏品的自我阐述，另一方面指需要辅助展品的协助。山东博物馆在"考古山东展"中仿建了山东寿光双王城遗址景观，将盉形器实物放在复原的盐灶上，将盉形器的用途展现的更形象，再现了商周时期盐业生产状况。近年来越来越多的博物馆采用光纤、激光、全息照相、立体声、多媒体等技术，同时电子影像、大型影像、立体影像和虚拟影像等新技术也纷纷进入博物馆，弥补传统展示方法的不足，增强文物藏品趣味性。

二、利用博物馆课程资源配合学校教育

博物馆利用文物藏品开发课程资源不仅局限于文物藏品实物，也包括图文、影像、数字资源等种类。实物资源具有生动、直观等优点，是设置课程资源的最佳选择；图文资源是介绍文物藏品的文字和图片的课程资源，既指介绍文物藏品的照片、文字说明，也指相关的文章、书籍等；影像资源是指以博物馆内陈列展览或以介绍馆藏文物为主要内容的电影、视频、录像带等资源；数字资源是指利用网络宣传的文物藏品信息资源。目前利用文物藏品开发课程资源的形式主要有：利用文物藏品开展教学；组织学生到博物馆参观；举办知识讲座；开展夏令营、冬令营等活动。

（一）利用文物藏品开展教学

这项实践多是在大学博物馆中展开的，大学博物馆利用馆内文物配合考古、历史、美术等专业课程的讲授。如，山东大学博物馆为配合考古系学业课程，允许专业老师借用馆内新石器时代陶盆、陶豆等器物对学生开展类型学、制作技术等方面的讲解。

（二）组织学生到博物馆参观

现在许多博物馆已经成为小学、初中、高中学校的教育基地，学校定期组织学生进行集体参观，这是目前博物馆与学校合作最为常见的方式。博物馆利用这些生动的文物藏品向学生输出历史文化知识，在一定程度上弥补了学校教育理论性、抽象性的缺陷。学生看到的不仅是展柜内的实物，还能感受到二维图片、三维动画、多媒体视听等辅助手段，积极性被最大程度地调动起来，由被动式学习转变成主动式探索。

（三）举办知识讲座、报告

主讲人既可以是馆内工作人员，也可以是邀请的社会人士，他们利用前文笔者介绍的四类课程资源在博物馆内或者进入学校为学生开展讲座与报告。由于内容与形式符合学生的兴趣，并配合有实物、图片等展示，所以更容易吸引学生注意力，被学生所接受。

（四）开展夏令营、冬令营等活动

一些博物馆通过文物知识竞赛等形式选拔学生，配合某些活动组织开展夏、冬令营，组成兴趣小组。对于优胜学生给子机会适当参与文物藏品的征集、文物藏品的修复与复制、相关课题研究等活动，使其了解博物馆的运行程序。博物馆利用馆内的课程资源，通过举办夏令营、冬令营、兴趣小组等，用这种寓教于乐的形式来帮助学校因材施教，既拓展了孩子们的眼界，也动员更多的家庭参与到博物馆活动中来。如安徽博物院夏令营通过观看表演剧、听文物、看文物等活动，引导孩子们体味历史，并开展做瓷盘、剪纸、泥塑等趣味游戏，使孩子参与其中，调动他们的积极性，由旁观者变成动手者，加深了他们对馆内文物藏品特点的认识。

第三节 文物藏品利用存在的问题及西方先进经验

一、文物藏品利用存在的问题

经过新中国成立、改革开放、21 世纪新发展这三个重要节点，我国博物馆事业已经实现了跨越式发展，博物馆成为人民文化娱乐生活中浓墨重彩的一笔。文物藏品自博物馆创立之初就受到高度重视，笔者在前文中也介绍了目前我国博物馆中利用文物藏品的众多形式。但无论在数量、形式、思想上与西方发达国家相比都还存在一定差距，博物馆内文物藏品的利用仍然具有很多局限性，需要在日后工作中进行提升。

（一）文物藏品展出率低

故宫博物院、上海博物馆、南京博物院、河南博物院、湖南省博物馆等大型博物馆在文物藏品利用上虽然走在国内前列，仍然有较大提升空间，其他中小型博物馆的利用效率相对更低。以故宫博物院为例，故宫博物院拥有藏品 1807558 件，其中珍贵文物有 1684490 件，故宫博物院常设展览有 10 余个，展出文物藏品只有万余件，展出利用率只有 1/180。卢浮宫收藏有文物、艺术精品约 40 余万件，开放 250 多个展厅，并定期更换展品、举办临时展览等，藏品的利用效率达到了 60%；艾尔米塔什博物馆拥有 300 多万件藏品，开辟的展厅有 400 多个。卢浮宫、艾尔米塔什博物馆与故宫博物院同为世界著名博物馆，每年接待大量访客，但是对比起来则可以发现我们在文物利用上的不足。同时某些博物馆在建馆之初藏品征集指导思想上存在一定偏差，征集的文物藏品多有重复性、不典型、不全面等缺点，导致现在无论是利用文物藏品进行陈列展览，还是科学研究、数字化资源开发等都存在一定的问题。

（二）馆际间差距大

作为与社会基层、广大群众密切接触的县市级中小型博物馆无论在文物藏品数量、经费支持、人才力量、技术手段上都难以与大型博物馆相提并论。首先，这些中小型博物馆文物藏品数量一般较少。据中国博物馆协会官方网站公布的数据，黑龙江省林口县博物馆拥有的文物藏品只有4000余件，馆内分为两个展厅，20年间举办的陈列展览不过区区70次。其次，由于经费、空间、技术等因素的限制，中小博物馆可能无法组织系统的基本陈列，定期更换展品、临时展览、专题展览更是难上加难。再次，中小型博物馆中高学历、高素质的专业人才比例相对较低，馆内人员对文物藏品的科学研究程度不够，藏品管理也无法做到科学和规范。博物馆学是一门综合应用学科，涉及众多专业领域知识，由于馆内缺乏专业人才，外界专家又无法长期进行指导，建立在科学研究与规范管理之上的文化衍生产品开发、数字化资源应用等其他利用方式开展起来步履维艰。若想整体上提高我国博物馆对于文物藏品的利用效率，做到百花齐放、齐头并进，中小型博物馆是一个需要投入更多力量的重点领域。

（三）内部管理存在协调障碍

我国博物馆的组织机构一般包括陈列部、研究部、保管部、宣教部、社会服务部等众多部门，彼此密切相关，但目前博物馆各部门之间在使用文物藏品过程中一定程度上存在协调障碍。主要表现在：

1.处理文物藏品"保"与"用"的关系时存在矛盾

各部门能否处理好这对关系直接影响到文物藏品的利用，每个博物馆都要制定相应的藏品管理制度，这套制度是以"保障文物藏品安全"为最高标准来制定的，与藏品保管部工作准则较为契合，保管部希望其他部门尽量降低文物藏品的使用频率来保障其安全性。但由于工作重点与工作目标不同，对于陈列部、宣教部等其他部门可能会带来不便。

2.馆内分工过细，缺乏交流

如馆内策展人员由于部门限制，对库房内文物缺少了解，在策展时容易出现问题，反之，保管部人员虽然对库房内文物了若指掌却不参与展陈、开发衍生品等利用过程。这种分工过细的现象导致了博物馆各部门之间缺乏交流，阻碍文物藏品的利用。

（四）外部缺乏合作交流

伴随社会发展一体化、全球化，我国许多大型博物馆之间、与国际其他博物馆之间形成了"联盟"模式，调借各自馆内珍品举办临时展览、进行合作研究等已屡见不鲜。"有物无舍"、"有舍无物"这两个词可能能够形容目前一些博物馆面临的难题，与其他博物馆组织合作是解决这两个问题最为有效的途径之一。

二、西方博物馆的先进经验

美国大都会艺术博物馆、大英博物馆等主动探索利用文物藏品的实践给我国博物馆提供了先进经验，西方国家博物馆利用文物藏品的先进形式主要可以分类两类：与学校、社区教育对接和筹措资金。这些先进经验无论是对博物馆自身运行，开展日常工作，还是发挥社会效益，诠释博物馆功能都产生了积极影响。

（一）利用文物藏品与学校教育、社区教育对接

西方国家利用博物馆开展学校教育、社区教育的历史较为久远，博物馆资源与学校、社区教育的对接融合比我国更加密切。19世纪时美国的乔治·勃朗·古特就提出"博物馆必须向教育服务方向发展，为学校教育、社区教育等提供多种形式的服务"，1910年，博物馆教育先驱 H.W.Kent 主张博物馆应利用其多种教学资源为学校教师、学生提供教育服务，并认为各地区教育行政体系的支持与参与将促进博物馆与学校建立起伙伴关系。英国在1988年制定出"国家课程"（National Curriculum），认为可以将博物馆与校园教育融合在一起，并成立"国家课程委员会"（National Curriculum Council，简称 NCC）。

美国大都会艺术博物馆利用馆内文物藏品与中、小学教育对接的项目多达近百个，其中小学24个、初中35个、高中35个，每个项目中都会根据学生在学校的课程进度制定课程计划，如配合当地大学开设"视觉与空间"课程，教师在博物馆内为学生授课，帮助学生从不同角度观察古代雕塑来体会空间构图。宾夕法尼亚大学博物馆与当地中小学配合，事先根据学校课程进展情况设计参观路线，并让参观学生参与调研，填写调查表。古根海姆博物馆曾推行的"透过艺术学习"项目历史超过30年，古根海姆博物馆中的教育员依照学校的需求，与学校教师同时参与课程内容设计，提供给学生使用。美国自然历史博物馆为数百所学校的众多学生提供到校展出服务，组成四个由集装箱改造而成的移动博物馆，根据不同年级、不同兴趣设置不同的文物藏品。移动博物馆在学校一般停留一天，随行工作人员提前在教室内向学生们介绍移动博物馆内文物藏品的情况及背景，然后学生分组参观并触摸某些展品，同时完成博物馆工作

人员发放的工作表进行自我探索。芝加哥菲尔德自然历史博物馆推出"教育资源出借项目"已经有一百多年的历史，根据馆内的文物及陈列展览设计出 900 多个展览箱、150 多个体验箱，展览箱中有实物和文字介绍，体验箱内装有文物复制品、仿制品、图片、影音品等文物衍生品以及使用手册等。学校教师通过在官网登记注册就可以免费借用这些展览箱和体验箱子进行教学，每次可以借用展览箱、体验箱各 2 个，在 3 周之内归还即可。大英博物馆也为小学、中学、大学推出了藏品租借服务项目，博物馆工作者挑选出适合出租、出借的藏品，将这些"准借"藏品存放在适当地点，并根据馆内展陈、研究等需要定期更换，想要租借藏品的学校提前向博物馆申请，通过后根据不同科目、不同学生、不同教师的需要，学校派人亲自前往博物馆挑选文物。英国雷丁博物馆将文物藏品出租服务延续了近一个世纪，馆内每年制作约 4000 多个"外借文物盒子"（Loan-Box），将这些文物盒子出租、出借给当地学校配合教学需要，提供给 3 万多名当地的中小学生使用。国际博物馆协会在 1980 年制定了公共基础课程大纲，用于开设大学课程，实际上美国许多博物馆在这个大纲制定之前就已经开设了相关方面的课程，如藏品的征集、相关记录、排架和运输，文物藏品的科学研究，组织展览等。美国还在二十世纪末时产生一种新的学校类型——博物馆学校，如纽约市博物馆学校，这所高中与布鲁克林博物馆、南街海港博物馆对接，教师可以利用这两个博物馆内各类文物采取灵活的教学方式，学生们也可以到博物馆内去上课，发挥自己在历史、艺术等方面的潜能。

西方博物馆教育与社区教育的对接一般在非传统场地的观众间进行的，扩大了受惠观众群体，尤其是那些由于特殊原因被社会边缘化的人群。如，苏格兰的格拉斯哥博物馆服务部推出"开放博物馆"服务项目，主要由两部分组成，一部分是外借给社区内群体的二十个文物展览体系，另一部分是为举办活动准备的操作工具与器材，堪称参与社区教育的先驱者。英国什罗普郡、赫里福德郡和伍斯特郡的郡县博物馆联合开发了载有展览的"移动博物馆"，为偏远社区提供展览服务，宣传公众考古知识。"移动博物馆"所做过的一个展览是"咀嚼：古今食物简史"——既包括文字、图片等考古资料又包括富有特色的实物与复制品，让这些平时难以进入博物馆的人群近距离了解馆内的考古研究成果。

（二）利用文物藏品筹措经费

西方博物馆经费状况与我国博物馆有一定差别，我国公立博物馆三分之二以上的经费是依靠政府的财政拨款，西方国家除了国立博物馆之外，其他隶属于地方政府的博物馆主要靠自己筹措经费，其中以利用文物藏品为主要途径，这些国家利用文物藏品筹措经费的经验对于我国博物馆日后的转型有着重要的意义。

1.与企业合作

大英博物馆以丰富精美的藏品以及系统的服务理念闻名世界各国，其利用文物藏品吸引资金的手段已经相当成熟。大英博物馆实行"全球合作伙伴"项目，这个项目为大英博物馆文物藏品的科学研究、科技保护、展览、宣传以及其他方面的工作提供资金支持。目前大英博物馆全球合作伙伴包括了汇丰控股有限公司（HSBC Holding plc）、摩根士丹利（Morgan Stanley）、BP能源等在内的共14个全球知名企业，这些企业向大英博物馆每年捐助35000英镑或者三年捐助94500英镑，企业提供资金的同时获取的是与大英博物馆共享文物藏品资源的回报。一般博物馆的文物藏品库房和文物藏品保护部是不对公众开放的，但是这些企业的会员可以每年来参观一次，并有博物馆专业研究人员为其提供知识讲解。此外，这些公司的员工可以免费参观大英博物馆举办的特展，大英博物馆还会额外提供百张免费票供员工的家属及朋友使用。这些员工在大英博物馆的文物商店购买文化创意产品等商品时，还可以享受博物馆提供的九折价格优惠。"全球合作伙伴"的企业得到的不止是共享大英博物馆文物藏品资源的机会，还有良好的声誉。大英博物馆将这些资助企业的名称挂在博物馆网站上，浏览网站的观众可以得知赞助企业的名字从而帮助这些企业获得名誉与口碑，带来"名誉价值"，可谓"名利双收"。除了获得企业的经费资助，大英博物馆面向个人也开启会员制度，个人每年缴纳2000英镑即可成为大英博物馆的会员，同样享受到的是共享文物藏品、参加馆内活动的机会，只是在开放程度上与企业会员略有差别。

2.成立兴趣协会

美国、加拿大、墨西哥等国家的博物馆根据文物藏品不同种类、特点、受欢迎程度成立不同的兴趣协会与博物馆之友收取会费，如亚洲文物藏品协会、埃及文物藏品协会、青铜器协会、瓷器协会等，帮助博物馆筹措了资金，还可以聚集人气。如加拿大皇家安大略博物馆中存有许多中国顶级文物，从陶器到青铜器，从玉器到壁画再到殷墟甲骨，中国文物陈列的四个展厅几乎占去了主楼第一层展厅面积的二分之一。许多观众为中国精美、神秘的文物藏品而着迷，为此皇家安大略博物馆成立了关于中国文物藏品的兴趣协会，协会会员缴纳一定经费即可参观到库房中更多的中国文物，并享受其他人无法享受的特殊待遇。

3.文化产业市场化

我国博物馆近年来开发文化创意产品进行的如火如荼，但是与欧美国家相比，还有许多不足之处。就美国的博物馆而言，他们通常把自身当做商业模式来运作，看作是属于文化领域的"产业"，引入市场化运作，并不像我国博物馆——"文化管理机构"

的定位。美国博物馆市场化运作最突出的表现就是其文化产业的发展，他们有强烈的品牌意识，维护自身形象与声誉。他们会设计代表自身形象的博物馆品牌标志，将标志印制在馆内产品、员工名片、宣传资料等上面。博物馆内文化衍生产品的开发不是表层的复制与模仿，而是立足于馆内特有的文物藏品设计出针对不同性别、年龄层次，带有自身文化背景的收藏、馈赠佳品。如史密森博物馆商店的分类导览中，购买者可以自行选择主题（YourSelection），并在这个主题下选择人群与价格分类等（Gift for Her/Gift for Him/Gift for Kids；$100 and under/$75 and under/$50 and under/$S25 and under）。史密森博物馆文化衍生产品的设计理念就是"从藏品中获得灵感"，工作人员努力了解并研究馆内的各种文物藏品，结合博物馆内的陈列展览开发出体现特色的文化衍生产品，如非洲艺术系列、美洲印第安人系列、美国艺术系列等。联邦税务局（Internal Revenue Service）每年要对史密森协会中的各个博物馆进行审查，核实这些博物馆内的所售的文化衍生产品是否真正做到了与博物馆各自不同特色的藏品密切相关。这样博物馆基于文物藏品开发的文化衍生产品无论是从博物馆自身角度，还是从政府层面，都保证了特色与质量，值得我国博物馆学习。

第四节 关于博物馆文物藏品利用的思考

一、构建科学收藏体系

扩大文物藏品征集的同时构建出科学的收藏体系，可以为利用文物藏品提供雄厚的基础。我们需要具备长远眼光，未雨绸缪，加强文物征集工作，通过为未来征集文物充实藏品数量。同时也要保证藏品质量，完善收藏体系终止馆内不再适合收藏的文物。

（一）为未来征集文物藏品

如果博物馆拥有前瞻性，及时征集当今社会负载政治、历史等各方面信息的物品，日后对于弥补博物馆文物藏品数量不足的问题，尤其是对于中小博物馆来说，一定会起到举足轻重的作用。

我们要加强现代文物、二十世纪遗产、当代遗产等方面的收藏工作。博物馆构建科学的收藏体系不是一朝一夕可以完成的事情，这是一个动态过程，需要我们及时为未来征集文物藏品。近现代藏品就是未来的历史文物，今天我们所使用的部分器物、查阅的文献等就是明天博物馆的藏品，征集近现代藏品是博物馆"未来意识"的体现。客观上近现代的藏品征集起来相对容易一些，这些藏品损坏程度低，社会上数量充足，征集空间广阔，不仅能够在文物藏品数量上做出贡献，而且增加了博物馆与公众接触的机会，扩大博物馆在社会上的影响力。例如，武汉博物馆将一台铣床和几段汉阳铁厂锻造的铁轨纳入了博物馆文物收藏体系，以此来反映张之洞任湖广总督期间开展洋务运动、发展工业的缩影。2002 年成立的韩国首尔博物馆作为一座年轻的博物馆，收集近现代文物、为未来征集文物藏品成为其文物藏品来源中的重要角色。从 2009 年起，首尔博物馆开始实施"博物馆再诞生"计划，一是不仅仅关注文物自身蕴含的的文化内涵与文化价值，更关注该件文物的生产过程、制造工艺、使用范围、流通经过、社会影响、文化脉络等更深层次的问题；二是关注生活的细节与经历，不仅关注文化，而且人们的生产与生活都被纳入关注的范围内；三是不仅关注那些稀少并优秀的文化遗产，也要注重为子孙后代记录现代的信息。可以看出首尔博物馆为未来收集近现代的实物、图片、影像等各种资料，征集文物藏品的范围要比我国一般博物馆更为宽泛。我国博物馆，尤其是中小型博物馆树立"为未来征集文物藏品"的意识，及时将有特色、有代表性的近现代藏品纳入博物馆收藏，对未来利用文物藏品来说相当于打了一剂"预防针"，只有保证文物藏品的数量充足、质量上乘，博物馆才能构建科学的文物藏品体系，并利用这些文物藏品开展活动。

（二）完善文物藏品体系

为未来征集文物藏品在一定程度上为日后博物馆文物藏品的来源提供了保障，但还需要完善文物藏品体系，保证文物藏品的高质量。所谓"高质量"是要求藏品能够完整、全面地反映某一个社会历史发展进程、社会生活场景、自然现象、科学技术和艺术风格，具有代表和典型性，即一件物品可以体现多种文化因素或自然因素，同时要求该物品有相对稳定的质地和结构，能够更长久地被保存。可以看出，博物馆纳藏要有一定的标准才能更好地进行文物藏品利用，既要征集符合地域特色的藏品，又要终止收藏部分不适合的文物。

新博物馆学的产生使我们更加关注博物馆收藏的地域文化，使各地博物馆的文物藏品更加体现地域特色。《保护和促进文化表现形式多样性公约》的通过，确认了文化多样性是人类的一项基本特征，也是人类的共同遗产。博物馆正是体现文化多样性的载体之一，是否具有地域特色是衡量博物馆内文物藏品质量高低的重要标准。中小型博物馆在经费、文物藏品数量等条件上可能无法与大型博物馆相互媲美，但是可以另辟蹊径，利用系列符合地域特色的文物藏品展示博物馆独一无二的内涵。首先，馆内研究人员应该加强学术研究能力，对地域的历史文化进行提炼，构架出文物支撑构架的信息要点，增加博物馆征集文物藏品的针对性与科学性。其次，根据地域文化特点，结合馆内短、中、长期工作计划，查找藏品体系中的空白和薄弱环节，制定出适合本馆特点的目标，构建出拥有特色的文物藏品体系。例如，西北民族大学博物馆每年通过总结馆内需要，计划立项来研究馆内缺少哪些区域、哪个民族和哪种文物藏品体系，根据实际工作需要来征集文物藏品，做到用最少的资金征集到文物精品。宁波帮博物馆作为一个人文专题性质的博物馆在 2009 年建成之时就找准了自身特点，展示对象社会关注度高，如当地明清以来当地著名的工商业者。因此宁波帮博物馆限定了征集文物藏品的方向；以文物藏品背后的人物和故事来吸引观众，做一个"有故事"、"有渊源"的博物馆。虽然宁波帮博物馆由于属于人文专题类型博物馆，与其他大型综合博物馆等相比硬件、资金等方面都可能存在差距，但是由于制定了完善的文物藏品征集方案，因而能够扬长避短，在当地博物馆界拥有自己的一席之地。

高质量的博物馆收藏不仅是拥有地域特色，还要去其糟粕取其精华。我国博物馆产生之初收藏方针存在一定的偏差，以致我们现在许多博物馆沉淀了部分并不适合馆内收藏的文物。这些文物藏品与馆内其他文物藏品相比具有特殊性，无论是陈列展示还是科学研究，都难以形成体系，容易造成资源的浪费。笔者建议博物馆以适当方式终止这些文物的收藏，结束保管权与使用权，通过向其他博物馆捐献、交换等方式，将其从文物藏品体系中剔除出去。早在 1979 年，美国的 Corcoran 美术馆就公开拍卖了馆藏的 100 件十九世纪的欧洲绘画，希望以此次拍卖为契机，既能够改善馆内收藏品的种类与体系，又能够使该馆的定位与目标更加明确。1985 年，美国 Santa Barbara 自然史博物馆将其所藏的两万九千件植物标本注销后捐赠给当地植物园，目的是为了使这些植物标本被更好地保管，并更大程度地发挥价值。虽然这两个博物馆终止收藏的藏品并不全是文物，但是却给我们提供了一个很更为广阔的思路。采用拍卖、交换、捐赠等方式，适当地终止收藏某些馆内并不适合收藏，或者暂时没有条件进行利用的文物藏品，一方面可以帮助博物馆筹措到更多资金，另一方面可以帮助这些文物藏品找到更适合它们的利用方式，物尽其用，使它们的价值得到最大程度的发挥。目前，由于终止收藏的处理形式如拍卖等问题涉及到博物馆道德，可能在终止收藏的过程中还存在一些阻力。但是，博物馆出于正确目的主动终止收藏部分文物藏品本身是一个完善自己的过程，为我国博物馆构建并完善文物藏品体系提供了新启示。

二、推动文物藏品社会化

文物藏品社会化可以推动社会力量参与博物馆工作，促进我国博物馆全方位面向公众，使公众参与到博物馆工作的方方面面，这样既符合博物馆宗旨，又可以吸收公众建议，改进博物馆自身发展过程中存在的弊端。开放文物库房、创办多样化协会是推动文物藏品社会化的两个重要手段，给我国博物馆转型提供经验。

（一）开放文物库房

由于文物藏品的特性，博物馆文物库房一直是博物馆管理工作的重要一环，也成为观众的"禁区"，甚至除文物保管部门之外的馆内其他工作人员也无法进入。由于展示空间、经费、研究能力等原因，除了用于基本陈列与临时展览，大部分文物藏品被放入文物库房无法与观众、学者见面，这与西方国家博物馆有所不同。英国、美国等国家的博物馆十分欢迎社会研究人员和专业学者到馆内观摩、研究文物藏品，社会研究人员申请观看馆内文物藏品的正常申请一般会在短时间内得到回复，工作人员如果无端拒绝社会研究人员或者学者观摩文物藏品的申请可能会遭到投诉并受到处分。观摩当日被申请观摩的文物藏品会预先从文物库房中拿到观摩室等场地，并有工作人员陪同申请者一同参观，申请者可以在适当条件下进行拍照、记录等。对比我国博物馆情况，如果没有过硬的人脉关系，普通学者、研究者似乎无法得到参观未展出文物的机会。博物馆虽然拥有馆内文物藏品的优先研究权，但由于人员素质、研究能力等限制，部分文物一直得不到充分的研究。即便博物馆研究能力不足，也不愿意公布这部分文物的相关资料，造成了文物资源的垄断性与学术研究的不公平性。积极创造条件探索开放文物库房对于提高博物馆文物藏品利用水平，使公众获得更多机会接触文物藏品、了解库房管理具有现实意义，目前我国已有少数博物馆开始尝试开放文物库房。

（二）创办多样化协会

创办会员制度，成立多样化协会也是推动文物藏品社会化进程中的另一推动力。1924 年中华博物院制定了我国第一个博物馆会员制度，吸引社会力量参与到博物馆工作中，具有开创性意义。现今我国众多博物馆都设立了会员制度，如苏州博物馆建立了两层会员级别：普通会员、贵宾会员，会员享受优先获得活动预告、阅览馆内资料等权利。上海博物馆之友分为普通、高级、贵宾会员三个种类，缴纳 200 元到 8 万元不等的年费，可以定期参加文物讲座、鉴赏、论坛等活动。但我国大部分博物馆目前的会员制度没有明确的兴趣分类，是针对所有会员开展活动，容易造成方向性不明确的问题。

博物馆可以通过调查了解公众兴趣点，将兴趣点与馆内文物藏品相匹配，创办青铜器协会、玉器协会等不同种类的多样化协会。各协会分别招纳会员，根据会员需求与馆内资源定期邀请会员参加文物知识讲座、参观库房、实验室等活动，并举办酒会、慈善晚宴等。各协会主管人员需要对相关领域内容具有一定研究能力，并了解领域内学术、社会的最近动态，以此来把握活动方向。

在博物馆会员制度基础上创办多样化协会不仅可以帮助提高馆内文物藏品利用率，

推动社会化，还增加了博物馆的亲和力与社会影响力，吸引普通大众了解博物馆。

三、创造多元化资金

（一）设计文化创意精品，打造成功品牌

根据地域文化特色、代表性文物藏品设计出文化创意精品，不仅生产单体产品，还要打造成多个系列。文化层次分为三个级别：有形的、物质的外在层次；行为的、习俗的中间层次；无形的、精神的内在层次。

我们利用文物藏品设计文化创意精品要从现在复制、仿制、印制图案纹饰等外在层次深入到内在层次，抓住馆内文物藏品的"核心精神"，将这种精神注入到产品中，为博物馆打造文化品牌。在进行销售带来收入的同时，起到宣传作用，成为博物馆形象的代名词。

（二）提供"有偿借调文物藏品"服务

笔者在上文中介绍了雷丁博物馆的"外借文物盒子"、芝加哥菲尔德自然历史博物馆的"教育资源出借项目"，我国博物馆可以吸收这些先进经验，在此基础上拓宽对象，向国内学校、文物研究单位、知名企业、其他文化事业单位等提供有偿借调馆内部分文物的服务，按文物情况、件数、出租时间等条件收取经费。但要注意以下几点：首先，调查申请借调团体的信用、名誉情况，借调文物藏品的目的等，博物馆在审核通过之后与这些团体签署协议，团体缴纳保证金。其次，由博物馆在运输和使用过程中提供安全技术支持并为文物藏品购买保险，保证文物藏品安全，另外还要对成功申请借调团体人员展开藏品管理技能培训。再次，有偿借调服务结束之后，博物馆应及时督促团体归还文物藏品，为这些团体建立起信用记录并对社会公开，让社会公众监督这些团体使用、归还文物藏品的情况。

（三）拍卖馆内终止收藏的部分文物

由于我国博物馆的管理组织形式与西方国家博物馆情况不同，拍卖终止收藏的文物前需要呈报给上级文物部门，由上级文物部门组织专家对这些文物藏品进行鉴定，专家根据馆内的研究能力、藏品体系等条件给出该馆对此件文物藏品是否应该终止收藏的意见，最后再交由上级文物部门审核。参加竞拍的成员应该限制在具有一定研究能力、拥有一定比例高素质人才等条件的研究单位、其他博物馆等范围之内，不能为获得拍卖资金而盲目选择竞拍者。博物馆拍卖终止收藏的文物既是出于获取一定资金来源的目的，也是为了让这些文物藏品获得更有效的利用，使其拥有配套藏品进行陈

列展示或被深入发掘内在学术价值。但目前国内还没有开创此种做法的先例，所以还有待商榷。

　　总之，利用博物馆内文物藏品开拓多元资金渠道需要政府、博物馆、企业、公众之间密切合作，消除思想屏障来寻找到更多途径。国家法律部门要根据博物馆新进展制定完备的法律法规，在保障文物藏品安全第一的条件之上允许采取新颖的吸金形式。博物馆工作人员、学者也要树立起"适度"的观念，在适当程度之内，创造资金多元化，不可因过度向"钱"看而违背博物馆宗旨。博物馆还要在目前宣传工作上继续深入、更加广泛，激发企业和公众对于参与博物馆活动的热情，使其为博物馆资金筹措贡献一己之力。

第五章　影响文物保存的环境因素

近年来，我国社会经济的飞速发展，科学技术水平的不断提升，都使得博物馆在人们生活中的地位变得越来越重要，已经成为当今大众文化生活中不可或缺的组成部分，也是一个地区文化和公共交流的重要标识。我们都知道，文物保存是博物馆的首要工作，但基于文物材料的特殊性和周围环境各种因素的影响，文物很容易出现自然损坏的状况。

第一节 温度、湿度和光线

一、温度、湿度

1.温度、湿度对文物的影响

任何材料的文物都有自己的适宜温、湿度范围，一旦超过这个范围，文物材料就要发生病变，如：大多数古籍、字画、档案等纸类文物，当纸张的含水量维持在7%左右时，纸张的强度最好，而要使纸张含水量维持在7%左右，就必须要求周围环境的湿度在50%-65%；若湿度经常处于50%以下，纤维素就容易损坏，产生干裂、翘曲等现象。表5-1列出了不同质地文物的适宜温、湿度范围，可以作为参考。

表5-1 各类不同材质文物温、湿度标准

质地	藏品种类	适宜温度/℃	适宜相对湿度/%
纤维质类	书法、绘画、碑帖、手稿、纸张	14-18	50-65
	织绣、服饰、皮革	16-20	55-65
金属类	金、银、铜、铁、锡、铅、镍	18-24	40-50
陶瓷类	陶、壁画、瓦当、瓷	18-24	50-60
竹木类	竹、木、漆	16-20	50-60
牙、骨、角	墨、牙、骨、角	12-18	58-62

（1）不适宜温度对文物的影响

1）温度作用于文物的机理

温度主要通过以下两条途径影响文物制成材料，使其耐久性降低、寿命缩短。

①促使文物制成材料分子相转变

构成物质的分子（原子）无时无刻不处在振动之中，其振动频率与环境温度密切相关，温度升高，分子振动频率加快，振幅加大；当温度升高到一定程度时，分子可能会发生裂解，导致物质结构变化，其性能也相应发生变化。

②改变化学反应活化能

活化能是指活化状态分子与反应物状态分子各自平均能量的差值，是一个依赖于温度的量。随着温度的升高，活化分子数增加，导致有效碰撞次数增多，反应速度加快，其间的关系可以定量表达为：

$$K = A10^{\frac{E_n}{2.303RT}} = Ae^{\frac{E_a}{RT}}$$

式中：

K——速度常数；

E_n——反应活化能；

A——特征常数；

R——8.314J/mol·k；

T——热力学温度；

E_a——常数。

这样，K值随着温度的升高而升高是显而易见的。

2）温度作用于文物的表现

温度对文物的影响主要表现在两个方面：一是温度因素直接产生的破坏作用，主要是对于由不同材质构成的复合文物，由于不同材料热胀冷缩时的体积变化不同（可见表5-2），变化速度也各异，导致文物的开裂。二是由于温度变化引起其他因素的改变而对文物产生的间接破坏作用，如据研究温度每升高10℃，化学反应速度增加1-3倍；温度的急剧升高，引起文物的过分干燥或高温造成文物的损坏等。又如常见的锡为白锡，其化学性质比较稳定，常温下与空气不发生化学反应，但若环境温度低于13.2℃，白锡将转化成粉末状的灰锡，而且随着温度的降低，转变速度显著加快。对纤维质文物，高温将加速纤维素水解反应，加速蒸发，使纤维变脆而易于折断。

表5-2 某些材料的线性热膨胀系数（×10^{-5}/℃）

材料	线性热膨胀系数
陶	0.45
木（沿纤维方向）	0.49-5.4
木（纤维断面方向）	3.4-54
玻璃	0.5-1.0

砂石	0.7-1.2
石灰石	0.9
大理石	1.2
环氧树脂	6-7

（2）不适宜湿度对文物的影响

1）湿度作用于文物的机理

①直接途径

在一定的温度下。环境湿度增高，文物制成材料含水量增大，表现为吸湿；环境湿度降低，文物制成材料含水量减少，表现为解吸。这样，湿度的变化直接引起文物制成材料结构的变化并导致其性质发生变化。

②间接途径

水是各种有害化学反应的媒介，随环境湿度的增高，文物制成材料含水量增加，有害化学反应随之增加；同时，空气中的有害气体对文物制成材料破坏作用增强；有害微生物得到适宜的繁殖、生长条件，破坏力也增强。

2）湿度作用于文物的表现

①湿度与化学反应

A.湿度与"青铜病"

青铜器潜伏的"粉状锈"其保存的临界相对湿度为 42%-46%,相对湿度若超过 55%,CuCl 迅速与空气中的水发生如下反应：

$$CuCl + H_2O \rightarrow Cu_2O + HCl$$

随相对湿度增高，反应速度加快。不同相对湿度的实验结果显示氧化亚铜（CuCl）在 95%、78%、58%的环境中分别经 2.4、24 小时反应生成碱式氯化铜[CnCl$_2$·3Cu（OH）$_2$]:

$$4CuCl + 4H_2O + O_2 \rightarrow CuCl_2 + 3Cu(OH)_2 + 2HCl$$

而在相对湿度 35%环境中，氯化物是非常稳定的。

B.湿度与铁及其他金属

铁器文物在干燥的环境中是稳定的，但潮湿将使其锈蚀。如多数黄铁矿的化石在 55%RH 是安全的，其理想的相对湿度上限是 50%。但湿度高时，会发生如下反应：

$$FeS + H_2O \rightarrow FeSO_4 + H_2SO_4$$

铅在空气环境相对湿度较高，二氧化碳浓度较大时，可以发生反应生成碱式碳酸铅[Pb（HCO₃）₂]，而这种物质通常不稳定，在空气中可进一步被腐蚀。

银在高湿环境下可以被缓慢氧化，70%RH 以上会加速失去光泽。

C.湿度与"玻璃病"

古代玻璃器中的 K^+、Na^+ 有微量的可溶性，在水分作用下溶出，形成 KOH、NaOH，又很快与空气中的 CO_2 形成 K_2CO_3、Na_2CO_3，它们均极易吸潮，吸潮后玻璃上出现小水滴，在此过程中，首先形成细小裂纹，最终玻璃将变成不透明、乳白色，呈鳞片状向下脱落。故对此类玻璃器的推荐相对湿度不超过 40%。

D.湿度与纸张老化

湿度对纸张老化的影响见表 5-3。

表 5-3 不同温、湿度环境中纸张的保存年限

平均温度/°C	相对湿度/%			
	70	50	30	0
35	0.14	0.19	0.30	0.68
25	0.74	1.00	1.56	3.57
15	2.74	5.81	9.05	20.70

E.湿度与褪色、变色

丝织品上的植物染料在 20%-40%RH 是最稳定的，60%RH 及以上，一般均可见有明显褪色。

古代石窟壁画颜料绝大多数为无机矿物颜料，其红色颜料中大量使用了密陀僧（PbO）、铅丹（Pb_3O_4）、朱砂（HgS），它们都存在程度不同的变色现象，而高湿条件是引起这类颜料变色的必要条件之一。

F.湿度与石质文物损坏

环境湿度控制着石质文物表面水分的来源，它不仅是其他因素破坏石质文物的媒介，同时水本身也能造成严重的直接破坏，渗入岩石内部的水分，能与泥质胶结构发生水化作用。

G.湿度与丝织品

在 20%-70%RH 条件下，生丝具有一定值（约 11%）的含水量；但至 80%RH 时，均衡被破坏；而当 90%RH 时，其含水量高至 27%。生丝强度在 20%RH 左右时为最大，随湿度增加强度逐渐减少。

②湿度产生物理形变对文物的损害

湿度变化会引发物理变化，造成文物材料扭曲变形、开裂错位、断裂分离等。其原因主要在于吸湿材料高湿时膨胀，低湿时收缩的反复机械作用。如：竹木器属吸水

性材料，一般含有12%-15%的水分，由于干燥使其低于这一数值时，就会翘曲开裂。对于石窟壁画，只要未达饱和状态，不论相对湿度高低，就会产生酥碱病害，且湿度越低，病变程度越严重，原因在于壁画中的可溶性盐分随外界湿度变化总是处在溶解-结晶-再溶解-再结晶的不断反复的过程中，造成侵蚀壁画，导致壁画最终酥松脱落。岩石表面的水对岩石会形成外多内少的渗透分布，引起岩石体积膨胀所产生的内应力由外向内明显下降，使得石质文物价值最高的表层成为受水分侵入影响最大的部位。

与温度相比，湿度对材质体积胀缩的影响远远大于温度变化影响。如：象牙，温度相差30℃，其体积变化小于0.2%；而RH波动10%，其体积就变化0.3%-0.4%；纸张也是如此，典型的绘图纸在RH变化10%时，其横向变化为0.30%，纵向为0.05%；而木材对RH的波动受影响最为显著，RH上升10%（50%-60%）其切线方向的变化为0.45%-0.9%（因树种不同而存在差异）。

③湿度造成文物的生物腐蚀

湿度是微生物、昆虫生长繁殖的必要条件，较高的湿度条件（70%以上）最适宜它们的繁衍。虫蛀、霉变对文物材质造成的腐蚀作用是文物保存中经常遇到的十分严重的问题，特别是我国南方地区。如：中国古代石窟寺壁画的制作，一般是在无机矿物颜料中加入一定量的胶结材料，它们均会有丰富的蛋白质，在高湿环境下，这些蛋白质是微生物的良好营养基体，而微生物在其代谢过程中产生的草酸等有机酸又能与颜料中的石青、石绿等含铜或石膏等含钙物质发生反应而生成草酸铜或草酸钙，加速胶结材料的老化，导致颜料层强度降低，最终脱落。

从总体上看，湿度对文物材料的影响比温度的影响要大。

2.温度、湿度的控制

（1）研究温度、湿度变化的规律

这里主要是指文物库房内外温、湿度变化的规律，只有将这种规律研究清楚了，才能为制定调控库房温、湿度的方案提供科学依据。目前，在这方面已经取得了一些初步研究成果。如库外温度日变化一般规律是：凌晨日出前温度最低，日出后温度逐渐升高，至13-15时（夏季14-15时，冬季13-14时）达到最高值，再缓慢降低，直到次日日出前温度又降至最低值；9时前后气温上升较快，19时前后气温下降较快。年变化一般规律是我国内陆大部分地区1月最冷，7月最热；沿海地区则一般分别在2月和8月。而库外相对湿度日变化规律与气温变化相反；年变化规律则有两种不同类型：一种是内陆干燥而全年绝对湿度变化不大的地区，冬季高而夏季低。另一种是冬季低、夏季高，我国大部分地区属后者。库内温、湿度变化规律与库外变化基本一致，但时间通常较库外为迟，幅度为小。总体看来，这方面的研究与实际需要还有较大差距，亟需加强。

（2）制定文物库房温度、湿度标准

标准的制定非常重要，它对实际工作具有直接的指导意义，并具有约束力。但要制定标准，必须要首先研究清楚不同质地的文物随温、湿度变化损坏的规律性，确定其最适宜温、湿度范围，目前这方面的科学研究还是相当初步的；同时，问题的复杂性、艰巨性还在于标准的制定必须要考虑现实中的各方面条件限制，如财力、物力、地区差异等，使其具有实际可行性。因此，文物库房温、湿度标准的制定是科学性与可行性相统一的结果。

（3）文物库房建筑的建设

文物库房建筑对温、湿度的调控至关重要，它是中长期起作用的基本因素，应通过科学选址、合理设计达到控制温、湿度的目标，做到防热、防潮，保持库内温、湿度的稳定。

（4）具体措施的采取

日常工作中，主要还是通过采取各种不同的具体措施来达到调控温、湿度的目的，常用主要措施有密闭、通风、增温、降温、加湿、减湿等，这些措施需根据不同的具体情况需要，运用适当的手段分别有选择地进行。

二、光线

1.光化学反应致害文物的一般特点

（1）光化学反应是激发态分子的反应

物质的分子或原子在其各种运动状态中，能量处于最低的状态称为基态，基态是最稳定状态。分子吸收光能后，分子或原子中的核电子将获得能量而跃迁到能量较高的轨道上运动，此时能量高于基态，称为激发态。激发态很不稳定，会通过各种理化过程返回基态。

在光化学反应中，往往是一个被激发分子和同一个品种或不同品种的没被激发分子之间的反应，这是光化学反应有别于其他类型化学反应的一个显著特点。

（2）材料对光的吸收具有选择性

文物材料受光辐射发生光化学反应的前提是必须有一个对光的吸收过程。而材料对光的吸收，是以光子为单位进行的，其选择性决定于材料分子终态与初态之间的能量差，只有当某种波长或频率的光子的能量正好等于两能级之差时，光才能被材料吸收。

$$\Delta E = E_2 - E_1 = h\nu = \frac{hc}{\lambda}$$

式中，E_2、E_1 分别为材料分子在终态（高能态）与初态（低能态）的能量。

由于各种有机材料的分子结构不同，其能量差也不同，因而对光的吸收便产生了选择性。如：聚酯材料对 300-330nm 的紫外线最敏感，而聚氯乙烯对 320nm 的光最敏感。

（3）光的波长愈短，其光化学效应愈大

由 $E = h\nu = \dfrac{hc}{\lambda}$ 可知，光波波长越短，其光能越大，材料分子键越易断裂，光化学效应也就越显著。表 5-4 列出了高分子化合物中几种常见的元素 C、H、O、N 等化学键的强度，它们大都在近紫外区及可见光的紫、蓝光波能量范围之内，当这些化合物吸收了光辐射中与其化学键键能相对应的那些波长的辐射能后，积累到一定程度就有可能造成化学键的断裂。

表 5-4 某些化学键的强度

断裂的键	键离解能		相应能置的波长/nm	断裂的键	键离解能		应能量的波长/m
	Kcal/mol	KJ/mol			Kcal/mol	KJ/mol	
O-H	110.6	463.4	259	C=C	146	610.3	200
C-H	98.8	414.0	290	C=O	179	748.2	170
N-H	93.4	391.3	306	C=N	147	614.5	200
C-C（脂肪族）	83.1	348.2	342	C-N	69.5	291.2	410
C-C（芳香族）	124	519.6	230	C-N	84.0	352.0	340
O-O（过氧化物）	64	268.2	446				

（4）光化学反应具有后效性

光裂解反应使材料裂解成自由基、分解成小分子等，一旦生成自由基，即使不再受光辐射作用，光化学反应仍能够继续下去：如材料基态分子与自由基的反应、自由基与空气中的氧或液态氧的反应，这就是光化学反应的有效性。

（5）部分光化学反应具有光敏性

吸收光的物质叫光敏剂。敏化剂分子将激发态时的超额能量在碰撞中全部转移给周围的另一分子而发生的化学反应称为敏化作用。高分子材料在制作过程中不可避免地要残留某些重金属离子或混入一定的杂质，它们均是光敏剂。如在纸质文物的制造过程或保管过程中，存留的铁、锰等重金属元素和施胶剂、木素、游离氯、染料等物质都是重要的光敏剂。由于光敏剂的作用，能使文物材料对光的敏感范围向长波方向扩展，并进而引发光化学反应。

2.光的防控

（1）合理确定库房照度标准

照度是指物体表面得到的光通量与被照射表面的面积之比，单位为勒克司（lx）。

$$E = \frac{\varphi}{S}$$

式中：

φ——光能量（单位为流明）；

S 是——被照射表面的面积（m²）。

照度标准是指一定环境所要求的最低照度，其标准制定既要能满足实际工作需要，有益于库房工作人员的视力健康，又要能最大限度地减少光对文物材料的危害。

（2）限制光的照度值

可以通过合理设计窗户的位置和结构达到目的，如东西方向不宜开窗，南北向窗户要小而窄；也可以通过设置遮阳措施达到目的，如加设窗帘或百叶窗、使用毛玻璃、花纹玻璃或双层玻璃等。

（3）滤紫外线

紫外线由于其波长短，能量大，对文物材料危害大，一定要设法过滤。方法可以使用窗帘、百叶窗；在窗帘上涂刷紫外线吸收剂，库内光源使用白炽灯等。

（4）避光保存

文物在保管期间除提供利用、展览等用外，应尽量做到避光保存，特别是贵重、受光影响大的文物应放置于柜、箱、盒、袋等中保存。

此外，文物在利用过程中也应减少光的辐射强度与作用时间；文物被淋湿或受潮时，不能放在烈日下暴晒，应置于阴凉通风处晾干，珍贵文物避免或减少拍照次数，容易褪色的文物不宜长期在柜中陈放等。

第二节 空气污染物

一、空气污染和空气污染物

1.空气污染

大气一般具有自净能力，当空气中不定组成成分的量低于大气容许的本底值时，空气仍为洁净空气，只有当有害物质积累的数量超过了大气自净能力容许的本底值时，才会形成污染空气。

国际标准化组织（ISO）对空气污染的定义是：空气污染通常系指由于人类活动和自然过程引起某种物质进入大气中，呈现出足够的浓度，达到足够的时间，并因此而危害了人体健康、舒适感或环境。

2.空气污染物及其来源

空气污染物按其是否直接由污染源排出,存在一次污染物(如 SO_2、H_2S 等)和二次污染物(如 SO_3、H_2SO_4 等)之分。按其成分和形成,空气污染物一般可分为有害气体、气溶胶物质、灰尘和光化学烟雾等。

空气污染物的来源主要有两大类:一是自然污染源,如火山爆发、材料失火、地震等。二是人工污染源,主要有工业污染源、农业污染源、生活污染源等。表5-5列出了各主要工业向大气排放的主要污染物。

表5-5 各主要工业向大气排放的主要污染物

工业	企业	污染物
冶金	钢铁厂	烟尘、SO_2、CO、氧化铁、粉尘、锰尘等
	炼焦厂	烟尘、SO_2、CO、H_2S、酚、苯、烃类等
	有色金属冶炼厂	烟尘、SO_2、汞、氟等
化工	石油化工厂	SO_2、H_2S、氰化物、氮氧化物、氧化物、烃类等
	硫酸厂	SO_2、CO、NH_3、硫酸气溶胶、氮氧化合物等
	氮肥厂	烟尘、CO、NH_3、氧化合物、硫酸气溶胶等
	化纤厂	烟尘、H_2S、NH_3、CO_2、甲醛、丙酮、二氧化氮、甲烷
	农药厂	甲烷、砷、汞、氧等
轻工	造纸厂	烟尘,硫醇、H_2S 等
	玻璃厂	烟尘、氟化物等

二、灰尘对文物的危害

1.造成与文物材料间的机械磨损

由于灰尘颗粒不规则,表面带有棱角,沉降在文物上,会造成尘粒与文物材料间的摩擦,而导致文物损坏,如使纸质文物纸张起毛并影响字迹的清晰度,造成石窟壁画颜料的褪色。

2.增加酸、碱对文物的影响

一方面有一些灰尘本身具有酸碱性;另一方面由于灰尘粒径小,比表面积大、吸附能力强,可将空气中的酸、碱有害物质吸附在其表面。当这些灰尘降落在文物材料表面时,就会发生腐蚀和降解作用。

3.向文物传播霉菌孢子

由于霉菌孢子与灰尘皆体小量轻,孢子往往附在灰尘上随空气流动而四处飘落,因此，灰尘常常成为真菌传播的媒介。此外，由于灰尘对水蒸气的凝聚能力，也为真菌生长创造了条件，使其成为真菌繁殖的滋生地。总之，微生物对文物的侵蚀往往通过灰尘来完成。

4.灰尘黏附在文物表面造成污染损害

由于灰尘的黏附性，它与文物表面往往黏结比较牢固，形成污垢，损伤文物，如造成纸质文物字迹模糊不清。特别是有些灰尘黏附于文物表面后，至今仍无较完善的清除方法，如烟熏壁画，以致大量精美的壁画无法完全清晰展现。

三、空气污染物的防治

1.对空气进行监测

了解空气污染的状况及变化规律、空气污染物种类构成及变动是制定科学防治对策和采取有效防治措施的前提和基础，十分重要。对空气的监测涉及空气样品的采集及空气污染物的测定，必须在科学理论指导下，运用科学的方法、程序进行。

2.进行空气净化和过滤

对空气的净化主要是除去空气中的有害气体，为此可以采取让有害气体通过具有碱性的材料，使用喷水器、活性炭过滤器等。

对空气的过滤主要是除去空气中的颗粒污染物，为此主要是使用各种不同的过滤器，如滤纸过滤器、纤维层过滤器、发泡材料过滤器及静电自净器等。

3.减少文物库房与室外空气的自由流通

减少文物库房与室外空气的自由流通也就是提高库房和文物存放的密闭程度。提高库房的封闭性主要是注意门、窗的结构与设计，如采用旋转门、门窗缝隙用硅橡胶条、聚氨酯、海绵橡胶等填料填塞密闭，将单层窗改为双层窗等。提高文物有效的密封性可以采用相对密闭或多层密闭的方法，如用柜、箱、盒等。

此外，还有其他一些措施，如做好库房内的清洁卫生工作、地面及墙面的防尘处理、建立健全的管理规章制度等。

第三节 地质环境因素

一、土壤的特征

土壤是地壳的表层部分，经长期风化作用，较为松软，它构成地下文物的外界环境。由于土壤的组成和性质均十分复杂多变，土壤的腐蚀性也相差很大，但作为腐蚀介质，土壤一般具有以下主要特点：

1.多相性

土壤由土粒、水和空气组成，具有复杂的多相结构。土粒中包含有多种无机矿物及有机物质；不同土壤的粒径大小各不相同，不同土壤的粘连性也存在较大差异。

2.多孔性

由于土壤通常是由几种不同土粒按一定比例组合而成，在不同的土粒之间就形成了大量毛细管微孔或孔隙，孔隙中又充满了空气和水。其中，水的存在形态多种多样，既可直接渗浸孔隙或在孔壁上形成水膜，也可以形成水化物或以胶体水状态存在。

水分的存在使土壤成为离子导体，因而实质上土壤是一种腐蚀性电解质。又由于水的胶体形成作用，土壤不是分散孤立的颗粒，而是各种无机物、有机物的胶凝物质颗粒的聚集体，但其间又存在多种孔隙。

3.不均匀性

土壤的结构和性质具有极大的不均匀性。在小的范围上，构成土壤的土粒、空气、水分的含量以及它们之间结构的紧密程度存在差异；在大的范围上，由于各种地质运动以及土壤成分本身的流动，不同性质的土壤会存在交替更换。其不均匀性表现在多个方面，如土壤的密度大小、粘性大小、酸碱性大小等等。

4.相对固定性

从以上所述可以看出，土壤至少存在固相、液相、气相三相结构，一般情况下，其固体部分可以认为是固定不动的，但液相或气相部分会有限地运动，如土壤孔穴中空气的对流或定向流动以及地下水的移动等。当然，在特殊情况下，如地震、火山爆发等，固体部分也会发生较大变化。因此，土壤具有相对固定性。

二、土壤的腐蚀机理

水溶液腐蚀、大气腐蚀和土壤腐蚀都对文物具有腐蚀作用。它们之间的一个很重要的区别在于氧的传递机制不同：在水溶液中是通过溶液本体输送，在大气腐蚀时是通过电解液薄膜，而在土壤腐蚀时则是通过土壤的微孔输送，其输送速度主要取决于土壤的结构和湿度，在不同的土壤中，氧的渗透速率变化幅度可达 3-5 个数量级。下面以金属文物在土壤中的腐蚀为例阐述土壤腐蚀的机理。

土壤对金属文物的腐蚀属电化学腐蚀。电池的阳极反应是金属的溶解，即：

$$M - ne \rightarrow M^{n+}$$

电池的阴极反应相对较为复杂，在一般情况下是氧在阴极的去极化，即：

$$O_2 + 2H_2O + 4e \rightarrow 4(OH^-)$$

但在酸性土壤中，发生的是氢的去极化，即

$$2H^+ + 2e \rightarrow H + H \rightarrow H_2$$

需要指出的是，在土壤腐蚀情况下，除了形成上述与金属组织不均性有关的腐蚀微电池以外，还有可能形成由于土壤结构不均匀性引起的腐蚀宏电池。如埋藏于地下的大型金属文物，由于体积庞大，其构件的不同部分就有可能埋藏深度不同，所处黏土与砂土结构不同、氧的渗透率不同等，由此会形成氧浓差电池和盐分浓差电池等宏观电池，这时主要发生的是局部腐蚀，使某些阳极产生较深的孔蚀。归纳起来，土壤对金属文物的腐蚀所构成的电化学电池主要有以下几类：

1.长距离宏电池腐蚀

对于埋藏于地下的大件金属文物来说，其表面就可能发生此类腐蚀，它是由于金属文物的不同部分所处土壤的组成、结构不同而形成的电池腐蚀。如果由上述原因造成的是浓差电池，则埋在密实、潮湿土壤中的金属部分就倾向于作为阳极而受到腐蚀；如果造成的是盐分浓差电池，则处于高含盐量土壤中的金属部分倾向于作为阳极而受到腐蚀。

2.埋没深度不同及边缘效应所引起的腐蚀电池即使金属体埋在均匀的土壤中，由于埋没深度不同，也能形成浓差电池。此时，离地面较深的金属体由于处于氧浓度较小一端而成为阳极区受到腐蚀。实际情况也的确如此，在地下埋藏的金属物体上，可以看到离地面较深的部位其局部腐蚀更严重。

3.因土壤的局部不均匀形成的腐蚀电池

在土壤中石块等杂物下面的金属，如果夹杂物的透气性比土壤本体差，该区域就成为腐蚀电池的阳极，而土壤本体区域接触的金属就成为阴极。

三、影响土壤腐蚀的主要因素

1.含水量的影响

当含水量很低时，土壤对金属的腐蚀性不大，随着含水量的增加，土壤中盐分溶解量也增加，对金属的腐蚀性也增加，直到可溶性盐全部溶解时，腐蚀速度达到最大。但当水分达到饱和时，会使土壤胶粒膨胀，堵塞孔隙，使氧的渗入受阻，从而降低了腐蚀速度。因此，含水量的多少对土壤腐蚀有很大影响。

2.盐分的影响

通常土壤中含有约（8-1500）$\times 10^{-6}$ 的硫酸盐、硝酸盐等无机盐，大多是可溶性的，其中 SO_4^{2-}、NO_3^-、Cl^- 等阴离子对腐蚀有较大影响，尤其是 Cl^- 和 SO_4^{2-}。随含盐量的增大，溶液的导电性增高，腐蚀也增大。

3.含氧量的影响

由于借助土壤颗粒的渗透作用，或者由于雨水中的溶解氧随雨水一起渗入地下，故土壤中总是存在着氧，它对土壤腐蚀影响很大，这是因为除少数强酸性土壤外，金属的腐蚀都是阴极的氢去极化过程，而氧则为阴极去极化剂。

4.土壤酸碱度的影响

由于 H^+ 与 OH^- 含量的不同，造成了土壤的酸碱度的不同，使土壤存在酸性土（PH=3-6）、中性土（PH=6-7.5）、碱性土（PH=7.5-9.5）之分。土壤酸性越大，腐蚀性越强，这是由于酸性越大，H^+ 就越多，越容易发生 H^+ 的阴极去极化作用，从而加速阴极反应，也就加剧了腐蚀。

5.孔隙度的影响

较大的孔隙度有利于氧渗透和水分的保存，因此会促进腐蚀的发生。但与此同时，它也有利于生成具有保护能力的腐蚀产物层，阻碍金属的阳极溶解，使腐蚀速度减慢。

6.土壤导电性的影响

土壤的导电性与土壤的孔隙度，含水量及含盐量等许多因素有关。一般认为导电性越好，土壤的腐蚀能力越强，但也并不是所有情况都符合这一点。

7.温度

随着温度的升高，氧的渗透扩散速度加快、电解液的导电性也会提高，从而加速腐蚀。同时，当温度为 25-30℃时，最适宜细菌的生长，也会加速腐蚀。

影响土壤腐蚀的因素是多方面的，上述仅仅只是其中的几个主要因素；同时，土壤腐蚀又是各种因素综合作用的结果，具有错综复杂性。

第四节 有害微生物和有害昆虫

一、有害微生物

1.微生物对纤维质文物（棉、麻、纸、木）的危害

微生物之所以能危害文物材料，主要是它们能以文物材料为培养基，分解或液化其他物质材料。纤维质文物材料多含有纤维素、淀粉、明胶等，微生物能够分泌出分解这些文物材料的酶，使其霉烂。其损害可归纳为以下几个方面：（1）造成材料结构破坏。微生物代谢过程中产生的各种酶，将纤维素、淀粉、木质素等有机大分子化合物降解为葡萄糖、二糖、芳香族小分子，导致纤维素柔软无力，机械强度大大下降，淀粉胶性失效等。这种物质分子结构的破坏是不可逆的。（2）形成霉斑。微生物的菌落和孢子大多有色，一般来说颜色较深；有些细菌和霉菌还分泌多种色素。（3）增加文物材料酸度。微生物细胞呼吸的代谢产物甲酸、乙酸、乳酸、琥珀酸等有机酸长期积累在纤维质文物上，作为催化剂加速纤维素的水解反应。纸张被霉菌作用后，酸度

数月内即可增加 1-2 倍。（4）增加湿度。有些霉菌和细菌在代谢过程中会从空气中吸收一定的水分，使文物材料的含水量提高，有时还会出现水滴。这些水滴往往与材料中的胶类物质作用使文物粘连成浆状。

2.有害微生物的防治

（1）对有害微生物的预防

1）减少污染菌接触文物

主要是要保持文物库房内外空气的清洁程度，具体手段和措施有：①绿化文物保护区周围环境。有些植物能分泌大量的抗生素，如橙、柠檬、圆柏、黑核桃、法国梧桐等树木都有较强的杀菌作用。②使用空气净化过滤器。由于空气中微生物的大小一般为 4μm-28μm，平均 12μm，因此过滤器孔径越小越好；过滤器材料可用棉花、石棉、玻璃纤维等。③保持库内清洁卫生。一般来说，库内空气中的微生物比库外多，低层空气中的微生物比高层多，因而库内地面、四墙、天花板都滋生了许多菌类，必须经常扫除库内灰尘，特别要求保持墙和地面的光洁度，有条件的还应在墙面涂上防霉涂料。④保持工作人员的清洁卫生。人的皮肤、毛发、衣服都与外界相接触，能将大量污染菌带入库内，如人体的表皮上一般每平方厘米就有 102-105 个微生物，鞋子上的微生物更多。

2）严格控制库内温度、湿度

库内温、湿度是微生物生长的重要的环境因子，因而严格控制温、湿度是预防的关键。

表 5-6 给出了微生物生长发育适宜的温度范围。细菌有中温型和高温型两种。霉菌多为中温型的，所以，一般在 20℃以下，大部分有害微生物生长速度降低；10℃以下，发育更加迟缓，甚至处于休眠状态。因此采用低温保存文物的方法，有利于防止微生物侵蚀作用。但也必须指出，一般程度的低温只能抑菌而不能灭菌，有些低温型微生物，如灰曲霉的最低生长温度-8℃，青霉、镰刀菌、芽枝菌、荧光假单胞菌可在-4--5℃下生存。同时，如前所述，适宜温度与相对湿度之间也存在密切关系。

表 5-6 各种微生物的适宜生长温度（℃）

微生物类型	最低	最适	最高	举例
低温微生物	0℃以下	10-20	25-30	水和冷藏物中的微生物
中等温性微生物	10-20	25-37	40-45	腐生微生物
高温性微生物	25-45	50-60	70-80	温泉、堆肥中的微生物

表 5-7 列出了各类微生物发育对湿度的要求。在对纸、丝织物有危害作用的微生物中，几乎所有的细菌、放线菌、酵母菌以及霉菌中的毛裤、根霉都是湿生微生物，在相对湿度 65-70%时就能繁殖生长，因此，将相对湿度控制在 65%以下，就能抑制此类微生物的正常生长发育。

表 5-7 各类微生物发育对湿度的要求

微生物类型	要求的最低相对温度	生长适宜的相对湿度
湿生（好湿性）微生物	90%以上	接近 100%
中性（中湿性）微生物	80-90%	98-100%
干生（低湿性）微生物	80%以下	95-98%

3）采用安全有效的防霉剂

防霉剂的主要作用是影响微生物的形态构造、代谢过程和生理活动，从而达到抑制微生物大量繁殖的目的。高浓度的防霉剂也能杀菌。对防霉剂的要求是：抗菌效力高，即低浓度就有抑菌和杀菌作用；毒性小、安全性好，在使用浓度范围内不伤害人体；稳定性好，即有效期长，在较长时间内不易分解；无副作用，无色无嗅无腐蚀性，不影响文物制成材料的强度、色泽和耐久性。能用于防霉的药剂很多，在文物保护中应用较多的主要有香叶醇长效抗霉灵、五氯苯酚钠、麝香草酚等。

①香叶醇长效抗霉灵。化学名为 3.7-二甲基辛二烯-[2.6]-醇，是一种具有玫瑰香并略带甜气息的含氧单站类化合物，具有较强的广谱杀菌作用，无副作用，且易挥发，对人体无害。它对杂色曲霉、产黄青霉、黑曲霉、高大毛霉、黄曲霉等常见霉菌的气熏有效剂量为 60ppm，直接杀菌有效剂量为 78-312ppm。

②五氟苯酚钠。是由五氯苯酚和氢氧化钠化合而成的白色粉末，易溶于水。使用时可将牛皮纸浸入 1%五氯苯酚钠溶液中 15 秒钟，晾干后用于包装文物，具有毒性小、药效长、效果好的特点，且使用安全，对铜等材质无腐蚀性作用。

③麝香草酚[（CH₃）₂CHC₆H₃（CH₃）OH]。为白色结晶粉末，熔点 48-51℃，沸点 233℃，微溶于水，溶于乙醇、氯仿、乙醚等。用吸墨纸放在 10%麝香草酚乙醇溶液中浸透后，晾干即成防霉纸，可用于纸质、纺织品等文物的防霉。也常用于纺织品、纸张的熏蒸消毒，灭菌效果良好，对霉菌孢子也能杀死。

可供选择的具有防霉作用的化学药品很多，选用任何一种药剂，均应先试验，然后才能作为文物材料的防霉剂。

（2）对有害微生物的杀灭

1）物理灭菌法

物理灭菌法是利用物理因子对有害微生物的作用，使有害微生物死亡的方法。常用方法如下：

①冷冻真空干燥灭菌

虽然微生物忍受低温的能力很强，但如将温度逐渐降至冰点，菌体原生质内的水分就会形成许多小晶体，使原生质的胶体状态遭到破坏，机械地挤压或刺伤菌体细胞，造成菌体破裂死亡。干燥还能引起菌体脱水和盐类浓度增高，阻碍细菌生长或使其死亡。

②微波灭菌

微波是频率范围为 300-30 万 MHz 的无线电波。微波灭菌主要是利用微波的加热作用，由于有害微生物自身的含水量比文物材料的含水量高，当它们同时受到微波辐射照时，有害微生物自身的温度比文物材料的温度高得多，菌体就会脱水，从而造成蛋白质凝固而致其死亡。此外，微波还能直接作用于有害微生物的酶系统、染色体和细胞膜，使其结构分子发生改变而导致死亡。

③γ射线灭菌

γ射线是一种波长短、能量大的电磁波，具有强烈的穿透力，并能使受照射的物质产生电离作用。高剂量的γ射线照射可使菌体表面的水分子电离，生成具有强氧化性的 H^+ 和强还原性的 OH^-，直接作用于菌体细胞本身；电离时产生的电子还可与环境中氧结合，氧化菌体内酶的一些化学基因，使酶失去活性；γ射线辐射出的高能量可导致微生物体内的 DNA 降解及其他物质分解。所以，γ射线具有杀菌作用。

2）化学灭菌法

化学灭菌法是利用化学药剂来杀灭有害微生物的方法，一般最适用的是熏蒸灭菌法。常用的灭菌剂有甲醛和环氧乙烷。

①甲醛（HCHO）

甲醛是具有刺激性气味的气体，沸点-19.5℃，极易气化。甲醛灭菌的效能主要在于它的还原作用，它与蛋白质的氨基结合使其变性，从而破坏了菌体细胞的膜和壁，也破坏了某些酶系统。

②环氧乙烷

是一种简单的环醚，分子式为（CH_2）$_2O$，分子量为 44。低温时为无色透明液体，沸点 10.8℃。环氧乙烷杀菌广谱性好，对细菌及其芽孢、病毒、真菌及其孢子等都有较强的杀伤力。其杀菌机理是由于它的烷基的取代性质。菌体蛋白质中的氨基、羟基、酚基、巯基与环氧乙烷相结合后，会对菌体细胞代谢产生不可逆的破坏作用，还有抑制氧化酶和脱氢酶的作用。

使用环氧乙烷要求温度为 38-50℃的条件下进行，相对湿度维持在 30%-50%，用药量一般为 15-30g/m³，熏蒸时间根据浓度、温度而确定，一般要密闭 12-24 小时。且最好与二氧化碳按 1∶7-10（以重量计）比例混合使用。

文物种类不同，其载体材料也不同，性能自然存在多种差异，因此在进行有害微生物的预防和杀灭时，必须针对不同文物的特点和要求，采取相应的方法措施，以取得最好的效果。

二、有害昆虫

1.文物害虫的危害

（1）危害文物的害虫种类

能给文物造成危害的害虫种类很多，仅就我国档案保护研究工作者通过对全国档案馆库房所作的调查统计而言，档案害虫就有 54 种，分属于 6 目 19 科。害虫对文物危害最为广泛的是纸、竹木、丝毛、皮革、棉、麻等文物材料。现将我国危害这些文物的主要害虫种类列于表 5-8 中。

表 5-8 我国常见的几种主要文物害虫种类

文物	主要文物害虫
纸类藏品	档案窃蠹、药材甲、蟑、书虱、烟草甲、家白蚁、黑皮蠹
木质文物	中华粉蠹、鳞毛粉蠹、谷蠹、家茸天牛
竹质文物	竹蠹、褐粉蠹
纺织品	红绿皮蠹、小圆皮蠹、衣蛾
皮革文物	花斑皮蠹，黑皮蠹、裸蛛甲

（2）危害文物材料的机理

文物害虫危害文物材料的机理是害虫由于生长发育等生活活动的需要（补充营养和能量）而咬食文物材料。它至少会引起文物材料以下三种有害变化：一是改变了文物材料的结构，使文物材料的机械性能和理化性能下降，严重影响了文物的保存使用寿命。二是文物材料经咬食后，洞孔丛生，严重影响了文物的原貌。三是昆虫的排泄物不但严重影响文物的外观，而且成为微生物侵蚀文物的新的源泉。

2.文物害虫的防治

（1）文物害虫的预防

1）库房建筑防虫

具体措施是：库房建在地势较高而又干燥的地方，同时远离粮库、饭店和医院；库房的封闭性能要好地基采用钢筋水泥或石质结构；地板、墙面、屋顶等处不留孔洞、缝隙。

2）清洁卫生防虫

具体措施有：清除库房周围杂草、垃圾、下水沟杂物等；做好库内清洁卫生；建立健全库内外清洁卫生制度，并认真贯彻执行；进入库内的装具用品清洗杀虫；库房门窗应严密；库房周围最好铺设水泥或沥青地面，搞好环境绿化；库内严禁吸烟、饮食等。

3）控制温度、湿度防虫

文物害虫喜温畏寒，喜湿畏干，一般温度应控制在15-18℃，相对湿度65%以下。

4）做好文物藏品入库前的检疫与处理

由于文物来源于社会各个方面，文物遭受虫害的可能性和大小程度均有差别，加之害虫及其卵、蛹均很小，不易发现，因此入库前的检疫和杀虫是十分必要的。

5）对文物进行定期检查

通过定期检查可以达到两个目的：一是及时发现虫害，及时处理；二是破坏害虫的生态环境。

6）药物（驱虫剂）防虫

常用的主要有：

①萘（$C_{10}H_8$）

俗称"卫生球"。易挥发，具有强烈的气味，可防棉、麻、丝绸、毛、皮革、竹木器、纸张等上的害虫。

②樟脑（$C_{10}H_6O$）

为双环帖酮类物质，白色结晶体，极易升华，其作用与卫生球相同。

③防蠹纸

是具有驱虫功效的一类纸，常用的有黄柏纸、铅丹防蠹纸（万年红）。此外，还有像芸香、壁香、莽草等天然药材也可用来防虫驱虫。

（2）文物害虫的杀灭

1）化学杀虫法

化学杀虫法是使用化学药剂引起害虫生理机能严重障碍以致死亡的方法。它具有杀虫速度快、作用时间短、杀虫彻底、方法灵活、受客观环境因素影响小等优点，缺点是可能会造成环境污染，对人畜具有一定的危害性。

化学杀虫剂种类很多，按药剂的形态可分为固体、液体、气体三种，按化学性质可分为无机杀虫剂、有机杀虫剂和植物杀虫剂，按药剂侵入虫体的途径可分为胃毒剂、触杀剂和熏蒸剂，按毒杀的作用方式可分为原生质毒剂、呼吸毒剂和神经毒剂。

化学杀虫剂应用于文物材料必须具备以下三个条件：一是对文物无副作用，保证文物材料安全及不受不良影响。二是杀虫效率高，能杀死从卵到成虫的各个阶段虫态；同时，对环境污染小，对人畜毒性小。三是具有良好的渗透性，能够把隐藏在文物材料深处的害虫（包括卵、蛹）全部消灭。

目前应用于杀虫的熏蒸剂较多。呼吸毒剂有溴甲烷、氰化氢、二硫化碳等，神经毒剂有磷化氢、敌敌畏、硫酰氟等，原生质毒剂有甲醛和环氧乙烷等。

①溴甲烷

常温下无色、无味，属无警戒性气体。难溶于水，易溶于乙醇、乙醚、苯等有机溶剂。能溶解脂肪、树脂、橡胶、颜料及漆，对金属、棉布、丝毛织品、木材等没有影响。溴甲烷对文物害虫的各个发育阶段都有较强的毒性，侵入虫体后，因水解而产生麻酸性毒物，使害虫发生累积性中毒；亦可刺激害虫神经，使之兴奋致死。同时，溴甲烷会抑制害虫的呼吸酶，使其呼吸率受抑制减弱。需注意的是，由于溴甲烷无警戒性，中毒可潜伏和累积至 2-3 天或数星期、数月才有反应，所以对人特别危险。

②硫酰氟（SO_2F_2）

常温下是无色、无嗅、不燃、无爆炸危险的气体。400℃以下时化学性质稳定，150℃以下几乎不水解，但在碱性溶液中则迅速水解。硫酰氟蒸气对金属、纸张、皮革、纺织品等无腐蚀性。

硫酰氟是一种惊厥剂，最小致死浓度为 650ppm，毒性较溴甲烷低。

③环氧乙烷

是杀虫力较强的一种熏蒸剂。它进入虫体后转变为甲醛，并与组织中蛋白质上的胺盏结合，抑制体内去氧化酶、去氢酶的作用，使害虫中毒死亡。

化学杀虫法的杀虫效果会受到以下几方面因素影响：熏蒸剂的理化性质，如挥发性、扩散性、渗透性、燃烧性及比重等；熏蒸环境条件，如密闭程度、温度、湿度、物体的吸附性等；害虫的不同虫种、虫态和生理状态等。如不同虫种对药剂的敏感程度存在很大差异，卵、蛹抵抗力较强，而幼虫、成虫抵抗力较弱，处于越冬期、休眠期的害虫抵抗力较强，而处于春、夏季节的害虫抵抗力较弱；害虫对化学药剂的抗性。

2）物理杀虫法

物理杀虫法是利用物理方法破坏害虫的生理机能，使之死亡或不育的方法。它具有方便简洁、无残毒、不污染环境等优点。物理杀虫法主要有高低温杀虫法、射线辐照杀虫法、缺氧杀虫法等。

①高低温杀虫法

高温杀虫的原理是：高温时，害虫体内水分蒸发，新陈代谢急剧加快，呼吸率不断提高，体内氧过度消耗；高温使虫体内酶的活性消失，蛋白质凝固。高温杀虫一般可采用红外线辐照或微波辐照。

低温杀虫的原理是：长时间的低温会中止害虫的新陈代谢活动，在低温致死区内，害虫细胞内的游离水会溢到细胞间隙而结冰，造成细胞膜受到机械破坏，原生质脱水浓缩以致凝固。

②γ射线辐照杀虫法

γ射线能杀灭害虫的主要原因是促使害虫的行为反常，破坏机体组织，导致畸形变异，破坏胃肠功能引起新陈代谢失调而致死亡；另一方面原因是可以造成雄性不育。

③缺氧杀虫法

就是将空气中的各种气体的正常比例加以调整，使氧气减少，氮气或二氧化碳增加，从而使害虫的正常活动受到抑制，直至害虫窒息死亡。目前经常采用的方法有真空充氮、置换充氮、二氧化碳杀虫等。

第六章　文物保护工作者的职业操守与组织机构

前文对文物保护进行讲述，本章主要对文物保护工作者进行讲述。

第一节　文物保护工作者的职业操守

1.具有高度的思想觉悟、端正的工作态度、高尚的职业操守

文物藏品都是经由文物部门的工作人员及其他社会各界人士共同努力通过征集、发掘、采集等途径获得的珍贵文化遗产。以资源而论，藏品是不可再生资源，藏品保管员首当其冲要担负起保护此资源不被灭绝的责任。国家和地方为发挥文物藏品潜在价值出台了系列文物政策法规、条例和管理办法，对藏品管理作了严格的规定和要求。藏品管理人员应遵纪守法，模范执行有关政策和制度，树立正确的工作态度，热爱本职工作。这实际上不是一个轻松的话题。保管工作的性质和特点决定了藏品管理员工作大部分是管理性、事务性的劳动，是默默无闻完成的室内工作，不容易出成绩，却又是专业性很强的实用性科学。完成如此平凡而重要的工作，工作人员需要正确处理好客观困难和主观努力的关系，淡泊名利，宁静致远。许多从事藏品保管的同志工作一辈子不被人提起，但其管理的藏品和有关资料有条不紊，这就是最突出的业绩，也是最高尚的行为。无论何时，空谈误事误国，务实工作才是社会发展的基石，新世纪仍然需要这种精神。需要提及的是，我们藏品保管员要严格要求自己，以身作则，秉公办事，不利用业务之便谋求私利，不参与文物营利活动，不收藏文物。这不仅有利于藏品保管员集中精力工作，也利于提高自己工作的透明度。

2.执行保管法规，履行保管手续，坚持保管原则

健全的规章制度，是藏品科学规范管理的依据和准则，也是藏品有秩序地得到完善保护和使用的保证。当然这种规章制度产生于实践基础之上，并不断地被完善、被修改、被补充。目前，博物馆藏品管理与整个社会其他产业相比规范化程度并不高，原因之一是有法不依。因此迫在眉睫亟待解决的问题是掌握科学规范的管理方法，严格按照鉴定明确账目清楚，编目详明，保管妥善，制度健全，查用方便，二十四字方针，遵从有关规定，并结合实际情况发挥主观能动性处理日常工作，以达到"妥善保管，提用方便"的要求。要实现藏品的规范管理，必须做好以下两方面的工作。

第一，严把藏品的鉴选质量关。藏品的鉴定是对藏品科学管理的前提和基础。对征集来的文物，只有严格鉴选，认真研究，才能辨别其真伪，确定其年代。根据现有资料可知早在春秋就有造伪了，可以说文物作伪是伴随文物的经济价值存在而存在的。只有判定了文物的真伪、年代，方可揭示文物的历史价值、艺术价值或科学价值，才利于对藏品的保管。

进行文物鉴定对藏品保管人员要求是较高的，不仅要了解器物作伪方法，也要掌握器物体现的时代特征，包括形制纹饰、铭文、锈色、声音、合金成分工艺流程特点等方面。既要运用比较法综合考察法等传统方法，也可运用现代科技，还应将传统的和现代的两种鉴定方法结合起来相得益彰。如鉴定玉器就包括两种鉴定方法：一是玉器的质地材料，从其色泽、质地硬度方面考虑是否达到玉的一定标准通常借助仪器测量。二是不同时代对玉材的选择标准不同。新石器时代玉材的使用区域性很强，山东多用长石、江浙多透闪石、东北地区多用岫岩玉。商代则和田玉、南阳玉岫岩玉皆有使用。这种年代的判断则以传统鉴定方法为主，重点了解每个时代玉器的特色，注意出土玉器的墓葬是否能为科学方法确定年代。考虑到古人有使用旧玉随葬的习俗，应注意玉器的制作年代与墓葬年代是否一致。目前伪玉极为普遍，手法亦是多样，使藏品优劣难分。所以，藏品鉴定不是一锤子买卖，真伪或时代含混不清等问题，应通过大量资料、书籍、图录，根据文物的形制特征进行鉴定、复查、研究、纠正，不能唯专家或前人是听，多方查证、丝不苟的工作态度是藏品保管员必须具备的。

对接收的藏品进行严格地鉴选是衡量保管人员业务水平的标尺，也是保证藏品质量的关键。对入馆的藏品，根据馆里器物的具体情况要选一定数量有代表性的文物作为正式藏品入馆，重复较多且器形规整的同类文物则作为重复品收藏，必要时可满足陈列展览、科学研究和博物馆间交换、调用。

在鉴定过程中，对于种类稀少意义特殊的文物，要特别留意。如魏晋南北朝时期战争频繁，货币的生产流通步入低谷，对那些数量极少且为短命王朝的货币，倘若锈蚀较轻，仍可作为正式藏品入账。

第二，严格规范藏品的登记编目、建档手续。文物鉴定之后，还要进一步综合研究，做出科学而详细的记述，包括登记编目、建档等一系列手续，这也是鉴选工作的延续和补充。藏品登记过程中，建立一套完整、准确的藏品登记账簿，最根本的一项就是细致认真、严谨求实地做好藏品总登记账，其与藏品登记卡、藏品作为彼此相符的一套一并入库保管。书写总登记账应按格式逐项填写。每一件藏品对应一个总登记号，总登记号应该标示在器物隐蔽处，以防影响美观。

藏品定名是鉴定器物的一项重要内容，也是藏品登记中要注意的一环。藏品的定名应力求简洁明确地涉及历史文物定名的三个部分，共性中显示个性，特征和通称要统一，这里仍要注意考究用词，定名规范。藏品特征包括的范围广尤其是对纹饰等特征的文字描述差异较大，规范化程序相对较低。如青铜器多有用"有首无身"的饕餮纹作为纹饰，其实此纹饰仅是宋代人对表现善的头部或幻想中物象头部正视的图案的称法，而后来提出的兽面纹则更科学、更贴切地指出了这种纹饰的构图形式。诸如此类的情况还很多。要求定名语句统一适用一套标准语言系统，不能仅凭主观愿望，这也是广泛运用计算机管理，推行博物馆网络化的硬条件。藏品完残情况因部位、程度的不同，要求总登记账和卡片上措辞准确，包括完整残破、发霉、皱褶、污迹、脱浆、脱线、生锈、褪色、焦脆、残缺等方面的描述，力求详备。这些不仅关系到文物的价值，也涉及藏品保管工作的责任问题。

藏品档案是对藏品原始资料进行全面、系统地鉴定研究经过整理后立卷的各种资料，它和藏品一样，是国家宝贵的文化财产，包括了从征集到利用全过程，涉及文物价值详备的记录。因此，保管员应事业心强，熟悉藏品，有建档能力，认真负责并有一定管理经验。通过档案文字，能够了解藏品的全部情况，而且档案可以作为陈列展览、科学研究、安全保护的备查资料。根据自己的工作心得及前人的工作经验，藏品保管人员应力促档案的科学化、规范化管理，实行藏品档案专人管理，并保持人员的稳定性。档案应集中设专室或专柜存放。目前，随着博物馆藏品数量的不断增多，档案数量也将愈来愈多，因此还要建立档案登记账册和藏品档案索引卡，依照藏品的编目方法对藏品档案进行编目，形成藏品、藏品档案、藏品档案登记账（索引卡）一条龙管理办法，为广泛利用藏品创造有利的条件。

3.科学保护藏品，将历史遗物"原汁原味"持久不变地保存下去

为进一步强化文物保护，保管员要加强保护技术的学习。保管员应明确藏品的损坏不仅受制作材料的影响，还跟不适宜的温湿度、光辐射、虫霉等客观环境因素有关，要相应地采取一定的措施实现藏品的科学保护。

其一，根据空气的温度、湿度及空气所含质的不同采取有效措施，避免或减少对藏品的破坏作用。藏品在博物馆建筑物小环境内，受影响最显著的是空气湿度，故防干燥、防潮是文物保存环境的必要措施。通过长期的观测试验，我认为相对湿度在45-65%较好，过高易于霉曲繁殖，过低藏品易被损坏。而空气温度在15-25℃间缓慢波动，藏品一般不会损坏。馆内空气污染也会使藏品发生物理反应化学反应生物反应，最终导致文物标本的质变。保管人员应利用温湿度调节设备改善室内的空气环境，经常注意温湿度数值变化情况。此外，还要注意室内的卫生，做到防尘除尘。在紧密堆放的箱子玻璃柜或抽屉中装吸湿材料。而对于贵重纸制品如印刷品和绘画等，可采用

上下柜间不断通风，让空气流动是较好的办法。

其二，光的问题。国家文物行政部门对文物藏品的拍摄作了限定性的规定，若眼点是有机质藏品如丝绸、书画等对光线辐射的损害极其敏感。光辐射中紫外可见光红外线过量的光照，都在一定程度上会使藏品发生光化学反应，导致有机质文物的质变、强度降低、褪色或翘曲等。最有效防止光线损害的方法是库房建筑应避光，室内采用能吸收阻止紫外线的材料，光源亦进行紫外线吸收过滤。箱柜抽屉等贮藏器具也应与光源保持一定距离，避免热效应。

其三，做好藏品的防霉、杀菌、杀虫工作。霉菌微生物极易在有机质地文物里繁殖发育，使文物腐败变质。潮湿是虫菌生长的温床，只要将温湿度控制在一定范围内，生物、微生物都不会发育。在藏品入馆前，保管人员一定严格检查，室内做好净化处理，经杀虫后方可将有机质地文物和文物匣入藏。严格控制温湿度指标，定期检查藏品，发现害虫及时处理，同时以不损坏文物为原则。目前已经测验出有些物理方法化学药剂是不能用来杀虫灭菌的，如曝晒纸质用毒性太大的二氯苯等。保管员要多方查阅资料，学习先进技术，反复研究，做好文物保护工作。

博物馆保管员除掌握保护技术外，还要全面细致检查藏品现状，学习运用文物修复处理方法，如清洗、加固、复原、金属性除锈纸张脱酸等。具体分析，分别处理，尽量采用原制作方法和工作程序，运用与原件一致或相近的材料。坚决反对以不成熟的技术使用不合要求的材料修复珍贵的文物。这是文物保管员乃至文物工作者不可推卸的责任，否则，不是保护文物而是破坏文物，是犯罪。

4.熟练掌握电脑操作，推进博物馆数据化建设

藏品保管是一项复杂而又繁琐的工作，大量的各类账册、卡片、档案、表格都需要人工填写，数据量大且处理时间长，甚至凭个人有限的知识、资料不能解决问题。利用电脑处理藏品保管中的许多工作，不仅可以迅速提高工作效率，减轻保管人员繁杂的事务，而且也能准确快捷地收集大量的、各种各样的信息，为解决疑难问题提供多种途径。要运用电脑管理藏品，逐步实现博物馆业务活动自动化。首先，保管员要规范地做好人力保管藏品的工作。藏品的定名、分类、计量计件、登记账册、填表制卡都要求规范化。运用国家文物局从全国各博物馆纪念馆筛选出来的科学而适用的方法进行藏品管理，实现数据规范化，这是藏品数据库管理的前提准备工作。其次，保管员要掌握电脑操作技术，对藏品进行检索、统计、出入库调控、藏品存量、藏品档案贮存的有效管理。这避免了直接核对藏品，动手翻找浩如烟海的资料，可以随机查询有关信息。运用微机进行保管环境的自动调控，使库房成为适于藏品存放的环境。利用电脑报警系统做好库房、陈列室的安全防治工作。藏品管理电脑化对于惯用笔墨

工作的保管员是不小的困难。形势的发展，要求藏品保管员要活到老学到老，把握时代脉搏，迈出时代步伐。

第二节 文物保护组织机构

一、文物保护管理组织机构

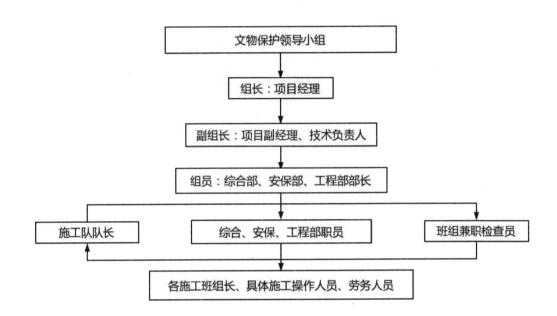

图 6-1 保护管理机构

二、基层文物保护管理机构保护文物时存在的问题

（一）人力、物力投入较少

一方面，专业性的文物保护人才较少。在市场经济快速发展的今天，人们在选择就业方向时更倾向于能够带来巨大经济回报或者较高社会地位的工作，而文物保护从业者收入来源单一，薪资水平较低，大多依靠政府资助，这就使得当代年轻人不愿意进入基层文物保护管理机构工作。除此之外，在大学教育中，无论是考古学还是文物保护都属于"冷门"专业，这就意味着学校能够提供的专业人才也相对较少。另一方面，政府资金投入较少，很多基层文物保护管理机构都存在入不敷出的问题。众所周知，文物的挖掘与保护需要耗费大量资金，而政府每年提供的资金有限，文物保护管理机构又很难从社会上筹集资金，这就使得文物保护工作存在资金短缺的问题。

（二）文物分布范围较广

首先，很多文物分布在农村地区，这就大大增加了文化开发与保护的难度。全国约有 70% 的历史文物分布在农村地区，这就意味着大部分的文物挖掘与基本保护工作都需要在农村地区展开，但是农村的地貌特征较为复杂，交通不方便，很多专业的探索与挖掘工具难以发挥自己应有的作用，更难以对已经出土的文物进行基本保护。其次，文物分布在全国各地，基层文物保护管理机构难以对文物开展集中的开发与保护工作。众所周知，我国拥有 5000 多年的历史，在这漫长的历史发展过程中创造了辉煌、灿烂的文化，不同地区都有属于自己的文化内容，这就意味着历史文物会分布在国内各个地方，难以对其进行集中、有效地管理。

（三）对文物保护的宣传力度不足

基层文物保护管理机构对文物保护的宣传力度不足主要表现在两个方面。首先，没有充分向社会大众介绍文物保护的重要性。到目前，依然有很多人尚未认识到保护文物的重要性，他们认为文物是可有可无的东西，不会对日常生活产生任何影响。社会大众之所以会出现这种思想，一方面是因为他们的受教育水平偏低，难以准确认识到文物保护的重要性；另一方面则是由于文物保护管理机构没有承担起基本的解说与介绍职责，无论是在传统媒体还是新媒体中，都鲜少出现与文物保护相关的内容。其次，不注重结合最新技术与渠道宣传文物保护。很多基层文物保护管理机构在宣传文物保护的重要性时仅是"走流程"，没有切实考虑文物的文化传播效果，不注重结合微信公众号、微博等平台传播信息，难以吸引年轻人的注意力。

三、文物保护管理机构做好文物保护工作的方式

（一）增加对文物保护的人力、物力投资

首先，培养更多的文物保护专业人才。政府应当提高基层文物保护管理机构就业人员的薪资待遇，以此吸引更多年轻群体投身于文物保护事业中。除此之外，高校应当适当降低考古学或者文物保护专业的录取分数线，扩大招生规模，以此增加招生数量，同时高校应当为学生提供诸如降低学费等优惠条件，以此吸引更多家庭困难的优秀人才选择文物保护专业，为社会培养更多的专业人才。其次，基层文物保护管理机构应当拓宽资金来源渠道，在接受政府财政拨款的同时注重向社会人士募集资金。基于此，基层文物保护管理机构应当加强与社会各界人士的联系，并通过"联名"等方式强化双方间的合作，由此获得更多的资金。

（二）全面了解情况，设立重点监护对象

首先，要全面了解当地的文物情况。基层文物保护管理机构应当通过实地考察、接听群众热线等方式对当地的文物情况有一个基本了解，重点掌握文物数量、文物诞生年代、文物特征等信息，并在此基础上进行信息汇总，以确保文物保护与开发工作的顺利进行。其次，要重点监护重要文物，在节省开支的同时提升效率。由于基层文物保护管理机构的从业人员以及资金有限，对境内所有文物进行同等水平的有效监护是不现实的，因此应当采取"牵牛要牵牛鼻子"措施，着重监护重要文物。例如，秦始皇兵马俑是咸阳市的重要文物之一，当地文物保护管理机构成立了专门的博物馆用以保护与陈列这些兵马俑。

（三）拓宽传播渠道，加强文物保护宣传

首先，加强对文物保护的宣传与教育。宣传与教育是帮助人们正确认识文物的重要途径，因此，基层文物保护管理机构要善于借助各种媒体渠道宣传文物的价值，以此帮助广大人民群众认识到文物对于维护文化多样性以及社会稳定性的重要性，同时也要注重开设公开课堂，向人们讲解文物相关知识，以此吸引人们的注意力。其次，善于借助各类新兴渠道宣传文化保护的重要性。在当今时代，微博、微信、抖音、快手等新媒体平台有着大量的流量，大多数年轻人通过这些平台来消磨业余时间，因此，基层文物保护管理机构应当借助这类新兴渠道传播文物保护知识，以此提升年轻人对文物保护的兴趣。

第七章　博物馆各类藏品保护管理

本章分别对我国比较常见的藏品进行了分类与分析，研究各类藏品特征及保管、养护条件，力求为藏品提供一个更符合自身特性的馆藏环境。

第一节 玉器类文物藏品保护管理研究

中华民族素有爱玉、尚玉的传统，从兴隆洼文化出土发掘的"玉玦"来看，早在新石器时代，玉就已经被先人发现使用。中华玉器这颗东方明珠，几千年来作为中华物质文明与精神文明的重要载体，是其他艺术品无法比拟的。尤其是古玉，往往与当时的政治、经济、文化、宗教、礼仪、等级和审美观念有密切的联系，不论贵胄还是庶民阶层，无不爱之。

一、玉器概述及软玉

（一）概述

随着经济的发展，人民生活水平与精神需求不断提高，我国兴起了玉器的收藏热，人们不惜重金求购心爱的玉器。"黄金有价玉无价"，两千多年前的战国时期，秦国为得到赵国的一件玉器"和氏璧"，竟愿以十五个城池来交换，这使玉器的价值达到了顶峰，同时演绎出了"完璧归赵"的千古绝唱。玉不仅是人们对具备色泽、硬度、声音、纹理、质地等一定条件的美石的定义，而且更重要的是，在人们心目中，玉是完美的象征。洁身如玉、温润如玉则成为对人格的美好赞誉。由于玉质地坚韧致密、温润细腻、宝光内涵、色泽莹洁绚美，因此产生了一种特殊的美的理念，同时玉又被赋予了吸纳山川之灵气、凝聚人间之美质的特征。历来人们就有珍玉重玉的风尚，历代王公贵族士卿受"观物比德"之影响，宣扬"君子如玉""君子比德于玉"的道德观念，把玉的色泽、质地、形状等比附为人的德、仁、智、义等品行，以德行来比附于君子，作为君子处世修身的准则，于是玉具有五德、九德、十一德等说法，被抹上了一层伦理的色彩，成为君子道德规范、行为约束的标志。由此可知，以玉比德的观念对审美的影响很深。古人识玉，先看的是玉所蕴含的美德，而后才是玉本身所具有的色泽、纹理。因此，玉便由单纯的审美变为伦理、人格、风范的标志。此外，人们认为玉具有辟邪、治病的功效，因此将其用作护身符或吞食玉屑，这反映出玉文化的另一侧面。

从某种意义上说，玉是中国古代文明的重要标志之一。

（二）收集知识

1.玉的基本特征及种类

玉可分为两类，即软玉和硬玉。软玉为角闪石类，硬度最高不超过摩氏 6.5 度，密度 2.9~3.1；硬玉亦称辉石类，硬度在摩氏 6.5~7 度以上，密度 3.3±0.04。中国古代玉器绝大部分为角闪石制品，辉石类在 18 世纪后才被中国玉匠大量采用。中国传统文化中对玉的认识，内涵较广。东汉许慎在《说文解字》中讲"玉，石之美者，有五德"。何谓五德，即玉的五个特性。凡具坚韧的质地、晶润的光泽、绚丽的色彩、致密而透明的体质、舒扬致远的声音的美石，都被认为是玉。按此标准，人们心目中的玉，不仅包括真正意义上的玉（角闪石、辉石类），还包括蛇纹石、碧石、松石、孔雀石、玛瑙、玉髓、斜长石、琥珀、芙蓉石、水晶、红绿宝石等彩石玉。

2.软玉的基本特征及种类

软玉是透闪族矿物，是交织状的阳起石、纤维状的透闪石微晶集合体。密度为 2.9~3.1，硬度最高不超过摩氏 6.5 度，有油脂光泽。断口处为参差状，半透明或不透明，颜色有白、黄、淡褐、青、绿、黑、粉和红等。玉性坚韧，然而易熔。

软玉的种类众多，其中和阗玉是指新疆昆仑山北麓的和阗出产的玉（或称羊脂白玉、昆仑玉）。和田玉以白玉最为有名，其色泽有羊脂白、梨花白、象牙白、雪花白、鱼肚白、鸡骨白、糙米白等。

羊脂白玉以色如羊脂（白中微闪黄）、质地细嫩如脂、半透明者为上。

黄玉：玉中黄色者。一般黄玉其色多浅淡，罕见色浓者，色泽有蜜蜡黄、栗色黄、秋葵黄、米色黄、鸡蛋黄、黄花黄等。蜜蜡黄质地润如油脂者为上。

青玉：玉中青色者。这种色是青中泛灰，属一种不明快的青色。其色泽有铁莲青、熊胆青、竹叶青、虾青等。

碧玉：呈绿色。以深绿、暗绿、油青者居多。这种玉有一明显特征—玉中含有点状黑色包裹体。从颜色上看含杂质少、绿色明快者为上品。

墨玉：黑色玉。此玉有纯黑、云状黑、点状黑。习惯上称漆黑古、美人鬓、淡墨光、乌云片等。

蓝田玉：又称蓝田白色软玉。产于陕西蓝田县玉泉山，是一种蛇纹石、透辉石矿物，成分主要含硅、镁。玉色有白、灰、黄等，此玉以半透明、微有玻璃光者为上（许多文献中都提到蓝田玉，但其原产地大约在宋以后就已湮没失传。现在的蓝田玉是蛇纹大理岩）。

独山玉：又名南阳玉，产于河南南阳市独山。独山玉成分复杂，属斜长石类，因其矿物成分多样，且各种矿物成分有差异，玉石呈现多种颜色。

独山玉的色泽齐全，有白、绿、青、红、紫、黑、黄七种，分别为：

白独玉：水白玉、白玉、乌白玉。

绿独玉：翠玉、绿玉、绿白玉、天蓝玉。

青独玉：青玉。

红独玉：芙蓉玉。

紫独玉：紫罗兰、浅紫玉。

黑独玉：墨玉。

黄独玉：黄玉。

其余的多色玉称杂玉，在各色玉中，以水白玉、绿白玉、天蓝玉为佳。此玉有一特点是雕琢抛光后有蜡状光泽。密度 2.7~3.2，硬度为摩氏 6~6.5 度。

密玉：产于河南密县，又称河南玉，为石英类。密玉是一种含有铁锂云母的石英岩，半透明，密度为 2.65，硬度为摩氏 6~7 度，有砂性特点。颜色种类不多，以苹果绿色、橙红色为代表，其余有灰绿、紫灰，密玉以绿色亮丽者为上。

岫玉：产于辽宁岫岩县，又称岫岩石。岫岩玉成分以蛇纹石即镁质含水硅酸盐为主。密度为 2.4~2.8，硬度为 5~6 度，半透明或不透明，有油脂光泽，性软而脆。岫玉的颜色以青绿为主，也有淡绿色、水绿色、黄绿色、灰绿色、油绿色、深绿色，有时也带暗红、水红、橙红、铁锈红、黑灰等杂色。岫玉以水头足、透明度高、含杂质少、色艳者为上品。

3. "东部玉"的基本概念

中国人最早使用的玉是出产于我国中原及沿海地区的玉（辽宁岫岩县、北京昌平区、吉林集安市、河南南阳县、陕西蓝田县、广东信宜市以及江南太湖流域），这是与变质大理石共生的透闪石矿物。从新石器时代到商代中期的古玉，都属于这一类，称为"东部玉"。其特点有：

（1）玉质半透明到不透明；

（2）玉磨光后有蜡状光；

（3）玉料以杂色为主，颜色混杂的情况很普遍（这也是人们所谓的五色石）。

4. "西部玉"的基本概念

从商代晚期开始，又有一类玉加入了中国的玉器行列，这就是包含透闪石和阳起石的混合矿物角闪石。由于透闪石和阳起石在玉料中的混合比例是不一定的，因此这类玉从外观上看有一定差异。它主要出产在中国的西部（新疆南部）和贝加尔湖一带，称为"西部玉"。此类玉的特点有：

（1）玉质半透明；

（2）磨光后有油脂光泽；

（3）多为单色玉，少数为杂色玉。

从商代后期至汉代，西部玉在中国玉器中的比例逐渐增大，从而逐渐成为中国玉器的主流。

5.古玉器的种类

中国玉器经历了几千年的发展。从单一的生产工具到涉及人们生活各方面的用器，其种类繁多，按用途大致可分为：礼乐器、仪仗器、丧葬器、佩饰、生产工具、生活用器、陈设用器、杂器等。

（1）礼乐器

礼乐器是在祭祀、交往、军事等活动中使用的一些器物。按《周礼·大宗伯》所讲："以玉作六器，以礼天地四方，以苍璧礼天，以黄琮礼地，以青圭礼东方，以赤璋礼南方，以白琥礼西方，以玄璜礼北方。"这些器物被赋予了一种特殊意义，成了体现礼制的物件。

璧：一种中间有圆孔的圆形片状体，体量从大至小都有。主要用途是用于祭天，属一种礼器。其次是作为馈赠礼物、佩饰（佩饰璧较小）随葬品。

琮：方柱形，中间有一上下贯穿的通孔，中部圆外圈方，中间的通孔表示通天地。用途为礼地，是财富与权力的象征。

圭：一般认为圭是由石质斧发展演变而来的，形状扁而长。用途为礼东方之器，供玉赘礼仪活动或揩圭仪式使用。

璋：璋的形制现在有较大争议。《说文解字》解释说："剡上为圭，半圭为璋。"璋为片状，形状与圭有一定的关系，也与最初的刀戈类兵器的形状有关。因此璋的真正形状尚难定论。璋是礼仪活动中使用之器（《周礼》中讲"以赤璋礼南方"）。

璜：璜的形状很像璧或环的一部分（片状）。一般两端各有一小孔，可系绳作佩饰。通常人们把弧度小于半圆的器物称为璜。主要用作礼器（《周礼·大宗伯》讲"以玄璜礼北方"）。次为佩饰，或表示祥瑞。

琥：圆雕形，片状；饰虎纹形虎形器。主要用作礼器（《周礼·大宗伯》讲"以白琥礼西方"），还作赏赐物。

瑗：圆形片状体，中间有一大圆孔，其孔径与边的比例为1∶2。《尔雅》中说："好倍肉谓之瑗。"瑗据说可作为请君的信物和引导君王上台阶之器。

环：形同璧、瑗的圆形片状器。璧、瑗、环的区别在《尔雅》中有明确记载："肉倍好谓之璧，好倍肉谓之瑗，肉好若一谓之环。"也就是讲三者的区别在于中间孔径的大小。但实际情况，不能简单以此衡量。

玉磬：一种标准形制的如矩尺状的器物。磬是中国上至上古下至明清宫廷举行大礼奏乐的主要打击乐器。每件磬的折转角都有一小孔，用于悬挂。作为乐器，磬按不同的厚薄、大小排列悬挂，组成不同的音阶，用于演奏。

（2）仪仗器

主要由各种玉制兵器组成，如戈、刀、斧、戚、钺、牙璋等。这些器型由实用器演变而来。

玉戈：一种玉制兵器。玉戈由援（刃）和内（柄）两部分组成。与铜戈略有差异。

玉刀：有人认为仪仗器玉刀一般为兵器。玉刀最初是工具，到商周时刀又兼有兵器和工具的功能，形制多样，用途广泛。

牙璋：形状近似玉戈的端刃器。刃缘内凹，刃的两端为锋尖，援部上下内凹呈弧线形。牙璋无实用价值，属仪仗器。

斧、钺、戚璧：从大的范围看，钺、戚璧都属于斧之一种，由斧演变而来。

（3）丧葬器

中国玉文化源远流长，中国人自古很爱玉，古人认为食玉可以长生，佩玉可以避邪、祈福，并相信人死后玉可以使尸体不朽。从战国开始渐渐形成了一套丧葬用玉制度。这时的葬玉专指为保存尸体而特意制成的随葬品，主要有瞑目（包括覆面、眼帘、眉等的面具）、玉琀、玉握、玉塞、玉衣几种。

瞑目：又称缀玉面幕。一具完整的瞑目是按人体五官的具体位置和形状制成的各种形状的玉片。

玉衣：又称玉匣或玉押，是用金丝或银丝将上千件小玉片串联成的衣服。用金丝连缀者为金缕玉衣，用银丝连缀者为银缕玉衣，也有用铜丝串联者。玉衣由头部、上衣、裤筒、手套和鞋组成。

玉琀：放入死者口中堵塞口腔之物，也称啥或含。有蝉形、鱼形、短玉管、珠、片等。

玉塞：堵遮死者九窍（两眼、两耳、两鼻孔、口、前后阴）的玉器。耳塞、鼻塞、阴塞一般形状是六角、八角，圆形柱状体，一头粗一头略细。

玉握：葬时放置于死者手中之物。

（4）佩饰器

佩饰器比较繁杂，大致可分为头饰、耳饰、项饰、手饰、服饰、组饰等几个大类。

玦：一种环状有一缺口的玉器，多作耳饰使用。

玉镯：一种戴在手臂上的环形器。

珩：《说文解字》讲："珩，佩玉也。"珩在全佩中起主干作用，所有的杂件佩都垂挂在珩下。

牙：窄长尖细像牛角形的片状佩饰，镂雕之器，成双使用。

觿：一种角形器，形状近似牙，但觿为圆柱形。觿是由一种随身携带的小型工具（用来解结）演变而来。

玉韘：一种射箭时使用的工具，用来护指，并能随身携带以为佩饰。

扳指：圆筒形套于拇指上。一般认为扳指是由玉韘演变而来。

此外，还有许多几厘米大小的片状几何形或圆雕器物，只要有小穿孔者，大多可视为佩饰玉。

（6）生产工具

以玉石材料雕琢成生产工具。如斧、刀、斤、凿、箭、镞等。主要见于新石器时代至青铜时代，随着青铜冶炼业的成熟、繁荣，以及铁器的出现，玉制工具渐渐退出生产工具的历史舞台。

（6）生活用器

生活用器主要是指用玉料制成的器皿，如玉簋、玉角杯、玉卮、玉奁、玉灯、玉觞、玉碗、玉碟、玉杯、玉瓶、玉酒具、玉文具等。

（7）陈设用器

陈设用器主要指一些用来摆放观赏的器物。如玉山子、玉屏风及各种玉兽。一些仿古器也被列为陈列用器。

玉山子：以玉料雕成的主体小山，山上雕有树木、道路、房舍、动物、人物。主要以园林和山水画题材为主。因为是小型的立体山水，故称"山子"。

（8）文具用器

主要指文房用具。如笔杆、笔筒、镇纸、笔架、砚、砚滴、水丞、臂搁、印盆、墨床、笔洗等。

（9）杂器

不能归入以上几类的器物，现都归为杂器。较为常见的如带钩、如意、刚卯、玉带、玉剑饰、璇玑等。

带钩：用于服带端部的钩状物。主要是缀在腰带上钩挂佩物，器身略呈"S"形。一端有钩，背后有"T"形。

玉如意：略显"S"状长条形。如意可分为柄部和头部两部分，柄部为细长形，可以用手持。柄前端为头部，有一扁圆形结，似钩而弯回。

刚卯：指四方形柱状小玉器，为了便于佩戴，从顶端至底部的中间有一通心穿。刚卯柱体四面都刻有字。

玉带：指用于束衣之玉带。是由若干块方形、半圆形小玉板组成。

玉剑饰：装饰在剑柄、剑首、剑鞘上的玉件，如格、瑞、现等。

璇玑：片状，圆形，中心有孔，外缘有向外凸出的齿。这种玉器主要流行于战国之前。汉代之后的学者在为古文献作注释时，认为《尚书》中"璇玑玉衡，以齐七政"所讲的璇玑为观测天象的仪器。

6.三代玉的概念

三代玉是指夏、商、周时期的玉器。

7.沁的概念

所谓沁，是指玉器长年埋于土中，受到土壤温度、湿度、压力变化的影响，以及酸碱和各种矿物质的侵蚀，使得玉质的色泽产生物理、化学变化，出土时玉器上留有斑驳朽蚀的岁月痕迹。玉器受沁程度的大小与埋藏时间的长短和埋藏地的干湿、酸碱度有关（沁只能使玉器表层的色泽发生变化，不能从根本上改变加工前的玉色）。清代陈性在《玉纪》中讲："凡玉在土中，五百年体松受沁，千年质似石膏，两千年形如朽骨，三千年烂为石灰，六千年不出世则烂为泥矣。"

8.土门的概念

土门是指出土古玉的受沁口和玉器上的细小裂纹。

9.古玉的颜色

玉本身有白、黄、青、碧、绿、红、紫、黑等各种颜色，而其中浓淡配色也绝非一致。各色的玉也有各种不同的文字表现它们的意义：如元澄水曰璺、蓝如靛沫曰碧、绿如翠羽曰瓐，黄如蒸栗曰玵、赤如丹砂曰琼、紫如凝血曰璊、黑如墨光曰瑎、白如割肪曰瑳、赤白斑花曰瑻（《玉纪》）。

10.古玉沁色的名称

受棺中水银沁者，其色黑、色如乌金，谓之纯漆黑。受铜沁者，其色绿，色如翠石，名曰鹦哥绿。受尸血之沁者，其色赤，色有浓淡之分，如南枣、北枣，谓之枣皮红，特别的叫作尸渗。此外杂色甚多。

红——鹤顶红、人参朵、燕支斑、朱砂片、鸡血红。

黑——乌云片、淡墨光、墨漆古、美人醫。

紫——茄皮紫、玫瑰紫、羊肝紫、紫檀紫、紫灵芝。

青——铁莲青、竹叶青、虾子青、熊胆青。

绿——松花绿、苹果绿、蕉芽绿、瓜皮绿、鹦鹉绿。

黄——蜜蜡黄、米色黄、鸡蛋黄、秋葵黄、栗色黄、老酒黄、黄花黄、黄杨黄。

白——鸡骨白、象牙白、鱼骨白、鱼肚白、糙米白、梨花白、雪花白。

另外还有梨皮、橘皮、象皮、骆驼皮、黑蚓迹、鱼子斑、鱼脑冻、蚂蚁脚、蛾眉黛、牛毛纹、鹧鸪斑、蛤蟆皮、荔枝核、冬瓜瓤、烂豆豉、石榴子、碎瓷纹、槟榔纹、洒珠点、古铜色、细罗纹、银灰色、瓦灰色、冰糖块、雨过天晴、红日东升、秋葵西向、孤雁宿滩、苍龙浴海、桃花流水、银湾浮萍等名。

11.出土古玉的种类及其基本特征

玉出土时，有的形如瓷片，有的形如瓦片，有的形如石灰，有的形如枯骨，有的形如兽角、兽牙。有的色如木炭，有的色如生姜，有的色如烂酱，有的色如鲜枣。有的半露质地，有的微露质地，也有的不露质地。有带玻璃光者，有不露一点光者。像这样形形色色的玉，愈古老愈怪，收藏者当格外注意，不要被这怪异的形色所迷惑。这些玉一经盘玩，各种沁色毕露其精彩，有匪夷所思之妙。其古香异彩，尤为奇美。

（1）古玉中色沁等级和名称

凡古玉出土以有五色沁为最佳，四色、三色者次之，二色、一色者又次之。古玉受一色沁者，称"纯一不杂"；受两色沁者，称"黑白分明"；受三色沁者，称"三光照耀""三元及第""桃园结义"；受四色沁者，名曰"四维生辉""福禄寿喜"；受五色沁者，名曰"五福呈祥"；受群色沁者，名曰"群仙上寿""万福攸同"。

（2）香玉

一种受松香、樟脑、檀香、沉香等香物所沁的玉器。此玉出土经人把玩，用手轻抚其玉摩擦起热，玉不凉时便会有淡淡香味，名曰香玉。

（3）温凉玉

温凉玉是指玉出土前，一半插于水中，一半在水面上，时间长久后便出现在水中的一半为凉，水面上的一半为温的情况。此玉由一凉一温之性所结而成，其样为一半白、一半黑，黑者温、白者凉。

（4）澄潭水之古玉

指曾出土，后落于潭水中时间长久而再"出土"者，名曰澄潭水。此种玉含有水汽，润泽异常，比起脱胎旧玉犹胜数倍。此玉清光照人影，诚为罕见之珍。

（5）重出土之古玉

一种曾经出土并被人盘玩过后又入土长年埋藏再出土之玉。此玉有一种精光内蕴的透澈感。仿造假古玉沁色的几种方法：

1）烤旧——将仿旧玉洗净后，用各种有机颜料加上脑砂调匀，涂抹于玉上，然后放在火上烤让玉由低温升至高温，颜色由玉的表面入肌理。

2）煮旧——以各种颜料兑水，把玉放入兑好的水中，长时间煮，使颜色沁染玉体。

3）烧旧——把仿旧玉放于火中烧，当烧至玉有裂纹时取出放入兑好的颜料水中染色。

4）炸旧——将兑好色的油脂放在火上加热到冒烟，而后将玉放入其中炸，使其色渗透入玉内。

5）酸蚀法——把需做旧之玉放入氢氟酸溶液中浸泡一天后取出。涂抹上泥，其法可使玉的表面产生一种土蚀的效果。

12.古玉的鉴别

中国人爱玉年代久远，其制作玉器已有几千年的历史。古玉器是中国文化中一颗璀璨的明珠，它以精湛的制作技艺、优美的造型、绚丽的色彩著称于世。玉器有出土的、传世的；有旧玉新刻（旧玉新工）或新玉仿古的；有自然沁色的，也有人工加色做旧的。这就需要我们在鉴别收藏古玉时应掌握不同时期古玉器在用料、形制、刀工、纹饰等方面的特征。

（1）新石器时代

新石器时代常使用的玉料有黄玉、青玉、灰白玉、岫玉。这一时期，受生产工具和技术的限制，在把玉料解成片时常出现错位痕迹，玉片多厚薄不均，一边厚一边薄，而且造型不规则，圆不圆、方不方。形制有璧、琮、圭、璜、珏、镯、珠、管、动物形的各种佩饰等。生产工具有斧、刀、铲、箭、镞等。这些器物在造型上的主要特点为片状，有孔。动物造型比较简单，重点刻画头部等关键部位，身体近几何体。有刃器物的刃部不锋利，呈厚钝。有孔器物的孔基本上是对穿，在孔的中部有对钻交汇的棱台痕迹。常用几种钻孔法：1）锥琢穿孔法，此孔上大下小；2）管筒穿孔法，孔边缘留有旋纹；3）锥钻法；4）管琢旋孔法。

（2）商周时期

这一时期玉器所使用的玉料是青玉、墨玉、岫玉、白玉、黄玉、碧玉。器形有玉刀、玉斧、玉铲、玉钺、玉戈、玉璧、玉环、玉瑗、玉琮、玉圭、玉璜、玉勒子、玉管等。还出现了单体器形的玉鱼、玉龟、玉兽面、玉人首佩、龙形佩、剑饰等。从旧玉留下的痕迹看，青铜工具的使用使琢磨玉器的技术得到提高，能开出均匀而薄的玉片。片形器的边缘往往有齿状小牙凸出，纹饰与同时代青铜器纹相似。商以饕餮纹为主，云雷纹少见，人面纹也有发现。周以鸟纹和夔纹为主，其鸟纹最具特色：长颈、勾喙、后尾上扬。早期的刀法是三多三少，即直线多、弯线少；粗线多、细线少；阴纹多、阳纹少。周代除直线外，多有弯线条，尤其是一种用阴线构成的人形和动物形纹饰。有的用双阴线刻成，其中一条用"勾撤"法雕成，线条直，但转弯处角度大，刚劲有力。春秋战国时期的玉器，注重磨制，和以前对比，有新的进步。器物用材规整均匀，粗线条少，细线条多，而且线条有毛口。刀工精细，器物边角整齐锋利，半浮雕、透雕开始盛行，这一阶段是我国玉器发展的一个重要时期。

（3）汉代

汉代玉器除青玉、黄玉、碧玉外盛行白玉，人们通常称"汉白玉"。形制上有玉璧、玉剑饰、玉带钩；而鸡心佩、玉刚卯、翁仲人是汉代首创器型。常见的器型有单体动物造型玉件，实用的器物碗、杯、勺、水盂等也相继出现。汉代玉器刀法简单有力（汉八刀），没有前朝精细，但器物棱角琢磨圆滑，大件器物刻工粗，细线条有毛口。从纹饰上看，汉代玉器部分保留着战国时代的风格，此外出现了本朝代的风格，动物形象的龙纹、虎纹、凤纹取代云纹、雷纹。玉璧多是兽面蒲璧、龙纹璧、鸟纹璧，谷璧的谷粒排列稀松。玉剑饰以兽面纹或凸雕螭虎为最多。

（4）唐代

唐代玉器的玉质多为青白玉，白玉，但玉质不够纯净。玉器器型除继承前代的种类外，还出现本朝的种类，如玉带板、玉人物佩、飞天人物佩等各种类型的花形佩；动物类的肿骨鹿、卧马、卧骆驼也是这时的首创器型。这时玉器的刻工精细、细线条多而美，特别是带板上所刻绘的人物，通身饰以细密的阴线；在动物的尾部、脚部也刻有很多细线条。玉带板上的纹饰多为人物，而人物多为西域的波斯人。其他饰件则以云头纹、花鸟纹为主，鸟的尾较长，尾端开尖向回卷；在云纹中大量使用三歧朵云纹，这种云纹长而细，云头分成三部分，两侧往外卷，中间小而圆，微凸。器物边沿通常饰以细密且长的阴刻装饰线。

（5）宋元时期

宋元时期的玉器以白玉为主。玉料较纯净。玉器除多为仿古铜器器形的玉觚、玉尊、玉炉外，还有玉带扣、双耳环、单耳环、龙纹佩、花鸟玉等。此时由于受不同民族文化的影响，在器物上也反映出一些民族和地方特色，刀工上南方刻工细，北方刻工刚劲有力。从整体上看，宋代刻工的线条较为细弱，元代刻工一般都粗犷有力。纹饰以仿古纹饰为多。有蟠螭纹、回纹、乳钉纹、龙纹。饰件以花鸟、兽类纹为主。花鸟则以云鹤、葵花、莲花、孔雀、芦雁穿莲纹为主。兽类以鹿、云龙、麒麟、瑞兽多见。

（6）明代

明代玉器以青玉居多，白玉较少。玉料有熟旧油腻感，不洁净，多杂质。除常见仿古铜器的玉觚、玉尊、玉炉、玉簋外，玉带板、镶嵌件、玉带钩、玉花牌、玉碗、玉杯、玉壶等实用品多见。动物造型类有羊、狮子、麒麟、独角兽、虎、鱼等。各种人物、花卉、瓜果、玉山子、玉簪、玉牌等饰品比较多。明代苏州有名的玉雕工匠陆子冈所做的子冈牌玉是明代最出名的玉饰件。纹饰上，明仿古器物以兽面纹为主，玉璧以浮雕螭虎纹常见；后期器物上的纹饰以松鹤、八仙、岁寒三友（松、竹、梅）、云头纹、缠枝花卉、芦雁穿莲、山水人物为主。而在碗、杯、执壶、带板上多有福、禄、寿等字。这是明末纹饰的一个特征。

（7）清代

清代玉器的选材比较广泛，有黄玉、青玉、墨玉、碧玉、翠玉等。在乾隆时期特别以白玉为多。在选材方面比较重视玉质纯净、温润，白玉中的"羊脂玉"是此时多见的玉材。清代玉器品种极其丰富，除继承前代所有的品类外，还增加了不少实用品，如餐具、镜屏、屏风、烟壶、烟嘴等；玉如意、玉锁、玉剑饰、玉花牌、玉扳指、玉瓜果、玉人物、玉兽特别多。乾隆时期玉器制作技艺更加高超，扬州有大型器物，苏州以雕琢各种精巧玉器驰名，尤其是聚集了全国琢玉名工巧匠的清宫造办处的琢玉技术更推动了清代玉器制作的迅猛发展。清代是我国治玉史上空前繁荣的时期，这时的玉器精雕细琢，形象逼真，还出现俏色巧作。器物线条精细，光亮平滑，立体感强，花果的枝叶脉络雕刻精美。这一时期镂空、半浮雕、浮雕三种雕法盛行。

除了掌握各个时期玉器在玉料、刀工、器形、纹饰等方面的特征外，还应从它的沁色上加以鉴别。在鉴别一件玉器年代时，往往要观察其沁色，以此作为判断年代的依据之一。当一件玉器出土时，玉器的表面会有似雾似霜的灰白色，称为"生坑"。生坑玉经长期把玩，就会呈现出受各种物质侵蚀后的沁色。由于是真正出土的，它的玉质是自然熟旧、油润的，它的沁色也是自然的，是由外向内延伸的。沁色从沁口到玉体内自然柔和，不够规整，沁色由深至浅自然过渡，看起来像由外向内漂浮的云。若是后仿者，为了使器物能呈现出各种沁色，都是用火烧、油炸、酸蚀等方法使其变为"生坑"货。由于是人工强使各种色料渗入玉体，在色泽上没有自然油润熟旧感。色泽显得生硬、死板、呆滞，沁色边沿较平齐，色硬没有自然之感。

13.鉴别古玉的好坏和价格

古玉收藏家王震球指出，珍品古玉的判断标准是：一美、二好、三古、四稀。也就是说玉器的造型、刀工即整体艺术最为重要：第二是玉器要完好；第三是年代要古老；第四就是要稀奇、稀有。古玉的珍贵不在古，首先在于美感。任何一件玉器之所以受喜爱，主要看外在形制与刀工是否能令人产生爱恋，因此价格高低也不能代表玉的价值和好坏，主要是看玩家对玉的情感和喜好。除有些玩家对玉器有个人特殊的喜好外，一般我们对一件古玉的价格还是有一个衡量标准的。比如一件古玉如以 1 为标准，玉质好时价格变为 2；雕刻工艺好则变为 4；沁色又好，变为 8；造型又特别，变为 16；品相好，则变为 32。

当然，每个人的看法不同，这要根据博物馆自身的水平和经济状况而定。以收藏的眼光看古玉，还是可为的。古玉在现阶段还未在全球流行，因此价格不高，是值得收藏的，又因为古玉的数量不多，好玉也少，此时应是收藏的好时机。

（三）保存与养护技巧

1.出土古玉的基本情况

出土古玉一般有两种情况，一种是古玉出土时质地疏松，沁色浓厚，体轻；另一种为质地坚硬洁净，沁色浅薄。

2.出土古玉还原出玉体本色的方法

想要使出土玉还原出其本色，需经常盘玩。

（1）在盘玩时如果遇见体轻、质地疏松、沁色浓厚者，需将古玉佩于身上，以人气先养，让质地稍硬后，用旧布擦拭玉体使其复苏，再用几成新粗布擦拭（增加摩擦力）。每擦拭一次都要使玉体发热，这样反反复复擦磨后，灰土浊气及燥性自然会从玉体上褪去，受沁之处自能凝结，色愈敛而愈艳，这样可使出土古玉复原。

（2）如遇出土古玉质地坚硬洁净、沁色浅薄者，可先用水煮法将玉悬空挂在装有茶叶末的大瓷罐中加入清水用文火蒸煮，以提取出沁入玉体的土气。而后趁热把玉取出，用细密的棕刷刷之，反复多次后，再用新的粗白布擦拭，让玉体继续保持一定的热量。这样反反复复多次可使其土气脱去，色彩焕然。

（3）出土古玉，全身被灰土包裹，玉质坚硬者可用稻壳、木绒草装袋盘玩（擦、搓、揉）。如遇玉体腐软者，需用人气先养玩（应将玉藏于怀，或浮系胸间），待其质地坚硬后，照前法盘玩。

（4）玉出土后无土包裹又含有各种沁色的可用竹叶或糠皮装袋盘玩。玉在盘玩时若包浆出现似蛤蟆皮而还能见到其底张的，要先用竹叶、木绒草装袋盘玩，此后若玉色不变的，又可采用栗炭灰、稻草灰煮水，将玉悬于罐中，用文火蒸煮，待玉色稍变后，则须马上用以上各种方法盘玩。

（5）如古玉经盘玩后，其玉质有变而沁色干枯者可先用肥皂水、皂角水煮，再用竹叶、糠壳装袋盘玩，这样可使玉体通透，沁色活络亮丽。

3.古玉盘玩后的养护方法

古玉经盘玩后都需把玉挂于贴身处，以身体之气养润，时常用手抚摸擦拭，并让玉保持一定的温度，使玉最终还原出本色来。应当注意在用手盘玩过程中，常用热水净手，用开水净玉。

4.脱胎玉的概念

古玉经盘玩后呈现出玉本来的玉料色，底张变得通透细润，沁色显得均匀、活络、自然、不呆滞。玉的重量比同类的玉料显得轻。

5.保养古玉的注意事项

对古玉的保养应注意几点：

（1）忌油——经盘玩的玉其玉体疏松体量轻（与新玉比），如被油腻玷污，油污会从玉的细裂纹处渗入，玉色将灰暗发闷，油腻不易被清除（因其渗入玉体内）。

（2）忌腥——古玉与腥物接近，易伤玉，腥味会顺沁口、土门入玉体，其腥味久久不散。

（3）忌污浊——如遇污浊之物，会使土门闭塞，玉里的灰土杂质不能退出，使玉黯然无色。

（4）忌火——常与火接近会使沁色变淡。

（5）忌冰——常与冰接近，沁色不活，会发呆。

（6）忌碰撞——如不慎坠地或与硬物相撞，轻者会有裂纹，重者损坏。

总之盘玩古玉不论使用什么方法，其原理都为热胀冷缩。在盘玩中还应注意轻拿轻放。

（四）破损补救技巧

玉器的修补技术在古代已出现，如南京北阴阳营文化条形玉璜，有很多是经修补再用的。其方法大多是在玉璜断裂处的两头上下边缘先划出小槽，再在槽内各钻琢一小眼，以线绳连缀起已断的玉璜，使在玉璜的正面不易看出修补的痕迹。

1.粘接法的使用情况

一般来说粘接法适用于断裂处在玉器边沿角上或断裂块小于玉器的四分之一时的情况。

2.断裂玉器的粘接方法

断裂玉器的粘接一先将玉器断口清洗干净，在断口处涂上薄薄的 502 胶或三甲树脂、环氧树脂（在粘接前，应将黏合剂勾兑一点与玉器相同的颜色）。粘接时注意断口要严密，并用绳线绑住加压，这样粘接出来的器物更牢固。对于粘接时流出的胶液应及时用丙酮擦拭干净。

3.修补玉器残缺部分的方法

对于玉器的残缺部分，先用胶泥雕出与原物相同的纹饰并补配上，然后用石膏或硅橡胶制成模具，用 XN304，305 聚酯树脂和脱色 618 环氧树脂加玉石粉配好色，浇铸到模具内，待固化后取出打磨好，再补配粘接到原物上。

4.修复加固断裂玉器的方法

广州南越王墓出土的玉龙金钩是我国古代玉器修补技术的成功典型范例。此玉龙为 S 形，尾部折断。修补方法是采用以前的钻孔线绳连缀技术。用这种钻孔线联法修补后线绳会暴露在外，影响美观。为解决这一问题，玉匠、金匠合作设计出一个更妙的修补法：在玉龙断裂处套镶上一个虎纹金钩，这样既可遮掩缀线后露出的缺陷，又延伸了玉龙的使用功能（可作带钩使用）。从工艺和技巧上看，这种修补设计可说是尽善尽美。

若一件玉器断为两截，断裂处的刃口保护得好，即可采用 18K 黄金做托，将玉器镶嵌，这样不仅修补了玉器，还提高了玉器的品位。修补后的玉器可玩、可摆、可挂，并且没有改变玉器的原有形制和性质，可谓掩瑕显瑜，金玉争辉。

二、翡翠（硬玉）

（一）概述

翡翠这种玉料，明代以后才进入我国玉器行业。翡翠乃玉中极品，广为古今国人喜爱，清乾隆皇帝在翡翠玉屏上御题诗词，精美的翡翠玉器因而被称为"乾隆雕"；慈禧太后对翡翠的钟爱程度更是远远超过其他珍宝，上行下效，翡翠也深受王公大臣的喜爱，有"皇家玉"的美称。翡翠令人钟爱，因其青翠欲滴之娇美，沁人心扉，纯正无瑕，为世人所倾倒。更以其产量稀少、佳品难求而身价倍增，如北京玉器厂雕琢的仅有火柴盒大小的"龙凤呈祥"翠雕件价值高达 180 万元人民币。近年来在香港市场上，价值十多万港币的翡翠，几百万甚至上千万港币一件的翡翠珍品在拍卖行拍卖也不稀罕。价格这样高，但人们对翡翠的喜爱程度仍有增无减。

（二）收集知识

1.翡翠的基本特征和种类

翡翠原为鸟名，汉代许慎《说文解字》云："翡，赤羽雀也：翠，青羽雀也。"翡为红色，翠为绿色，合称翡翠。翡翠是一种钠铝硅酸盐的混合矿物。为辉石类硬玉。其性质坚硬，硬度为摩氏 6.5~7 度，密度为 3.3±0.04。翡翠分为透明、半透明和不透明三种。磨光后有玻璃光泽。其产地主要是缅甸（现在所讲翡翠是专指产于缅甸的硬玉）。

从翡翠材料的开采来看，分老坑和新坑两种。

（1）老坑外形似卵石，因此又称为籽材料。表面有一层皮壳，皮壳的颜色多为白、灰、黄褐色，俗称白沙皮、黄沙皮、红沙皮。此种材料产于河谷、浅水和乱泥之中。

（2）新坑生长在山脉之中，与山石连接在一起，所以又称山料。开采方法多用爆破，因此，山料无表皮。

从翡翠的透明度可区分为老种、新老种和新种三种，这三种是比较而言的，不是绝对的。

1）老种——翡翠材料透明或近似透明，行业内习惯称"水分足"。所谓"水分足"就是磨制出翡翠饰件反绿好，此种材料质地较优。

2）新老种——界于透明和不透明之间的半透明材料，也叫"水分差"，新老种较老种劣之。

3）新种——不透明，此种材料或发干，或发瓷，虽有区别，但基本意思相同。比老种、新老种次之。

翡翠的颜色有绿、紫（又叫藕粉地，也叫紫罗兰）、红（籽材料的表皮内层）、灰、黄、白等色。有用绿色或绿色形态的物体命名的，也有用收购价命名的，还有用人命名的。后两者偶尔能见到，有所了解即可。

①用绿色及绿色形态物体命名的有：丝瓜绿、瓜皮青、蛤蟆绿、豆瓣绿、宝石绿、阳俏绿等。顾名思义，这是人们对其的形象化称呼，虽近似但不够确切。绿色细分及具体解释如下：

宝石绿：色似绿宝石，绿色纯，水分好。

艳绿：色浓不黑，而且鲜艳，系老种。

黄阳绿：色鲜艳，是老种且漂亮。

阳俏绿：颜色很鲜亮，新老种材料。

玻璃绿：材料透明度好，色艳绿。

鹦哥绿：绿色似鹦哥毛。

菠菜绿：绿色浓，但不鲜艳。

浅阳绿：绿色淡，但比较漂亮。

浅水绿：绿色线，均匀但不鲜艳。

蛤蟆绿：颜色绿中透蓝或闪灰，有石瑙性。

瓜皮绿：颜色绿中透青。

梅花绿：绿色不均，呈盐粒子状、点状、小块状，似梅花（或称天女散花）。

灰绿：颜色绿中闪灰。

蓝绿：颜色绿中闪蓝。

油绿：俗称油青，颜色不鲜艳，绿色透油灰黑，但水分较好。

木绿：材料是新种，绿不透明，而且发干发瓷。

②以收购价命名的有"三万三""七万四""十七万""三十二万"等。

③以人命名的有白雅堂。

2.翡翠制品的名称

翡翠主要是做装饰品，质地较差的雕刻为陈设品。饰品的名称主要有：朝珠、佛头子、扳指、翎管、烟嘴、背云、扁方、龙勾、套环、别子、勾搭子、壶盖、镯子、簪子、幅、秋叶、元鹤、表杠、活环、介古、帽花、烟壶、袋圈、带扣等。另还有戒面、尖石、桃石、元点、方石、鸡心、大头串、花件、金圈、仕女、老人、瓶、炉、狩猎、屏风等。

3.翡翠的定价依据

翡翠过去无一定价格，因此价格相差悬殊，随着人们对翡翠的进一步认识和鉴定技术的不断提高，现在价格基本趋于统一。翡翠定价的依据主要有以下几点：

（1）颜色：颜色是定价的主要环节，主要依据。

浓：颜色要浓艳。

正：色纯正，无邪色。

均：颜色匀和，绿色一片，色泽一致，照映好。

阳：色泽艳丽而明亮，阳俏，无阴沉色。

（2）底张好：材料必须是老种，水分好，透明，质地细润。要求"通""透""水""莹"，以莹为最高级（以上四点是相辅相成的）。俗称有：玻璃种、冰种、葡萄水、冰糖水、鼻涕青、冬瓜瓤等。

（3）形：式样美观、雕工精美、体量适中，看起来肉头好。

（4）材料干净，无柳裂、石花，无黑、黄等杂质。

4.鉴别翡翠的真与假

（1）翡翠与料器的区别：料器有玻璃、塑胶等。料器是人工熔炼的，结构松懈，绿色较均匀，虽有不均匀者，但不自然，易见人工痕迹；料器无翠性，也无柳棉，有的料器有气泡，破处是亮碴，有水纹；料性软，硬度低，多数有牛毛纹，体轻，佩戴时间长容易失亮。翡翠是天然矿石，结构紧密，绿色大都不均匀，但自然；有翠性（大有石花或近似石花之状），有的有柳棉，无气泡，破处是石头碴，即暗不亮；硬度大，体重。

（2）翡翠与炝色、垫色、合光色、涂色翡翠的区别：翡翠绿色是天然形成的，有深有浅，有点块状之绿色，或有绿线（丝丝绿）。绿色的纯与不纯也是天然形成的，色从里向外延伸，有色包，不透假，虽有柳棉，但都自然。

1）炝色翡翠：原料用白翡翠（称白杆）或白玉。首先要把需炝色的原料加热，到一定的温度后放入绿色的液体内，原料加热后会炸开一些小裂纹，绿色渗入纹内。所以拿一件炝色翡翠在强光下一照，绿色都在纹内，因纹是加温炸成，炸纹和绿色都是由外向里伸展。所炝的色在纹内，日久褪色，色会变黄、变蓝。注意色闪黄的在灯光下不易鉴别。

鉴别炝色翡翠，一是可把炝色翡翠放入硝酸或硫酸内，几小时后绿色即褪；二是放在温度为 70~80℃的铁器上，几小时后绿色也会消失。

2）垫色翡翠：用无绿色、透明度好的翡翠，把要垫色部分磨薄，以能透过绿色为适当，把磨薄、凹进去的部分涂上绿色，以金、银镶上用以遮盖。此绿色不正，大都透蓝、黄、灰等色，绿色发死透假，色好像浮于内。同时因要涂色，翡翠磨制较薄，所以磨薄涂色处大都有裂纹。垫色翡翠以闷镶金银的烟壶、壶盖、扳指、带扣为多。

3）合光翡翠：用两块透明度较好的白翡翠，正面底部磨进去，磨凹部分与戒面随形，涂上一层胶质绿色，然后把磨成与戒面同一平面的翡翠镶于磨凹的底部，即是合光。这种闷镶不易鉴别，合光翡翠仔细看绿色发空，从侧面看底面无色。

4）涂色翡翠：用无色、透明度较好的翡翠做假。在无色翡翠上涂抹一层带淡绿色的树脂仿造青笋绿。鉴别此类假货可用一根铁针在翡翠表面刻画，若不是涂色翡翠，针会在刻画时打滑；如是涂色翡翠，因涂层硬度不够，针会在上面留下划痕。

鉴别翡翠时应注意环境。主要指光线，一般在上午九时到下午三时看，这时所看的绿色与本来的绿色相同。下午三时以后看绿色会显次，浓艳绿的翡翠不应在阳光下看，浅淡绿色的翡翠不应在阴暗处看。看翡翠一般不在光线直射的地方看，在明亮处看即可。翡翠在电灯下看绿色会显好，也应注意。

（3）鉴别翡翠的常用方法：

1）照：真玉不反光，玉中杂质、杂色、裂纹均可看出。

2）敲：用块玉轻轻互敲，叩之有声，清晰悦耳，表示质地坚硬、细腻、无裂。

3）看：用放大镜观察，若是注色翡翠，其色在裂纹中，无色包、色根，颜色散射不自然，发呆。

5.区别翡翠和与翡翠容易混淆的天然矿石

与翡翠容易混淆的天然矿石有：碧玉、澳洲石、绿玛瑙、河南石、爬山石、云南石、柳翠石、贵州翠、乌兰翠、马来玉等。

（1）碧玉：碧玉质地特别好的与翡翠近似，但碧玉大部分有黑点，黑点呈三角形片状。黑点色不纯黑，黑中闪灰。碧玉性软，细润，无翠性，多数无柳棉。碧玉绿色均匀，不像翡翠色浓淡不均。碧玉绿色不正，大部分闪灰、闪蓝，在灯光下看发淡、发黄，不及原来本色。翡翠在灯光下看比原来鲜艳，与碧玉正好相反。碧玉透明度差，发暗，发浑。

（2）澳洲石：澳洲石比翡翠软，绿色匀净，无白底子，浅绿色多，绿色不纯，闪蓝头。无丝丝绿、点绿、块绿。无翡翠白石花、白瑙。

（3）绿玛瑙：玛瑙绿色闪蓝，色较匀净。无丝丝绿、点绿，无翠性。透明度好，底子显灵，但透浑（体内不清晰），有冰糖性。与料器近似，而无气泡。

（4）河南石：指南阳玉，又叫密县玉，河南翠。颜色有黑、黄、绿等色。绿色大部分闪蓝、透灰，在阳光下照看呈带状，就是一条子绿带子。性软，质地粗糙，有蜡状光。

（5）爬山石：水头足，绿色呈斑状、块状、条状分布，不鲜艳且飘灰、蓝色，没有晕色，与底子有明显界限，硬度低于翡翠，结构不细密，多天然隐性裂纹。

（6）云南石：性质与翡翠差不多，但不透明。绿色较浓艳，但是发黑。因云南石是木性，透明度不好，多数带柳裂，因材料之性质，其产品大都磨得较薄，而且小的东西为多，以使其不发黑，反绿。因这种成品多数是广州加工生产的，所以称"广片"。

（7）柳翠石：表面绿色多为笮草形状，很像翡翠。柳翠石即由此得名。绿色闪青，主要是性软。用翡翠刻画柳翠石能刻动。

（8）乌兰玉：外观粗糙，抛光性差，敲击时其音沉闷（翡翠则清脆），暗绿色，光泽不明亮。

（9）马来玉：为染色石英，用含有铁质的铬盐类颜料染成，尽管外表与翡翠极品无异，但在放大镜下观看，可见其色包藏在石英集合体的裂缝中，其绿色呈网状，且不均匀，无色块色根，比重轻。

6.简述现在翡翠市场上的 A、B、C 货

（1）A 货：未经后期人工处理的天然翡翠称 A 货，无论其石质还是颜色都保持天然本色。

（2）B 货：有些 A 货因质地不纯含有黑、黄杂质，为了让此货更美，用化学药物对翡翠的质地进行处理，而后填充上树脂。这种处理后的翡翠其绿色是真的，但质地被处理过，长时间后会失去光亮（不保值）。

（3）C 货：翡翠本来无色，经加工后把绿色注入玉体内，其色是假的。

（三）保存与养护技巧

翡翠有较高的硬度和很好的韧性。一般来说，在正常的佩戴过程中翡翠饰品不会被磨损。

1.佩戴和存放翡翠饰品的注意事项

（1）在佩戴翡翠饰品时应注意轻拿轻放。翡翠饰品最怕的是被碰撞，碰撞易使翡翠出现裂纹、硬伤、断裂。如被碰伤，其价值将大打折扣（特别是高档翡翠，高档翡翠的材料都是玻璃种、冰种等，其绿色在玉体内的照映、扩散都较好），被碰伤后绿色会变得少而浅淡许多，而决定翡翠价值的因素绝大部分是绿色的多少和深浅。

（2）翡翠饰品不能长时间与强酸接触，在佩戴和存放时都应避免与酸接触。被强酸沾染过的翡翠表面会有一层碎细的裂纹，这样会影响翡翠饰品的光泽，要想去掉表面的裂纹就只有重新打磨抛光（把细小裂纹磨掉），重新打磨抛光后的翡翠饰品体量要变小，价值会变低。

（3）在存放翡翠饰品时应当一件饰品一个包装，不要与硬度大的钻石、红宝石、蓝宝石、刚玉和人造宝石存放在一起，避免被划伤，影响其光泽和美观。

2.翡翠饰品的清洗方法

翡翠饰品脏了可用软布擦拭；或用牙音、中性清洁剂清洗；也可用热开水浸泡，用刷子清洗（在浸泡时应用毛巾垫在盆内，避免碰伤）。

3.翡翠的保养方法

在佩戴翡翠饰品时应经常用软布擦拭，佩戴一段时间后用热开水先清洗饰品，然后把家用的白色蜡烛放入容器中放在火上熔化，再把清洗后的饰品放入溶液中浸沾一下取出，用开水去除多余的蜡，再用软布擦拭，这样上蜡保护后的饰品可一直保持较好的光亮并有一定的防碰撞功效。

（四）破损补救技巧

1.翡翠饰品断裂后的修复加固方法

（1）翡翠玉料不透明，发瓷、发木的饰品断裂后可用树脂、502胶粘接（粘接方法参照古玉部分）。

（2）用玻璃种、冰种、葡萄水等高档玉料制成的翡翠饰品被损伤后，若只有裂纹尚未断开或断开但刃口好（断裂处）的，可以用黄金、铂金、白银根据饰品的形状设计一个托，把翡翠饰品包、镶加固起来。比如：手镯被损伤后可用金、银把损伤处包起来，这样既可以加固又可遮盖伤处，既美观又没有失去原有的价值（名为金镶玉）。

2.翡翠饰品损伤后的改制

翡翠饰件被损伤致残，出现这种情况就只能根据原有饰品的形制和伤残状况把原件改制加工成其他形制的翡翠饰品，改制前应根据翡翠饰品绿色体积大小、形状，设计出方案，加工出成品的形状。改制应以不伤绿、少伤绿、多出东西、改制出的成品价值大为原则。比如：别子、扳指可改鸡心：翎管、烟嘴可改长方石：簪子、帽正、壶盖可改戒面；小圆珠可改圆点；有毛病的簪子可改花件。改手镯时应该斜着铡，这样改的戒面大，而且能多出戒面。改制花件时要注意毛病（柳、棉、裂、石花、石瑞），俗话说"无柳不作花"，也就是凡作花的东西和地方，大多数有柳、裂、棉。

第二节 陶器类文物藏品保护管理研究

陶器的出现可以追溯到一万年以前的原始社会，由于人们对于烹调、盛放、储存食物的器皿的需要越来越迫切，陶器的出现无疑就成为当时的一项伟大创举。中国在历史上对陶器的制造和使用是相当重视的，西周时期的青铜器上就有"陶"字。古代的一些著述中也有不少关于陶器发明的记载，如有神农作"陶、冶、斤、斧"的说法，有舜"陶河滨，作什器于寿邱"的传说。由于陶器的主要成分是硅和铝的无机盐类，无毒、无味，因此其成为人们生活、生产的重要用具。

一、陶器类文物面临的间接危害

1.来自自然界的破坏。如地震、火灾、水灾、虫蠹、鼠咬等。此类灾害是人力不可抗拒的。

2.战争带来的破坏。古代社会战争频繁，每次战争都会使古物蒙受巨大的损失，尤其是历史上改朝换代之际的大变革，破坏性极大。

3.政治因素。历史上因为政治原因毁损文物的事例相当多。如秦始皇焚书，唐代藩镇刻下的碑石纪年被磨去。

4.人为因素。如保管不妥，遭遇盗贼，被庸妄之人涂抹改篡，为不肖子孙鬻卖损坏等。

二、陶器类文物面临的直接危害

1.室内温度过高或者过低都会对陶器造成损害。收藏室内温度达到 30 ℃以上，就会对器物产生一定的破坏作用。如会使陶类器物出现发脆、强度降低等情况，温度越高产生的破坏作用就越大。收藏室温度低于 0℃以下，也会对器物造成损害，如陶器里的水分发生冰结，产生破裂现象。

2.大气环境的污染如邻近厂矿排放废气，大自然中酸雨的侵蚀，也会对陶器带来不同程度的损害，破坏它的耐久性，缩短它的寿命。

3.过量的尘埃也会对陶器造成一定程度的损害，如使器物表面变污、变黑，甚至改变其本来面貌。

4.微生物的侵蚀也会对陶器造成一定的损害。如细菌的影响也会使陶器发生粉化和剥落的现象。

5.强烈的紫外线也会对陶器造成一定的破坏。如会使陶器釉层脱落,彩陶颜色发生变化等。

6.收藏室过于干燥或者过于潮湿也会对陶器带来一些不利的影响。室内过于干燥会破坏陶器的耐久性,室内过于潮湿会产生大量的微生物。

7.经常人为地触摸、挤压、碰撞也会对陶器带来一定程度的危害,因为陶类器物本身就属于易碎品,若不小心就会发生破碎现象。

三、陶器的保养

对陶器的养护首先应该在不影响其本来面貌的基础上进行保养,不能造成陶器保护性的损害,在保养过程中做到治理与预防两方面结合。

1.陶器收藏室内的温度一般可保持在 18~24 ℃,湿度 50%~60%,相对湿度变化不超过 3%~5%。

2.要防止和减少光线对陶器的损害,可将收藏室窗子上方加遮阳棚,窗子挂不透光窗帘,窗子的玻璃采用有色玻璃或涂刷紫外线吸收剂等。

3.收藏室内的灯光使用白炽灯较好,尽量不采用日光灯。

4.陶器最好存放在柜中或框架上。

5.露天存放的陶器在搬入室内时要注意器物中是否存有水,有些潮湿的陶器要清洗干净并干燥后再入室存放。

6.收藏陶器的房间一定要保持干燥、干净。

7.对各类彩绘陶器应当进行必要的表面加固处理。

第三节 紫砂类文物藏品保护管理研究

本节要讲的紫砂类文物主要指紫砂壶,所谓紫砂壶,也属于自上古时代起我国先民就已制作和使用的陶器的一种。陶器曾是人类主要的生活用器。但是,随着时代的发展,尤其是瓷器工艺的进步,再加上陶器本身的某些不可克服的缺点,陶器慢慢失去了辉煌地位,代之而起的是瓷器,到了宋代,瓷器的制作和发展一跃登上巅峰,而陶器却几近消亡。这一局面直至紫砂器的出现才有了改变,毫不夸张地说,紫砂泥延续了陶器的生命,并使其再次走向辉煌。

一、紫砂陶器的常见清洁方法

通过各种不同途径收集来的紫砂陶器及标本,有的长期流散在民间,也有的才出土不久。在这些收集品上存有各种污垢,附着有许多微生物和虫卵,严重的不仅使紫砂胎发粉,个别的釉层剥离,甚至还会影响器物内部结构发生变化。如果不先对这些器物进行清洁消毒处理，既影响收集品的美观，它们本身还会继续损坏。一件紫砂陶器的清洁处理，主要是除去器物上的污垢物如土斑、锈斑、油污等。由于器物年代的远近、质地的保存情况各异，在清洁处理时所采取的方式也各有不同。

1.水洗

对于一般质地坚实、不怕水浸的紫砂器物上的污垢。可以用清水洗涤。器物上的固着物较为坚硬，一次不易洗掉的也可以用清水浸泡一段时间，然后再换用清水洗去。切忌在清洗时用木器或金属硬物如刀、铲等强行除去器物身上的固着物，以免其表面出现不应有的划痕，甚至使器物受损。如果器物身上存有油迹，可用清洗剂如肥皂水、洗洁精等清洗。经清洗过的器物，一定要用清水再漂洗几次，消除清洗剂本身的酸、碱等成分对器物的影响。经过水洗的器物要放置在阴干处，待器身水分蒸发、吹干后再行收存。

2.干洗

对一些长年触摸历经沧桑传世的紫砂陶器，为保持原器物经使用后留下的俗称"包浆"而出现的自然色泽，一般不宜水洗或使用其他清洗剂清洗。对于这类器物，用质地松软的干净潮布轻轻擦抹即可。

3.清洗茶垢

收集到的紫砂茶壶，污染的部分最重要的是要确定是否为化学品的污染。如用高锰酸钾等化学色素污染则较难处理，但若要消除自然的污染则甚简单，而常见的便是"茶垢"，俗称"茶山"。"茶山"被认为是一种因壶内长久持续积留下来的"茶垢"，有助茶的功用，但如果用不同的茶，便会败茶。也有认为这是现代人维持古人的卫生标准，未免倒行逆施。在没有"茶山"之壶中泡出来的茶，茶味高妙更甚于有"茶山"之壶。但一些地区气候比较潮湿，有"茶山"的老壶容易长霉，因此有"茶山"的砂壶便不是绝对有利。在利弊衡量之下，去"茶山"让古壶以自己的方式重养再生应该较为有利，一方面利于厚生，重新赋予古壶生命，既科学又卫生，皆极快意。目前市面上有些含氯的漂白水，稀释之后用来清洗茶垢，既经济又方便。以稀释的氯洗涤，不仅可以完全除茶垢，而且洗涤后清除也极容易，闻壶是否有氯味亦可知是否完全清除干净了。

二、破损补救技巧

1.紫砂壶的修补方法

紫砂壶的修补，与一般陶瓷修补技术近似。一般砂壶的修补，可用树脂修补，有裂纹而无空隙需补实者，可用 AB 胶。操作方法是将断裂的部分涂上胶水，然后以绳线将补合的地方拴紧，约静置半小时后，待接合地方胶水挤压出来，而此时胶水微干，可用刀片以切削法将挤压出来的多余胶水刮除干净，修补得好的，外表看不出来。

2.紫砂壶如遇裂缝时的修补

壶破裂之处若有瑕隙，则以填充剂填充，通常应依壶的硬度来调配修补的原料，约50%的 AB 胶可以配合约50%的白石膏，白石膏可以视情况增减，也可以加入高岭土、滑石粉等，一些无法拼合的碎片，经研磨成粉末之后也可加入胶中，填充原料可以用水彩颜料调配与壶相近的色调，完成瑕隙的修补。

第四节 瓷器类文物藏品保护管理研究

瓷器，英文叫 china，它是中华民族的骄傲，是我国古代的一项伟大发明，是用水、火、土、石制造的艺术品。其知名度和重要性绝不亚于举世瞩目的四大发明。世界上许多国家的人们正是借由瓷器来了解中国的。瓷器制造从夏商周至今已有几千年的历史，它真实地记录了中华民族发展的过程，不论社会的安定与动荡，政治的清明与黑暗，还是经济的繁荣与衰落，都能从瓷器的纹饰上感受到，因此作为文物的瓷器是研究中华民族历史的宝贵材料，是祖国的文化遗产。

一、收藏与养护技巧

瓷器都是易碎器，鉴赏藏品时千万注意不要碰撞、摔落，尽量不用汗手摸。看藏品最好戴手套，桌上应用绒布垫好并无任何硬质物，必须加以妥善保管。

买回来的瓷器如果是高温釉或釉下彩，先放在清水中浸泡1小时，再用餐具洗洁精去掉外表的油污，然后放在清水中浸泡5小时以上，用毛巾擦干水再用盒子装上，盒里应有泡沫，且加了泡沫后直径不能大于藏品0.5厘米，藏品放在盒中不能紧也不能太松，盖盒时千万注意不要加压，以免损伤藏品。

出土的瓷器，若是低温釉、釉上彩，釉面彩上会渗入很多杂物，胎釉结合不好的，会出现脱釉脱彩的现象，这时应先在胎釉之间加入少量的黏合剂（如502），在彩上涂抹一层较软的黏合剂（羧甲基维素纳）以免彩釉脱落，千万不能用水或带酸碱性质的溶液清洗，一洗彩釉会全部脱落。若是高温釉或釉下彩，胎釉结合好，在地下埋藏时间很久，在瓷器表面有很多钙质、硅质化合物，人们常称土锈、水锈。有土锈时，首先用清水洗一次，然后用30%过氧化氢浸泡3小时左右，再用清水浸泡30小时以上，用白洁布清洗，一般土锈就没有了。土锈多的地方可能还残存有一部分，可以用刷子蘸上醋酸，刷在土锈处，5小时后用医用手术刀斜削除去土锈，刀片只能朝一个方向削，不能来回刮，一把刀片最多只能用十几次。土锈大部分去掉后再用白洁布和牙膏清洗，直到土锈去完为止。这种方法只能用于高温釉和釉下彩。低温釉和釉上彩禁止使用这种方法。

二、破损补救技巧

1.拼粘破损品

藏品如果有破损需拼粘，现在用化学胶比较方便实用，一般藏家都可以做。在民间只要上一百年的瓷器，大部分都有这样或那样的伤残，可通过人工技术恢复原状。首先将损坏严重或破碎的部位清洗干净，然后将损坏的部位按纹饰对准正确位置，用不干胶带先连接成整体，再用502胶水或比较快干的胶滴在器皿的损坏部位，从里向外滴，固化后用全透明超强粘胶剂（HD-505）按A：B为1：1的比例混合均匀后涂在器皿的内部和断裂处。

2.补缺

历代瓷器修补多数用石膏、铜、铁、锡或其他金属修补，先补胎后上釉，用全透明无色超强胶（HD-505）A：B两种按1：1的比例混合均匀后，加放3~4倍的滑石粉，再加少量的太白粉，涂在缺口或需修补处。如果缺口比较大，可以先用橡皮泥或黏土或石蜡做个模具，用事先调好的黏合剂滑石粉做成模型，等固化后，再用HD-505胶粘接。需要做纹饰的可以在打磨光滑的器皿面上绘画纹饰，颜料最好用油彩料和矿物颜料，色彩干后，再用全透明黏合剂A：B胶按2：1混合均匀，再加入少量的滑石粉混合均匀，盖在纹饰上釉用，但这层黏合剂不能太厚，多盖几次，直到和器型外面一样厚。这种方法只适于一般的"大路货"，比较好的瓷器和精细瓷器最好找专业人员修补，以免影响其价值。

总之，瓷器应该尽量保持完整性，伤残有伤残的美感，伤残多少补多少，不要破坏性地追求完整，要知道那是人类的财富，文化的遗产。

3.给瓷器打蜡涂油

由于出土的瓷器在地下埋藏时间很长，一部分瓷器当时烧造温度不够，瓷化不高，器物表面胎釉之间被水锈和土锈遮盖，失去了光泽，或纹饰模糊，为了恢复光泽，使纹饰清晰，可先用30%过氧化氢去掉土锈和水锈，然后用清水浸泡5小时以上，水干后釉面很可能光泽不好，这时应该给釉面涂上一层发油或甘油，使干枯的釉面既有润度又有光泽，纹饰更清楚，再用少量白蜡涂在器型上，用绒布抛一下光，以旧翻新的完整瓷器就做出来了。

第五节 青铜器类文物藏品保护管理研究

青铜器是我国古代文化遗产中的重要组成部分，它造型优美，风格独特，纹饰华丽，制作精巧，闻名于世，在世界文明史上占有非常重要的地位。青铜器种类繁多，可根据用途分为生产工具、生活用具、兵器、饪食器、酒器、水器、乐器、货币、车马器、度量衡器、玺印等。青铜器的制作在三代时达到顶峰，这是因为无论在铸造技术还是器型艺术上这一时期都是后世无法超越的。

一、青铜器的保存与养护技巧

1.青铜器的清洗

水洗青铜器表面附着、沾染的污垢可用蒸馏水洗涤。出土器上的固着物较为坚硬，不易一次洗掉，也可用蒸馏水浸泡一段时间，然后换用新的蒸馏水洗涤，切忌在清洗时用金属或硬物强行除去固着物，以免损伤器物。其藏污纳垢的缝隙部位要用布浸湿后轻轻擦除，如果存有油迹，可用肥皂水、洗洁剂等将器物浸泡一段时间再清洗。但应注意，凡是经过清洁剂处理的器物，一定要用蒸馏水漂洗若干次，以免清洁剂本身的酸、碱成分对器物造成影响，经过水洗的器物要放置在阴凉干燥的地方，待水分蒸发，吹干后再收存。

2."青铜病"的鉴别

氧化亚铜与地下盐酸、水、氧接触可能化为碱式氯化铜，呈松膨胀的粉状，通常称为粉状锈。氧和水仍可没入其中，使青铜器的腐蚀产物不断扩展、深入，直到器物溃烂、穿孔，这就是文物界所称的"青铜病"。带有"青铜病"的锈层从表面看有鲜艳的绿色粉状锈，将其剔挖会看到下面是绿色锈层，再往下是褐红色锈层，再往下还是绿色锈层，最里层是呈灰白色蜡状物的氯化亚铜，这种腐蚀产物，一经发掘出来，接触到空气中的水、氧气，可被激发成活性而不断腐蚀器物，还会感染周围其他青铜器。

3."青铜病"的防治

对"青铜病"活性腐蚀治理稳定问题是令当今文物保护界头痛的难题之一，其实，用不同方法处理过的大部分青铜器，只要存放在一个较为理想的环境中，在相当长的时间内可以相对稳定，不会旧病复发。这里介绍一种易于操作的防治方法—锌粉封闭置换法。在高倍放大镜下，用探针小心地将器物上浅绿色的粉状锈从它受影响的部位彻底除掉，用90%的酒精溶液将锌粉弄潮湿，再用小毛笔尖将潮湿的锌粉涂在上述清理出的部位边缘使其充分接触，在锌粉尚潮湿时，用刀尖将其压实，然后用90%乙醇将其弄潮，用不连续的水滴滴注锌粉8小时，以后连续三天，每小时加一次水。经过处理部位就生成灰色的较密实的锌化合物，因为颜色难看，需用10%的聚醋酸乙烯酯、甲溶液调拌碱式碳酸铜或氧化铁调出与该器物相似的锈色。这一方法主要是利用锌的反应生成一层粘附牢固、稳定、难溶的氧化锌或氢氧化锌、碱式碳酸锌膜，起到屏障作用，使空气中的水分子难以渗透。

4.青铜器的保存

空气中的有害气体、灰尘及酸雨对青铜器有着极大危害，因此青铜器应存放于干燥、通风、清洁的环境中。18~25℃是最佳室温，湿度应在 20%以下。

5.防止青铜器断裂

（1）对于细长且薄的器物，应平放于松软的织物上，不要支撑。

（2）对于胎体薄且铜质易碎的器物，可将医用棉花塞于胎体内，增强防震性。

6.糠酥青铜器的保存

糠酥青铜器，铜质被腐蚀已全部矿化，又称为脱胎的青铜器，这种器物拿在手中很轻，没有重量感，稍不注意就会破裂。

对于这类青铜器，一般用树脂加固。首先备好一些网眼粗的软尼龙罗底或用加浆纱布剪成 2cm 宽的纱布条，在器物内壁抹上丙烯酸酯，贴固纱布条，半小时后胶硬固，对于这类加固后的器物，在搬动过程中也必须轻拿轻放。

7.使青铜器不再生锈的方法

大多数青铜器常年埋藏地下，接触到相应的气体和盐酸、水分后，发生的化学和电化学反应逐渐形成腐蚀—锈层。我们所收藏的青铜器，由于改变了青铜器所处的保存处境，因而它不会再生锈。再者，古色斓锈色又是青铜器特有美的标志。

二、青铜器的破损补救技巧

中国古青铜器是人类文化艺术宝库中的璀璨明珠。古代先民创造的这一珍贵文化遗产，保存至今无损者数量不多。无论是出土器还是传世品，由于受到自然界或人为等因素的影响，大部分都有不同程度的损坏。如何修理、复原这些被损坏的珍贵艺术品，是一切热爱青铜艺术的人所关心的问题。

1.补救（修复）的原则

"保护器物的原状不能随意增添或改变原物的面貌和完整性。"修复养护工作有两个方面的内容。一是清除器物标本上的一切附着物；二是修补器物和标本的残缺部分。其目的是恢复物品的本来面目，防止附着的有害物质继续危害文物藏品。

修复养护工作重视历史的真实，不能凭主观想象改动原物原貌，复原部分要求做到与其余部分基本相仿，修复材料要尽可能与原物一致，并尽量采用原制作方法和工序。

2.破碎青铜器的焊接修复

首先根据青铜器的破碎形状，拼块找碴口，碴口之间作好记号。接着挫口，有纹面的碴口不要挫，选择没有花纹的内面，锉断面的三分之二为宜。接下来点焊碎片，固定保牢。焊接用烙铁可采用 200 瓦左右电烙铁，碴口对碴口先焊固定，不使整体走形。边拼边用细小黄铜棍焊点拉撑，方法是前一块对缝后先用铜棍点焊与器体拉撑着，校正其与整器形体一致，再在碴口间点焊牢。用烙铁烫下铜棍，同样方法再支撑下一块，复杂破碎严重的器物可采用多根铜棍拉撑，也可在不影响碴口焊接的内部焊多根拉撑铜棍，使已焊接的碎块间保牢，待整体修复完再烫掉铜棍。采用此法一块块焊接至整体复原，观察对缝严密无走形的情况，便可沿焊缝通焊一遍，然后用木锉锉平焊口，砂布打磨平光后，便可做作旧处理。另外，也可沿焊缝灌注 914 粘接剂，采用焊粘结合的方法修复。

3.青铜断兵器的修复

（1）剑

青铜剑是一种常见的古代兵器，它是由铜、锡、铅等铸成，铜质硬而脆，防腐蚀性能好。青铜剑扁长，修复时最大的难点是不易修整平直。修复前用一根角钢，依剑身的长度而定，边部宽不超过剑的"柄"部，把两个边棱锉磨平光，将角钢平放在划有"V"形槽的两个木垫上，剑的"柄"部平放在角钢的两棱下。把剑平放在托架上，两碴口对齐，在断裂的碴口两边先用笔画上记号，各做一个割口。口部小，越往里要加宽，两边的口要对齐，锯通后用钢锉锉工整，用与剑厚度相同的黄铜做一个双燕尾形扣，不要超出剑的厚度。这种扣为引定扣，放上扣双边引接焊实后很结实。扣要做得对碴严实，留少许的缝隙。然后，先把断剑的断面双方碴口烫上一层薄薄的锡，再把扣边烫上薄锡。断的碴口锉小坡口放在简易架上对接，安放上定扣焊牢，锡焊牢后修补平，用水砂纸磨光，作旧。

（2）弋

可以碴口间打孔丝接固牢，方法是拼对碴口后，在打孔位置表面划一条线作记号，两侧各钻 3mm 大小、10~15 mm 深的孔，孔内灌注 914 胶，对插一根 2 mm 无帽铜螺丝，然后对准碴口放在垫具上待其固化，碴口对缝无误的话，缝内同时可以注 502 胶，用树脂胶调颜料的腻子补缝，用细小砂纸磨光，作旧。

4.青铜残器的补配

青铜残器的补配，可以采用铜锡合金或配铸铜件来进行。一般讲，铜器的残缺部分都是相对的，都可以依照原好的部分做。首先在完好部位上翻模具，采用"腻子型硅橡胶贴印模法"最适合，因为可以耐 400 ℃高温，铅锡合金熔点在 300 ℃左右，如没有条件可采用传统的石膏翻模法。接下来，熔化铅锡。按 6∶4 配比放入小坩埚或生铁锅内，普通炉火上熔化。用铁勺将其熔化的合金液浇注入已预热的模内，待其冷却取出铸蕊，去掉铸造口，用木锉修去铸线，表面砂纸打磨光。然后与原器修对碴口，碴口修得合适，再点上助焊剂。焊接工具和方法前面谈过。修好焊缝，再在新补配处刷上三氧化铁，将铅锡咬成黑色，地子处理完毕，作旧。

5.变形青铜器的修复

有些青铜器严重变形，故破碎部分很难看，按原状对碴口，需要矫形，也就是使用压力，使铜器变形恢复原状。修复此类铜器，要分别视其铜器本身变形、腐蚀、薄厚程度和强度、弹性、脆性等铜质考虑采用的方法。主要方法有四种：锤击法，模压法，撬压、支撑、扭压焊接法，锯解法。一般来讲，腐蚀轻微和脆性小的可采用锤击法；变形部分较薄、变形程度小、扭曲简单的可采用台钳模压法；单线裂缝变形的采用撬压法；表面凹陷的可采用腹腔支撑顶压法；腐蚀严重，铜质硬、脆、壁厚的可采用锯解焊接法。

以上介绍了一部分常用的青铜器修复方法。另外如糠酥青铜器修复、錾花补配修复等方法，专业技术要求甚高，这里就不一一叙述了。

6.青铜修复作旧技法

青铜器的焊补都会留下缝隙，作旧前要将其全部填补，也就是打腻子刮补，干后用水砂纸细磨平光后作旧。

青铜器表面作旧的方法与配方。青铜器表面的锈色一般分为两大层次，即地子（皮色）和坚强的局部脱落的层状锈。地子的色泽主要有灰黑色、枣皮红、白、黄、绿等色，有的随埋藏环境与铜合金成分的不同，生成红漆古、黑漆古、蓝绿漆古及珐琅质锈的地子。传世文物随时间推移而形成深褐色的古铜色。

（1）古铜色地子作法

古铜色又有深浅之分，较浅的呈褐红色，较深的呈黑褐色和茶褐色。

1）先将铜胎锉磨去污渍后，在 4~10 g/L 的硫酸溶液中活化 5~15 秒，再以过硫酸盐碱性溶液氧化的方法将器物表面氧化，氧化后用旧粗布蹭光，最后用稀释的硝基清漆加入 3%的 BTA 缓蚀剂封护。

2）熏烤法。可以处理出稍深的茶褐色地子，可将铜器轮流用稀释的醋酸冲洗，并用强烈的氨水进行熏烤，使其变色。另也可用乙酸铜 5g、氯化铵 12g、陈醋 0.5 kg 配成药液，反复涂抹在器物表面，架在炉上，用湿竹根烟火熏烤，将器面逐渐烤为咖啡色。

（2）灰黑色地子作法

1）氨液氧化法

可按 1 L 氨水溶解 20 g 碱式碳酸铜的方法配药液，在陶瓷容器中一次配 2.5L 左右，搅拌溶解后将容器盖严，放置 24 小时后再用。

2）过硫酸盐氧化法

在容器内先倒入所需容积配液的水，然后加 45~55 g/L 氢氧化钠，搅拌溶解后，加热到 60 ℃，再加入过硫化钾 10~15 g/L，搅匀后立即涂刷器物表面，10 分钟左右可以变黑。大型不易搬动的铸造件，也可以用此法涂刷，但由于是合金成分很难变色，反复涂刷后潮湿放置，会缓慢地变黑。

（3）红、绿地子作法

1）红、绿相间的地子

首先将青铜置于醋酸和氨水的熏烤之下，然后再用从印刷胶滚筒中取出的二氧化碳熏烤，便获得一片片自然效果的红、绿相间的地子。

2）枣皮红地子

可在欲处理的器表涂上调成糊状的硼砂，在微火上烘干，然后放在旺火炉中把铜器烧红，将烧红硼砂熔化在铜器表面，取出冷却后即成枣红色，可以反复烧至理想效果为止，然后用椴木炭或细水砂纸磨蹭光亮。

7.层状锈的处理

粉状绿锈的做法。寻找一些旧铜器残片，用锉刀锉成铜末，适当锉加一些新青铜的铜末，配入醋酸铜 5g、氯化铵 15g、碳酸铜 5g、陈醋 0.5 kg、硝酸数滴、新旧青铜末各 25 g 调成糊状，涂抹在需发层锈位置，放在潮湿半封闭的地方，让其药液不挥发，1~2 天后观察，如表面呈干粉状，再将其弄潮湿，用毛刷沾些原配料的汁液在其上，继续起化学反应，一般 3 天后锈层与器表抓牢，刷去浮粉，以 10%的聚乙烯醇缩丁醛、乙醇溶液封护。

再一种方法。将处理过的地子器表用油画嘴喷子吹一层快干硝基清漆，或用泡立水涂抹表面，薄薄罩一层。漆膜干后，做土锈。将氯化铵拌入稀泥浆内，稍放入一些食盐，将器物放入泥浆内浸一遍，沾不到的地子用刷子沾泥浆涂抹。然后放置于潮湿处，用湿麻袋捂盖 24 小时以上，泥浆变为绿色，将其晾干。用尼龙刷子刷去浮土，表面留下斑驳粉状锈及原灰黑地子，脱落的土锈层次感很强，而且看上去自然。最后用旧粗布粘些细土粉揩擦，垦现铜质感的自然光泽为宜。

8.青铜器修复补配块处的处理

需要随色作旧处理，往往要做出绿壳珐琅锈层。可以用丙酮调稀树脂胶粘剂，以此调拌碱式碳酸铜，手捏棉球沾点在器面做色处，形成斑点状或片状厚锈，干透后用玛瑙碾子赶压出光泽，效果逼真。修复补配的青铜器，经常见有铁锈，可以从铁器上用砂纸打磨下一些氧化锈粉，用棉球沾稀释过的环氧胶墩在器物表面，铁粉撒在粘着的胶处，干透后刷子均匀扫自然，此锈很难辨出真伪。

9.传统"土锈法"作旧

青铜器修复时的补配部位，要做出青铜锈色效果均可采用这种方法。主要材料是用较稠的虫胶漆汁拌和多种矿物质颜料，层层点拨锈色的一种方法。先做皮色，再用"点泥法"做凸起的锈斑。主要颜料有砂绿、洋绿、品绿、群青、章丹、红土子、松烟、银珠、太白粉、地板黄、石黄、金粉等二十余种。

作旧前先将胎质表面打磨光洁，用毛笔三氯化铁水溶液（该物为块状黄色药品，先用水泡成液体装在瓶内，有腐蚀性，注意不要溅在衣物上）在器物表面涂抹，抹后当即变黑，用清水将表面浮液冲洗掉后晾干。干后涂一层漆皮汁，增加表色的附着力。颜料先用小研钵研细，用小碟调色。第一道色先在碟中放入适量砂绿，配上少许群青和太白粉，倒上漆皮汁调成浅绿色，用毛笔在器物上反复涂抹几遍，颜色要涂满、均匀。注意涂一遍，干后再涂第二遍。然后配灰白色汁，主要以松烟配少许太白粉。用牙刷蘸汁，一手拿牙刷，一手拿小刀拨动牙刷，将锈色弹拨在器物上，以同样方法配褐红铜色、蓝绿色、土黄色汁。总之对照原物的底子及部位，蘸上色汁散点弹拨，一种色拨完，稍微干燥，再喷射另一种锈色，色与色之间相压要自然。弹拨的锈色晾干后，即行蹭磨。颜色的蹭磨大致有两种方法：一种是用400目细水砂纸蘸水蹭磨；另一种方法是用棉球蘸酒精后，用手捏出酒精，在拨出的皮色上轻轻揉蹭，力量要适度，不可用强力。

"点泥法"做锈斑：将事先准备好的细土用清水调成糊状，用牙刷蘸上调好的稀泥，用小刀刃拨动牙刷，使泥沾弹皮色上。参照原物锈层的脱落状况，使泥呈片状或点状等不规则形状。待稀泥风干后，再根据原物表面锈的颜色做粉状锈，主要用砂绿、少许群青和太白加入细石英砂，漆皮汁要稍浓稠，用同样方法弹拨上去。拨过颗粒状锈后，再散拨些红色、黑色、蓝色的色斑。色层干燥后，用软皮刷蘸水轻轻刷洗，将稀泥洗掉。拨上去的泥块、泥点脱落处，露出了已做好的底层皮色。没有泥点或泥片的小局部，留下了拨上的锈斑，成为凹凸不一、大小不等、颜色各异的锈斑（粉状锈）。"底子"如再经精细蹭磨压光，效果更逼真。修复青铜器的作旧随色，多采用上述的"土锈法"。

第六节 金银器类文物藏品保护管理研究

金银器是指以金银为原料加工制成的器物，从广义来讲，可指一切以金银为原料制成的物品，从狭义来讲，则专指金银器皿。此文以介绍狭义上的金银器为主，对早期的金银饰件则做简单介绍。中国古代的金银器明显分为两大类：一类主要是装饰人自身的各种首饰、饰件，一类则是食器、酒具等各种日用器皿。金银器作为一种身份和地位的象征，在相当长的时间内为皇室贵族所专用，仅在小范围内少量流传。

一、保存与养护技巧

金银器与其他物质一样，都有被损坏的可能性，可以分为机械损伤和自然损伤两种情况。机械损伤是指直接作用于器物，使之受到明显的损伤，如碰、撞、砸、撕、擦、蹭等。自然损伤是指自然环境中一些不利因素对金银器产生的一种渐变的损伤，这种损伤在短期内不易发现，但长久持续会由量变引起质变，对金银器的损害较大。

（一）存放设备

金银器放于橱柜中，以木柜为最好，木材要无虫、不易变曲，橱门不能用玻璃。柜内应分层架板，各层的高度要适合于存放器物的高度，并留一定的余地，不过分拥挤，以免放时相互碰撞。一些精美或细小的金银器，可以制作外硬内软的囊匣放置，囊匣既可防震免损，又可防尘、防光、防潮，是保护金银器的一种较好的设备。

（二）金银器的取放技巧

在取放金银器时先要仔细观察，尤其对一些制作极为精美的器物，要选取器物较坚实的部位拿取，取放时要集中精神，轻拿轻放。多数金银器的年代久远，构思精巧，在外力作用下易损伤，因此在取放时要双手捧持器物的上半部、底部等部位，不能拎边、捉把、提梁或持柄，也可一手握住器物上半部，一手托底。不能握持器物易损伤的部位和可拆卸的部位，有盖或有托的金银茶壶、茶盘、茶托、茶碗等，应将器盖、器托与器身分别拿放，避免某一部分脱手落地。器型较大的金银器，如金银塔、熏炉等，一人能搬动的最好不要倒手，以防交接手时出现意外而造成损伤。需两人以上搬动的金银器要相互关照，以免损伤。

二、金银器氧化变色和出现污物的预防与处理

自然环境因素中的虫、菌、干、湿、尘埃、空气污染等，对金银器会产生损坏，它们除单独影响外，还相互交叉影响，这种影响在短期内肉眼不易发现，但对金银器的损害是长期而严重的。

金属类文物的最佳收藏温度为 18~24℃，相对湿度为 40%~50%，故存放金银器的库房，一般温差应控制在 5℃之内，湿度差也应控制在 5%之内，对不同的情况应选择不同的方法。

1.在室内安装空调，按金银器的保护要求调节温度、湿度。

2.适时开窗通风或安装排风扇。

3.将金银器放置于墙体较厚的房间内或相对密封的橱柜内，减缓外界气候的影响。

4.湿度过高时，可在橱柜内放置吸湿木炭等。

5.湿度过低、天气干燥时可在地面喷水，也可在橱柜内放置装水的容器或吸有水的海绵，适当增加小环境空气的湿度。

应尽量将金银器存放于避光的室内，即室内灯光不可太强，距离金银器应远一些，尽量使用无紫外线灯。照相时的强光对金银器也有损害，应尽量减少拍摄次数，缩短拍摄时间。

金银器表面的污染一般有水垢、金属锈、有机污染物等。由于金器耐腐蚀，可以使用酸液来清除水垢和锈蚀物，使用有机化合物或溶剂清洗有机污物。注意使用柔软的工具，操作时不可用力过大，以防损伤表面。金器在保存和展览过程中一般不会出现变色和锈蚀，对于合金成分较高的金器，控制存放环境的湿度就可以保护金器的变化了。

对于银器，选择温和的化学清洗剂，清洗表面的水垢和氯化银、硫化银和其他金属锈蚀物。注意不要清洗过度。清洗后为了美观，也可以用软磨料抛光。银器存放时，容易受到空气中氧、硫、氯等化学物质的影响而发生化学反应，引起表面发乌，在强光下也会发生变色。所以银器文物在存放和展出时，要注意控制环境的污染物，也可以对银器进行化学封护处理。另外，保存时要注意保持干燥和避光，防止紫外线照射。

同时，自然界中许多化学元素都会污染金银器，引起金银器的质变，如氧可引起纤维质和金属类文物氧化，使金属类文物生锈。二氧化硫与空气中的氧和水分子结合生成硫酸对各类藏品都有极大的损害，使金属类文物生锈。氯和二氧化氮都是强氧化物，可腐蚀金属类文物。此外，硫化氢、二氧化碳、氨等化合物均对文物有破坏作用，而这些物质广泛存在于水、空气、灰尘、雨水中，与金银器接触的机会相当多。所以，金银器的收藏应远离这些有害源，室内多种花草以净化空气，大风天气要紧闭门窗，防止尘埃等有害气体的进入，室内应保持清洁，禁止吸烟。做室内清洁可用吸尘器或拖把，防止灰尘四起，污染器物。

如果金银器受到多方面不同程度的污染而出现污物，应根据其污染程度的不同采取不同的措施，以达到保护的目的。金质文物不易腐蚀，纯金质器表面的污物可用氢氧化钠溶液清除。石灰质沉淀物用稀硝酸溶液涂于器物污染的局部即可去除。表面氧化铁的红色锈，用盐酸溶液去除。鎏金器污垢用乙醚、苯、氨水进行清洁，再用蒸馏水冲洗烘干。灰尘用软毛刷、皮类拂拭。银易变黑，一般情况下可保留此层。如硫严重腐蚀，完全矿化，则要进行清洗、干燥处理。银受氯化物侵蚀形成氯化银，会被污染成各种色，如被孔雀石污染形成绿色，被氧化亚铜染成红色，如已稳定则可保留，如氯腐蚀严重，将膨胀变成泥色，处理时恢复其外形即可。脆弱的银器可加温增加其韧度，即将其置于烤箱中，烘烤 2 小时，如变形再作整形处理。清理纹饰，可用软布擦，布上可加几滴含氨水的酒精或白垩粉加水调成的糊。还可采取电还原法，以铝为阳极，将器物浸入碳酸钠或氢氧化钠溶液中，直到锈物消失，再用蒸馏水冲洗、干燥，最后用高分子材料封护。

三、金银器的修复

金器断裂处如有变形，需局部加热整形，使断裂面吻合。厚胎的金器可将断裂面清理干净，直接用胶粘接。薄胎金器断裂处由于接合面小，粘接的强度较差，可在断裂处背面或不显眼处涂胶或做粘背层加强强度。

银器断裂的处理与金器雷同。对银器还可以使用焊接技术，一般常用低温焊料，选择焊料时，要选择色泽与银器接近、强度适中的焊料。由于银器比金器容易遭受腐蚀，出土银器的质地往往较差，尤其是薄胎器，脆性大，整表焊接时要小心。对于腐蚀严重的银器，使用粘接法较好。

金银器出现的裂缝，如果不影响整体的强度和外观，可以不做处理。若需要处理，对于器物外表面的裂缝，可以用胶填充加固，再做仿色处理。器物内部的裂缝可以用类似的方法，对薄胎器则考虑加固。

若器物质地纯净，强度较好，可以局部加热，再碾压排展，缩小缝隙。此法适用于金器，对于质地较为脆弱的银器可使用黏结或焊接。

第七节 书画类文物藏品保护管理研究

一、清洗

有干洗和水洗两种，主要是针对书画物质层进行清洗，去除有害物质。

1.干洗

即用毛刷、棉花、橡皮擦、海绵或专用吸尘器等机械方式清除画心污染物。

2.水洗

积尘的画心色暗气沉，或遭水浸形成水渍痕，使用 40~50℃温热水闷浸或漂洗去污，可除去大部分水渍痕，水温愈高洗涤效果愈好，但超过 80℃的水温会破坏纸纤维并损及颜料。水洗之前备两张素净保护纸覆盖于画心上下，若能以网架夹紧可增加漂洗的安全性与方便性。

二、揭旧

揭旧之前用排笔蘸清水或温水刷湿画心正面，并覆盖新纸一张，反置案上待揭。古旧字画多有断裂，如在揭心之前，不附加垫纸，揭托之后，不易起案。画心局部颜色不稳定的，应稍施淡胶矾水，干后，再行闷水。有些残破糟朽的画心，当日揭不完，应在已揭过的部位均匀地放置一些湿纸团，然后覆盖一层塑料薄膜，以防画心干裂错位。揭画心上的旧纸，一般应根据字画的薄厚、残状、颜色以及质地的具体情况制定揭旧方案。

三、全色

字画经过揭托待其干后，务必使补纸补绢的矾性适度，否则，矾轻则透色，矾重则滞笔。全色时，应将颜色调兑得浅些，复次全就，使颜色渗进纸纹纤维，取得画面色调统一的效果。

画心有缺笔的，补全时需先审视画心气韵及用笔特点，然后轻勾轮廓，调兑颜色，进而全之，力求使补全的一笔一点、一墨一皴均与原画浑然一体。对于一些具有重要学术研究价值的经卷、书籍、契证等文物，经过洗污补托，如有残缺，不必求其复原，只把残缺处的色调全补得与通幅基本一致即可。

四、去污

画心因烟熏尘染，质地变黄变黑，如画面颜色稳固，可将画心放入清水内浸泡，隔时换水，即可明净。污迹较重，可用热水浸泡，或缓缓浇淋开水。画面颜色受潮返铅的，可用过氧化氢涂抹消除。画心生霉，有黑有红，黑霉易涂，红霉可用高锰酸钾溶液涂在霉处，稍时再涂过氧化氢和淡草酸水，如霉不严重，一次即可除掉。用药物去污后，务必用清水冲淋画心，免蚀纸绢。

五、托补

已揭好的画心，如完整，可调兑稀糊，托一层比命纸命绢稍浅的旧色纸；如有残缺，可用手将画心残处边际揉出薄口，选好补纸，端正纹理补上，并在补口边际搓出薄边，使接缝处厚度适宜。补缀残缺的绢本字画，一种方法是揭毕待干，用刀将残处刮成薄口，上糊补绢，浆口干后再修刮补绢边际，使补口相合；另一种方法是托上一层与原命绢质地、丝纹相近的薄绢，正面如有残缺，可用素纸补在托绢的背面，使画心薄厚统一，干后再用刀修磨画面残缺处的边际。托旧绢画心时，要用干纸吸去正面的溢糊，以免留有浆迹，影响古旧作品的"褒光"。

六、保护

书画保存不妥是多种原因造成的，如因季节更替产生的温差改变，干、湿不均，阳光紫外线辐射情况，空气尘土的污染等，由此而产生虫蛀、霉变、褪色等问题，使一幅完好的书画面目全非，失去其艺术价值。假如熟悉书画容易受损的缺点及其损害产生的原因，采纳一些有效的手段来避免这种情况发生，将会在一定程度上延缓其变旧、损坏的进程，从而使书画寿命延长，能尽量维持其原貌。

凡珍藏的书画，最好放在封锁的箱、橱、柜内，使其能具有一个稳固的有限空间，防止遭受腐蚀和污染；但这也不是说一旦放进去就高枕无忧，在某些情况下它还是会遭到腐蚀的，如保存很久的辽画被虫蛀是常见的一种毁坏现象。避免的方法有：用樟脑丸或上海产的樟脑精块等药物驱虫。这类樟脑会自然挥发出气味来防虫，具有较好的驱虫效果。

放在箱、橱、柜内的书画除放药外，还要做到勤翻动，按时扫除不洁之物。每隔半年左右就要展开看看，尤其是梅雨季节过去以后，最好能分批将书画拿出来挂几天，这称为"晾画"，这样能有效地避免书画生霉。

画的储藏空间，温度应维持在14~20℃之间，相对湿度在50%~60%。室内相对湿度偏高，容易使纸张受潮而助长真菌，而太干燥又容易引发书画的翘曲变脆。通常的家庭遇天气干燥时，可惯用湿墩布拖地，或在房内放盆水；天气湿润时，尤其在雨季，尽可能少开窗户，这样能够使房间的湿度得到相应的控制。

尘土也是书画的大敌之一。挂在墙上或寄存在箱、柜中的书画都会受到尘土的影响，微小的尘土沾在书画外表，碰到一定的湿度，就能成为不干净的小颗粒，等小颗粒中的水分蒸发后，会在画面上留下黄色暗点。

此外，爱护书画还应注意，在欣赏观察时，不要用手指接触书画或近距离对着书画说话，以防产生感染。开展和收卷时不要将画折坏留下折痕，珍藏的书画因年代久远而变得较脆，容易折裂，因此通常不要随意下手，即便是收、拿、卷、挂等动作也一定要分外当心，做到小心谨慎。

另外，在挂展期间，还要注意空气的湿度，若遇阴雨连绵而空气湿度特别大时，可以先把字画卷收起来。若人为改变小空间环境，如加热取暖，加湿加香，也要加倍注意。冬天取暖，字画要与暖气等取暖设备保持一定距离，尤其在使用加湿器的时候一定要加倍留意。夏日制冷时，也要与空调保持一定距离。

第八节 文房四宝类文物藏品保护管理研究

被称为"文房四宝"的笔、墨、纸、砚是我们中华民族祖先的伟大发明和创造。

有了它们，我们民族的文化得以传播、发扬、光大，从而创造出灿烂辉煌的中华文化。可以这样说，如果没有它们，就没有我们中华民族风格独特的书法、绘画艺术，而且也就没有印刷术的发明。没有印刷术的发明，当然就不会有作为"人类文明阶梯"的书籍的出现。可以毫不夸张地说，笔、墨、纸、砚的历史作用影响了整个人类的文明进步。

一、文房四宝概述

首先把笔、墨、纸、砚称为"文房四宝"的是北宋的苏易简。苏氏曾经撰著过一本叫《文房四宝谱》的书，书中分别叙述笔、墨、纸、砚的原委本末及其故事，文房四宝便因此而得名。"文房四宝出二郡，近来常爱君与予。"（梅尧臣）"山复水重客到稀，文房四士独相依。"（陆游）这些诗句，都足以说明文房四宝一词在宋代就已经普遍流行的史实。

我国历史上一直流传着秦将蒙恬造笔的说法，事实上早在秦以前很远的时间就有笔了。周武王《笔绍》中的"毫毛茂茂，陷水可脱，阳文不可活"就是证明。而近代地下文物考古中，新石器时代的彩陶图案和甲骨文上的朱书、墨书，以及甲骨文中初始的"笔"字一"聿"，更说明了笔的使用在蒙恬以前已有了几千年的历史。在陕西姜寨仰韶文化遗址中，发现了几块称为"石墨"的东西，说明我们祖先对墨的使用也是很早的事情。据传人工墨的创始者是西周人邢夷，但我们今天真正能看到的人造墨实物则是湖北云梦睡虎地秦墓中发现的秦墨。《后汉书·蔡伦传》说："自古书契多编以竹简，其用缣帛者谓之纸。"但这不属于我们今天概念上的纸。今天概念上的纸为东汉蔡伦始创。同样，陕西姜寨仰韶文化遗址中，还发现有一块石制的方形砚和一根石质的用来研墨和研颜料的磨杆。以上这些都足以说明文房四宝中的笔、墨、纸、砚，除纸地出现稍晚外，其余都有数千年的悠久历史。经过了这么长的历史时间，文房四宝在其实用和艺术相结合的发展过程中，其行业中都各自产生了不少名作坊和能工巧匠。

还有不少的文人名士也列居其间，成为制作文房四宝艺术的大师。他们采用自然界的稀有名材，运用自己高超精湛的技艺创造出了无数独立于实用价值之外而具有观赏、把玩、收藏等艺术价值的人间瑰宝。到了今天，虽然我们已不再像古人对文房四宝那样事事不能离，人人必须备，但其历史的、艺术的、文物的、珍品的、经济的价值却显得愈加重要。收集珍藏文房四宝，俨然再也不是个别文人墨客的行为，爱家日渐增多，暗暗在形成一个不小的收藏群体。就区域性来讲，对文房四宝的热爱，也不仅仅局限在我国范围内。远在唐代，日本的遣唐使便把"文房四宝"及其生产方法带回日本，一直沿用到现在。目前，从日本到韩国、新加坡及东南亚各国乃至欧美各国，都正在掀起一股"文房四宝热"的浪潮。

广义地讲，"文房四宝"不仅仅限于笔、墨、纸、砚四种，事实上我们的先人是把文房中的其他辅助用品通通算进去了的，如笔筒、笔洗、笔架、砚匣、镇，甚至钟、箫、磐、镜、剑之类。明代人屠隆在《文具雅编》一书中，竟然列举出了四十五种之多。

二、文房四宝的保存与养护知识

（一）前期工作

作为个人收藏家，一定要做到心中有数，要清楚你的"家产"究竟有多少，都有些什么藏品种类。你是收藏"文房四宝"的，你就应该知道，你的笔、墨、纸、砚各有多少，它们的名目是什么，要掌握这些，就需要有一本"文房四宝"的藏品目录本，这种目录本可以共同做一本，也可笔、墨、纸、砚分开各做一本。这种目录本内容可以简单一点，相当于一本索引目录，只写编码和藏品名称便成。然后根据这本藏品目录的编码名目，依次做藏品卡片。在做藏品登记目录和藏品卡片之前，必须做的一件重要工作就是按照自己选择的分类法对笔、墨、纸、砚分别进行分类，并粘贴临时编码标签（可参考我们前面谈到的分类方式）。此项工作完成后，便可正式登记目录和做藏品卡片了。

（二）主要步骤

自制"藏品卡"约有这十二个步骤要进行：1.藏品编号；2.藏品定级；3.藏品定名；4.藏品定时代；5.藏品尺寸；6.藏品重量；7.藏品来源；8.藏品现状；9.藏品款式；10.藏品质地；11.藏品有关资料；12.藏品描述。

填写藏品卡的"编号"，编号分全部藏品的总编号和分类藏品的分编号。

填写藏品卡的"品级"，根据自己把握的有关材料和自己对藏品的认识判断，给藏品定品级。可采用一、二、三、四的定级法，也可用甲、乙、丙、丁的定级法，还可用上、中、下的定级法。作为个人收藏者，我认为有一种较好的定级法，即以品级来定，可分为神品、妙品、逸品、雅品、佳品、秀品。各品级的内涵由藏家个人认识而定，无绝对高下优劣之分，掌握起来极为方便。

填写藏品卡的"定名"，定名名称的决定要精练准确，抓住最能代表藏品的性质特征。

填写藏品卡的"时代"，时代指大时代，如唐、宋、元、明、清、近代、当代，但要准确，掌握不了的不填。

填写藏品卡的"尺寸"，尺寸指不含其他附加物的藏品的平面的和立体的尺寸，用"cm"为单位来记录。

填写藏品卡的"重量"，重量指不含其他附加物的藏品的重量，用"g"为单位来记录。

填写藏品卡的"来源"，来源指藏品从什么时间、什么地方得到，用什么方式得到，如购买、交换、赠送，其中有无有趣故事等。

填写藏品卡的"现状"，现状指藏品的完整和伤残状况、修复状况以及重要附件情况等。

填写藏品卡的"款识"，款识指藏品上所有的文字，包括题款、题铭、题诗等，并包括所有钤印文字。

填写藏品卡的"质地"，质地指藏品使用材料。如金、银、玉、铜、石、竹、木、绢、纸等。

填写藏品卡的"有关资料"，指与此藏品有关的一切资料，包括前人的、今人的。如果是著述，则标明作者、书名；是报刊，则标明刊名、刊期、日月、作者、文章名。

填写藏品卡的"描述"，细心观察藏品的每一个部分，如造型、品质、图绘、雕刻以及色彩等，再从各方面进行描述、评价。

（三）笔的保存与养护

收藏毛笔，一般有两个目的，一是实用上的备用，二是真正意义上的"收藏"。作为备用的毛笔当然是新笔，作为收藏的毛笔便新旧都有，在收藏存放前所有新笔的笔毛都要做"防蛀"处理。笔毛基本都以动物毛（羽）为原材料，极易遭到蛀虫破坏，特别是羊毛笔毫，虫蛀更是严重。存放前，用温清水浸泡笔毫，将原来涂在毛上的轻胶脱掉，让笔毫全部散开。注意一定不要用手干搓笔毫，也不要干撕笔毫，更不要干按笔毫，这样都容易折断笔毛，甚至弄坏笔管。待笔毛全部打开后，再把它放进川椒黄檗汤或黄连汤中浸泡数时，让药性深渗笔毫中。然后拾起，让其自然风干。用来收藏而非备用的笔，又应重新束拢，用轻胶固定。中、小楷毛笔，特别是硬毫类的，应再用笔帽套上，以免挫伤笔锋。

新买的笔不能用纸包上存放在柜里再放上樟脑片。笔毫本来未做过药物处理，成捆包起来放在柜里极易受潮，时间一长，正是蠹虫们繁殖生长的理想环境，就是放上樟脑片也不安全。毛笔存放方式分为三种。备用笔和品级较低的笔可采用挂放、卧放，如遇旧笔、名品或名贵新笔，可使用盒放。

毛笔的挂放分柜挂和壁挂。有条件的可做专门的挂笔柜。壁挂，为防止潮湿可先在墙壁上钉塑料板或层板。钉挂时，要先计划好，根据自己对笔的分类，算出挂钉的间距和行距，然后画线、打点、钉钉，这样挂笔既美观大方，又一目了然，有利于取用和管理。柜挂的准备工作和壁挂一样。

毛笔的卧放，顾名思义就是将笔平放在板上。一般都须做专门的笔柜，柜不一定要做很大，根据各自的收藏量来决定。一般有双开门冰箱大小的柜就可收藏数百支笔。柜全部做抽，抽要灵活，可用滑轨。抽高以 10 cm 为宜，抽内可粘上绒类织物。抽内能分格更好，一般做 3~5 枝装一格。格不宜做深了，深了取笔不便。

毛笔的盒放一般是单枝或套笔。不论是单枝或套笔，做盒都宜稍偏大些，使观览时不显局促，落落大方，给观赏者带来轻松情绪。

藏品笔在分类存放前，应于每枝笔杆尾端编码贴签。如果收藏的各类藏品编有通号，就应先写通号，再写分类号。柜放的又应在抽外贴上 XX 号-X X 号标签。盒放的除编码外，还可写上笔的名称。属于挂放的笔，在挂放前，应检验挂带牢不牢实，如不牢实，应修整好后再挂，以免挂落而损坏笔毫、笔杆。属于柜放和盒放的笔，等笔放好后，应在开抽盒内放上适量的樟脑片或蔡丸，以防止虫蛀。平常要按时开抽、开盒，除去纤尘，并开上一些时间，让藏品换气、透气。

收藏新笔时应选择时间，明代高濂的《遵生八笺》中说："收藏笔（新笔）的时间选在（农历）十月、正二月最好。"这期间藏的笔不易蛀虫。使用过的毛笔，一定要将墨汁或颜料洗尽，不然，极易造成外干内湿的现象，遇到雨水季节，造成里面腐朽脱毛。如果是狼毫笔或小楷书笔，洗尽后还应套上笔帽，这样能使笔毫保持坚韧不脆，达到经久耐用的目的。

（四）墨的保存与养护

保养就是"保"和"养"。保和养往往是分不开的两件事，养就是为了保存，保存得正确或错误又直接影响到养护。墨的保管条件，对墨的养护工作显得尤为重要。墨的制作，大家都知道是用松烟和油烟调胶粘合拢的，最怕的就是受潮霉烂，干燥爆裂。因此，防止受潮、防避干燥是最重要的保养条件。从经验上都知道，只要保养得当，墨的时间越长越好用。这是因为墨胶渐趋老化，磨出的墨汁也渐趋畅利不滞的缘故。鉴于以上原因，从古至今，不仅是鉴藏家喜欢收藏墨，古代的文人、现代的书画家也普遍地喜欢收藏墨。能收到旧墨当然好，但旧墨价格昂贵又不易得到；选择新墨中的较好者收藏，也不失为理想之举。

新墨的保养法，宋人晁说之的《墨经》上说："一般说来，对于新墨的保养，应该将墨装置在较轻的器物中，找通风的地方悬挂起来。每一块墨都要用纸包起来封好，因为墨最怕潮湿空气的侵袭。墨不要睡卧平放，睡卧平放往往会变弯曲。"

旧墨的保养法，宋人晁说之的《墨经》上说得非常有趣。他说："一般收藏旧墨，又应该在干风天最厉害的时间，用手抚弄墨块，用汗气润泽它，如果常常揣在身上，那就更好了。"把墨揣在身上"收藏"，看来有近于迂腐，事实上是有其道理的。

明朝沈继孙《墨法要集》上说："凡是磨墨时用的水，必须采用滴水的办法加水，不可以让墨在砚中被水浸泡着磨。"明代高濂《遵生八笺》中也提到过，他说："如果是新砚新水，不可用力磨墨。忌讳磨快了，因为快了就会发热，一发热就要产生泡沫。墨旋转着细细地磨，细磨时不要久停。尘埃污染墨，胶力便会使其像泥一样凝结起来。"水太多，墨在水中久了就会发胀受潮。不能磨快，快了产生泡沫，泡沫很容易粘附在墨上，墨也因此会受潮，并且又会因此受到尘埃真菌的污染，使墨胶腐烂变质。受潮的墨，干后还会开口、爆裂。鉴于以上的原因在磨完墨后，应该立刻用吸水纸（如书画废纸、毛边纸、卫生纸类）将墨上余汁吸去，并揩拭干净。

造成受潮的主要因素是墨的接触源和空气。一般藏墨家都会注意到前种，如避免接触水，对存放墨的器物防潮等，而对空气的潮湿则不加注意，实际上墨的受潮，不仅仅来自接触源，潮湿的空气对它更是一个不小的威胁。空气的潮湿对墨的侵蚀过程是一个不显眼的过程，在此过程中，真菌滋生，墨慢慢膨胀，胶变质发臭，整个墨也就被破坏而失效。特别是南方的雨水季节，空气的湿度骤增，对墨的破坏也会骤然加剧。

前面引的晁说之《墨经》中的话，我们知道墨因怕潮，所以要通风，但在干风天，又须避风。空气干燥时，如再加上风，墨内的水分会加速失去。没有了水分，就会脱胶，墨也就会因脱胶而开裂。严重时掉粉掉块，成为废墨。

尘埃对墨的破坏作用也不可小视。在潮湿的季节，粘附在墨上的尘埃就会大量吸收空气中的水分，使真菌滋生。若在干风的季节，尘埃又会大量吸取墨的水分，使墨锭干枯，造成与干风同等的破坏力。

对墨进行养护的具体措施，首先得从收藏物品的房屋做起，这一点，放在后面来讲。其次就是做墨匣。做墨匣所用的木材要材质坚密，如紫檀、乌木、楠木、桂木、枣木、梨木，这样的木头不易受潮、失水、变形。如果用轻质木材，则应在匣的里外髹漆，这样才能达到保护墨的效果，有条件的还可做多层盖匣，密封性能更好。

在装匣前，可用纸将墨包好封死，也可采用现代方法，用透明塑料膜热压密封。然后在封套上粘上编码、名称标签。标签可采用印刷不干胶，既方便，又规范。在匣内铺设绢或丝绵垫床。名贵墨最好单装，套墨和一般杂墨可多个装，每锭墨用垫床分隔开。在匣内放置适量的干燥剂和防虫剂。

盖上匣盖后，套上匣套，匣套最好采用锦缎材料，既美观又耐用。完成后应将匣放在固定位置，如书架、柜子都行。收藏数量大的，能做专门的架、柜更好。放置好后，在匣上或架、柜上贴标签，标明匣中藏墨编号、名称，这样取用、观赏都十分方便。

收藏家对墨的收藏，应具备耐心和细心，这"两心"对一个收藏家来说确实太重要了。这一点，我们应该向前人学习。就说墨的养护吧，每逢雨水太盛的潮湿季节，他们会耐心地用纸将墨匣包上，然后藏在石灰堆里去防潮。而且，遇上这样的季节，哪怕是最亲密的朋友要观赏他们的藏墨，他们也绝不会开匣让朋友如愿以偿的。从这些点滴都可以看出他们对墨养护工作的细心。

（五）纸的保存与养护

纸的收藏保养工作也需要上面所说的"两心"。如果收的纸一多，有新纸、旧纸、单张纸、残纸、名纸、古纸、新笺本、旧笺本、名笺本，仅分类就很麻烦，再说到存放、养护，就更不是粗心急性的人能干好的了。

由于新纸的含水很不一致。用现代科学的说法，水分的含量不同，产生的"墨压差"就不同。墨在纸上的下浸快慢就不一样，反映出来的书写绘画效果也就不一样，含水量多了不行，少了也不行。通过存放，纸的含水量就会和空气湿度达到平衡，从而达到最佳润墨性能。所以，古往今来很多的书画家们都有存纸的习惯，这样存纸的目的就分成了两种：备用和赏藏。一般人存纸大都属于前种。

纸的收藏目的不同，所做的工作也不同，如属于前一种的就只按纸种分类，尺寸分类，采用养护措施就行了。如属同一种，或是同属于前后两种，所做的工作就要细致得多。纸的品目很多，以赏藏为目的的新纸分类定名并不显困难，但旧纸、残纸就难了。我们一定要细心分辨。查阅有关资料，根据文字和图片反复对比，得出结论。通过资料还不能解决的，就应该请教有关专家。不能率意而造成定名失误，一旦定名失误，对观览、鉴赏或研究工作都将带来不利。

纸的存放，首先要做到分类存放。如新纸的分类存放，旧纸的分类存放，残纸的分类存放，新笺的分类存放，旧笺的分类存放。存放用柜不用架，一般情况，又可利用旧橱、柜、箱。藏纸多，条件又允许的，便应该做专门的存放橱、柜、箱。尺寸可按纸的尺寸适当放大来做，格层不要太高，层数多做点，这样更便于纸的分类。纸的重量不轻，在做橱、柜的选料上，应选结实的木材。存放前所有的纸要用其他纸如牛皮纸、包装纸或报纸在外面包封起来。旧的名纸，存放完毕后应在柜内放适量的防潮剂和防虫剂。当各种纸分存好后便可开始登记目录、做卡片，贴签等工作。

存放单页的名纸或残破的名纸，应将纸熨理平整，置放于定做的锦匣内，然后放上适量的防潮剂和防虫剂。如不愿定做匣，也可买现成大开本的装裱册子的锦匣代替。旧纸与旧纸间可用新纸相夹隔，如是小纸，又可用大画报杂志夹放。同样，如不用锦匣，也可用图画纸装订大册来夹存。然后，卷成筒状，筒内置适量的防潮、防虫剂，再用纸包封上，写上标签。笺纸可以分类做匣存放，也可以用纸包上，写上标签，用箱、柜存放。

存纸用柜不用架，是因为纸怕光的缘故。纸的主要成分是纤维素，在空气中的水分和氧的作用下纤维的强度会被暗暗地破坏，使纸色逐渐变黄、变脆。这种光的破坏不一定是强光，只要是较明亮的光，就会发生作用。纸放在架上，这种光的作用多多少少会产生，时间一长，存放的纸就势必遭到破坏。由于纸怕光的缘故，就更不能将纸露放在透光处（如门、窗、亮瓦等透进的光）。

存放前将纸进行包装是一种防潮措施。对纸的破坏力最大的也是潮湿。在存放前将纸包上，就是为了防止潮湿的侵入。包封存纸，除了是怕受潮外，也是为了防尘、防垢、防沙粒、防煤烟等。这些东西，不但会招致真菌，还会弄脏纸，也有可能弄伤纸，尘埃污垢多了，加上潮湿，造成的损失将会更大。

存放纸的时候不能与墙壁接触，因为墙壁大多有润气，一接触，润气便会吸收到纸上，表面上虽看不出，日子一久，纸便会霉烂变质，使纤维失去韧性而断裂。

存放纸最应注意的是避免与一切直接水源接触，如雨水、鼠尿、茶水等。在纸的附近不要放有水的东西，特别是茶杯之类。家住老式平房的，如有屋漏现象，一定要立刻修复。消灭老鼠，防止鼠尿。茶水、雨水、鼠尿这三种水源都有颜色，及时弄干也会留下严重污迹。如果弄脏的是稀有名纸，那损失就大了。

存放纸的屋子要通风，空气中的水分过重，会对存纸造成危害，所以存纸的屋子要通风，要经常打开门窗透透气，门窗通风不理想的，可以用风扇来帮助空气流通。

纸的自身含水率为7%左右，因此，最适合它的存放环境的相对湿度大约为60%。湿度过高会造成上面所说的恶果，同样，湿度过低会造成纸纤维水分的大量失去，使纤维变脆而断裂；而过分干燥的纸，还太"吃墨"，很不利于书画创作。

除防湿防燥外，最需要注意的是虫蛀和鼠啮。做好了防潮，真菌和蛀虫就少了滋生繁衍的条件。要定时将柜、箱里的纸拿出来透风透气，以避免蛀虫的滋生。如发现有虫蛀现象，一定要及时处理，不可拖延。防止虫蛀，除了在箱、柜内施放防虫剂外，在纸层间也可以夹放一些樟脑片，这样效果会更佳。鼠啮对藏纸来说是一个很头痛的事，防鼠啮最有效的办法就是灭鼠。

除捕杀外，绝鼠粮、堵鼠道、捣鼠窝以断绝鼠源都能达到很好的效果。

（六）砚的保存与养护

砚，以石砚为主，其他如陶砚、瓷砚、砖瓦砚，都属容易碰损打碎之物，因此我们还是先来说说"保"。这个保包含保管和保护两层意思。其最好的保管、保护方法就是首先做砚盒装上。一方好砚得来很不容易，不能随便放置了事。原来带有砚盒的固然好，如果没有，应及时补上。

砚盒由两板也即"底板""盖板"组成。上下都不要挖得太深，深了砚不易取出。砚盒用木要好，紫檀、红木、乌木、楠木、梨木均为理想木材。如用木质较差的木材，应该用漆漆上。也有做两层盒的，就是再做一个大的髹漆盒，将第一个砚盒放置其中。有了盒可以避免对砚的碰伤、擦伤、划伤。在盒中取出砚时，一定要小心，不要离案边太近，以免掉下摔坏。

属于日常用砚又属于佳品的，洗砚时要亲自动手，不要叫小孩去洗，以免弄伤或损坏砚。不要经常挪动砚，更不要挪到案子边沿，以免跌落摔坏。

属于收藏的砚，存放最好用柜，藏好后一门锁尽，以避免偶然性损坏。存放时只能一砚平放，不许砚与砚相叠放，以避免擦伤和下滑。古人存砚，更是讲究。他们不用木盒匣，而是先将砚用极薄型的织品做成的袋子装上，再轻放于竹器匣子内，让砚与纤埃尘垢隔离。如果不怕麻烦，我们也不妨仿效一下。

标签最好贴在砚盒或砚匣上。贴在砚上一来有损砚本身的美观，二来在调换新签时，旧签粘得太牢，无法撕尽，化学胶不怕水，更难撕下，最后的办法就是刮除，尽管不用利器，也难免划伤砚石。签贴在砚上，一旦装袋、装匣，取用辨认起来也极不方便。

养砚的方法很多，我们先来谈谈洗濯。洗濯是养砚很重要的工作。古人说"宁可三日不洗面，不可三日不洗砚"，这足以看出洗砚的重要性。明代屠隆的《纸墨笔砚笺》和同时代高濂的《遵生八笺》，上都有大致相同的认识，认为凡是用砚，要天天洗去积墨败水，这样磨出的墨才会墨光莹润。一天不洗，磨出的墨，墨色就会稍差，如果连续三天不洗，墨色就会完全减退。如果是雨季，就更不行，因为这时天气闷热潮湿，积墨容易霉臭，使用起来，墨色既差，又粘毫滞笔，而且还有损砚的美观。

洗砚的方法，用清水和皂角水，切记不要用碱水，碱水会破坏石质，久之使砚石变得平光而无法发墨。擦洗砚石，古人用蓖麻子，或用经水泡软后的莲房壳，或用切成片的半夏，或用丝瓜瓤。蓖麻子和莲房找起来略难，半夏和丝瓜瓤药店里能买到。丝瓜瓤用着很方便，且涤垢去污效果极佳，用力揩擦也绝不会划伤砚石。

如果是旧砚、古砚，千万不要把久洗不去的墨痕磨去。这种墨痕古人称之为"墨绣"，是古砚的证明，非常宝贵。

不要用毛毡一类的东西或旧纸去擦砚，这样在砚石上会留下很多毛屑和纸屑，磨墨时搅混在其中会大大影响墨色。

古人以为长期洗涤的砚，时间一久，还会出现轻微的光泽，暗中流露出一种古雅之色，这就是行家们所称的"包浆"。

磨墨的正确与否也关系到对砚的养护。首先是磨墨用的水不能用开水，也不能用茶水。长期用开水，砚石石质会在一定程度上受到影响，而且墨锭极易发胀变软，大大降低墨汁质量，茶水中的茶碱也会影响墨汁的质量。研磨墨不能太快，快了容易起泡，导致墨汁质量既差，又损墨脏砚。刚启用的新墨，胶性未变软，棱角又锋锐，切忌重按急推，避免划伤砚石。

在养砚上古人有很多方法，在今天看来，有些近于迂腐，但实际上却是很有道理的。比如每天洗砚后，砚池（砚中盛水处）要装满新水，认为这样可以养护砚石，使之润泽；而砚堂（磨墨处）却要揩干，认为石砚长期浸水，石质就会软化而不能发墨。又比如在严冬季节，要烤烘砚石，则把砚放在炉的高处，让热气慢慢将砚石烤热，直至砚池中的结冰融化为止，再行使用。为了烤砚，古人还制有专门用来烤砚的砚炉。古人认为，冬季天冷时好砚石石理受冻，磨出的墨很少有光彩，因此他们把好砚收存起来，用石质偏粗的砚来临时使用。

砚出现不发墨的情况，从古便有。砚石有时也像刀刃，用久了会钝，需要重新磨一磨。遇到这种情况，可用杉木松炭推磨，石锋由钝变锐，古人把这种做法叫作"发砚"。

"文房四宝"的保养还必须有大环境条件，也就是室内条件和室外周边条件。作为家庭个人收藏，藏物的房间一定要远离厨房。因为煮食后的煤烟有大量亚硫酸气体，这种气体和空气中的水分相结合形成亚硫酸，最后形成硫酸，"文房四宝"中的任何一样都会因此而遭到损坏。"文房四宝"同样都怕尘土污染，还应定期为藏品除尘，为存放"文房四宝"的箱、柜、橱、架除尘，可用吸尘器或用微润干抹布。抹尘时动作要小，不要让尘土飞起，更不宜用鸡毛帚。有条件的应用空调来保持室内温度，一般在16~20℃为宜。相对湿度一般在55%~65%之间为宜，不能超出太大。天气太热时，相对湿度就会变小，反之就会变大。能保持恒温，一般情况下也就保持恒湿了。如在南方梅雨季节，加上住房潮湿，还应该采用排气、通风等手段，并用硅胶、生石灰等吸水除湿。这些工作配合得不好，都将会给"文房四宝"的收藏养护带来直接影响。

第八章 文物藏品的鉴赏

我国历史文化悠久，有许多的文物藏品，本章选择几种文物进行讲述。

第一节 历代画像石棺石椁艺术赏析

画像石棺艺术是一种采用线刻、浮雕或镂雕等雕刻技法，将图像或文字雕刻在石棺上的一种装饰艺术。在文物考古学的分类中，它一般被归于画像石类，学术界称其为画像石棺。由于不属于平面绘画艺术范围，因此，美术史学家称其为"中国早期的雕刻"。

我国的画像石棺滥觞于公元前2世纪，至公元13世纪，历经了1500多年的历史发展演变，在这漫长的岁月中，其艺术风格、雕刻技术也发生了一系列重大变化，这些变化反映了中国美术发展史的一个侧面，其独特的风格和精湛的艺术赢得了世界雕塑史的一席之地，折射出中国古代民间艺术家所独有的审美情趣和审美观念；凭借其独特的艺术魅力，赢得了一门独立的研究学科的地位。

一、汉代画像石棺石椁艺术

汉代为中国历史上的第一个黄金发展时期，华夏民族自汉而始，称为汉族。汉代分为西汉和东汉，也称前汉和后汉，合称两汉。公元前202年，刘邦打败项羽，建立中国历史上继秦之后的又一个大一统国家，史称西汉；公元8年，王莽篡权，西汉灭亡。公元25年，刘秀匡扶汉室；至公元220年，曹丕篡权，汉朝灭亡，史称东汉。

汉代画像石棺，除少部分出土于砖室墓外，其余普遍存于汉代崖墓之中，特别是在四川地区。画像石棺所反映的内容可以分为四个类型：反映日常生产、生活等现实世界的场景；反映历史故事、列女孝子等题材内容；反映未来世界，即理想中的天堂、仙界的生活场景；各类动物、怪兽、仙巫传说或图腾；几何纹、花卉等装饰性图案。

（一）西汉石棺石椁艺术

从文献以及考古发现看，以石为棺（椁）的葬制其实很早就已经在一些地区流行。晋人常璩在《华阳国志·蜀志》中记载有："周失纲纪，蜀先称王。有蜀侯蚕丛，其目纵，始称王。死，作石棺石椁，国人从之，故俗以石棺椁为纵目人冢也。"这说明商周之际在蜀地就有石棺石椁之葬制。古林辽源市东辽县平岗镇共安村出土的两具商周石棺，进一步证实石棺这种葬制至商周时已较为成熟，但这一时期的石棺石椁由于出土数量不多。且基本上没有雕刻纹饰，其作为一种艺术表现形式还处于萌芽状态。

直至西汉。作为一门装饰艺术，中国画像石棺才真正开始起步和发展。西汉早期的画像石棺（椁），所表现的多为简单的门阙、穿壁、常青树、楼堂人物等内容。这一时期的石椁数量较少。主要见于山东邹城龙水、滕州庄里西、临沭曹庄、临沂庆云山等汉代墓地。如现藏于临沂市博物馆的一具石椁，为临沂市册山乡庆云山南坡出土，石椁两档头和两壁，用阴线雕刻，其上西侧的画像分为三格，中间刻一屋宇，垂幛悬挂，屋内两人相斗，左者持戟冲刺，右者执刀、盾抵御，屋外两侧各植一株常青树。石椁左右两边皆刻玉璧纹，壁间饰不规则的多边纹、三角形纹。石椁南壁挡头四周边饰阴线刻菱形纹、三角纹，中间刻两人，戴长冠。着长袍。腰佩长剑，相对而立，作交谈状。

西汉晚期，石椁墓的分布范围明显扩大，发现数量急剧增多，覆盖了整个苏、鲁、豫、皖交界地区，四川重庆地区也有部分出土。其题材内容也逐步扩展，不仅表现社会生活方面的内容，如狩猎、出行，乐舞等图像增多，神仙、怪兽等内容也开始出现，尤以西王母、伏羲，女娲等的图像引人注目，还出现了历史人物图像，如老子出函谷关、伯乐相马等历史故事与传说。不仅如此，单个石椁益的图像比起早期的墓也丰富了许多。山东邹城卧虎山、兖州农机学校、微山县微山岛、金乡香城堌堆、江苏沛县栖山等地发现的石椁墓是其中的代表。这时期的石椁画像无论是雕刻技法，还是题材内容都呈现出发展的趋势，并演变为画像石室墓。

例如，藏于济宁市汉任城王葛管理所的济宁市肖王庄一号石椁，长272cm、宽90cm、高86cm，棺椁四周雕刻有乐舞、谒见、凯旋、双阙、车马等图案，内容丰富，雕刻手法古朴，表现了死者对生的眷恋，及其将生前的奢华生活带到未来世界的希望。

山东邹城博物馆所藏的郭里镇出土石椁，题材内容丰富，用阴线雕刻有豫让二刺赵襄子等历史传说，有雷公、雨师、风婆、西王母等神仙人物，还有建筑、人物、制车、射猎、建鼓、百戏等日常生产生活。

总之，现存于世的西汉时期的石棺石椁数量不多，能提供的信息有限，但即使这样，我们也能从这些图案纹饰上窥见西汉古朴的石棺雕刻艺术的风采，其简洁的线条。古神的装饰表现手法。为后来的东汉石柏艺术的大发展和繁荣奠定了基础。

（二）东汉石棺石丽艺术

东汉是画像石棺艺术发展的高峰，与西汉时期多由石板组合而成的石椁相比，东汉的石棺大都是以整石凿成，应是真正意义上的石棺。从发现和出土的数量来看，东汉的石棺也是最多的，基本上占据已发现石棺石椁的一半左右；而从分布情况看，东汉石棺主要集中分布在西南地区，特别是四川和重庆地区的河流沿线一带。

庄园经济的发展，以及平民化的发展，造就了东汉多姿多彩的画像石棺艺术。就地取材、部分与崖体相连而"伴生"的石函，即崖棺也出现了。这些石函、石棺的材质大多是酥松的砂岩，这与川渝地区的地质结构有关，这种红色的砂岩分布广泛，利于开凿雕刻，使这类葬具有被普遍使用的可能。

东汉时期，厚葬之风越演越烈，原始的道教思想，神仙思想和奢靡享乐主义充斥着人们的日常生活，也反映在了丧葬习俗上。从石棺的内容来看，其涵盖了东汉社会的方方面面。

1.神仙人物及图腾崇拜

在佛教还没有传入时，当时的原始崇拜还主要是对自然图腾的崇拜，崇拜对象包括：代表日神与月神的人首蛇身的伏羲、女娲，坐在龙虎座上。能使人长生不老的仙界西王母，各种祥瑞的珍禽异兽，以及代表方位、镇守四方和避邪的四灵等。

伏羲、女娲和西王母的艺术形象。是东汉时期石棺、石函画像的主要题材。郫都区竹瓦铺东汉砖石墓出土的一号石棺后挡，上刻人首蛇身两尾相交的伏羲女娲，左边的伏羲手执日轮，轮中有金乌；右边的女娲手执月轮，轮中有桂树、蟾蜍。二号石棺的前挡用阴线雕刻坐在龙虎座上的西王母，头戴胜，饰灵芝，构图简洁饱满。

2.丰富多彩的现实世界市井生活

汉初休养生息和轻徭薄赋的政策，使得小农经济飞速发展，经济文化空前繁荣，谷物堆满粮仓。《汉书·食货志》记载："至武帝之初，七十年间，国家无事。非遇水旱，则民人给家足，都鄙廪庾尽满，而府库余财，京师之钱累百钜万，贯朽而不可校。太仓之粟陈陈相因，充溢露积于外，腐败不可食。"

在藏于乐山麻浩崖墓博物馆的一口石棺上，我们可以清晰地看见人们席地而坐，开怀畅饮，各类豪华车马来来往往，富豪们日常出行前呼后拥的生活画面。而藏于四川博物院的郫都区一、五号石棺"宴饮、杂耍、乐舞图"和"曼衍角抵、水嬉图"更是用线刻的艺术表现形式将对汉代市井生活的刻画推向了极致，难怪《后汉书·仲长统传》里描述："豪人之室。连栋数百，膏田满野，奴婢千群。徒附万计....妖童美妾，填平绮室，倡讴伎乐，列乎深堂。"东汉生活的奢靡由此可见一斑。另外，大量表现农业生产、渔猎、养老等题材内容的画像，也广泛见于这一时期的画像石棺上。

3.历史故事与传说

这一时期在文化上注重礼仪与孝道。二十四孝的出现，以及烈女、孔子与老子等历史故事和传说故事的大量出现，都是这一思想的具体体现。

现藏于四川射洪县的一具东汉石棺，侧面雕刻有"鲁秋胡戏妻""季扎挂剑"的故事：在一树下，一女子身着长裙，正躬腰采摘树上的果实，树腰挂一竹篮，其身后有一头戴冠。身着长衣、腰佩长剑、牵着马的男人，伸手作调戏状；马后一树上，挂着长剑，一男正躬身作揖。

在合江县城出土的一具画像石棺，现藏于合江县汉代西像石棺博物馆，棺的一侧雕刻"董永侍父"的故事，图中左边大树下，一执杖的老者坐在独轮车上，其前一人。手执一锄，右边刻一辆车，车旁一御者，正赶马车前行。而新津县（今成都市新津区）邓双镇崖墓出土的石棺一侧，表现了汉武帝封方士栾大为"天道将军"的故事。图中六人。其中二人，体长羽毛，是古籍中所记载的"羽人"。左起第三人为汉武帝，跟随其身后手上捧笏的二人为侍者，左起第四人为栾大。

"孔子问礼"在东汉画像石棺中也多有发现，现藏于四川博物院的画像石函和新津县的东汉画像石棺都表现了这一题材。

烈女是夫权思想的产物，从一而终的烈女的故事，作为封建礼教禁锢了中国妇女千百年来对爱情和幸福婚姻的追求。梁高行是烈女的代表。

4.装饰纹样

东汉画像石棺的装饰纹样一般以配角出现，少部分石棺用装饰纹样作主图，图案主要是几何纹。联璧纹、柿落纹等，这类纹饰大多雕刻在石棺的棺盖上，起装饰作用。藏于泸州博物馆的一具石相棺盖上的纹饰，一头为柿蒂纹，另一头为青龙白虎。而合江县白来乡碾子榜村出土的一具藏于合江县汉代画像石棺博物馆石棺，整个画面均刻有联璧纹饰，充分反映了当时人们对玉璧的重视与崇拜，而玉璧是礼天用的，是地位与权力的象征。

两汉时期的画像石棺，是中国雕塑史上的一朵奇葩，其中又以东汉时期的画像石棺艺术为最，其雕刻艺术粗犷豪放，充分展示了"汉八刀"的简洁的雕塑艺术风格，反映了汉代雄浑大气。灵动自然的艺术风尚。难怪一代大文豪郭沫若也感叹汉代的画像石棺"巨人米克朗吉乐，壁画犹传创世编"。

汉代画像石棺艺术的产生有其深厚的社会历史背景，东汉的政论家、文学家王符在其《潜夫论·浮奢篇》里对当时的社会风气有这样的描述："生不极养，死乃崇丧，或至刻金缕玉。檽梓梗柚，良田造茔。黄壤致藏，多埋珍宝、偶人、车马，造起大场，广种松柏，庐舍祠堂，崇移上潜。"这说明汉代厚葬之风盛行，除使陪葬的物品增多外，也带动了墓葬装饰上的攀比。装饰上出现的不拘一格的形式内容，从一个侧面反映出汉代思想的活跃，同时，也仿佛让我们看到当时人们的生死观，即对死的恐惧，对生的渴望和眷念。四像石棺留下的众多史料，为我们打开了一扇窗口，为今人研究那个时代的社会，历史、文化和艺术提供了难得的实物资料。

二、魏晋至隋唐时期的画像石棺艺术

从东汉灭亡到隋朝建立的 360 余年间，是中国历史上的魏晋南北朝时期，这一时期战争连绵不断，先后出现了几十个封建政权，长期存在封建割据，是中国历史上政权更迭最为频繁的时期。隋朝之后，中国很快就进入了历史上又一强大、繁荣的时期——近 300 年的大唐王朝，政治与经济空前强大，被称为大唐盛世。

在唐朝时期，随着佛教的引入，道教的兴盛，外来文化的渗透交融，唐朝在艺术上呈现出多姿多彩、灵活多样的风格，反映在其石棺艺术上，即是先前汉代石棺艺术的雄浑大气，神仙思想、历史传说、民俗民风等内容题材，已不占主导地位，雕刻技法趋于细腻繁缛，形制多样，大小规模不一，已不再是普通人可以随意采用的形式了。

（一）魏晋南北朝时期的画像石棺石椁

魏晋南北朝时期的石棺画像艺术，早期承接了东汉时期的遗风，特别是四川地区的石棺画像大多继承东汉时期的题材与风格，如历史人物故事、神话传说、神禽异兽、乐舞杂技等。但在雕刻艺术上已没有东汉时期的灵动与神秘怪异，世俗与现实内容逐渐占据主导地位。出土于四川江安的一、二号石棺为东汉末期的作品，共宴饮、杂技、瑞兽和荆轲刺秦、泗水捞鼎等画像的雕刻的技法已显呆板；它们与同是江安出土的魏晋时期的四号棺，在雕刻技法上如出一辙。能看出明显的继承关系。

山西、河南、陕西等地出土的画像石棺，主要属于北魏时期，其题材以孝子为主，雕刻的手法采用以平面阴线刻为主的剔地阳刻技法，如山西榆社县出土的一具北魏石棺，在其前挡中央所刻的建筑内，有两人席地坐于平台宴饮，两旁有仆人及持刀者侍候，房外有朱雀一对，下有乐舞杂耍等。建筑上方刻有铭文 14 行，记录了墓主人的姓名、官职和生卒年月、榜题等。一口石棺上雕刻有如此之多的铭文、榜题及画像，集书画为一体、图文并茂，实属国内少见。而两侧雕刻的画像，将青龙白虎融入杂技、宴饮、出行等图案，已不似汉代，将青龙白虎单独成图那样在技法上显得幼拙古朴。

山西大同北魏宋绍祖基出土的石椁，为仿木构的三开向单檐悬山顶式前廊后室石椁，在造型上已完全引入了建筑结构式样的风格，除运用浮雕、圆雕等雕刻手法外，椁内壁还采用了彩绘手法，绘制了大量人物等图案，艺术表现形式丰富多彩，不拘一格。椁内有石床，床上西部有两个椭圆形石灰枕，没有棺木，这是北魏时期流行的一种葬俗。

（二）隋唐时期的石棺艺术

隋唐是中国封建王朝的又一高峰，对外交流频繁，社会中享乐奢靡之风盛行，这些现象同样也反映在石棺（椁）上。从出土石棺（椁）的分布来看，以陕西、河南、甘肃、四川等地居多，这些石棺（椁）大多为皇亲国戚所使用，纹饰内容除承装以往的四灵——朱雀、玄武、青龙、白虎和升仙思想以外，由于佛教不断地输入和传播，佛教题材的内容也开始大量出现。受佛教思想和波斯文化等外来因素的影响，佛教题材和佛教棺制成为这一时期的特色，如甘肃灵台县唐代舍利石棺、陕西西安唐代舍利石棺等，而反映劳动市井等生产生活场景的内容却很少在石棺中出现。

太原市晋源区王郭村出土的隋开皇十八年（公元 598 年）贵弘石椁，其棺壁四周用减地阳刻的雕刻方式，表现了宴饮、乐舞、射猎、家居、行旅等丰富的内容，人物皆深目高鼻，有的还有浓密的须髯，骆驼、大象等动物形象大量出现，表现了西域特有的风情，是文化交流繁荣的历史见证。

这一时期，棺椁的形式也开始发生变化，有部分棺椁仿自当时建筑式样，特别是棺盖，已出现歇山顶式样的棺盖，如上述的山西太原隋代虞弘石椁，陕西西安隋代李静训石椁等，并多以石椁的形式出现，以石板、石条等石块拼接而成，整块石料掏挖成独立的石棺少见。由于石材质地坚硬，不易雕刻，因此石棺（椁）上雕刻的纹饰以阴线刻居多，而且，石椁较多，所雕线条繁缛细密，内容除少量的升仙题材外，多刻人物形象和蔓草花卉等内容，人物形象端庄丰腴，花草雕刻灵动飘逸，手法细腻，且多装饰在棺椁的四周，如陕西乾陵唐懿德太子石椁、陕西乾陵唐永泰公主石椁和陕西三原县李寿墓石棺等，所雕人物面容姣好。发髻高耸，姿态优雅，线条流畅细腻，表现出雍容华贵的盛唐之气。还有部分石椁是采用绘制的形式来表现的，如陕西靖边县唐代杨会石椁，采用宫殿建筑造型，椁内壁所绘人物着宽袍，点朱唇，更接近于真实的现实，是难得一见的珍品。

陕西潼关税村发掘的隋代石棺，其棺上的线刻纹饰，浓密细腻规整，达到了很高的工艺水平。在甘肃天水发现的隋唐时期的石棺床，床的左右各有 3 方彩绘画像石屏风，正面还有 5 方画像石屏风，共计 11 方画像石。该画像石屏风高 87cm，宽 30-40cm，底部镶嵌在床板边沿的凹槽内。画像石屏风的雕刻工艺采用平地减底的雕刻技法，内容为墓主人生前狩猎、宴饮、出行、泛舟等生活画面和亭台楼阁、水榭花园等建筑。共雕工精湛，部分画像石饰以红彩，外施贴金，显得十分华丽。

综上所述，魏晋南北朝时期政治社会动荡。思想文化活跃，科学技术成就突出，民族融合加强，而社会处于分裂割据状态，文化具有很强的地域性，南北差异明显。

隋朝结束了长达 300 多年的分裂局面，开创了自秦汉以后又一个大一统的局面，为唐朝的繁荣奠定了基础；外来文化彼此交融并相互影响，呈现多元化发展的特点。对丧葬习俗也产生了较大的影响，反映在画像石棺上，其在雕琢形制、艺术表现、地域分布、题材内容等方面，都与两汉时期的画像石棺有较大的差别，与同时代的其他艺术形式相似，烙有明显的时代印记。

三、宋辽金元时期的画像石棺艺术

宋辽金元时期，是中国画像石棺艺术走向没落的时期，这一时期的石棺或石椁，其画像艺术已没有了隋唐时期的细腻丰满和南北朝时期的古怪神秘，更没有两汉时期的多姿多彩、光怪陆离，在雕刻技法上再难以看到两汉的磅礴大气，简约率性的"汉八刀"风格，也难以见到隋唐时那种婉约细腻的笔触。

不论是从数量还是从质量来看，现在发现的宋辽金元画像石棺都不如前朝，就是在体量上。也难以与前朝相抗衡。此时画像石棺的内容多反映孝子烈女等题材，如出土于河南孟津县的北宋崇宁五年（公元 1106 年）张君石棺，山西芮城县元代至元六年（公元 340 年）潘德冲石椁，以及河南辉县北宋石棺等，这些石棺两侧线刻孝子烈女图二十四幅，年幅都还有榜题；也有部分画像的内容表现戏曲人物、散曲乐舞。表现四灵。西王母等神仙传说、市井风情等的画像已比较少见，更多的是表现世俗民风的，也有少量表现宗教题材的，如山东济南宋代舍利石棺，棺前挡雕死者灵魂出窍升天，外壁左右各浮雕四僧侣持不同乐器吹奏弹唱送葬。

这时期的雕刻装饰手法更注重工艺，强调装饰性，不似汉代的简洁明快或隋唐的精细飘逸，雕刻技法多采用阴线刻，有少量是浅浮雕，其人物形象、装束或纹饰，有着明显的时代烙印，如河南辉县北宋石棺、河南修武金代石棺上线刻的人物的衣着打扮，无不反映出那个时代的特征。山东安丘宋代石棺由若干块石头榫卯组合而成，整体造型为仿屋庑殿式，此种体量的石棺，在汉代一般都由整块石材雕琢而成，由此看出，宋代的石材雕刻远没有汉代的来得大气。而山西榆社县云竹镇出土的一具后唐天成四年（公元 929 年）的石棺前挡上，虚掩双门露出半个人物的表现手法，与四川雅安芦山出土的东汉建安十七年（公元 212 年）的王晖石棺前挡何其相似。时空相隔九百余年、相距千余里的两地不约而同地采用了同一表现方式，折射出人性对生的眷恋这个的永恒主题。

在选择画像雕刻装饰的附着物上，宋辽金元时期，由于棺椁材料的多样化，已不再过多地注重对石棺的本体的雕刻，而是把更多的雕刻、壁画装饰在基壁四周，如四川泸州地区出土的大量宋代基葬画像石刻，主要装饰墓室，题材内容涉及当时的民俗民风，人物形象沿袭典型的宋式造型。山西汾阳市西南部东龙观宋金砖石墓，墓室各壁之上雕斗拱，墓壁四周雕门窗、人物及花卉等图案，所有雕刻上施红、黑等彩。有意思的是，该墓南壁有幅图案，雕一妇人立于门缝中，面向门外，寓意应与前述的四川王晖石棺和山西榆社石棺上的内容相似。

这一时期的画像石棺开始注重标注年份，有部分石棺还直接将墓志铭等文字题刻在上，如山西垣曲宋代石相左侧阴刻有"太平兴国三年九月二十日"。而河北宣化县出土的金大定二十六年（公元 1186 年）张时中石棺、山西芮城县出土的元代元统三年（公元 133 年）宋德方石椁等均标注有年份。

从这些画像石棺分布的地域来看，宋辽金元时期的画像石棺于南北方各地均有出土，但主要集中在西南、中原等传统石棺出土地。远在东北的辽宁地区也有比较多的发现，如辽宁沈阳出土的四神石棺和李进石棺，共雕刻的内容比较单一，棺的前挡及门额上雕的朱省虽然仍代表四神中的朱雀，但已经演变为胖乎乎的形象，更像是佛教里兜率托天中的"大鹏金翅鸟"了；门扇也不再半开闭，而是紧闭并上锁，传递的信息与原先呈现出较大的差别，反映出不同地域的风俗习惯。

到了明清时期，木棺的盛行，以及金属等其他材质棺椁的使用，使笨重的石棺被彻底取代，而墓室装饰也被墓内壁画这种装饰技法所替代，拥有 1500 余年发展历史的画像石棺走向没落。逐渐退出了历史舞台。

第二节 汉至隋唐时期的青铜镜赏析

青铜镜是中国古代青铜器中的一朵奇葩，它萌芽于夏商，兴于战国，盛于汉唐，而衰于宋元。镜背的图案纹饰，内容非常丰富，种类繁多，包罗万象。汉唐铜镜，在形制、工艺、纹饰上都达到了青铜镜发展的高峰。同时，中国青铜器是独成体系的妆奁用具及工艺品，与古代人们的日常生活密切相关。《释名》曰："镜，景也，言有光景也。"历代对镜子的称谓亦有不同，《广雅》载"鉴谓之镜"。说明"镜"与"鉴"同义。《说文解字》曰"鉴，大盆也"。可知鉴是盛水的盆。供古人照镜之用。铜鉴盛行于春秋战国之际，战国之后称铜镜，宋时又叫照子。

古铜镜独特的神韵和无穷的魅力主要表现在装饰铜镜背面的纹饰图案上。这些纹饰图案，内容非常丰富，题材繁多，从历史人物，典故到神话传说，从几何图形到动植物及神化、异化的珍禽异兽，从自然景观到世间的万事万物，皆囊括其中。随着时代的变迁，这些纹饰也在不断发生变化，不同的历史时期和阶段，铜镜的主题纹饰、艺术风格、制作工艺都带有自己所在时代的鲜明特点和个性风格。春秋战国以前，铜镜以素面为主，间或有几何图案和简单的动物图形纹；这些纹饰线条简单，制作手法和纹饰风格均显得古朴，与同时期的青铜礼器上的装饰纹饰很不一致，全无青铜礼器上常见的饕餮纹、夔纹等纹饰。这一时期铜镜的数量不多，但各具特点，无规范化与定型的纹饰，很难找到同一范式的铜镜，表明了中国铜镜此时尚处于早期阶段。

中国铜镜发展的第一个重要时期应是春秋战国。此时青铜礼器逐渐显露衰败的趋势，而人们日常生活使用的铜镜却迅速发展，其一扫前一阶段幼稚朴抽的风格，铸制轻巧，纹饰精致，线条流畅。纹饰题材内容丰富多彩，既有几何纹及植物纹，如山字纹、菱形纹、云雷纹、绚纹、叶纹、花瓣、花朵等；还有动物纹与人物图像，如饕餮、蟠螭、凤鸟、兽纹、羽状纹、狩猎纹等。这些纹饰的表现技法也多种多样，有浅浮雕、高浮雕、镂空雕、彩绘、嵌石、金银错等，其中以浅浮雕最为常见。为了弥补浅浮雕平淡浅近的缺点，一般采用地纹上饰主题纹饰的手法，地纹有羽状纹和织锦纹等，使用的是细线条，主题纹饰用粗线条构图，可使整个图案纹饰组织得完美而和谐。战国后期出现了三层花纹的重叠布置手法，层次丰富，主题明确，使整个图案具有空间透视感，其纹饰的表现技法之精巧，令人叹为观止。

秦汉时期是中国铜镜发展的又一重要时期。秦代时间较短，其铜镜尚有春秋战国遗风。汉代铜镜在主题纹饰和表现手法上不断创新，具有了新的审美情趣。神话传说、禽鸟，瑞兽。四神、羽人等形象是汉镜的主题纹饰。同时，其上开始出现铭文，并成为铜镜纹饰的组成部分，铭文内容丰富、种类繁多、排列灵活，文字形体以篆、隶为主，根据装饰特点略有变化，如与汉印字体有关的鸟篆体，装饰性较强的悬针篆等，也有笔画作刀斧状的。一般来说，西汉前期以小篆为主，字形与泰山石刻相似。新莽时，铜镜的主要铭文流行简化隶体。在纹饰表现技法上，汉代铜镜以单线条勾勒纹饰轮廓，地纹与主题纹饰之别消失，主纹成为铜镜的单一图案，在地纹上饰主纹的表现手法不再可见。东汉中期以后，又突破单线勾勒纹饰轮廓的技法，运用浮雕技术表现主题纹饰，使主题纹饰图案高低起伏。层次分明，显得生动，活泼、自然。纹饰的视觉效果由单一式的平面线条，变化为高低错落、赋有立体感的图案纹饰，开创了后世铜镜高浮雕的制作手法。

魏晋南北朝时期，由于战乱频繁，铜镜的制作虽然继承了东汉中期以来的传统，但制作工艺趋向下降，显得比较粗糙。随着隋唐封建王朝大一统的建立，政治经济文化的高度繁荣。铸镜业也开始走出低谷，铜镜显示出一派富丽堂皇、千姿百态的新面貌，中国再次迎来了铜镜发展史上的一个重要时期。隋唐时期是中国封建社会的昌盛时期，起自隋而止于五代，政治上统一强大，经济，文化上高度繁荣。隋唐时期的文化科技在当时世界上居于领先地位，隋通过陆路、海路交通，同亚洲、非洲和欧洲的一些国家，尤其是同日本高丽及中亚各国，进行了频繁的交往和贸易。文化在传播的同时。也在吸收外来的文化，有些外来文化，也反映在铜镜的纹饰。形制当中。

隋唐铜镜，其形制、花纹和铭文等都与汉式镜大不相同，呈现了全新的面貌，可称为"隋唐式镜"。隋和唐代前期的铜镜仍多为圆形。到了唐代中期以后，铜镜形制除圆形以外，还有方形、葵花形、菱花形、荷花形等，偶尔也有钟形、盾形和其他变形镜；此外，开始出现有柄铜镜，这是中国铜镜在形状方面的一次重大变化。镜钮以圆形居多，但也有采用兽形钮。龟形钮和花形钮的。镜上的花纹，在隋和初唐时，仍稍有类似汉式镜之处。盛唐时，则大量采用瑞兽、凤凰、鸳鸯、花鸟、蜻蜓、蝴蝶、葡萄、团花、宝相花及人物故事等新纹饰。其题材和风格，除反映当时新的工艺美术，有的还汲取了中亚和西亚的元素。有些铜镜的花纹构成一幅图画，不讲求对称于镜的中心和左右对称，却有上下之别。精致的唐镜还使用镀金、贴银、金银平脱、螺钿和宝石镶嵌等工艺。隋唐铜镜的铭文，以四言句为多，五言句次之，都属骈体诗文式。其内容如"灵山孕宝，神使观炉，形圆晓月，光清夜珠""赏得秦王镜，判不惜千金，非关愿照胆，特是自明心"等，以镜的本身为主题。铭文的字体都是正体楷书，与汉式铜镜多用篆书和各种简化字相比，也判然不同。此外，一般不用纪年，亦不记工匠的姓名。

本篇按时代先后，选择从汉至隋唐时期的17面青铜镜进行粗略介绍，所有的青铜镜均为四川省博物院馆藏之物。其中，关于隋唐铜镜的类型和分期，有部分专家将隋唐铜镜分为十六种类型、四个时期的演变，此处笔者根据铜镜的纹饰、花色和造型等将隋唐铜镜的发展演变划分为三个时期。

一、汉代的青铜镜

（一）西汉草叶连弧纹镜

草叶纹是汉代最具代表性的纹饰。此镜纹饰神秘怪异，做工精致，直径为18.1cm，圆形，圆钮，四瓣草叶形钮座，回凹四方形纹环绕钮座，四乳钉相间有篆字阳文铸造铭文，以两字为一词组四方连续，内容为"心思，美人、毋忘、大王"八字；乳钉向外间饰四蟠螭纹和复花瓣纹。四蟠螭的造型纹饰基本相同，线条简洁，蟠螭均作回首吐舌状，长舌上卷，两脚前撑后蹬，雄壮有力，十六连弧纹收边。从制作工艺看，该镜为汉镜中难得的精品，虽然破损为十余块，但修补得相当完好，不影响鉴赏。

（二）西汉四螭铜镜

此镜于20世纪50年代出土于成都羊子山110号西汉土坑墓，直径为17.7cm，高龟形钮，圆斜纹钮座，内区十六连弧纹环绕，外区四蟠普纹环绕四乳钉，乳钉之间饰四蟠螭成弓形回首状，十六连弧形收边，镜通体黑漆古浸色，古意盎然，可作为西汉的标准器。

（三）汉尚方镜

"尚方"是秦时的"少府"所属机构，汉时沿用。"尚方"一词见于《汉书·百官公卿表》，共载少府之下有尚方令一人，御用及官制铜镜均由尚方制作。"尚方镜"系由少府管辖下的尚方工官制作的铜镜。此镜直径为13.7cm，圆形，圆钮，重圈纹钮座。内区六乳相间为圆浮雕禽曽纹，其中似一人作下跪状，两手前伸成掬捧之式，背有羽翅，应为仙人。"仙人"即羽人，指神话传说中身上：长有羽毛翅膀的仙人，也有把道士称为羽人或羽士的。《拾遗记》曰"有人衣服皆毛羽，因名羽人。梦中与语，何以上仙之术。"秦汉时期道教思想兴起，升仙之说盛行。故铜镜中的仙人（羽人）是这一时期铭文和纹饰的主题内容。

跪坐的羽人前方，即左面，为一奔跑的青龙；羽人后方，即右面，是一白虎，与青龙相对应，上而另三个禽兽应是朱省等瑞兽禽鸟。五禽兽张弛有力。与羽人组成一周圆弧。外区为一圈铭文。其中有几个字因锈蚀较难辨认，经查阅文献和汉尚方制镜铸铭习惯，结合已辨认的其他文字内容，考证此镜所铸铭文应为"尚方作镜真大好，青龙白虎居左右，昌（长）年益（宜）子孙"19个字。文字内容也印证了纹饰中羽人或求仙之人的左右为青龙白虎。镜边缘为一周栉齿纹和两周锯齿纹。铜镜做工精细，纹饰神秘古朴。

（四）汉四乳规矩纹禽兽镜

该镜直径为13.6cm，圆形，圆钮，四柿蒂纹钮座，回凹框四方形纹将钮座环绕。内区四乳相间为八个线条纹铸饰的珍禽异兽，有传说中的朱雀、玄武等"四神"，也有仙猴等灵兽。"四神"也称"四灵"，图案源于古代天文上的四象，古代占星术士以春分前后初昏的天象作为依据，把黄道附近的二十八星宿划分为四个星座，并将其想象成四种动物的形象；《三辅黄图》中说："苍龙、白虎、朱街、玄武，天之四灵，以正四方。"古人将它铸造在铜镜上，有镇宅辟邪之意。

铜镜钮座方框的四角尖相对应四个凹纹 V 形角，两角之间为乳钉；外区为栉齿纹，边缘是一周凸锯齿纹和：一周双线条锯齿纹。铜镜纹饰线条流畅，瑞禽灵兽造型各异生动活泼。体现了汉镜纹饰的神秘特点和对称排列的风格。

上述四款青铜镜，制作精致，纹饰内容反映了汉镜的神秘怪异，表现了"神"的一面，纹饰严格讲求对称排列，以镜的圆面中心"中心对称"或镜的圆面直径"轴对称"布局。此期铜镜不似以后的唐镜纹饰内容及表现手法生动灵活、纹饰题材丰富、更接近于人性化、生活化和世俗化；对称与中心或左右对称，在唐以后也不再是严格遵循的标准了。

二、隋至初唐时期的青铜镜

这一时期的四神十二生肖镜、团花镜、瑞兽镜较流行，以圆形镜最多；主题纹饰以灵异瑞兽为主，再配以吉祥祝福等言语的铭文。纹饰布局拘束严谨，但形象生动活泼。丰腴柔健，圆润的雕刻铸造技法逐渐显现。

（一）隋照胆（四神）镜

该镜直径为 15.6cm，厚 0.7cm，圆形，圆钮，连珠纹钮座。内区为四个形态不同的瑞兽同向流云纹。瑞兽外是一圈锯齿纹及一圈栉齿纹。外区铭文以一乳钉为界，内容为"同心照胆，知幽察微，珠惭朗润，月谢光辉，媛兵既弭，福庆斯归"24 字。铭文外为一圈锯齿纹和一圈卷云纹缘。该铜镜无论是铭文、花纹，还是浸色或制作工艺，无一不精，达到了相当高的水平，是不可多见的精品。

（二）唐初菱花镜

该镜直径为 15cm，八瓣菱花形，圆钮，铜镜背面只竖书"贞观元年"四字铭文。该铜镜的真伪存有争议，问题主要出在铭文中的"贞"字上，贞字少了一撇，有人认为该字可能是后世所仿造的，为了避讳。古时有避讳的习俗，应不足为奇。贞字少一撇有可能是制铸时疏忽所致；试想，仿造这么一面没有多少经济价值的实用型"素镜"，而不去仿造纹饰精美，经济价值高的铜镜，不知仿造者目的何在？该铜镜反映了唐初百废待兴的经济状况，与唐初的社会经济状况比较吻合，不似以后大唐盛世时的雍容华贵和富丽堂皇。

（三）唐仙山镜

该镜也称四神镜，直径为 19.2cm，圆形，圆钮，四叶纹钮座。内区凹形方框和 V 形纹将四神分割开，四神为走动状，V 形纹接内圈锯齿纹并内嵌一兽头；两周锯齿纹与一周锯齿纹夹一圈铭文。上书"仙山竝照，智水齐名，花朝艳采，月夜流明，龙盘五瑞，鸾舞双情，传闻仁寿，始验销兵"32 字铭文，变形卷云纹缘。该镜的纹饰风格尚有汉镜怪异纹饰遗风，神兽雕艺技法有"曹衣出水"之韵。铜镜中两神兽身上有未揭取的粘贴纸，但难掩制镜工艺的精湛。该铜镜的铜钮因摩挲的缘故透出本色，呈白色，其余未摩挲处因氧化而透出红晕。判断铜镜的呈色时，应以铜镜中透露出的本色为准，一般观察经常摩擦或未锈蚀之处。铜质呈色的不同，可以成为判断铜镜时代和鉴别其真伪的重要参考依据，这是由于铜镜因金属含量的不同，其呈色有所不同。大致上战国时期铜镜的研磨面呈白色或淡黄色；汉代铜镜多呈白色，少量呈微黄色；唐式镜几乎全呈白色；宋以后的铜镜呈黄色或黄赤色。

（四）唐四灵镜

该镜直径为 13.4cm，圆形，圆钮，阳线条纹方框将圆钮包围，通体水绿色。内区以线条纹饰四灵，即上朱雀，下玄武，左青龙，右白虎。外区所饰的 32 字铭文内容与仙山镜完全相同。素缘，全镜因锈蚀有沙眼。该铜镜纹饰虽简洁拙劣，但锈蚀的铜色——俗称"绿漆古"，透出浓浓古意，非常漂亮。

从纹饰和铭文的内容看，该镜复古意味浓郁，反映出汉代对长生不老和升仙的追求。此镜纹饰做工较为粗糙，呈色虽古，但与唐镜的精雕细刻相去甚远，且金属含量配比不似唐镜，有可能是后世所仿，值得商酌。

（五）唐瑞兽满月镜

该镜直径为 24.3cm，厚 1.5cm，圆形、圆钮。钮座为十瓣莲花及断断续续的珠连纹。内区有八瑞兽，两两相对，成环行状；瑞兽外是一圈珠连纹及一圈倾斜面的栉齿纹。再往外是一圈铸铭，以星形纹隔断开头，铭文内容为"明逾满月，玉润珠圆，鸾惊钿后，舞____前，生死上辞，倒井澄莲，精灵应态，影逐桩妍，清神鉴物，代代流传"40 字。外区十四珍禽瑞兽同向环绕，外缘为一圈栉齿纹和。该铜镜较大且厚重，内容丰富，珍禽瑞兽形态各异，纹饰圆润且层次分明富有体积感。

（六）唐秦王镜

该镜直径为 9cm，圆形，四环座圆钮。内区为 4 只"功狗"同向环绕，呈追逐奔跑状。"功狗"源自汉刘邦初定天下后，大封功臣，萧何位最高，众臣不服，刘邦说："夫猎，追杀兽兔者，狗也；而发踪指示兽处者，人也。今诸君徒能得走兽耳，功狗也，至如萧何，发踪指示，功人也。"（《史记·萧相时世家》）后代君王便常喻有功之臣为"功狗"。

铜镜外区为一圈铭文，以一乳钉为铭文起头标志，铭文内容为"赏得秦王镜，判不惜千金，非关欲照胆，特是自明心"20 字，两周连珠纹缘。铭文中提及的"秦王"，应指唐太宗李世民。唐高祖李渊立长子李建为皇太子，初封次子李世民为尚书令，后封为秦王，因而在玄武门之变前，李世民的身份是秦王。该铜镜虽附着的油腻较重，但难掩精巧之形，作为玲珑小巧的铜镜，其携带方便，应是随身之物。

三、唐中期的青铜镜

此期大致为武则天至德宗以前，这一时期又以玄宗开元。天宝为界分作前后两段。前段流行瑞兽葡萄镜、瑞兽鸾鸟镜、雀绕花枝镜等，以圆形、姜花形镜为多；主题纹饰由瑞兽向花鸟过渡。后段流行对鸟镜、瑞花镜、人物镜，以葵花形镜最多；主题纹饰以鸾鸟、花卉、人物为主。

（一）唐双鹊衔绶镜

有部分书将这种纹饰造型的铜镜称作鸾鸟镜，但从该镜的鸟纹造型看，其尾翅直短，不似鸾鸟尾翅长而卷曲飘逸，且其头顶也没有凤冠一类的效饰。铜镜直径为15.2cm，八出葵花形，圆钮，素缘。钮上为一圆形月宫。月宫中一株树叶硕大的桂树。桂树左边为站立的玉兔在捣药，右边为向上跳跃的蟾蜍；钮的左右各有一只喜鹊，口衔长绶，昂首展翅飞向月宫；钮下为一盘龙从波涛汹涌的水面跃出，呈奔腾状，龙的左右两边各有一朵祥云在飘荡。整个铜镜构图简练且动感十足。

（二）唐瑞兽鸾鸟镜

该铜镜直径为15.6cm，八瓣菱花形，圆钮，主纹为四枝卷曲的折枝花，将两个鸾鸟和两个瑞兽有机地分割开，鸾鸟和瑞兽形态各异，呈同向环绕追逐状。两鸾鸟昂头回首顾盼，尾上翘，尾部区别较大，一个表现的是正面，一个刻画的是侧面。两瑞兽似艺术化了的狮子，起跳扑伏，狮尾高悬，活泼可爱。其边缘八瓣为四朵云纹和四蜂蝶采花纹相间环列。菱花形镜式为唐常用镜式之一，唐人杨凌在《明妃怨》中有"匣中纵有菱花镜，羞对单于照旧颜"的诗句。该镜保存完好，制作精美，纹饰清晰流畅，令人赏心悦目。

（三）唐海兽葡萄纹镜

该镜直径为16.2cm，圆形，伏兽钮。宋《博古图录》称之为"海马葡萄镜"，清《西清古鉴》称之为"海兽葡萄镜"，此外还有称禽兽葡萄镜、天马葡萄镜等。该镜因纹饰神秘且耐人寻味。故有"多谜之镜"的称谓。该镜内区兽钮周围为四瑞兽同向环绕，其中两个瑞兽似传说中的"飞马"形象，瑞兽相间有四串葡萄枝蔓，外区三只珍禽与三个瑞兽穿插于葡萄枝蔓叶实之间，禽鸟一站一腾一飞，三异兽与禽鸟相间为奔跑状，花云纹缘。此镜构思精巧，浑然一体，鸾兽丰腴柔健。海兽葡萄镜是唐代铜镜的图案由瑞兽向花鸟和植物纹饰转变的产物，即由隋和唐初以瑞兽作为主题纹饰的铜镜增加枝蔓葡萄和飞禽走兽而来。早期其先是在内区表现瑞兽与葡萄纹的组合，瑞兽仍呈绕钮奔跑状。然后才发展成外区也出现瑞兽、禽鸟和葡萄纹的组合纹饰。

（四）唐宝相花镜

该镜为八瓣菱花形，圆钮，直径为 10.8cm，以钮为中心形成一个内向八连弧形钮座，连弧形的八角向外对称托举出两种不同的宝相花，向外为一圈凸纹，边缘八瓣处蜂蝶与折枝花相间环绕，折枝花二叶二苞或二叶一苞。该铜镜纹饰线条饱满，布局合理精确。

（五）唐鸳鸯双鸟荷花镜

该镜直径为 11.7cm，八解菱花形，圆钮。钮左右两边各有一鸳鸯站在荷花上，荷叶下盾，钮下为一家雀振翅，呈向上飞行状，钮上是一戴胜昂首向上振翅飞升，戴胜的冠成半开合状，两朵祥云陪伴戴胜左右两旁。其边缘处有蜂蝶与折枝花相间环绕，折枝花二叶一苞，蜂蝶表现的是侧面。该铜镜纹饰刻画精美，制作精巧，图案布置和谐大方，花鸟纹饰造型圆润丰腴，内容寓意深刻，应是盛唐之作。

四、晚唐时期的青铜镜

这一时期流行八卦镜、万字镜和瑞花镜，以亚字形和圆形镜最为盛行，主题纹饰多含宗教旨趣。此期流行的镜形和纹饰，标志着唐代铜镜从造型到主题花纹已发生了根本性的变化。

（一）唐十二生肖八卦镜

该镜直径为 28.3cm，圆形，龟钮，八角形钮座。钮座向外辐射四圈，第一圈内为八卦文字，从乾字开始倒读为乾、兑、坤、离、巽、震、艮、坎；第二圈为对应八卦文的八卦图，第三圈为概念化的十二生肖纹饰最外圈为二十字篆书铭文，内容为"水银呈阴精，百炼得为镜，八卦寿象备，卫神永保命"，素缘。该铜镜纹饰简单粗放，布局层层密密。一圈又一圈分割配置，十分单调乏味，以道教的八卦图符等作为主题纹饰，表现出强烈的宗教旨趣，显示出晚唐铜镜鲜明的时代特征。其八卦图的排列似乎与现在的八卦图排列不一样，比如乾与坤、震与巽等都不是相互对称排列。

（二）唐八卦镜

该镜为圆形，直径为 23.1cm，圆钮，钮座为八周莲花纹饰，用三环分隔成三圈图案纹饰，八卦及铭文为最里层一圈，八卦图纹间隔铸有"武德军作院罗真造"八字铭文。第二圈图案为十二生铜相追逐，十二生肖纹饰简单粗糙。第三圈为如意连枝卷草纹，素缘。该铜镜纹饰反映出晚唐社会动荡，铸镜业衰落，纹饰趋向简单粗放。八卦纹饰排列顺序与上面介绍的八卦铜镜纹饰排列一样。

八卦即乾、坤、震、巽、坎、离、艮、兑，分别代表西北、西南、东、东西、北、南、东北、西八个方位。司马迁在《史记·补三皇本纪》中认为"蛇身人首"的伏羲"有圣德"。"仰则观象于天，俯则观法于地；旁观鸟兽之文，与地之宜，近取诸身，远取诸物，始画八卦，以通神明之德，以类万物之情。"这说明八卦是人首蛇身的伏羲所绘制的，象征宇宙万事万物生生不息。按照八卦的构图和解释，"一六居下，二七居上，三八居左。四九居右，五十居中"（《方舆汇编·职方典》）。《易经》中伏羲八卦（又称先天八卦）图符中，乾与坤是相对应的，震与巽。坎与离、艮与兑也是相对应的，如此构成一个圆周，圆周中为太极阴阳木鱼。上述两铜镜中的八卦图符是按照东南西北的方位排列的，不是以阴阳相对应而排列的。现今，一般八卦图是按照《易经》讲述的阴阳相生相克原理进行绘制的，符合《易经》里的八卦图符，这与唐代的八卦图按方位排列不一样。以上铜镜的纹饰，制作工艺等，反映了唐代晚期社会动荡，国力衰弱，表现在制镜上，即为铜镜由中期的千姿百态、富丽堂皇、极其精致的"盛唐气象"，开始逐渐走向纹饰简单粗放，内容单调乏味，宗教意味浓厚。制铸粗糙的衰落境地。

铜镜不但是研究中国古代冶金铸造技术，工艺美术，装潢设计，民俗民风、文字书法等其他科学文化的实物资料，还体现了古人借铜镜表现的深邃的哲学思想。《贞观政要·任贤》中载："以铜为镜，可以正衣冠；以古为镜，可以知兴替；以人为镜，可以明得失。"《孔子家语》也有"明镜所以察形，往古所以知今"的言语。一面小小的铜镜，可以从一个侧面折射出我国古代文化的博大精深。

本篇主要介绍铜镜的纹饰，内容、风格等方面。铜镜的时代区分是按照纹饰、风格进行的大致划分。如果对铜镜进行真伪鉴别，还应从铜镜的金属成分比例、浸色、型制、工艺等方面加以研究考证。熠熠古幽的铜镜不仅留给我们"自知之明"的理性思考，"破镜重圆"的哀怨缠绵，更留下"以正衣冠"的是非鉴别寓意和"照人心境"的感人诗篇。锈迹斑斑的铜镜如今早已退出了历史舞台，成为珍贵的历史文物。而它独特的艺术魅力则演绎着中国人对美的追求。

第三节 象牙雕刻艺术及鉴赏

象牙雕刻因其材料高贵，工艺精湛，在艺术领域里独树一帜，与中国传统雕刻工艺中的竹雕、木雕并称为三大门类，又有竹、木、牙（象牙）、角（犀角）四大雕刻艺术一说。

象牙的主要成分是一种似骨的质料，称为象牙质，由磷酸钙和有机体构成，颜色有白、黄、浅棕等色，硬度为莫氏 1.5-2.5，密度约在 $1.7g/cm^3$-$1.9g/cm^3$ 之间，其表面没有珐琅质覆盖，怕酸，强酸可以将其腐蚀，弱酸亦可使其软化；如果将象牙放在醋酸中浸泡，可使之变软，再以雕刻工具进行加工，往往能达到事半功倍的效果。象牙质地细腻，硬度适中，光泽柔和，牙纹细洁，自然是制作高档工艺品的天然好材料。

中国象牙雕刻有着悠久的历史，距今 6000-7000 年的河姆渡遗址和距今 4600-6100 多年的大汶口遗址，都出土有象牙器皿和象牙雕刻。河姆渡遗址第二期发掘出了一件象牙雕鸟形匕，匕长 17cm，扁平形，匕兽为椭圆形，端部中间磨光，柄部正面用阴线雕刻两组双头禽鸟，形态逼真，线条流畅。柄下阴刻绳纹与线纹，刻工精细，设计奇巧，想象力丰富。

商代以后，考古出土的象牙雕刻和象牙制品，更是层出不穷。在河南安阳的殷墟遗迹中，不仅发现了专门的制作场所和大量的骨制品，而且发现了一些用象牙制作的杯、简、梳子、尺子和祭祀用的礼品。商王武丁的妻子妇好的墓出土了两件象牙酒器，从造型上看是青铜器的仿制品，上面镂刻有浮雕、兽面纹和方雷纹，还镶嵌了许多绿松石作为装饰。《战国策·齐策》有"孟尝君出行国至楚，献象床"的记载。在山东曲阜鲁国故城出土的战国时代的象牙雕云龙纹金座牌，长 14.8cm，宽 7.3cm，呈长方丁字形，下以金座支撑，象牙板通体雕刻云龙纹，纹饰线条流畅自如，云龙彼此呼应，充满神奇的气势。云龙纹浮雕的图案，与同时期青铜器纹样风格一致。这些早期牙雕制品的雕刻技艺，为象牙雕刻艺术的全面发展奠定了基础。而四川广汉三星堆和成都金沙遗址出土的大量象牙，基本上还是象牙的原始形态。

汉以后，王公贵族等统治阶级更是崇尚奢侈，牙雕制品成了财富的象征。在唐代只有五品以上的官员上朝见皇帝时才可以手持象牙笏，由此可见象牙的珍贵。元、明、清时期的牙雕有较大的发展。至清代达到鼎盛。

一、象牙的雕刻艺术

按照雕刻内容，象牙雕刻可分为人物、动物、花卉及风景四个种类，按照雕刻技法主要分为浮雕，圆雕、阴刻、镂空雕等四种技法，按照雕刻流派又大致分为南北两派；北派一般指的是北京牙雕，主要是皇宫制品，象牙雕刻的鼎盛时期为清代的康熙，雍正、乾隆三朝，当时宫中就有专制象牙制品的作坊。这类宫廷雕刻的牙雕做工细腻，人物、花鸟纹饰多仿照绘画笔意，着色填彩均有一定的章法。形成了华丽、庄严、纤细、富贵、典雅的风格。南派主要指广州牙雕，由于广州是一个沿海口岸，外来的象牙首先抵达广州，广州的象牙雕刻遂逐渐兴盛。广州象牙制作侧重雕工，讲究雕刻和漂白色彩的装饰，多以质白莹润、精镂细刻、玲珑剔透见长。

（一）圆雕

象牙圆雕一般将整段象牙雕刻成立体的造型，这种表现手法要求雕刻者有娴熟的技艺和丰富的想象力及创造力。一般桌案摆件和人物类雕像会采用这种表现手法。清代的四雕人物，风格稍显繁琐，已比较注重对衣褶的刻划，凸显了质感。

清牙雕仕女像高29cm，为典型的圆唯作品。在雕刻上，象牙天然弯曲的造型，与仕女婀娜多姿的腰身自然结合，给人以浑然天成的感觉，人物雕刻细腻传神，刀法流畅，表现了一个云鬟高髻、面容姣好而饱满，双手丰腴修长的贵妇人形象。在该仕女像中，象牙光洁细腻的质感得到了充分体现，褶刻划流畅自如，人物整体形象端庄、典雅、安详。

莲蓬牙雕为小件圆雕雕品，高约4cm，以整朵莲蓬为蓝本雕刻而成。莲蓬中的莲子可以自由移动，莲蓬朝上时，莲子藏在莲蓬里，暴露出一个个整齐有序的空腔；莲蓬朝下时，一个个莲子露出尖尖角，由此可见设计者的匠心。这应是一件随身挂件，平时可以在手上把玩，因而其表面光洁圆润。

（二）浮雕

浮雕雕刻，是在平板材料的表面上，进行立体层次的雕刻方法，其造型有明显的前后层次关系和半立体效果。浮雕是一种应用范围较广的造型艺术，分为浅浮雕和高浮雕。浅浮雕是阳纹雕刻，低于高浮雕而又与线条阴刻不同，有明显的层次感。大多数的象牙雕刻都采用此法。高浮雕介于四雕和浅浮雕之间，属半立体的雕刻形式，有较强的空间感，象牙雕刻中，往往在同一件作品里，浅浮雕、高浮雕都有应用，没有严格的界限。

清臂搁牙雕：选用了象牙的中前段，避开后段可能出现的空腔。剥分后由牙内向里雕刻，使所有的构图不超出平面，在长31cm，宽6.3cm的空间里，运用浮雕及镂空雕的手法，雕刻出楼台亭阁、假山树木及三十多个人物形象，五个故事场景自然分割有序，零而不乱，使《西厢记》中的故事情节跃然其上。

清牙雕仙人板：该牙雕也是一块浮雕作品，高为20.4cm，宽10.5cm，二十二个人物以云相隔，层层叠叠分为九层，给人以升天之感。

清牙雕人物花卉板：该牙雕采用了高浮雕和镂空雕的技法，构图简练明快，七个人物在菊花丛中嬉戏玩耍，两只家雀在花枝上鸣叫飞翔，两朵菊花盛开，似乎展现出"采菊东篱下，悠然见南山"的世外桃源般的情景，设计精巧，刀工流畅。

二、象牙文物的鉴赏

我们在鉴赏象牙文物时，首先应对象牙有一个初步的认识。

大象主要生活在非洲与亚洲的印度、泰国、缅甸等地。象牙通常指象的上颚门牙，质地细腻，硬度适中，光泽柔和，牙纹细洁。非洲的公象、母象都生牙，也较长，非洲象牙一般呈淡黄色，质地细密，光泽好，硬度高，但在温度变化显著的情况下易产生裂纹。亚洲各地所产的象牙颜色比较白，但过段时间后会逐渐老化，色泽泛黄，光泽亦较差，其牙质的硬度低于非洲象牙。此外，象牙表面没有珐琅质覆盖，非常怕酸。

象牙自牙尖开始，有一小黑点，一直延伸到空心的管口部位，称之为心，切开象牙尖就可以发现这个"心"。象牙的牙心。大致可分为三种，即太阳心，芝麻心和糟心；太阳心最好，芝麻心次之，糟心最差。象牙还有其自然的纹路，以牙心为中心向四周扩展，牙纹也变得越来越粗。天然的牙纹一般为"人"字形和网状。

象牙文物由于典雅名贵，稀少难得，因而出现了很多的仿制品，这些仿制品主要为人造牙，它采用化学材料加工合成，比较容易辨认。人造牙的质量轻，光泽差，无牙纹。现在市面上有很多采用环氧树脂混合石粉等化工材料，大量套模制成的仿象牙工艺品出售，这些仿制品很好辨认，由于加了石粉等敷料。拎在手上比较沉，颜色极不自然，翻模和打磨痕迹清晰可见，凑在鼻子下闻一闻，强烈的环氧树脂味刺激鼻黏膜。还有的人造牙故意做出牙纹，其纹路死板呆滞，呈规则的平行线条，和象牙的自然人字纹、网状纹相差甚远，且人造牙易老化、发黄、变脆。

其他仿制象牙的原材料有鱼牙、骨、角等。鱼牙为海洋里的大鱼牙齿，弯曲，呈月牙形，但与象牙相比要短得多。鱼牙的表面有一层珐琅质，比象牙稍硬且带脆性，光泽也不及象牙柔和；鱼牙亦有心，都为杂乱无章的糟心。鱼牙的材料和形状，决定了用它雕成的雕刻品多为小件或中件，不可能是大件。骨一般指牛角和骆驼骨，经过漂白加工、磨光上蜡等工艺后的骨，色泽也白净，好似象牙。但骨含钙量高，性脆质轻且松，有细小的黑点和棕眼；由于骨壁较薄，骨雕产品不可能雕成实心的大件和中件产品。鹿角、羚羊角之类的雕刻文物和象牙雕刻文物比较容易混淆，这类角有皮，无象牙天然的纹路和心，如细小的树杈，色泛黄，性脆，所刻多为小件，由于这些仿制品形小，特征少，鉴别时务必特别小心。

象牙文物的雕刻工艺流程主要有选择牙料、凿粗坯、雕刻细部、修光、打磨等工序。

首先，根据作品需要选择牙料。如牙料下端的中空部分，多用于雕刻笔筒；中段和上端的实心部分多用于雕刻艺术品。凿粗坯是用木棒捶打凿刀的方式雕刻粗坯。在粗坯的基础上，用刻刀雕刻细部，然后修光、打磨，使其外表光泽滋润，充分显示出象牙美丽的质地。

象牙细腻的质感和天然的纹路，只有通过多与文物真品接触，多上手揣摩才能体会得到，特别是在放大镜下细细观察后，再看仿制伪品，就很容易辨认出真象牙文物来。对于历代雕刻风格的鉴赏、把握，也只有通过接触各个时代的实物资料来进行，只有把握同时代的总体艺术风格，结合各类雕刻技法的时代脉络。才能真正提高我们对象牙文物的艺术鉴赏水平。

第四节 馆藏明清犀角杯赏析

犀牛，我国古代称兕，犀角就是长在犀牛头盖骨结节上的角，又叫奴角，因为天生下凹而呈圆锥状，故常被做成饮器使用，还被制成装饰品，如带、钗、簪等。传说犀角中有白纹如线直通两头。感应灵敏，故唐代诗人李商隐写有"心有灵犀一点通"的诗句，用以比喻两心相通。

早在殷商时期的甲骨文中就有猎犀、获犀的记载。《韩诗外传》有："太公使南宫适至义渠，得骇鸡犀，以献纣。"骇鸡犀指的是通天犀。《抱朴子·登陟》中也有："通天犀，其角一尺以上，刻为鱼而衔以入水，水常为开。"从商周时期始，人们就曾"以兕（雌犀）角为觥"。觥是古代的一种饮酒器或礼器。这说明古人很早就知道酒性燥热，犀角性寒，凉，有凉血、解毒、镇惊，滋补的作用，因而就用犀角制成的器皿饮酒，以祛病延年，这可能也是我们如今看到的犀角制品多为酒杯的主要原因。宋以前的犀角器皿只见记载而未见实物，在浙江诸暨南宋董康祠的合葬墓中，发现一套文房用品，内有犀角镇纸两件，这可能是现在能见到的最早的犀角制品了。

犀角有亚洲犀与非洲犀之分，亚洲犀角的底盘为马蹄形，非洲犀角为马鞍形。通常亚洲犀角质优于非洲犀角，因而其所雕之物也珍贵于非洲犀角制品。犀角雕刻在竹、木、牙、角四大雕刻中居首要地位，就在于其材料的珍贵难得和药用价值。

犀角杯的雕刻内容大致分为花卉动物、仿古题材、人物风景和素面四个大类，其中，雕花卉动物的犀角杯最多，仿古题材和人物风景次之；造型主要分平底与锥底两种，前者适合置于桌面，后者则更适于手握。明到清乾隆时期，是犀角杯迅速发展的兴盛时期，能工巧匠辈出，其中著名的犀角雕刻大师有鲍天成、濮仲谦、尤通等，他们雕刻的犀角杯设计奇巧，精妙绝伦，其各自运用了深浮雕、浅浮雕、镂空雕及线刻等技法，在小小的一件犀角表面，甚至内壁上，疏密有致地雕琢出了山水、松石、人物等纹饰，他们的作品意境幽远，是当时世人追捧的艺术珍品。据说乾隆皇帝曾厌倦了精雕细琢、纹饰繁缛的玉器，而对古色古香的犀角杯特别偏爱，情有独钟。

现选取藏于四川博物院和眉山三苏祠博物馆馆藏的犀角杯进行简单介绍。明代到晚清，在这数百年间，犀角杯由简而繁，经历了由质朴到奢华，再到对艺术境界的捕捉与探寻的蜕变，它们不仅是工艺大师艺术灵感的再现，更记载着犀角雕刻艺术的发展历程。犀角杯珍贵的材质，精美的雕工，充满深意的文化内涵，使其成为牙角类文物中的精品。

一、明蟠螭纹犀角杯

蟠螭纹在春秋战国时期的青铜器、玉器上常出现，早先无角，后逐渐演变，且形态独特，造型较为多样。现藏四川博物院的这件明代犀角杯，高9.4cm，最大口径14.5cm，呈褐红色，椭圆花瓣形，敞口，假圈足，似喇叭状，杯身分上中下三部，上部为花瓣纹，口沿饰回纹一周，近口沿处内外壁各饰雷纹一周，以两螭镂空雕饰为耳，鸟喙螭身，形态相同，相互对望，上下肢体交缠在一起；外壁各饰一侧身站立独角虬龙；中部鸟、兽纹叠压在八圈线刻小回纹之上；下部四螭，跷足卷尾，两两相视。与耳相对的另一侧，是一排纵向排列的凸棱，叠压在云头纹之上，正面分别饰花瓣纹和回纹等。整个杯身用高浮雕等手法雕满十余个小蟠螭，有象首的，也有鸟头的，还有独角虬龙和双角兽头等，有的昂首张望，有的相互追逐撕咬。地纹用浅浮雕和线刻花瓣纹、兽纹以及回纹等纹饰作为装饰，足部整齐地排列11个头朝上的线刻螭纹。杯的底部篆书阴刻"白也"二字，两字呈上下排列；白也，李白也，喻斗酒诗篇之意。

明代曹昭在《格古要论》中对犀角材质有如下描述："凡器皿要滋润，粟纹绽花者好，其色黑如漆，黄如果，上下相透，云头雨脚分明者为佳。"整体来看，这件犀角杯造型上遵循了犀角的自然形态，其瑰丽神秘的纹饰充满了动感，精湛细致的雕刻工艺让人叹为观止，器身纹饰有疏密、繁简、动静，以及大小深浅的对比，主次分明，形象生动，线条流畅，色泽光亮油润，晶莹剔透，不论是雕工还是沁色，都难得一见，属犀角雕中的珍品。

二、明葡萄山茶花纹犀角杯

该杯呈褐红色，口径最大处18.1cm，高8.5cm，平底。口为椭圆花瓣形，敞口，似喇叭状。内壁雕葡萄叶，外壁高浮雕葡萄、葡萄叶和山茶花及枝蔓等。

此器保存完好，未曾虫蛀，犀角质地坚硬而细腻红润，似宝玉般莹润欲透。整器雕刻精细，刀法圆润光滑，没有雕刻痕迹，构图雅致、饱满，果木、花卉活灵活现，连葡萄叶上细细的叶脉也清晰可见。不论从材质还是雕工看，该杯都堪称犀角雕中的精品。此杯现藏于四川博物院。

三、明八仙过海纹犀角杯

现藏于眉山三苏祠博物馆的这件八仙过海犀角杯，高 15cm，口径 18cm，底径 6cm，敞口，中空。杯的外侧纹饰取材于八仙过海的民间传说，角杯下部饰海水，中部雕神态各异的八仙及仙鹿，上部为云雾淞石，采用高浮雕和镂空雕的雕刻手法，细腻，构图丰满，人物，松木、山石、云水栩栩如生，刀法犀利，具有较高的艺术价值，实为难得一见的犀角雕精品。

四、明骢马犀角杯

该犀角杯形体较大，高 14.1cm，口径 19.2cm，侈口，器身分上下两层，上雕膘肥体健的四马，作嬉戏休闲之态，下饰一人在河边为二马擦洗，另一人在一旁扬鞭牧马；角杯后饰一对母子马，小马驹依偎在母马身边吮乳，母马昂头回首作嘶鸣状；口沿饰松木及山石。口沿内阳刻草书两行诗句："昼洗须腾泾渭深，朝趋可刷幽并夜。"此诗句出自杜甫《骢马行》。角杯座处是用楠木雕刻成盘根错节的老松，在色彩和纹饰雕刻上，与角杯体浑然天成。

该犀角杯角质坚硬，构图饱满，在山石，树木、人物、动物的编排上，整器显得错落有致而井然有序，诗词与纹饰相映成趣，意境幽远。其运用了深浅浮雕和镂空雕的雕刻技法，苍劲有力。关于该角杯的时代，原馆藏记录为清代，但从其纹饰风格和雕刻工艺看，该角杯有明万历时期的著名雕刻大师濮仲谦的艺术风格，整件物品雕刻大气，刀工老到深厚，题材与明末清初时惯用的题材相近，因此其时代定为明代较为合适。

第五节 康熙十二月花卉杯鉴赏

十二花卉杯又称十二花神杯，它用青花、五彩和珐琅彩在 12 只形似仰钟的小杯上来绘饰十二个月份的代表花卉，并配以相应的诗句，每杯一花一诗，并落"赏"字印于诗尾。它是集制瓷工艺、书画、诗、印于一体的瓷器名品。"花神杯"，是因每只杯上的花卉按一年十二个月中的每月各指代一个花神，并与历史上的十二个著名女性相对应。具体为：正月梅花神寿公主，二月杏花神杨玉环，三月桃花神息夫人，四月牡丹花神丽娟，五月石榴花神卫氏，六月荷花神西施，七月葵花（兰草花）神李夫人，八月桂花神徐贤妃，九月菊花神左贵嫔，十月芙蓉花神花蕊夫人，十一月茶花（月季花）神王昭君，十二月水仙花神洛神。

十二花卉杯创烧时间应与康熙年间《广芳群谱》这部农艺植物学著作出版以及康熙官窑烧造极盛期有关。康熙四十七年（1708 年），康熙命刘灏等按照明人王象晋编的

《群芳谱》格式，在扩充材料基础上编撰的《广芳群谱》正式出版，全书共100卷，大多都是与植物栽培有关，特别是花卉类，除记述每种花卉的形态特征外，还都附有与之有关的历代传记、题跋和诗词等文艺作品。这部著作出现不仅为诗花组合的十二花卉杯这一瓷器精品出现奠定了理论基础，而且，十二花卉杯中以正月迎春花为题的诗，也是直接来自刘灏的诗作："金英翠萼带春寒，黄色花中有几般。凭君语向游人道，莫作蔓菁花眼看。"因此，十二花卉杯创烧时间应在《广芳群谱》完成之后。

在清代景德镇窑瓷器烧造方面，据乾隆本《浮梁县志》记载，清代景德镇官窑瓷场虽在顺治时两次分别奉旨烧制龙缸和栏板，但都没烧成，顺治十七年（1660年）巡抚张朝磷上书停止，再没恢复烧造的记载。据乾隆本《浮梁县志》最早记载是康熙十年，"烧造祭器等项……陶成分限解京"。但很快，由于吴三桂之乱，战火延及景德镇，不仅官窑停烧，民窑也停烧。康熙二十二年至康熙二十七年（1683年-1688年），臧应选作督陶官时的臧窑是康熙官窑的第一个高峰期。由于臧窑烧瓷时间较短，据有关资料记载，臧窑最突出的成就是釉色品种的发展，并没有在造型上有新的创造。康熙四十四至康熙五十一年（1705年-1712年），郎廷极任江西巡抚兼任陶务官时，仿古创新、建树颇多、风格各异的新品种相继出现，使康熙官窑烧造达到顶峰，特别是郎窑仿成化的青花、白釉脱胎等瓷器的烧造成功，为十二花卉杯这种胎薄体轻、造型俊秀的瓷器名品出现奠定了技术基础。最应引起：关注的是郎廷极不仅热衷于制瓷事业，也是一个酒文化研究专家，他在《胜饮歌》和《胜饮篇》中，对酒筹、酒令及人们在传统习俗影响下公认为适宜饮酒的28个良辰美景，都有详细记载。正是由于《广芳群谱》这部著作出版，与既是烧瓷高手又是酒文化研究专家郎廷极在景德镇督造官窑瓷器这一特殊背景相巧遇，促使了十二花卉酒杯的烧制成功。

康熙十二花卉杯排序，一般多以水仙花为首，其次为玉兰、桃花、牡丹、石榴、荷花、兰草、桂花、菊花、芙蓉、月季、梅花。

水仙花杯，以青花或绿茵覆地，山石、水仙为主题纹饰。山石用粗犷的线条勾勒涂以青花，青花发色艳丽，体现出浓淡深浅的层次感。优雅的白水仙花，是先勾勒边线，再涂以彩料，十分精致。水仙的叶片细长飘逸，走向有层次、有转折，线条流畅自如，非常传神，体现出凌波仙子的典雅之态。诗句为"春风弄玉来清画，夜月凌波上大堤"。从报道和著录的十二花卉杯有关资料来看，也有的把诗句写为"春风弄玉来清书，夜月凌波上大堤"的，这可能是工匠在写繁体"畫"时漏写最后一横便成了"普"或发表者把二者相混所致。因为"清书"一词在古代诗词中很少作为一个名词出现，而"清画"一词在明代唐寅《落花图咏》和《濂溪图》都有记载，其诗句分别为"匡床自拂眠清画，一缕茶烟扬鬓丝"和"方床石枕眠清画，荷叶荷花互送香"，且从词意上也是一致的。

玉兰花杯，也有称迎春花杯的，以青花或绿茵覆地，并有黄红花叶作饰，一株玉兰树斜上而出，以黑彩线勾出树干，内填棕彩，树上红花绿叶争奇斗艳。旁有刘灏的诗句："金英翠萼带春寒，黄色花中有几般。"

桃花杯，近底处为草木景，主题纹饰为一株老壮的桃树，桃树的表层用细密的短线画成，线条遒劲，树干起节处，用浓密的粗线条画出，显得浑朴拙厚，凹凸节结之状自然天成，枝干横斜，伸展，流利畅达。树身用赭色平涂，行至中部颜色渐淡，表现出嫩枝与老干的色泽和质感，枝干上互生的绿叶绘画简洁，细长而尖，填色准确并有色泽变化。桃花勾线填色，花蕊用红线勾出，没有任何漫溢，底处的草地上间有落红点点，体现出"落花流水春去也"的意境。在纯白的釉面上，昂首怒放的花朵和含苞欲放的花蕾，在绿叶的陪衬下相映成趣，整幅画面色调淡雅，线条细腻流畅，题有唐薛能《桃花》诗句："风光新社燕，时节旧春农。"河南博物院五彩十二花卉杯和文献所记其他十二花卉杯，都把"风光"写成"风花"，"社燕"写成"社莺"。这句诗的前一句是"冷湿朝如淡，晴干午更浓"。

牡丹花杯，以绿茵覆地，有黑点和黑线组成的小草为饰，花干系用黑彩勾边内填棕彩，青花怪石耸立，红、黄、青花三种色调的花卉盛开，给人以繁花似锦之印象。唐代诗人韩琮曾作《牡丹》诗："桃时杏日不争浓，叶帐阴成始放红，晓艳远分金掌露，暮香深惹玉堂风。名移兰杜千年后，贵擅笙歌百醉中。如梦如仙忽零落，暮霞何多绿屏空。"所题诗句为其中的"晓艳远分金掌露，暮香深惹玉堂风"句。从发表有关资料看，在这两句中也有个别把"晓艳"写成"晓月"，"暮香"写成"暮夜"，"玉堂风"写成"玉堂春"的。不知是匠人所作或是今人认识上的错误。

石榴花杯，以青花覆地，并有棕、绿和黄色小草为饰，一棵较大的棕黑色树干的石榴树上，红花绿叶十分鲜艳。题诗为唐代孙逖所作《同和咏楼前海石榴二首》诗"客自新亭郡，朝来数物华。传君妓楼好，初落海榴花。露色珠帘映，香风粉壁遮。更宜林下雨，日晚逐行车"中的一句。

荷花杯，以青花描绘出水纹，荷叶有的挺立水面之上，有的在水面漂浮，分别用青花和绿彩填色，荷花用红彩描绘。荷叶之间有一对水鸟（水鸭或鸳鸯），空中有一飞鸟作向下俯冲状。题诗为唐代李群玉所作《莲叶》诗中"根是泥中玉，心承露下珠。在君塘上种，埋没任春风"中的前一句。

兰草杯，也是以青花作底饰，叶花都是作黑彩勾边内填黄、绿彩，并有青花枝条突出在花叶之上。题诗为唐代李峤所作《兰》诗中"广殿清香发，高台远吹吟"。但也有把"清"写成"轻"，把"吟"写成"饮"的。

桂花杯，青花地有绿草作饰，草旁绘有一只兔子，桂花树树干为棕色，并有黑线条作饰。题诗为唐李峤所作《桂》诗中"枝生无限月，花满自然秋"句。其后一句是"未殖银宫里，宁移玉殿幽"。

菊花杯，以菊花为主题纹饰，点缀以洞石、蝴蝶，画面构图疏朗，富有层次，花瓣层次较多，花形饱满，菊叶勾线细腻，涂以绿色，以褐色勾筋，有向背之分。工笔加彩的蝴蝶纹尽管纹样很小，但是细节的描绘绝不含糊，就连蝴蝶细长而弯曲的触须，都表现得惟妙惟肖；花草在风中摇曳，蝴蝶在花丛中起舞，生动自然的形象，让人体会到浓郁的生活气息。整幅画面纹饰渲染极有章法，色泽富有深浅变化，给人以美的享受。诗句为唐人罗隐所作《菊》"篱落岁去暮，数枝卿自芳。雪裁纤蕊密，金折小苞香。千载白衣酒，一生青女霜。春从莫轻薄，彼此有行藏"中的一句。而有的菊花杯上对"千载白衣酒，一生青女霜"句中的"千载"写"千岁"，"一生"写"一身"，"霜"写成"香"和"衣"的。

芙蓉花杯，以红、绿和青花点作地饰，棕色树干有黑线边饰，树下小草为绿地黑脉，树上红花和棕色树叶以黑边作饰。题诗为唐钱起的《酬长孙绎蓝溪寄杏》诗"爱君蓝水上，种杏近成田。拂径清阴合，临流彩实悬。清香和宿雨，佳色出晴烟。懿此倾筐赠，想知怀橘年"中的一句。也有把杏花杯称为芙蓉花杯的。

月季花杯，地饰由黑和青花加绿点饰组成，上有青花山石、树枝和草，一株月季红花绿叶并有黑枝，最上有黄色蜜蜂和青花蝴蝶。题诗为："不随千种尽，独放一年红。"

梅花杯，树干的轮廓以黑彩勾勒，边缘用细密的短线画成，中间填以褐彩由浓渐淡，梅枝转折硬朗，白色渲染的梅花花朵或为五瓣，或为花蕊，正侧偃仰，枝长处疏，枝短处密，疏密虚实处理得当，近底处辅以青花山石花草景，构图疏朗大方，颇有文人画的韵味。诗句为唐人许浑所作《闻薛先辈陪大夫看早梅因寄》诗中"素艳雪凝树，清香风满枝"句，其前句是"涧梅寒正发，莫信笛中吹"。

康熙年间烧制的十二月花卉杯，制作上技术要求高，烧造难度大。瓷器胎薄如纸，轻巧莹透，色彩淡雅，晶莹光润，已经达到了只见釉而不见胎的程度。古人用"只恐风吹去，还愁日炙消"来形容其工艺可谓恰如其分。从色彩上看，以青花和五彩较为常见。从现存量来看，康熙年间景德镇窑曾成批烧造过十二花卉杯。除北京故宫博物院收藏有数套外，在20世纪50年代至80年代，故宫博物院曾调拨一批到地方博物馆。据有关报刊报道，云南省博物馆、湖北省博物馆、天津博物馆、河南博物院和开封博物馆等都有成套的五彩十二花卉杯，南京博物院有一套青花十二花卉杯。由于它的名贵，后世仿品也很多，雍正时已有同类仿品出现，但器形较之更加俊俏。不同品种，所绘花卉纹饰倍加清晰、色彩浓淡有致、精细程度与康熙时相比实有过之而无不及。

雍正时的十二月花卉杯现存成组数量很少。乾隆时期仅有梅花或兰花的月令花杯，作为单一的存在，很少成套存在。嘉庆、道光时虽有粉彩十二花卉杯，但器形较大、粗糙不堪，实难与康熙、雍正时期的成品相比拟。

至民国时，十二花卉杯仿品增多。民国仿制的十二花卉杯尽管制作技艺不错，但与康熙杯相比，还是有很大的差距。具体表现在：从胎质来看，民国杯虽然细白，但不够坚致，上手后感到分量要比康熙杯轻一些。从釉面来看，外观虽然洁白润滑，但是釉表有新制品的浮光感，胎釉结合疏松，杯口没有厚唇凸起的感觉。从造型上看，没有康熙杯精致，直线与曲线的交接不够顺畅，整个造型给人以柔弱的感觉。比较明显的地方在杯的底部，底足没有挖成直角，而是圆弧形，用手拿取时容易滑脱，足部的底面也没有滑润的感觉。另一方面，民国十二花卉杯纹饰的绘制也没有了康熙杯的细腻，细部不再注意修饰。如：梅花、芙蓉、月季等花朵没有了花蕊，菊花花瓣不是逐瓣勾勒填彩，而是勾出大致的花形后，整个地涂上一团彩料，全然不管是否漫出线外。树干上没有了树结，树叶没有筋脉与阴阳向背之分，青花画成的山石没有了深浅的变化。康熙杯上的蝴蝶纹形象生动自然，民国杯的蝴蝶纹只有一个粗略的轮廓，所有纹饰的线条，没有了丰富多彩的变化，变得单调而呆滞。而且，由于民国杯五彩颜色清淡，因而施彩后，勾勒的线条几乎全部都显露出来。

第六节 文房四宝之名砚鉴赏

"砚台"是古代文人书房必备的书写用具，现如今，大多数书法爱好者们也喜欢珍藏。而从唐代起，广东端溪的端砚、安徽歙县的歙砚、甘肃南部的洮砚和河南洛阳的澄泥砚就被并称为"四大名砚"。那么，在博大精深的传统中国书法文化界公认的十大名砚又是哪十大呢？

1.端砚

用端溪砚石制作，产自广东省肇庆市东郊斧柯山端溪之烂河山。石质细腻、幼嫩，有发墨不损笔毫和呵气即可研墨的特点。端石天然生成的花纹构成端石的"石品"，如蕉叶白、鱼脑冻、天青、火捺、猪肝冻、星点冰纹、石眼等。端砚的制作工艺非常讲究，以朴实、精美、自然闻名于世，有"群砚之首"、"天下第一砚"、"文房四宝中的宝中之宝"的美誉。因其"体重而轻，质刚而柔，摸之寂寞无纤响"，自唐代问世以来，便受文人学士青睐。加上纹理绮丽，各具名目，加工技艺亦愈纷繁，地位越来越高，故而升到我国石砚之首。

2.歙砚

始于唐代，产于古歙州（今江西婺源，安徽省歙县、黟县、休宁等地）以婺源的龙尾砚为优，其料取于江西婺源县龙尾山一带溪涧中，故又称之为龙尾砚。歙砚石质坚韧、润密，纹理美丽，抚之如肌，磨之有锋，涩水留笔，滑不拒墨，墨小易干，涤之立净。敲击时有清越金属声，贮水不耗，历寒不冰，呵气可研，发墨如油，不伤毫雕刻精细，浑朴大方。自唐以来，一直保持其名砚地位。

3.陶砚

西澄泥砚，出产于山西省新绛县（古称绛州），是中国历史上著名的四大名砚之一，与端、歙、洮砚齐名。澄泥砚由于原料来源、烧制时间不同而有不同颜色，以朱砂红、鳝鱼黄、蟹壳青、豆绿砂、檀香紫、为上乘颜色，尤以朱砂红、鳝鱼黄最为名贵。澄泥砚不施彩釉，采用科学周密的原料配方，精心的药物熏蒸，特殊的炉火烧炼，使之自然窑变，同窑之中的澄泥砚幻变神奇、色彩各异。

澄泥砚使用经过澄洗的细泥作为原料加工烧制而成，因此砚质地细腻，犹如婴儿皮肤一般，具有贮水不涸，历寒不冰，发墨而不损毫，滋润胜水的特点。质坚耐磨，观若碧玉，抚若童肌，储墨不涸，积墨不腐，历寒不冰，呵气可研，不伤笔，不损毫，备受历代帝王、文人雅士所推崇，唐宋皆为质品。绛州澄泥砚始创于唐代，到清代时其制作工艺就已失传。

4.洮砚

亦称洮河石砚，其料取于甘肃卓尼一带洮河深水处，洮河源于古时洮州，故名洮河石砚，简称洮砚。石质腻润，色泽细丽，发墨快，贮墨时间长。洮河石分为绿洮和红洮两种，绿洮石有"鸭头绿、鹦哥绿"等名石，石纹如丝，清丽诱人。红洮石土红色，色纯而细润，颇罕见。洮河石砚传世很少。

5.鲁砚

以山东省所产诸砚石制成的砚，陈红丝石砚为鲁砚代表，以其质地嫩润，护毫发墨，色泽华缛，瑰丽多姿。鲁砚石质、色泽、纹彩、天然形状等方面各具特点。包括有红丝石、淄石、尼山石，还有徐公石、浮莱石等十多个品种。这些砚材都具有沉透嫩润，坚而不顽，腻而不滑，发墨而不损毫的特色。

苴却砚：砚石四川省攀枝花市仁和区平地镇、大龙潭乡境内的悬崖峭壁之中，此地古称"苴却"，故谓之苴却砚。苴却砚雕刻集浅浮、镂空、圆雕、深雕、薄意、减地雕刻于一体，形成了厚重浑实、明丽浓郁的多元风格。石品绚丽丰富，有石眼、青花、金星、冰纹、绿膘、黄膘、火捺、眉子、金线、鱼脑冻、蕉叶白、庙前青、玉带、紫砂、鸡血等近百种，其中尤以碧翠神溢，如珠似宝的石眼著称于砚界。苴却砚斑斓多姿、异彩飞扬、天生丽质、独步天下。有极晶美誉的金田黄，色泽金碧，灿灿然一黄；外白如晴雪，内红如丹砂的封雪红，风韵天成；似凝脂初露，嫩润可人的碧云冻，如碧云浮起，丰饶富丽；天然成趣的绿萝玉，如幽谷涌翠，碧波泻玉，又似绿萝蔓延。苴却砚石质细腻，发墨如油、存墨不腐，耐磨益毫，呵气可研，有金玉之声，抚之如婴肤娇嫩。

6.淄石砚

又名金星砚，于山东省淄博市的淄川、博山一带，已有千年的历史。淄石颜色有绿、黄、紫等几十个品类。绿色的有荷叶绿、竹竿绿、莴苣绿和沉绿；紫色的有夹红紫云、绀红等；色的有绀黄、柑黄、束瓢黄等。此外还有赭色、多彩、绀青等品种。淄石砚的珍珠斑、翡翠斑、冰冻纹、金银星之类常见于砚面。

7.贺兰砚

产自宁夏回族自治区贺兰山麓笔架山。砚有深紫、浅绿两种天然色彩，制砚以紫为主，绿作点缀之用。砚石中带石眼、玉带、银钱、眉子和云纹者更是可贵。此砚质地细，发墨细，不渗不漏，杆不臭，不损笔毫。

8.思州石砚

砚石出自贵州省岑巩县星台潭，石砚坚致细润，发墨细，不滞笔，贮墨于砚中终日可用。如果无水时，呵气砚中，能自出露液，并能用于书写。石质坚润如玉，呈黛色，具有"水石殊质，浑金璞玉，云滋露液，惜墨惜笔"的优点。思州石砚的制作以浮雕为主，造型古朴厚重。

9.松花御砚

产于东北长白山区，色彩有紫红、紫绿相间、深绿、浅绿四种，间有黄色和刷丝纹，以深绿色刷丝为上品。石质坚实发墨，硬度比端石、歙石都高，研磨以后，水冲洗不留痕迹。

10.易水古砚

河北传统名砚，于易州（今易县），也称易砚。取石于河北省易县钟南山，砚色彩柔和，为紫色水成岩，石面上常点缀碧绿、淡黄或灰色的斑纹。砚石细腻光润，质刚而柔，易发墨，储墨久长，不滞墨。雕刻以龟砚、龙砚、琴砚、兽砚、棋砚等最为著名。

第七节 最后的云彩——蜀锦

我国是世界上最早饲养家蚕和缫丝织绸的国家。蜀地深处内陆，优良的气候条件为丝绸制品的发展提供了安稳的外部环境。"蚕丛之国"是对古蜀国早期养殖桑蚕历史的概括，其最具代表性的丝织物就是蜀锦。

蜀锦是指成都地区制造的用多彩丝线制成的提花织物，兴于秦汉，盛于唐宋，明末由于战争原因受到摧残，清朝再次盛行，到了近代却又因工业大发展陷入危机。2006年，成都蜀锦与南京云锦、杭州织锦、苏州宋锦一并被列入第一批国家级非物质文化遗产名录中，蜀锦重新被认知。

一、蜀锦的传统特征

1.工艺特征

蜀锦的生产工艺要求极高，按照编织方法分为经起花和纬起花两种，也称为经锦和纬锦。经锦采用两组或两组以上的经线同一组纬线交织而成，在战国、西汉之前经锦的图纹以二色、三色轮流显花；纬锦则是用两组或两组以上的纬线同一组经线交织编织。蜀锦质地紧密，采用独特的经向提花和多重经纬组织结构，沿用传统的染色熟丝织造技术。蜀锦从图样设计到意匠制作、挑花节本、过花、编连纹板最后到上机织造，每一步都是制作工艺核心，每一步都是蜀锦能够得到世界范围内肯定的基础。

因蜀地深处内陆，属于亚热带季风气候，常年潮湿的气候再加上经济发展的相对落后使我们很难在本地看到保存完好的蜀锦，现在所能见到的最具研究价值的蜀锦实物是从新疆塔克拉玛干沙漠一座墓葬中出土的。因为这件汉代蜀锦是采用复杂的五重高密度经纬组织制作成的五重平纹经锦，上面不仅织有鸟兽、日月等汉代流行纹饰，还绘织有"五星出东方利中国"的字样。

汉朝时，蜀锦大多还是平纹经线彩锦也兼有简单的纬线起花的类型。同时在利用蚕丝的基础上开始运用加金技术，不仅使成品色彩效果更加丰富，也更能体现贵族地位身份。汉代起，各地都设有管辖机构管理染织品，无论是官营还是民营都发展迅速，为蜀锦向更广阔市场拓展提供了条件。且统治者认识到了农业、手工业对社会经济政治的影响，在统一之后提出"休养生息"的政策，"文景之治"的盛世增强了农民、手工业者的积极性，给丝织业的发展提供了广阔的空间。

三国时期，魏文帝曹丕"前后每得蜀锦殊不相似"的称叹说明了蜀锦的品种及纹饰的多样性，其间还出现有中亚和西亚的纹饰。新提花织机的广泛运用使蜀锦的制作效率提升，而且使织纹在原来的基础上更加多样化。

隋唐时期随着缫丝技术的提高，经锦中出现了二枚经斜纹织法，它是利用二层或三层经线、提二枚、压一枚的夹纬织法。唐代的"安史之乱"后全国丝绸业的重心由黄河中下游地区、四川盆地向长江中下游地区延伸，为之后蜀锦纹饰的多样化奠定了基础。

唐宋以后束综提花机的使用更加适合蜀锦利用彩经织造的工艺。这时期，受到佛教彩画艺术的影响，蜀锦在彩条的基础上，又创造了晕裥技术，广泛使用经线彩条变化的特殊工艺。宋朝时，出现了斜纹的经晕裥锦，并且在唐朝的提花织锦工艺上应用了"挑花节本"的技术，这使得锦纹纬花浮长出现了又多又长的"八答晕锦"和"六答晕锦"浮纬花纹。而为达到铺地锦和锦上添花及八答晕锦等图案纹样格式的形成出现的起花浮纬固接的方法一直沿用至今。唐朝时期兴起的纬锦虽然在织机的制作上较复杂，但因其易操作且能织出比经锦更繁复及宽幅的织品，逐渐被后代广泛采用。宋元时期，传统的蜀锦的制作在精炼丝帛时已采用桑叶灰等特殊的草木灰，为染色创造了有利条件。蜀锦的色泽鲜明亦成为它能够传世至今为人们所敬仰的艺术品的原因之一。

明朝的战乱使得蜀锦的发展陷入困境，加之南宋以后，全国的经济政治中心南移，苏州、杭州、南京一带的织造业迅猛发展，蜀锦作为宫廷用锦逐渐减少，民间作坊数量、规模也急剧缩减，严重阻碍了蜀锦的发展。

经过了长时期的修理停顿，在清朝的"康乾盛世"时蜀锦得以恢复重建。清朝官营机构中的蜀锦制作采用多种技法的综合应用同时受到江南织锦的影响出现了多种新的蜀锦类型。

现代社会随着科技的进步，在很多方面我们都可以运用科技化的手段为人们重现古老文物。例如在复原蜀锦染织颜料时，利用草木作原料提取天然色彩并加入化学成分，能模仿出古老纯正的蜀锦色彩。蜀锦的工艺技术发展到现代更多的采用纹版提花机并逐步走向电脑自动化。

2.艺术特征

蜀锦的传统艺术特征主要体现在对纹饰的表现上。纹饰的变化与制作工艺以及所在时代的人文背景紧密结合、相互影响，体现人们的审美特征。蜀锦纹样的设计，采用特有的分色、归色、限色的方法，使锦的色彩更丰富，重彩工笔画、彩墨，式样多成块面状，色彩的表现越多越能说明它的贵重。

兴于秦汉的蜀锦以其富于民族特色和地方风格的纹样特点，深受各地的喜爱。织造工艺较简易的当时，在锦上常绘制云气纹、鸟兽纹、简单的几何图形还有一些包含吉祥意义的文字，表现对自然征服的人物骑猎纹也出现在这时的锦纹上。汉代儒道两家的思想既成为统治阶级的工具又为手工艺人提供了灵感的来源，忠义仁孝、人鬼神兽各种主题的纹饰都成为蜀锦上的图案。丝绸之路的开通，各国的物品往来，文化融合，使锦的纹饰更加富有地域特色。蜀锦出口成为战乱时期蜀国的经济支柱，各民族文化在这时期交融，其中产生了由苗民织成的五彩绒锦"武侯锦"和侗族的侗锦"诸葛锦"等。

唐代的经济政治文化繁荣，成就了这个时代手工艺产品的多元化、民族化、国际化，形成了以汉民族文化为中心的多元文化共同发展的局面。唐代随着纬锦的诞生，并且佛教道教等自由发展，代表各教派的图案也充斥了蜀锦的画面。同时联珠纹锦图案运用逐渐广泛，例如蜀江锦，通常是在几何图形的图案组织中饰以联珠纹，具有独特的艺术效果。"春水濯来云雁活"用来形容蜀锦上花鸟、云雁的生动，另外双凤、麒麟、天马、辟邪、仙鹤等吉祥图案也是蜀锦上纹饰的品种。渐进的色彩表现形式，由深到浅的色阶变化构成丰富、华美、绚烂的放射对称的艺术效果。诗赋、绘画的发展，为蜀锦的表现提供了广泛的素材。团花纹锦、赤狮凤纹锦都可以代表当时丝织技术的最高水平。在受外来文化影响下，同样形成了具有西域萨珊波斯纹样特质的双联珠团窠龙纹、卷草凤纹等特色纹样。

到了宋代，淡雅柔和的风格代替了唐朝的鲜明艳丽、壮美浑健，自由活泼的纹饰被规矩纹的装饰所取代，塑造了一种典雅肃然的锦。宋元时期，只能在宫殿和寺庙建筑中才会看到的图案在"八答晕锦"中也有十分广泛的运用。它的规则严谨、繁而不乱所呈现的雄浑气派，反映了当时人们的审美喜好。它在唐朝对称纹样为主的固定格式上运用晕裥套色手法，以牡丹、菊花和宝相花填充画面。"灯笼锦"这种经久不衰的以灯笼为题材的图案，以其生活化的内容为人们寄托了对美好生活的向往，故又名"庆丰收""天下乐"；"桃花流水窅然去，别有天地非人间"的诗词成为"楼花流水纹"又称"紫曲水"纹样的来源。

明清时期蜀锦所编织的纹饰除梅兰竹菊外，各种花卉的不同形态也是描绘的对象，以体现其对自然的热爱。这样的锦装饰性强，利用各种表现手段和编织工艺，作品呈现出庄重浑厚的美感，用以美化生活。称为"清末三绝"的"月华锦"、"雨丝锦"、"方方锦"在清朝经济恢复后仍保持着传统特色。"月华锦"多以散点的小花为图案，灵巧多变，四方连续，利用经线彩条的深浅层次变化来表现特殊的艺术效果。"雨丝锦"的花循环更大，视觉效果更加绚丽多彩，而且在制作上运用复杂的彩经排经，利用经线彩条宽窄的相对变化来表现艺术效果。白色和其他经线的不同组合再配以各种花纹图案，给人以一种轻快舒适的韵律感；强烈的色彩对比，既能达到视觉上的冲击，又能更有力的突出蜀锦主题。"方方锦"顾名思义，是在用彩色经纬线交织成的等形的方格内饰以不同纹饰的图案。

现代蜀锦的制作因为大量采用电脑自动化，在制作上不需要更多的考虑图案的复杂与否，所以编织的纹饰更加生活化、社会化，例如熊猫、财神、佛像等。蜀锦的纹饰随着社会的进步发展，呈现出更加多元化、生活化的趋势。

二、蜀锦的历史影响

历史的沉淀使蜀锦无论是在工艺技术还是审美情趣上都展现出独特的魅力。《蜀锦谱》中有"蜀以锦擅名天下"之句，故用"锦城"来称呼成都，可见蜀锦与成都的密切关系。成都有着独特的气候、水文条件，适合家蚕的饲养和丝织品的制作。作为成都五大传统工艺品的蜀锦在古老成都的经济发展上发挥了重要的作用。

秦汉以来，蜀锦在中国各地区盛行，是各诸侯国之间相互奉承比对的物件。汉朝时，伴随丝绸之路的开辟，蜀锦又代表中国文化开始在世界范围传扬。朝廷看重蜀锦的经济社会价值，设置锦官署理，成都成为西部重镇。

三国时期的蜀锦是蜀国军费的主要来源，诸葛亮曾以"军中之需全籍于锦"来描述蜀锦在当时的重要地位，同时蜀锦也成为蜀国人民和苗族人民建立友谊的桥梁。蜀锦不单单是货物，而且是医疗用品，柔软的丝织物用来包扎伤口使其更易愈合。

由于蜀锦质地细腻、层次丰富受到君王的宠爱，成为唐代上层阶级的奢侈品。通过丝绸之路，通过连接东方的商船，蜀锦成为沟通世界的桥梁与纽带。至今，在日本正仓院号还收藏着大宝花纹锦带、卷草凤纹锦等唐代蜀锦实物。明末清初是一段战乱的历史，持续不断的农民战争使成都的机房尽毁，这让蜀锦的生存受到了严重的威胁。直到"康乾盛世"，四川各地官员大力提倡发展桑蚕养殖，使蜀锦继续生存。资本主义萌芽的出现，一方面虽然冲击了古老的封建制度，但另一方面却使各种商品更能体现它的价值。世界范围之间的商品流通，让更多的人认识了中国的传统手工艺品。

在现代社会中蜀锦也作为历史的见证，记录下生活中的点滴瞬间。"感恩"蜀锦《春归图》采用复杂的七重纬线工艺编织了一幅在汶川地震中世界各地人们友好相助的画面。同时现代人的审美需求使得锦的装饰性更为显著，壁挂、屏风、装饰画、床上用品等都成为蜀锦出现的场合。蜀锦作为四大名锦之首，更应该将它的历史性融入到现代创作设计中。

"锦江"用来描绘濯锦之水，它赋予了蜀锦更丰富的色彩，更柔软的质感，更亮丽的光泽，更分明的纹路。"锦里"是南方丝绸之路的起点，是当时蜀锦的集中地，也是西蜀最古老、最具商业气息的街道。时下这里的"丝绣锦官城，浮雕长廊，蚕桑篇"上仍然清晰雕刻着蜀锦的沧桑历史。蜀锦见证了成都的历史发展。

寸锦寸金恰好来形容锦的高贵，"金帛"其价如金，结合它在历史上为人类经济做出的贡献，故成就了锦成为唯一用"金"做偏旁的织物。当我们有心重新看待蜀锦时，它已经不再是以前风光一时的经济附属品，时间的推移让它所积累的历史气韵在现代以装饰艺术的形式慢慢释放。

三、工艺艺术

蜀锦以桑蚕丝原料为经纬线，按蜀锦生产的过程及规范，经过若干工序的组合，改变桑蚕丝之间的结构形态，使绞装生丝变成了精美细腻、色彩艳丽的蜀锦，这一过程，泛称为蜀锦的传统织造工艺。蜀锦的织造在汉唐时期以多综多蹑织机为主，唐宋以来使用束综提花的花楼织机。蜀锦的主要工艺由四部分组成：丝织的准备工艺、丝织织造工艺、绞丝练染工艺及纹制工艺。

蜀锦图案的取材十分广泛、富，诸如神话传说、历史故事、占祥铭文、山水人物、花鸟禽兽等，千百年来不断发展、提炼，具有高度的概括性和艺术水平，其中寓合纹、龙凤纹、团花纹、花鸟纹、卷草纹、几何纹、对禽对兽纹以及方方、晕裥、条锦群等传统纹样仍为广大人民群众喜闻乐见。

传统构图大体可分为雨丝锦、方方锦、条花锦、散花锦、浣花锦和民族锦六种。

蜀锦具有收藏价值的要素有：

1.天然材质，手工织造，技艺极为复杂；

2.美轮美奂，艺术成就极高；

3.历史悠久，具有极深的历史文化内涵，是古代中国人的智慧结晶；

4.独一无二，珍贵非凡，极其富有地域特色。

第九章 数字化技术在文物修复工作中的运用

随着信息技术的不断发展，数字化技术在文物修复中也有了应用。

第一节 数字化修复模式与传统修复技艺的比较及互补

一、数字化修复模式

随着大数据时代的到来，许多博物馆开始采用数字化文物修复技术，可移动数字化对于文物保护工作有着重要意义。它们可对文物进行建模还原、剖析和修复预测。那么基于大数据时代，关于传统文物修复的领域也开始引入崭新的技术手法。即通过虚拟现实和三维建模技术对文物还原，此举也更便于对文物的电子存档数据。

1.博物馆应用数字化文物修复技术的必要性

近年来，随着大数据时代的到来，许多博物馆开始采用数字化文物修复技术，并且不光针对修复领域，在展示、数据存储等多个方面都有技术支撑，从而作出了巨大的改观，例如数字化展示、虚拟现实技术的运用。在博物馆内针对文物展品的分类，图像三维重建技术针对文物修复工作有着至关重要的参与地位；其中，可移动数字化对于文物保护工作起着不可替代的重要作用。它们一方面对文物进行建模还原、剖析和修复预测。将复杂的结构的简单化，再利用理论从各个部分对其加以研究和分析，之后再进行叠加，或者可以将损坏严重且不知全貌的文物，例如衣物、陶瓷器等不易保存的文物，通过数据分析和修复软件的辅助，将原来的模样展现出来，重新呈现在观众的眼前。所谓管中窥豹，可见一斑，为真实世界的修复和展示提供参考。在数据档案存储方面，可以将三维模型后的预测图像存储于数据库中，为未来的研究和发现提供资料和数据。当下已是信息时代，大数据充斥在各个领域，文物修复体系虽然洞察的是过去的历史，但在研究层面，也要紧跟时代的脚步，朝着新突破不断研究发展。

2.传统模式下的博物馆展示缺陷

（1）展示信息缺口

由于空间的限制，传统的博物馆展示向观众传递的信息非常有限，以实物展示占据的空间容积比较大。一般情况下展品介绍只对文物的背景进行一番阐述，并且通常是长篇大论，晦涩难懂，观众无法获取直观信息，从而展品背后的信息传递方式十分固化。

（2）信息接收被动

传统模式下，博物馆往往通过平面展示的形式来展出文物，在此基础上加以文字说明。但是光靠简单的阐述，不足以将其具体的历史背景和意义传递给观众，导致观众难以沉浸其中，接受信息被动，往往记住的仅限文物的外形。

（3）体验方式单一

传统模式下博物馆的展示中，解说较为单调。加之展示的形式千篇一律，受众范围较广的前提下，有多数观众并不了解相关的历史背景，参观后的意义便显得些许乏善可陈。

3.博物馆的数字化建设

（1）建立完善的文物信息数字化管理系统

博物馆中的数字化管理，主要是将各个文物的信息收集后整理和归纳的过程，可以使文物的展示更加科学、整体化。比如说，当有对博物馆的文物展品类别不熟悉的游客来参观，通常会通过模糊搜索的方式游览文物，而进行数字化管理之后，搜索系统将会实现智能化、自动化，从而令用户的搜索需求得以保证。

（2）实现对文物的移动管理

通过对文物进行数字化建设，可以更加明确地对文物信息进行归纳掌握。一个博物馆中有着众多的文物，且种类繁杂，但相关负责的人员数量不够且专业度不够严谨。当今国内博物馆领域的相关从业人员培养体系还不发达，与文物相关的专业性和服务性不能保证。而博物馆的顺利运营，与外界进行适当的文化交流是必要举动。例如博物馆之间文物的租借或者被租借，每一个文物承载着一段历史，其价值不可估量。而租借文物就要涉及文物的移动，搬运的过程需要谨慎，若是在这方面实现数字化管理，对于文物的去向可以进行详细的记录之后再做整理归纳，从而杜绝文物丢失、损坏情况的发生，还可以对文物的到馆情况进行追逐把握，避免文物因为各种因素而遭到损坏。

4.数字化文物修复技术在展示中的具体应用

数字化文物修复技术如何应用到博物馆当中，这是迎合新时代下的一场感官革新。在本节中，将从两个方面对数字化文物修复技术在博物馆中的展示应用加以介绍，这两方面分别是数字化图像虚拟技术和三维建模技术。以上技术对辅助古文化遗址的还原和展示起着推动作用。

（1）数字化图像虚拟技术

1）VR 技术

该技术中文也可以称作虚拟现实技术或者灵镜技术。其根本的运作原理是通过借助数字化将一个虚拟世界加以构建，给予观众身临其境的体验感。观众可以体验到与文物相对真实的互动过程，身临其境一般激发对文物及其背后的历史进行探索。从游客的主观感受来讲，VR 技术具有实时性、逼真性与虚拟性的特点，而这样的三维立体环境可以大幅度提升顾客的参观兴趣，其显著的画面真实感令人沉浸其中。与此同时，文物展览上对 VR 技术的应用，还可用于激发客户的想象力，使人与文物之间达成一个良好的交互。画面与场景上，用户仿佛穿越到某段历史时代背景当中，在 VR 技术的加持下为文物赋予了的活化意义，从而更加感受到文物本身所具有的影响力及其魅力所在。

2）环幕投影技术

所谓环幕投影技术，具体是通过借助环形屏幕与周遭设备进行连接，从各个方位进行屏幕投影。环幕投影技术的顺利运行需要置备足够数量的通道设备与投影设备，通过设备之间的配合将一个无限接近于真实的虚拟场景投影出来，从而实现沉浸式体验。通过分析可知，这一投影技术的主要目的是让游客的视觉和听觉高度沉浸间。如今，已经有一些博物馆通过这项技术将天文类的各种知识进行科普运用并收获了一致好评。此外，即便是古文化遗址和古建筑群落这种大型的场景复原，也可借助这种虚拟展览的方式与游客实现更加良好的互动性、观赏性。

（2）三维建模技术（多图像重建技术）

文物的保护和利用一直以来都是博物馆所重视的一项工作，在当今时代下，多图像三维建模技术实现了快速的发展，如今已经趋于完善：对设备的依赖性低，可控性较强，将该技术运用到文物上面，对于文物的保护和管理有着重要的意义。该技术通过对文物进行拍摄，采集文物的相关信息，之后通过对图像进行对齐，生成网格和纹理，从而进行合成，在经过后期的精修处理，打印出三维模式的文物复制品，并且与真品对比相似度非常高，在较短的时间内将一个可运用可复制的模型展现在大众的面前，同时对于文化传播也起到助澜的作用。

文物需要保护，可移动性不高，但是其复制品将可以运用到各个方面，比如课堂教学，传播展示，并且与真实的文物绝无二样。文物研究人员也可以更加直观地对文物进行研究，毕竟部分的文物具有易损坏的特点，所以许多研究的办法不能加以使用，但是通过构建三维模型，可以对文物进行直观的研究，从而实现对文化的发掘，在文物修补方面也变得更加方便。往常对文物进行修复，必须谨慎挑选各种方式，这种情况下，就有着很多的限制，例如一些损坏的器物，以往一些修补方法的滥用甚至会破坏文物，但是通过三维模型预测与制造出的复制品，便可以大胆对其进行研究，从而为真品的修复工作选择最佳的方式。

综上所述，博物馆是一个承载着悠久文明的空间载体，其精神价值与人类的发展衍息密切关联，数字化展示与破损文物虚拟修复技术的结合一定能在更多的方面发挥其作用。现今的计算机硬件技术发展制约着这一技术的广泛运用，但在可预见的未来30年内，数字化技术将发展到某个新高度，与文物修复相关的工作也会相应地升级新技能。

二、传统修复技艺

中国传统文物修复技术大致包括古旧书画装裱、金属类（青铜器、金银器、铁器等）修复、陶瓷器修复、古籍修复、玉器修复、皮毛修复、丝织品修复、木器家具修复、碑帖传拓修复等项内容。历经几千年的历史传承，文物修复传统技术不但拥有精湛的技艺和完整的工艺流程，而且具有鲜明的民族特色。这一传统技艺经历"春秋始源，北宋极盛，元明渐衰，清代复兴"的变迁过程。20世纪初期青铜器修复、古旧书画装裱、古籍修复等专业首先作为行业出现。新中国成立后，随着我国博物馆事业的发展，一些有修复复制技能的民间艺人进入文博单位，文物修复工作初步形成一个独特的行业，并不断得到发展，形成传统文物修复技艺的文物修复技术专业队伍。然而，市场经济的快速发展，使传统文物修复技术专业队伍不断受到侵蚀与冲击，凸显人才匮乏，后继无人，有些高难精深的修复技术濒临失传或者说已经失传，传统修复技术已经成为保护抢救的对象。

1.文物修复传统技艺面临严重危机

文物修复工作是文物博物馆事业不可缺少的组成部分，是文物博物馆事业发展进程中不可或缺的专业技术工作，文物修复保护工作的好坏也是衡量博物馆藏品管理工作质量的重要标志。目前运用传统技术从事文物修复工作的专业技术干部队伍从人员配置、年龄结构、知识结构等方面都已经出现严重危机。这种危机主要来自以下几个方面：一是自身整体水平不高，内在活力不够；二是长期以来领导重视不够，重用轻养；三是市场经济的冲击，人们多样化的选择，凸显专业技术人员整体缺乏与大量文物急需修复保护之间的矛盾。据有关资料介绍，在全国千余名文物保护修复人员中，施用传统技术进行文物修复复制工作的不足400人。

运用传统技术修复文物的干部队伍是一个比较特殊的专业群体，年轻人有技术、有精力，经验不足；人到中年是最佳的工作时段，他们懂技术、有经验、精力充沛；年长的前辈技艺娴熟、经验丰富，但精力不足、眼花手颤。现在应用传统技术从事文物修复复制工作的骨干力量，主要是20世纪六七十年代起老一辈文物修复工作者以师傅带徒弟的师承方式培养的专业技术人员，20世纪80年代以来国家各级文物行政主管部门与各专业学会、协会开办的各种学习班、培训班、进修班也为文博系统培养了一部分急需的专业技术人员。然而，由于社会经济的快速发展，人们的世界观、价值观、审美观念也在发生着深刻的变化，多样化的选择、现行人事制度的弊端，以及社会浮躁等因素，在一段时间里非常缺少能够耐住寂寞，愿意踏踏实实学技术的年轻人，致使专业技术队伍结构出现断层。同时，随着时间的推移，老一辈文物修复专家带着一部分技艺和专长陆续离休或退休，他们在20世纪六七十年代培养的徒弟有的也已经退休或接近退休年龄，老同志离开工作岗位而新人又因为户籍、学历、编制等问题进不来，造成在职人员配置不足、年龄偏大、身体状况欠佳、文化水平低等不合理现象的持续出现，导致有些传统技术走向低谷。

人员短缺、年龄结构、知识结构不合理；工作中计划性不强，随意性大，管理制度支持力度不够；博物馆运转方式与社会发展存在一定的脱节，专业技术人员接受新知识、新技术途径少，知识更新慢等诸多因素致使文物修复行业长期停滞不前。从业人员少，年龄大，文化水平低，工作条件、环境差，机器设备陈旧简陋；在职人员调动随意性比较大，有能力的修复人员改行或另谋高就，新人又不能及时补充进来，造成有些员工缺乏敬业精神，专业技术队伍涣散，个人专业技术含量不高。最终导致博物馆传统文物修复复制工作至今仍不能摆脱传统手工作坊式的工作规模，更谈不上借鉴国内外先进技术，使之与传统工艺相结合，开创工作新局面。如果没有一整套行之有效的制度措施来保护传统的文物修复技艺，保护这些遗产的传承人，体现他们的价值，使他们的技艺传承有序，若干年后可能会出现"人亡歌息、人去艺绝"的悲凉景象。

2.拯救文物修复传统技艺刻不容缓

拿什么拯救这支日渐衰弱的专业技术队伍。我想主要靠两条，一是人才的培养、专业队伍建设，二是制度的保障，这两者又是相辅相成、密不可分的。

任何行业的发展，首先要解决人的问题，人是起决定作用的因素。文物修复传统技艺的有序传承也不例外。如果没有培养和造就可持续发展人才的战略思维和有效机制，没有培养后备力量的长效机制，也就不可能有蓬勃发展的文物修复复制事业。然而，现存的文物修复复制专业技术人员结构的断层与危机，以及文物修复队伍整体水平不高的现实，是很难满足文物修复工作的需要的。拯救传统的文物修复技术，首先要拯救这支专业技术干部队伍，使这支队伍从知识结构、人员构成的层面上达到可持续发展的要求。培养高素质的文物修复人才群体，造就一支优秀的文物修复队伍，延续文物修复传统技艺，摆脱目前窘迫局面，完善人员结构可以从以下两个方面着手：一方面要加强后备力量的培养，解决后继无人的问题；另一方面抓紧在职人员的继续教育，提升他们的职业技能。

（1）多渠道多层次培养专业技术后备人才

目前很多高校设有文物博物馆专业、文物保护专业、考古专业，培养文物分析鉴别与化学保护专业的本科生、硕士生、博士生，已有一定规模。而传统的文物修复专业人才的培养，发展极不平衡。传统技艺专业人才的培养在高等院校中非常有限，缺乏系统的专业设置，有些只是在基础理论课中涉及一些相关内容，不能满足博物馆应用技术的实际要求。要继承和发扬传统的文物修复技术，从根本上使文物修复专业技术队伍走上健康发展的轨道，就必须将其引入正规的高等教育序列，并可以参考吸收西方国家的有益经验，在文物保护专业必修课中设置传统修复技艺课，把传统技术与现代科技相结合，依靠科技进步提高文物修复工作的整体水平。

如果通过高考，招收愿意从事文物修复工作的高中生，经过基础课、专业课、实习课的学习，陶冶他们的文物意识、文物修复意识、文物复制意识；把文物保护专业理论知识与文物修复传统技术结合起来，使之相互渗透，融会贯通，培养既能做文物的成分检测分析工作，又有丰富的实践经验和精湛的文物修复复制技艺，既要努力继承传统经验，又要不断引入现代科学技术进行理论创新的专科生、本科生、研究生，将他们充实到文物修复队伍中，使他们成为文物修复工作中各个层面的正规军、主力军，让文物修复队伍成分发生根本性变化，就一定能使文物修复复制工作的技术含量、科技含量有很大的提高，文物修复质量和文物复制件的品位有很大提升，让文物修复复制工作产生质的变化。文物修复传统技艺岗位要吸收那些热爱这项工作，有团队意识的年轻人；保证基本素质的高起点，达到既有一定理论知识又有精湛传统技能的层面上，达到接受新技术、新材料、新工艺快，动手能力、举一反三能力强的基本要求，同时也使后继无人的困扰，年龄结构、知识结构不合理的问题迎刃而解。同时，我认为专科毕业生可塑性较强，有一定的理论基础，专业发展尚无定向，比较适宜采用"师承制"方式学习文物修复传统技艺。

文物修复专业毕业生在校期间主要以理论学习为主，动手机会、实践经验相对来讲是有限的，在他们进入工作岗位后，可采取师傅带徒弟的"师承制"方式，加强他们的基础理论和基本操作技能，提升文物修复技艺，造就一批既掌握传统技能，又能结合在学校所学现代科技知识的文物修复专业人员。这种以老带新的培养方式可以跨单位、跨部门、跨地区进行操作，使他们所学的技能既有师承，又能融合他人所长。

在对学员进行技能强化时，可借鉴医疗单位培训实习医生的做法，让他们在相关业务科室进行轮岗培训，只有在全面掌握基本技能的基础上，才能再细化专业分工，向某一领域纵深发展。未来博物馆所需要的文物修复人才应该是金属类器物修复、古旧书画装裱修复、陶瓷器修复、丝织品保护修复以及各类文物修复和复制技术方面的全才，是能够使传统技术与现代科技很好结合的高手，是文物鉴定、养护、修复、复制方面的专家。在后备人才培养方面只有把传统的师傅带徒弟，那种单纯的师承模式与现代正规的院校教育体制相结合，把传统技术与现代科技有机地结合起来，才能适应不断发展的文物修复复制工作，才能保障文物博物馆事业的可持续发展。

只有深化人事制度改革，转换用人机制，建立合理的岗位管理体系，实现由身份管理向岗位管理的转变，才能调动各类人员的积极性、创造性，促进人力资源的合理配置和人才发展。实施多种用人机制，通过合同制、派遣制、代理制等多种用人方式引进人才，使专业人员的年龄分布、知识构成形成科学的梯次结构，建立稳定的专业技术干部队伍。文物修复岗位的进入，要高起点并实行资质准入制度，以保证文物修复复制工作中传统手工艺的有序传承；在培养方式上，制定操作性较强的制度作为保障，实施合理的师承制工作体制，从制度上做出规范，使教者、学者都有责任感，都有积极性，都是受益者。

同时也可以通过单位制定的各级专业技术岗位职责协调教学关系。明确高级职称的专业技术人员，要承担对初、中级专业人员的培养任务并指导他们的科研活动；初、中级专业人员要在高级专业人员指导下完成各项业务工作，研究解决工作中较为复杂的课题。要保障文物修复队伍的高素质、文物修复质量的高水平，就必须制定文物修复从业资格标准，实施资质准入制度，从根本上提高传统文物修复技术人员素质和水平。实行以高等院校的正规教育为主体的多形式、多渠道、多层次的培养方法，并结合新的实际情况，采用传统的师傅带徒弟的"师承制"方式，造就综合素质高，动手能力强，有一定理论水平的复合型人才，使文物修复复制工作不断向着科学化、正规化、规范化的方向发展。

（2）加大对在职人员的培训力度

传统文物修复技艺是博物馆特有的专业技术。培养合格的文物修复技术人员需要一定的时间和资金，不是一朝一夕能解决的。所培养技术人员的基本素质、对所学专业技术的感悟程度，决定着培养周期和能否全面掌握这项专业技术，不是培养一个成材一个，不是每一个学习专业技术的人都能有出色的工作业绩。受历史原因和个人主观因素的影响，施用传统工艺进行文物修复在职人员的技术水平和工作能力亦有很大差异，有的不能满足工作需要，因而要加大对在职人员的培训力度，进行知识更新，提升文化修养，提高整体素质。有针对性地进行在职培训，合理引进人才，使人员构成呈阶梯状；人能进能出，能上能下，既是专才也是全才，要一专多能。对于在职工作人员可采取多种形式、多渠道、多层次的培训方式，有针对性地进行补课，缺什么补什么。通过送进学校进修深造，参加专题培训班，参与学术交流，轮换工作岗位，在岗拜师学艺等方式，提高文化水平、专业理论知识、文物意识、文物修复复制意识，使他们文物博物馆学等方面的综合素质不断提升，文物修复工作的理论水平和操作技能不断加强，在继承中有发展、有创新、有提高。对有文物修复实践经历的人员进行培训，可以迅速提高他们的水平，达到事半功倍的效果。学习培训考核积分制，继续教育终身制，职称评聘双轨制。

同时，也要进行必要的人事制度改革，使人员流动起来，通过吐故纳新，调整人员的知识结构和年龄结构，加快传统修复复制工艺的改进与更新，使之与社会发展同步，以适应博物馆事业发展的需要。让那些综合素质高、有能力，愿意从事文物修复复制工作的人进入到专业技术队伍中来，也把那些经过培训仍不能胜任工作的同志安排到适当的工作岗位。让职称确实体现每个人的工作能力与实际工作水平，使人尽其用，各尽所能。有了从思想意识、知识结构、技术水平等方面适合文物修复工作的专业人才、技术干部队伍，才能不断推动文物修复工作向前发展，这是传统技术与现代科技进行有机结合的必要前提。培养新型专业技术干部，引入现代科学技术，利用先进的技术方法，是文物修复技术发展的必然。

3.保护非物质文化遗产传承民族文化文脉

随着全球化趋势的增强，经济和社会的急剧变迁，发达国家推行强势文化使得非物质文化遗产的多样性受到严重威胁，我国非物质文化遗产的生存、保护和发展也面临严峻形势。保护非物质文化遗产已经成为各国政府的责任与义务。延续传统技艺，拯救日渐衰弱的文物修复传统技术，应该从保护非物质文化遗产的高度开展工作。文物修复传统技艺的保护，要在有关部门的组织协调下，认真进行整理和科学论证，从实际出发，制定完备的抢救计划，科学、全面、系统地保护文物修复传统技术。尽快启动申报国家非物质文化遗产保护程序，进入保护目录。通过规定程序依法保护、科学保护，使保护文物修复传统技艺工作由部门行为、行业行为成为国家行为、政府行为。只有这样才能有效保护它的真实性和完整性，体现它的民族性和世界性。

非物质文化遗产的不可再生性，决定了我们必须把保护放在第一位。保护不是固守，科学抢救与保护的目的是使文物修复传统技术得以传承与发展，在文物保护工作中发挥积极作用，保护我们的有形文物。非物质文化遗产的民族性、独特性、多样性，决定了保护方式的多样性。但是，非物质文化遗产作为活态文化，其精粹是与该项目代表性的传承人联结在一起的。非物质文化遗产的传承，人是重要载体，他们传承的不仅是一种技艺，也是民族的魂魄、民族的精神。保护非物质文化遗产的核心问题是确定和保护非物质文化遗产的传承人，对该项目传承人的保护应该是保护工作的重点。

对于传承人的保护措施，我们也可以参照日本、韩国的经验。一方面对传承人本人进行保护，对其工作、生存、生活提供保障，提高他们的社会地位，使过去以家传为主的传统技艺，变为大众共享的资源。对于在工作岗位上的传承人，单位要做出承诺，解除他们的后顾之忧，不能因为技艺的传授使传承人提前离开工作岗位。另一方面对传承机制进行保护。文物修复传统技术主要是以口传心授的方式进行传承，这就需要项目的保护单位和传承人共同协商收徒，签订责任书，明确各方的权利与义务，以保证传统技艺的有效继承，使保护工作不只是政府行为，也不只是项目的保护单位和传承人的事情，而成为每个公民的自觉行动。不能再让身怀绝技的传承人抱着"技艺难传"的遗憾离去。保护文物修复传统技艺，就是保护非物质文化遗产，也是保护中华民族的灿烂文化。

回首多年的工作实践，经历文物修复传统技术专业队伍的日渐衰弱，痛定思痛，不禁汗颜。培养传统文物修复专业技术人才，造就一支恪守职业道德、崇敬职业、严格操守、诚实守信、负责社会的专业技术干部队伍，不仅是文物主管部门的职责，也是全社会的责任。传统文物修复专业技术队伍已经出现断层，技术人员青黄不接，技术水平也正在走下坡路，我们必须从保护非物质文化遗产的高度去认识，本着对历史、对社会负责的态度认真进行反思，制定近期、中期、长远规划，培养文物修复复制专业人才，加强技术干部队伍建设。拯救文物修复传统技艺刻不容缓。

第二节 3D 打印技术与残损文物补缺复原

1.3D 打印技术介绍

（1）3D 打印技术概述

3D 打印技术是借助计算机、数控加工、材料科学等新技术，利用打印材料逐层堆积方式直接生成数字模型的实体模型技术，相比较于传统减材制造方式，3D 打印技术能够降低材料的消耗量，节约制造成本，已成为研究和应用的热点。3D 打印技术涉及计算机、机械、材料等多个交叉学科。计算机技术可为 3D 打印提供待加工的 3D 数字文件，常用的建模方法包括通过 3D 扫描仪实现物体表面的 3D 建模、通过 3ds Max、Auto CAD 等计算机软件实现手工建模、通过 CT 影像数据实现物体内部和外部结构的3D 重建。机械加工技术可为 3D 打印提供能够支撑多种材料和较高打印精度的打印硬件设备，常见的设备包括光敏固化成型、选择性激光烧结、熔融沉积成型、粉末层喷头等多种类型。材料科学为 3D 打印提供多种可供打印的材料，如 ABS 塑料、PLA 聚乳酸、光敏树脂、金属粉末、陶瓷、医用材料等。随着 3D 打印设备及其耗材价格的降低以及数字模型资源种类的丰富，3D 打印技术将在文物保护等领域发挥重要的作用。

目前，3D 打印设备按照其打印原理可分为光固化立体造型（SLA）、层片叠加制造（LOM）、选择性激光烧结（SLS）、熔融沉积造型（FDM）等，按照是否包含颜色可以分为单色设备和彩色设备，按照打印精度可以分为桌面型打印设备和工业级打印设备，按照打印材料的种类可分为 ABS 塑料、聚乳酸、光敏树脂、生物材料等。近年来随着 3D 打印设备价格和材料价格的逐步降低，3D 打印技术已经能够为博物馆行业所使用。

（2）国内外应用情况概述

国内外许多研究机构和学者已经利用 3D 打印技术在文物保护领域开展了实际应用。阿拉德等人介绍了如何利用手持式 3D 激光扫描仪和 3D 打印设备实现考古过程中发掘出土的古人遗骸的仿制及其在博物馆中的展示。阿尔巴斯等人针对地震中受损破坏的彼得拉尼科圣母玛利亚雕塑的修复问题，首先利用 MeshLab 软件完成文物碎片的虚拟修复，在此基础上利用 Zcorp 650 3D 快速成型设备完成雕塑内部支撑数据的打印，最终实现文物的实体修复。陕西省历史博物馆的李文怡等人利用 3D 打印技术完成了隋代残缺白瓷高足杯的修复，取得了良好的效果。实际修复过程中工作人员首先利用 3D 激光扫描仪完成了残缺文物的 3D 重建，然后利用 Rapid form、Geomagic studio 等软件生成缺失区域的 3D 模型数据，最后利用 Object 三维快速成型设备完成缺失区域实体模型的制造间。另外，西北大学和北京师范大学利用 3D 打印技术开展了秦始皇兵马俑文物的打印和修复。四川广汉三星堆博物馆利用 3D 打印技术开展了三星堆出土文物的仿制。南京博物院文保所利用 3D 打印技术开展了文物缺失数据的打印。目前，文物的仿制和文物缺失数据的打印已成为 3D 打印技术应用的热点。

2.3D 打印技术流程和应用实例

（1）3D 打印技术流程

3D 打印技术的应用包括数据 3D 模型和 3D 打印两个步骤。对于结构完整的文物，可以直接利用 3D 激光扫描仪完成文物的 3D 建模。通常由于扫描仪扫描范围有限，单次扫描仅能从一个角度采集物体表面的几何信息，因此需要从多个角度采集物体不同侧面的几何信息，然后利用深度图像配准和融合技术实现 3D 建模。目前，常用的 3D 激光扫描仪包括两类：一类是可以实时自动建模的扫描仪（如 VIU scan 等），此类扫描仪在扫描前需要在物体的表面或者背景粘贴标志点，扫描过程中扫描仪的 CCD 镜头通过识别标志点完成深度图像的自动建模。另一类扫描设备（如 Vivid 910 等）仅实现3D 采集数据，数据的配准和 3D 建模需要利用 Poly works、Geomagic studio、Rapid form

等软件完成。

对于残缺文物首先需要利用 3D 扫描仪完成残缺文物的建模,然后利用计算机软件计算缺失区域的 3D 模型。一般可以利用文物结构的对称性、缺损区域的邻接数据等信息完成缺失数据的计算。对于缺失严重的文物,一般需要由具备计算机辅助建模软件操作技能的专业人员依据文物工作者提供的知识完成缺失区域数据的 3D 建模。为了便于 3D 模型的 3D 打印,一般需要将数据存储为标准镶嵌语言 STL 文件格式。

3D 打印过程包括封闭性检查、模型位置摆放、二维切片生成、三维打印、实体模型处理等步骤。针对获得的 3D 数字模型,需要将其导入 Replicator G、Maker ware、Objet studio 等 3D 打印软件,然后通过调整模型旋转、平移、缩放参数将打印模型调整至打印设备的成型空间内(如 objet 30 的成型空间为 300 毫米×200 毫米×150 毫米),最后利用打印软件生成打印模型的二维切片数据(如.x3g、.objtf 等)并将其发送给打印设备,实现实体模型的生成。对于光固化成型、熔融沉积成型等类型的 3D 打印设备,其生成的实物包括支撑和成型两个部分。操作过程中还需手工去除不必要的支撑材料并对成型部分进行打磨、上色等处理,才能获得最终的实物模型。

(2)3D 打印技术的应用

1)文物仿制和拼接中的应用

文物仿制是文物保护的基础工作,传统方法大多以翻模制作技术为主。由于 3D 扫描和 3D 打印技术无需翻模,减少了翻模过程中翻模材料对于文物表面的损坏和腐蚀,能够更好地保护文物。与此同时,3D 打印技术还能进一步提高文物仿制的速度和精度,能够真实再现文物的几何形状和细节特征。文物仿制过程包括 3D 扫描建模、文物模型几何处理、打印切片生成和 3D 打印四个步骤。

瓦当是我国古代建筑所特有的一类建筑构件,早在西周时期就已经开始使用,到了汉代瓦当的纹饰逐渐由图案转变为文字。瓦当为研究中华文字的演化历程、建筑结构的发展和中华传统文化的传承提供了重要的史证资料。瓦当仿制过程包括瓦当 3D 建模和 3D 打印两个步骤:首先利用 Vivid 9103D 激光扫描仪从不同角度采集瓦当的深度图像,并利用多视深度图像配准和融合技术完成瓦当的 3D 建模。然后将该 3D 模型的数字文件(.stl 格式)导入 3D 打印设备处理软件中,通过模型位置调整和生成打印切片等步骤完成文物数字模型的打印。通常,文物模型的实际尺寸往往超出了 3D 打印设备的成型空间,因此为了确保打印生成的实物模型与文物的实际尺寸一致,在打印前需要先对 3D 模型进行切割,然后对切割后的数据分别打印。

2)碎片拼接中的应用

文物是不可再生的文化资源,一旦破坏则很难恢复本身的面貌。由于受到土壤腐蚀、土壤压力、环境侵蚀等自然因素以及人为破坏等因素的影响，大量出土的文物已经破碎，如何对其进行拼接修复是文物保护工作的一个难点。文物碎片的拼接实际是组合问题，文物修复工作者需要根据经验不断进行匹配尝试，如不能尽早发现拼接过程中某个中间步骤的拼接错误，则可能使得修复失败。特别是对于锡焊、胶粘等方法进行碎片拼接时，错误拼接结果将会对文物自身造成损害。

目前，文物修复过程中碎片拼接大多仍以手工拼接为主，由于文物碎片数量大、碎片之间的拼接关系难以确定，且部分文物碎片的体积大、重量大，拼接尝试过程中不易移动，给文物的修复带来了困难。利用 3D 打印技术进行文物拼接能够有效克服上述问题。首先利用 VIU scan 三维激光扫描仪获得文物碎片的 3D 数字模型，然后利用以聚乳酸为打印材料的 Maker bot R2 打印设备生成各碎片的实体模型。修复过程中由文物工作者针对 3D 打印获得的实体碎片模型进行拼接，确定碎片间的拼接关系，验证复原结果的正确性。然后，再依据确定的拼接关系指导完成实际文物的拼接修复。由于打印目的只是为了确定碎片的拼接关系，因此可以在打印软件中设置比例参数，实现打印生成的实体模型尺寸的等比例缩小，进而降低打印耗材的使用量、节约打印时间。

通过该方法一方面可降低文物碎片拼接过程中由于不断进行拼接尝试对文物本身造成的二次伤害。另一方面能降低文物拼接过程中的工作强度，提高文物拼接修复的准确性。

3）残缺文物修复中的应用

残缺文物的修复是文物保护中的一类重要问题。文物保护工作者往往需要依据文物自身结构（如对称性、邻接区域的几何形状）或者经验在头脑中生成缺失区域的几何形状，然后通过雕刻、打磨、黏结等步骤完成文物的补配修复。修复过程主观性强、修复技术难度大、复原周期长，对文物修复人员的技术要求高。另外，由于补块与文物边缘吻合度较差，修复过程中还需要文物保护工作者对补块不断进行雕刻和打磨。3D 打印技术具有打印精度高、速度快的优势，能够一定程度弥补传统手工补配方法的不足。残缺文物修复的关键是如何准确计算待修复区域的 3D 几何模型。

利用 Vivid 910 三维激光扫描仪实现青铜觚的 3D 数据采集和建模，然后利用计算机辅助修复软件计算残缺区域的几何模型，最后将修复后的数字模型导入以聚乳酸为打印材料的 Maker bot 打印设备完成文物的实体修复。

（3）减少打印材料的消耗

目前，为了保证能够获得更好的打印结果，实际应用过程中还需要完成 3D 模型的封闭处理、模型位置和姿态调整等步骤。由于扫描仪采集范围有限、文物本身存在结构遮挡等问题，使得 3D 建模获得的模型往往包含孔洞，因此需要利用 Rapid form、Geomagic studio 等逆向工程软件完成模型表面孔洞的填充。

3.3D 打印技术的不足

3D 打印技术仍面临打印设备价格昂贵、打印材料种类不足、打印设备成型尺寸有限、色彩表现力差等多方面不足。

（1）3D 打印设备价格昂贵

随着 replicating rapid prototype（rep rap）开源项目的普及和发展，低成本的桌面型 3D 快速成型设备逐渐走进了普通用户，然而其打印精度并不能满足文物仿制和修复的需要，仍需要采用打印精度更高的专业打印设备。由于其价格昂贵，不利于 3D 打印技术的应用推广。

（2）打印材料种类的局限

目前 3D 打印设备已经能够支持 ABS 塑料、PLA 聚乳酸、光敏树脂、金属粉末、陶瓷等多种材料，但是相比较于文物材质的种类，打印材料的类型仍然较少，材料的稳定性仍较差。如何针对不同材料质地的文物选择更为合适、稳定性更高的打印材料仍是亟待研究的问题。

（3）打印设备成型空间的局限

3D 打印设备的成型空间有限，然而文物种类繁多、尺寸各异，对于尺寸较大的文物通常难以一次打印成型，往往需要对原始模型进行切割和分块，进而将打印获得的各部分实体模型进行黏结，实现大尺寸模型的打印。

（4）打印设备色彩表现能力的不足

目前仅有 Zcorp 等少数几种型号的 3D 打印设备能够支持彩色模型的打印，然而其颜色与文物表面的实际颜色仍有较大的差异。

第三节　图形图像技术与文物三维模型虚拟修复

一、图形图像技术

图形图像技术是用计算机生成、显示、绘制图形的技术被称为计算机图形技术。计算机中的图形也是以数据的形式表示的，要把图形显示出来或绘制打印，就必须把数据转换成线条。计算机图形技术不仅能快速、准确、规范地制作大量的机械图、建筑图、电路图和地理图等，成为计算机辅助设计的重要内容，而且可以制作运动图形和三维图形，使原来绘图做不到的事得以实现。

由于图形直观形象，因而也常被作为人机交互方式用于各种应用软件。已经研制出各种规则图形的图形库，从平板式到滚筒式绘图机，图形输入的扫描器、鼠标器和光笔等软硬件环境，使计算机图形技术得到日益广泛的应用。

计算机图像处理是用计算机对光学图像进行接收、提取信息、加工变换、模式识别及存储显示的过程。通过 CCD（电荷耦合器件）等光电子器件直接接收光学信息，并进行数字化；也可以对载有光学图像信息的胶片、相片进行阅读以提取光学信息，实现数字化。一旦计算机获取了光学图像的足够信息，就可以进行图像增强、压缩、复原、分割和识别等。采用模式识别方法，对某些从远距离传送来的模糊不清的图像，可消除干扰，增强对比度，使得清晰可观。计算机图像处理技术最先用于地面卫星遥感、气象预报等领域，在医学检验图像的分析显示上发展很快，在生产自动控制、罪证辨识以至服饰发型设计中也得到愈来愈广泛的应用。

计算机信息技术的不断更新下，为行业领域提供极大的发展平台，通过信息技术与数字技术的融合，可精准的将系统内信息进行运算，以将系统运行形式进行简化，减少工作量的投入。对于视觉传达设计领域来讲，计算机图形图像技术的多形式化应用，可为视觉传达设计提供有效载体，依托于相关软件，可令整体设计实现简化，并将设计者的设计思维同步映射到信息模型中，也为用户提供更为直观性、立体性的图像。此处则是针对计算机图形图像技术，对视觉传达设计元素中的实现意义进行相关分析。

1.计算机图形图像技术与视觉传达设计的相关概述

（1）计算机图形图像技术

计算机图形图像技术是将数字技术与模型技术进行整合，令系统内的数据信息呈现出一种直观化的表达形式，以满足人们对图形本身的视觉需求。计算机图形图像设计过程中属于一种虚拟化、实时化的一种呈现形式，即可通过设计人员的指令下达来对本身的信息参数进行更改，以更为精准地展示出设计人员对图形的需求。通过软件来对图形本身进行设计，即可在软件上进行实时更改，无需经由传统的图纸型的繁琐设计流程，可有效地提高整体设计效率。这样一来，在整体设计过程中，可令设计者的自身灵感同步注入到图形之中，进而令整体作品更具艺术表达效果。当前应用市场中，对于计算机图形图像设计的软件较多，例如 cad 软件、photoshop 软件等，其可满足不同设计需求，在数据信息的高精度运算下，可这图像本身的细节加以展示，提高整体设计的效率性与质量性。

（2）视觉传达设计

视觉传达设计是以图像本身为载体，将图像意义与观众者的主观观赏思维建立一个共生点，通过图像向观众传达某种思维理念。通过设计人员将自身的思想融合到作品之中，然后以感官为代入点，将信息进行心理层面以及感官层面的传输，以保证图像呈现形式与观众者的需求可达成一致。在实际设计中,设计人员应先对内容以及作品所在的环境进行分析,正确界定出图像本身在相关领域所起到的价值,然后依托于领域中的一种宏观导向,来结合自身的设计理念,向观众传达一种具有目的性的图像信息。同时在设计中应充分考虑到视觉传达本身对于作品所起到的意义,将各类理念与表达形式进行有效契合,以充分彰显出作品在视觉传达之中所要表达的效果,提高观众的认可度。

2.计算机图形图像技术与视觉传达设计的异同点分析

在共同点方面,计算机图形图像设计与视觉传达设计存在一个基本理论上的一致性,其需要设计人员同时具备两类知识,并可有效地在实际设计中将两类知识进行整合。从思维起点方面分析,设计元素以及设计理念等,是对人员思维的一种定性需求,在不断设计过程中,设计人员需通过将各类元素进行有序排列,然后结合自身的情感,来精准呈现出具有一定视觉效果的图像。此类理论方面的一致性则表现出计算机图形图像技术与视觉传达设计之间的一类共生形式。此外两者之间具有相同的语言表达特性,其设计形式以及语言呈现形式均由实际生活与理论相结合,通过注入情感来为图像本身树立一种独特的语言意境,进而令观众在赏析图像的过程中形成一种导向思维,来提高图像在相关领域中的受众度。

在不同点方面。首先,时间产生不同。视觉传达设计的产生要远远早于计算机图形图像技术的产生,设计传达设计最早可追溯到二战末期,而计算机图形图像技术则是在计算机网络成型发展下而产生的,此类技术产生期应在 20 世纪末到 21 世纪初期,且在近年来此类技术才得以完善。其次,在设计方面。视觉传达设计追求的是图像本身的动态感,通过图像本身的美感来呈现出一种视觉效果,提高观众对图像的认可度。计算机图形图像设计则是以静态类表达为主,其通过内部软件的设定,来对图像进行二维、三维等形式的空间建构,令图像本身更加精细化的表达出信息传达的意义。再次,技巧方面。从图像所呈现出的商业价值来讲,视觉传达设计的主要方向是以产品包装以及推广为主其需要设计人员本身具备扎实的理论基础,然后依据图像在领域中呈现出的价值,来正确界定出图像本身如何发挥视觉效果,来彰显出其在领域中所起到的推广作用。而计算机图形图像技术则是通过软件来实现具体化操作,例如图像编辑、图像印刷等,都是按照程序的固定化运行来实现的,其对设计人员本身具有较高的这种专业性需求,且由于承接图形图像设计的各类应用软件更新效率较快,设计人员必须通过不断完善自身的知识体系,才可保证新技术与图像显示效果不会出现脱节的现象。

3.计算机图形图像技术对视觉传达设计元素的实现意义

（1）在图形元素中的实现

计算机图形图像技术在实际设计过程中，通过正确界定图像在数据结构内呈现出的空间位置与矢量位置。其中空间位置是对计算机设备中图像的色彩网格进行定位，通过像素来映射出图形具备的视觉效果，其可有效对不同颜色之间进行微层次的分析与展现，保证在某一个图像节点下色彩与亮度将呈现出一个对等值，即为图像本身的真实性。此类图像微节点的精准展现可有效地作为自然景观，一种呈现载体。当然此类图像呈现与计算机设备的显示精度具有关联，如将此类图片实际打印出来，受到打印设备的影响，将令图片本身的图像呈现低于在屏幕上的效果。矢量位置则是以数字方式为基础，对图像本身进行几何性质的描述，通过几何图形对图像节点的定位，可令图像在放大与收缩过程中一样保持原有的精度，且在文字编辑以及图像保真方面具有一定的优势。在实际视觉表达过程中，以矢量位置为编辑的图像并不具备真实性与场景性，其无法与观众的情感是视觉需求达成一致，对此其多用于文案设计以及形象设计中。

计算机图形图像技术在对图形元素进行调整时，其可通过色调、滤镜的形式对图片进行后期处理。在相关软件的参数更改下，图像本身可在极短的时间内便完成在系统内数据结构的更改，例如图像形状、透明度、色彩比等。由计算机设备来，图片进行后期更改，可有效提高整体工作效率，同时应用软件自身带有的修改撤销功能，可保证设计人员对图片进行多次修改、重复修改，直至达到自身设计以及视觉传达需求，其与传统的手绘更改模式相比，具有较大的应用价值。

（2）在色彩元素中的实现

色彩元素是图像视觉传达的一个重要载体。美国心理研究学者提出，色彩元素的变化行为与人们情感具有较大的关联性，其在人们视觉审美过程中起到一个导向作用，且人们的情感意识将随着色彩元素的变化而进行改变。传统意义上的视觉感官效果可分为赤、橙、黄、绿、青、蓝、紫、黑、白等几类色彩，当然此类感官效果属于对颜色的一种泛性认知。而从科学角度上来讲，每一个色彩之间呈现出的色度变化将令色彩在实际展示中表现出一种细微的变化值，其间接影响着主色调的色泽与纯度。通过计算机图形图像技术来对图像本身所呈现出的色彩进行精度化调节，然后以软件内的程序对色彩某一个图像节点下进行维度转变，将此类色彩建立一种三维动态的呈现形式，进而可保证图像色彩与视觉传达，在某种程度上形成一种对接。例如在对营销类产品包装进行设计时，考虑到产品在市场中宣传效果，设计人员可这种通过计算机图形图像技术对产品包装的色彩元素进行分化与叠加，令色彩在某一个色泽度方面，可精准的阐释出产品本身的含义。与此同时设计师可以大数据技术来深度挖掘出当前社会市场中用户需求群体对此类产品的兴趣点，然后依据市场需求来正确界定出产品包装的图案与色彩等，以满足产品本身的市场营销需求。

（3）在编排元素中的实现

编排元素是令视觉传达效果呈现出一定的层次感，保证图像内各类不同信息之间维系协调性与组织性。以计算机图形图像技术为主导的编排手段可令整体元素实现多元化拓展，且计算机软件的模拟功能，可使设计人员更好地将自身情感元素以及创作元素等融合到图像编排中，此类设计形式与传统意义上设计机制相比，其可更加有效地提高整体图像的展示效果。例如在对某一款饮料产品进行设计时，以计算机图形图像技术，对产品外包装进行层次感的编排，在饮料瓶上建立一种滴水的感觉，然后在饮料下方人物通过张嘴呈现出一个承接水滴的效果。此类编排形式可令产品呈现出一个动态化的效果，当人们进行观看时，受自身主观情感的代入，可在人们的意识中将此类包装看成是一种动态化、感官化的信息传输，进而提高人们对此类产品的认可度。

二、文物三维模型虚拟修复

文物是在社会历史的发展和演变中，由人类智慧及劳动所创造的具有历史、艺术及科学价值的遗物和遗迹，其数量繁多、种类丰富且质地多样。历史遗产代表了一个民族的文化底蕴和智慧结晶，还标志着不同历史时期经济、政治、科技及文化的发展水平和走向，为当代人了解历史、研究历史提供了可靠的依据和弥足珍贵的素材。

由于人类活动、环境变化、自然灾害、保护能力等原因，大量文物正以不可逆的方式被快速损毁乃至消失，因此，应用现代科学技术有效继承并保护珍贵的文化遗产，使人类文明得到较好的传承，已成为全人类必须共同面对的问题。在考古发掘中，每次考古现场挖掘都会出土大量残缺的文物。要完成文物的复原工作，文物工作者往往需要经过记录、编号、存储、测量、分析、比对、绘图、拼合等一系列繁琐的手工修复程序。当碎片数量较多、形状较为复杂时，即使是拥有丰富修复经验的文物工作者也很难精准地判断受损文物碎片之间的邻接关系；与此同时，文物修复工作中的一系列操作，均不可避免出现人与文物、文物之间的频繁接触与摩擦，这便使得文物在本体存在一定缺损的情况下，形成二次损害。

传统的技术手段已不能为文物保护修复提供有效的科学支撑。因此，如何利用新技术为文物保护提供详实、科学的数据和支撑，已经成为近年来文物保护面临的重大需求。随着数字摄影测量、激光扫描、三维建模和虚拟现实等技术的发展，文物数字化保护已成为世界各国的重要科研方向。国内外学者在文物三维信息留取、文物高精度三维建模等文物数字化保护方面取得了一定的研究成果和相关积累，使得基于高精度三维模型的相关文物数字化保护工作成为可能。结合传统文物修复方法并利用计算机虚拟现实技术对文物高精度三维模型进行虚拟修复，可为文物保护修复工作提供科学参考，有效减少实际修复工作中对文物的频繁接触，避免不当修复对文物造成二次损害。文物的虚拟修复为文物考古、修复、研究提供了有效的辅助手段，是利用新技术理解历史文明的重要体现。文章在分析和回顾文物虚拟修复研究进展的基础上，总结了文物虚拟修复的现状、文物三维模型的主要特点及虚拟修复系统化的流程、框架及其典型应用案例，并分析了文物虚拟修复面临的挑战，最后展望了利用文物三维模型进行虚拟修复的发展趋势。

1.文物三维模型虚拟修复的研究进展

虚拟修复源起于生物医学、古人类以及古生物学领域，主要应用于计算机辅助神经、血管、牙齿的三维虚拟重建和古人类及古生物骨骼遗骸的虚拟复原。随着计算机科学的发展，虚拟修复进入了生物工程、建筑遗产和计算机数据库领域，主要应用于细胞、组织重建和已损毁建筑的虚拟重建，以及应对灾后计算机数据恢复问题。近年来，伴随三维建模、数字摄影、虚拟现实和计算机等技术的发展，形成了通过客观、完整地获取文物几何和历史信息等资料，利用数字化手段在计算机中对文物进行虚拟复原的文物数字化保护的新理论与新方法。虚拟修复的应用研究开始走入文物保护领域，以"文物虚拟修复"为关键词，对近国内外所发表的研究论文进行检索，从中可知有关文物虚拟修复的研究论文从 2007 年起呈现出快速增长的趋势，这表明"文物虚拟修复"已经成为当前学术热点。

文物三维模型虚拟修复是汇集多个学科的交叉领域，其中涉及考古学、光谱学、计算几何、美学和计算机科学等。与传统文物保护方式相比，文物三维模型虚拟修复，能实现对文物的非接触修复以减少过多接触文物本体而造成的二次损害，如金箔起翘、彩绘脱落等。同时，文物三维模型虚拟修复可以为文物实际修复工作提供详实的参考数据，如预测缺损部位的几何信息、定位破碎文物的空间位置等。近年来，国内外学者在文物缺损部位复原、破碎文物碎片拼合等方面进行了深入研究，取得了主要进展。

（1）破碎文物碎片拼合

随着千百年的风化侵蚀、战火和历史变迁，相当一部分文物已残缺或成为碎片。采用传统的手工方法将这些破碎文物修复，复原速度慢、周期长、成本高且易损伤。同时，传统的文物信息采集主要通过文字和影像资料等手段存储数据的介质（纸张、胶片）不易保存，且不能留存文物本体三维信息及发掘出土的三维位置信息。利用三维信息留存技术、计算机图形学、虚拟现实等技术手段，结合传统的文物保护与修复工作，将破碎文物按原始状态复原再现是当前文物保护的重要研究方向之一。

美国弗吉尼亚大学通过对 1163 片大理石碎片进行数字化扫描，以获取地形图碎片的三维模型来辅助恢复古罗马地形图。由于碎片形状各异且厚度不均，采用传统的手工拼接方法几乎难以完成，因此项目组利用碎片的三维模型模拟实际拼接以减轻工作的难度。普林斯顿大学和 Akrotiri Excavation 等机构合作对阿克罗蒂里遗址中的破碎壁画进行了数字化留存，设计开发了一套针对壁画碎片的数字化系统，并利用其对壁画碎片实现了虚拟拼接和修复。美国布朗大学的 SHAPE 实验室在文化遗产的数字化保护领域做了大量细致的工作，其 STITCH 项目主要是研究罐状文物碎片的虚拟拼接及复原问题，通过对碎片两两比较，反复尝试并对比对结果进行评估计算，得到每对碎片之间的相似度，作为拼接模块贪婪选择方法的输入值完成自动有效地虚拟拼接陶器碎片。

维也纳技术大学的模式识别与图像处理小组也在陶罐复原方面做了很多工作。通过使用三维霍夫算法估计出陶罐的对称轴信息，然后计算碎片的母线信息，再对母线的每一特征部分进行自动分割，计算特征曲线段来实现对轴对称的陶罐碎片进行快速分类以辅助文物工作者的实际修复工作。西北大学、北京师范大学分别与秦始皇兵马俑博物馆合作开展了针对秦始皇陵兵马俑出土陶俑碎片的数字化探索工作，主要包括发掘现场和陶俑个体数据采集及预处理、陶俑碎片虚拟拼接及复原、考古线划图绘制及尺寸定量标注、发掘场景复原与展示。其中，在利用计算机辅助秦始皇陵兵马俑虚拟复原上做了出色的工作，通过数字化手段获取兵马俑碎片的三维信息并构建三维模型，而后根据特征匹配实现交互式碎片拼合，实现了兵马俑的虚拟复原。

碎片拼合的本质就是碎片特征的匹配问题，碎片特征一般有特征点、特征线、断裂面、颜色纹理以及几何纹理，因此，碎片的具体拼合方式也就因待匹配特征的不同而各异。如利用碎片的轮廓线进行匹配，则有最近点迭代算法、最长序列算法、哈希算法、基于 Fourier 傅里叶变换的空间曲线匹配、基于连接点的 3D 多角弧匹配等方法。当前，许多学者研究了基于断裂面的数字化文物碎片匹配拼接算法，有效避免了邻接碎片匹配拼接时相互渗透的现象，解决了在破碎文物碎片数量大、形状复杂的情况下，采用传统人工复原方法难以完成的匹配拼接问题。然而，这些算法大多要求碎片断裂部位具有完整性，如若碎片断裂部位缺损严重，特征信息缺失较大，就无法进行正确的碎片匹配拼合。因此，针对断裂部位受损碎片的拼接问题，现有工作更多是通过多特征融合的方法进行碎片匹配。

（2）文物缺损部位复原

由于战争、地震、水火等人为及自然灾害的原因，使得现存或刚发掘出来的文物大多都已残缺不全，导致其已不能通过碎片拼接的方法进行复原。而传统的修复方法是先记录文物现状的形状、颜色、纹理和质地测量值等，然后比较分析，再根据修复工作者的经验以及对文物分析的结果完成缺损文物的复原再现。在文物修复工作中，修复的关键就是寻找文物几何形态相关的科学修复依据，因为修复依据的不确定性会形成截然不同的修复效果。

近年来，国内外学者对文物本体几何形态的规律性特征做了初步探讨，这些特征可帮助文物保护工作者从细节上认识和理解文物的历史、艺术和科学意义，同时为文物修复工作提供可靠详实的参考。

一些学者通过利用文物自身的轴线、母线等几何特征，复原罐状文物缺损部位。如提出的基于陶罐碎片断裂曲线、对称轴和母线信息的复原方法，该方法主要基于贝叶斯概率模型，对每一个碎片之间的可能关系都定义了随机变量，将问题归结为最大似然估计或最大后验概率问题。Cohen 通过计算陶瓷碎片表面的微分信息得到表面特征并利用模板对齐方式来复原修复碎片。这些研究主要针对陶器等轴对称罐状文物，然而许多雕塑类文物也面临着严重缺损问题，亟待复原。

日本东京大学及日本政府保护吴哥古迹工作队通过对柬埔寨巴戎寺塔上的人面比对分析，发现位于同一塔上的人面具有比属于不同塔更高的相似度。利用了数字扫描技术获得了人面的 3D 复制品，并在每个塔内采用基于矩阵恢复理论的复原方法结合复制品对人面进行复原。北京建筑大学文化遗产数字化与虚拟修复研究团队提出一种基于回归模型的文物几何修复方法，所提出的预测模型可预估缺损观音手的手指长度。2016 年，意大利学者对巴勒莫博物馆的一个大理石宙斯雕像进行了复原修复，通过对雕像及其宝座的三维扫描获取该塑像详尽的三维信息并构建了该文物的三维模型，随后将获得的三维模型与同一时期的几件雕塑类文物三维模型进行了比对分析，最终得到最接近宝座腿原始状态的模型，并运用了 3D 打印技术完成了实际修复。

缺损部位复原本质就是寻找几何特征相似性的问题，相似性又包含两个方面：自相似及它相似，即文物本体中的规律性特征或文物之间的相似性特征。不过无论自相似还是它相似，均是通过对文物三维模型进行几何特征提取与分析后，对特征的一个相似性度量的结果。而现有成果在文物几何特征相似性研究中尚未全面考虑文物整体的空间特征，也并未展开针对文物复原的几何形态反演及效果评定等相关基础研究。

2.文物三维模型的主要特点和流程框架

文物测绘与信息留存是文物保护中一项重要的基础且技术性极强的工作。传统的测量记录手段如绘图、摄影等只能获得三维文物的二维平面信息及影像，而无法详实地展现出文物的三维形态。随着三维建模技术的不断发展与成熟，文物三维信息留取渐渐成为文物数字化保护与修复的重要支撑手段之一。通过快速获取文物表面空间坐标，得到数字化的文物三维精细模型，从而实现对文物现状的真实、完整记录，辅助文物现状的调查与评估以及为后续进行的保护与修复提供科学依据。近年来，文物考古领域开展了一系列的三维建模技术应用实践工作，如故宫博物院的"数字故宫"系统工程；洛阳龙门石窟研究院的"数字龙门石窟"工程；美国斯坦福大学的"数字米开朗基罗"项目等。这些实践工作不仅促进了三维建模技术在文物考古领域的进一步开展与探索，同时也有力地说明了当前的文物三维模型已经广泛而深入地应用到了文物的协同研究与保护过程之中。

（1）文物三维模型的主要特点

作为满足考古发掘过程中获取各类信息需求，与为文物的虚拟展示、辅助修复提供支撑的手段，与一般实体三维模型相比，文物三维模型特点显著。

1）模型不易获取。我国现有重点文物保护单位4290处，仅故宫博物院一处就有藏品1862 690件/套，重庆大足石刻仅石刻造像就有5万余尊。面对数量如此之巨的文物存量，想要对文物一一进行数字化信息留存，难度可想而知。

同时，文物具有珍贵、易破损的特殊属性，当前绝大多数文物的数字化信息留存都需要得到相关文物保护单位的批准，即在对文物进行数字化之前就需要获取一定的资质并遵循相关要求。少量极其稀有、珍贵的文物甚至都没有机会获取其数字化三维信息。

2）结构更为复杂。文物保护与研究是专业性、技术性很强的工作。将文物实体数字化形成高精度三维模型，并在计算机中模拟现实进行操作，便于文物保护方案的制定、调整和实施，为文物实际保护工作提供科学的参考依据。

与他类实体不同，文物大小各异，姿态万千，精致细腻，以秦始皇陵兵马俑为例，素有千人千面之说。随着岁月的流逝，大多文物都呈现出残缺、破损的状况。因此，与其他实体相比，要想得到反映文物实体详实信息的三维模型，就必须要面面俱到，将文物的细节纹理、各类病症都清晰、准确的呈现出来，进而为后续的病害统计、虚拟修复、保护研究提供最精准的数据。

3）数据体量增大。文物体量各有不同。以重庆大足石刻为例，其宝顶山大佛湾8号龛的千手观音造像是我国最大的集雕刻、泥塑、贴金、彩绘于一身的立体型摩崖石刻造像，高约7.7 m，宽约10.9 m，正投影面积约84 m^2，展开总面积达210余 m^2。在对文物进行三维信息留存时，一般要经过多次数据采集，才能获得整个文物的完整数据，从而保证文物三维模型的真实性。如运用高精度扫描仪 Romer 对秦始皇陵兵马俑的7尊人俑、1尊马俑进行精细扫描与纹理采集，所获点云原始数据总量即为44.07 GB，纹理照片数据1.12 TB。

同时，数据体量的大小直接影响到后续文物三维模型数据处理的复杂程度。因文物三维模型数据处理包括点云预处理、三维建模、三维彩色模型构建，故相较于一般实体模型，在数据处理的过程中涉及操作更多，诸如数据的拼接、分割、简化和合并等，其数据处理量更大，处理过程也更为复杂。

4）精度要求更高。随着时间的推移，在长期自然影响和人为因素的作用下，许多文物都出现了严重的局部损坏，亟待修复。文物三维模型是反映文物本体状况最详实的数据，是其数字化留存、病害检测及虚拟修复的基础。文物三维模型数据处理是一个精细且复杂的过程，在这一过程中，无论是点云数据的拼合还是简化，每一步操作都伴随着一定精度损失。相比于一般实体三维模型，文物三维模型要求对文物的细节表达更加细腻，因此，在数据获取及处理时对精度的把控都更加严格。

5）隐含信息庞大。文物真实反映历史，但文物不会说话，因此文物本体上有众多的信息有待于挖掘。由于文物三维模型精度高，可近似看作文物本体的虚拟复刻品，故基于文物三维模型获取文物表征信息、挖掘文物隐含信息可有效避免实际研究中对文物直接接触而造成的二次损害。

随着计算几何、计算机图形学以及人工智能的快速发展，利用文物高精度三维模型提取文物显著特征，并对其进行分析以找寻其内在规律和特性，将使得文物有越来越多的信息被发掘并为人所认知。

（2）文物三维模型虚拟修复流程框架

文物虚拟修复流程包括现场踏勘、方案制定、数据采集、数据处理、虚拟修复、应用研究及成果。

在文物保护修复过程中引入虚拟修复，不仅可以避免在文物本体上直接进行修复实验以及过多人工接触对文物本体所造成的二次损害，而且可以为实际修复提供多种修复方案及效果以便文物保护专家和文物修复师进行评估分析。最终，文物虚拟修复的成果还能为实际修复工作提供描述文物本体的各式图件和尺寸数据，为文物修复提供科学指导和科技支撑。

在文物保护中引入数字化技术，是文物保护领域的一场技术革命，它不仅改变了文物保护的传统技术与手段，而且还进而影响了考古工作者、文物修复师的思维方式和工作流程。文物数字化及虚拟修复的出现，为文物保护开辟了新的方向，为建立文物保护综合系统提供了完整的空间信息基础和依据。

3.文物三维模型虚拟修复面临的挑战

文物是不可再生的历史文化资源，是国家文明的"金色名片"。加强文物保护、管理和合理利用，对传承和弘扬中华民族优秀传统文化，提升国民道德素养，增强民族凝聚力，具有重要意义。

近年来，以文物三维模型为基础，利用计算机虚拟现实技术，并与传统文物保护与修复工作相结合对文物进行虚拟修复，以辅助文物保护工程，已经成为国内外研究热点问题。尽管文物三维模型虚拟修复已取得较好的研究成果，但也还存在诸多不足之处。

（1）文物多源数据与尺度属性一体化

探索结合不同技术获取的多源数据成果对文物进行多维度虚拟修复；研究面向文物保护的专业化软件，当前对文物数据进行处理与虚拟修复几乎都在已有商业化工业软件中进行，此类软件精度较高、工具较为丰富，但在功能上相对于实际修复工作会有所不足；建立基于特征分层的多源、多维研究尺度，实现文物本体及文物间多尺度、全覆盖信息提取与挖掘。

（2）文物复杂特征的精准理解

基于机器学习、人工智能等理论方法探索文物特征认知与自动提取的理论与方法，研究建立文物复杂特征的准确提取、分类及语义化模型建立，建立面向文物三维模型的复杂特征描述、分类与建模方法，结合文物领域专家知识架设文物三维模型与科学虚拟修复的桥梁。上述关键问题的突破将形成完备的文物三维模型虚拟修复（覆盖全、要素全、关系全）理论与方法体系，实现文物虚拟修复由"单一、人工、不确定"到"多元、智能、更科学"的跨越。

第四节　VR技术对文物修复成果的数字化展示及传播

1.从文物保护修复理念看博物馆VR技术的应用前景

随着社会的不断发展，科学文化的不断进步，人们对文物保护的理解在不断地更新，对文物修复要求和认识、应用的理念也在不断变化。如今，预防性保护已成为文化遗产保护的共识，修复的科学性、最小干预性、可辨识性等原则也为学界普遍接受。作为肩负文化传承重任的博物馆，无疑要在文物的有效保护与积极开发中寻找平衡点。

那么，透过现代化的VR技术手段，在保持文物原貌或现状的基础上，拉近文物与普通大众的距离，无疑将成为促进我国文博事业健康、有序、长效发展的一个重要抓手。那么，什么是VR技术呢？

（1）VR概念及基本原理

简单来说，VR（virtual reality）技术，又称幻境或灵境技术，是借助于计算机技术及硬件设备，实现一种人们可以通过视、听、触、嗅等手段所感受到的虚拟幻境，最大限度地给予使用者各种直观而又自然的实时感知交互手段。

正如其他新兴科学技术一样，虚拟现实技术也是许多相关学科领域交叉集成的产物。其中，虚拟现实中的"现实"泛指在物理意义上或功能意义上存在于世界上的任何事物或环境，它可以是实际上可实现的，也可以是实际上难以实现的或根本无法实现的。而"虚拟"是指用计算机生成的意思。因此，虚拟现实是指用计算机生成的一种特殊环境，人可以通过使用各种特殊装置将自己"投射"到这个环境中，并操作、控制环境，实现特殊的目的，即人是这种环境的主宰。

大体来说，虚拟现实系统主要由以下五个模块构成。

检测模块，检测用户的操作指令，并通过传感器模块作用于虚拟环境。

反馈模块，接收来自传感器模块信息，为用户提供实时反馈。

传感器模块，一方面接收来自用户的操作命令，并将其作用于虚拟环境，另一方面将操作后产生的结果以各种反馈的形式提供给用户。

控制模块，对传感器进行控制，使其对用户、虚拟环境和现实世界产生作用。

建模模块，获取现实世界组成部分的三维表示，并由此构成对应的虚拟环境。

其特征主要表现在以下几个方面。

1）存在感，即用户感到作为主角存在于模拟环境中的真实程度。理想的模拟环境应该能达到当使用者全身心地投入到计算机创建的三维虚拟环境中时，其难以分辨虚拟与现实真假的程度。

2）多感知性。所谓多感知性是指除了一般计算机技术所具有的视觉感知之外，还应有听觉感知、力觉感知、触觉感知、运动感知，甚至包括味觉感知、嗅觉感知等。理想的虚拟现实技术应该包含一切人所具有的感知功能。

3）交互性。指使用者对模拟环境内物体的可操作程度和从环境得到反馈的自然程度（包括实时性）。例如，使用者可以用手去直接抓取模拟环境中虚拟的物体，这时手有握着东西的感觉，并可以感觉物体的重量，视野中被抓的物体也能立刻随着手的移动而移动。

4）自主性。是指虚拟环境中物体依据物理定律动作的程度。例如，当受到力的推动时，物体会向力的方向移动、翻倒，或从桌面落到地面等。使用者通过传感装置直接对虚拟环境进行操作，并得到实时三维显示和其他反馈信息。

（2）VR技术在博物馆的应用前景

文物是人类历史发展过程中遗留下来的宝贵遗产，是现代人了解古人利用自然、改造自然的重要桥梁，更是宝贵的精神财富。博物馆作为文物的收藏单位，无疑肩负着文物保护、展示的双重职责。

而馆藏文物资源的珍贵性、稀缺性及其易损伤性决定了文物的实体绝不可能为普通大众所广泛接触，但是在特定环境下，通过 VR 技术营造的虚拟幻境则能让普通人更为真切地"触碰"文物，感受其真实存在。

1）VR 技术可通过虚拟实景和虚拟虚景两种方式实现在线展示、"异地参观"

虚拟实景技术是指利用虚拟技术游览实体博物馆，即博物馆借助文字、语言、图像、视频等展现方式，通过移动终端为公众提供动态信息查询、展览查询及参观路线等多种辅助导览的服务方式，达到使用者不必"实地探查"，只需要在终端设备上进行简单操作，就能对参观对象拥有较为全面了解的效果。

虚拟虚景技术主要是对已经湮灭了的遗址、建筑进行场景复原。利用 VR 技术，通过考究布局，运用声、光、电等高科技手段动感显示、复原模拟古人生活生产场景，给参观者身临其境、穿越古今之感。而且随着网络技术的发展，特别是一些手游软件的开发利用，更是使虚拟虚景技术在博物馆的应用成为一种潮流趋势。

2）文物藏品信息资料的保存与共享

相较于在展厅陈列柜中展示的部分文物外，许多博物馆库房更是存放着数以万计乃至数十万计的文物藏品。显然，对于这些可移动文物，由于种种原因，其信息资料尚不完全，其价值尚未开发，其意义尚无法体现，其交流传播尚无从谈起。而虚拟现实技术提供了脱离文物原件来表现其重量、触觉等非视觉感受的技术手段，可以通过对文物实体的影像数据采集手段，建立起三维或模拟数据库，一方面实现濒危文物资源的科学、高精度和永久的保存；另一方面，可以利用计算机网络技术来整合文物资源，促进信息交流传播，实现资源共享，真正使文物成为全人类的共同财富。

3）文物个体的修复与利用

文物保护修复是博物馆工作的一个重要研究内容。在馆藏文物当中存在着大量易损文物，如果处理不当，就可能造成无法弥补的损失。而将 VR 技术应用在文物修复中则可有效避免这一情况的发生。

VR 技术在完成信息的初步采集后，可根据实际需要，模拟多种数字化修复方式和方法，再现修复过程中的各项环节，从而检验修复理念、技术和手段的可行性，提高文物保护修复的精准度。

具体说来，其步骤应包括：

①数据录入：通过三维扫描，获取待修复文物的数字化数据，并对数据库中的各类数据进行描述和归类整理。

②虚拟复原：利用计算机程序，结合先前修复范例，在虚拟现实系统中按照文物类型特征进行自动寻找、拼接。如果复原成功，那么就可通过 VR 技术直接展示。如果修复失败，亦可把三维模型存入数据库，作为参照对象进行对比分析。

③实体修复：按照修复原则，从多种复原方案中选择最为合适的一种，对文物进行显示修复，保证文物修复的正确性。

此外，对于一些建筑本身即为文物保护单位的博物馆而言，类比文物修复，VR技术的应用更多了一层现实意义：传承建筑文化，保护古建安全。

传统的古建筑保护和修复手法，需要投入大量的人力、物力和财力，且效率低下，在保护修复的过程中更有可能造成二次破坏。而利用VR技术和高速三维扫描设备，可以快速对需要修复的古建筑建立详细的立体影像，提供准确的定量分析，建立三维数据库，保存文物建筑的各种空间关系，为选择最佳的古建筑修缮保护方案提供视觉和数据方面的直观依据。

2.VR技术对古陶瓷修复和展示的研究和运用

古陶瓷文物是我国文化的瑰宝，由于受到自然灾害、城市开发、盗墓破坏等诸多因素的影响，许多文物和遗址已经或是正在遭受灭顶之灾，研究如何有效保护这些历史文物是当前迫切需要解决的重要课题。VR技术采用先进的计算机手段将古陶瓷文物的保护和展示相结合，有效提高工作效率，同时也为中国珍贵文物实施数字化迈出重要的一步。

重要历史文物遗址敦煌莫高窟，三星堆等已经实现部分数字化工作，同时期还有北京故宫博物馆，武汉博物馆等博物馆都在逐渐完成数字化进程。以VR技术为支撑开展古陶瓷文物的虚拟研究，主要需要利用人工智能、人机交互和信息处理等功能实现。使用虚拟技术修复古陶瓷文物不仅可以复原古陶瓷原貌还可以模拟历史环境，这都将极大地推动考古研究的效率和效果。

（1）国内外古陶瓷文物修复和展示现状

通过敦煌莫高窟和三星堆博物馆的虚拟展示经验，现在采用VR虚拟技术将为博物馆和文物修复等工作提供极大的便利，并改善了博物馆的参观方式和条件。通过采用计算机图像处理、人工智能、人机交互和信息处理等技术手段，为古陶瓷文物的保护、复原与展示提供了全新的研究方式。目前已经开展相关工作的国家有美国、德国、法国和意大利等国家，著名VR虚拟历史遗址文化应用计划包括：美国斯坦福大学等合作完成的虚拟米开朗基罗雕塑计划，该计划三维扫描大卫等10座著名塑像；意大利的罗马大学多名著名教授正研究对庞贝古城遗址进行原貌复原计划，通过VR建立庞贝古城的三维虚拟复原和展示；中国与德国合作将完成数字化敦煌古城，利用VR技术建立敦煌遗址的三维立体模型和网络漫游展示。

目前多个博物馆都采用VR技术应用于古代文物的修复、研究、展示和旅游等各个方面，这种面向古代文物保护与开发的VR专门信息技术研究，已引起学术界的普遍关注。在国内外图形学方面的国际会议上，对于将 VR 技术用于文物保护方面的专题已经开过多次，但受限于技术原因都处于初步的探索研究阶段。而在人工智能与图形学飞速发展的今天，由于计算机技术的进步带来数据存储、检索和比对的提高，使通过 VR 技术修复古陶瓷文物成为可能。

传统的三维展示系统虽然使用成熟的三维建模和渲染技术，整个过程通过人为建立三维模型和场景，手工设定光线和材质，建立摄像机模拟人眼视角和行动完成展示过程，然后模拟用户观察角度，设定光线照射和纹理阴影的方法进行真实感绘制。但是这种绘制技术存在一些明显不足，第一对于复杂场景的建模效果较差，真实感不强，特别是自然景观，常常达不到设计要求，第二建模花费成本较高费时费力，色彩层次不够自然丰富，第三对硬件设备的要求较高，所以很难达到真实自然的效果。

诸多学者探索如何克服技术上的不足研究真实自然的三维展示技术，目前最佳方案是采用实际照片作为展示素材，建立基于云台拍摄的照片置于天空盒，设定观察点的位置和时间，可以快速高效地展示 360 度无死角浏览，同时对于电脑硬件的图形加速设备要求较低。根据古陶瓷文物的特点，采用这种方法是最行之有效的手段，采用这种方法可以使用户环绕游览文物和遗址，也可以游览整个博物馆或遗址景区。

（2）古陶瓷文物修复研究

被称为手工化石的瓷器，作为易碎品在历史的长河中见证了朝代更迭，经过漫长岁月后出土的古瓷器以碎瓷片的形式遗存的居多。在古陶瓷的修复过程中，如何还原真实的历史面目成为科研工作者的重要任务。采用 VR 技术复原古陶瓷主要需要完成以下步骤。

1）清理古陶瓷碎片，将发现的古陶瓷碎片，分类和编号洗刷干净，然后利用三维坐标测量仪及三维激光扫描仪扫描古陶瓷碎片并存档。清理陶瓷碎片需要注意表面纹理和边缘的泥沙，扫描时需要注意灯光不能直接照射在陶瓷碎片上。

2）对采集的古陶瓷碎片图像的预处理，主要是对影响图像特征的噪点和反光区域精心优化处理，重点在于数字化处理图像的表面平滑度与边缘锐化增强。

3）对古陶瓷碎片表面的纹理和色彩特征的采集分析，提取古陶瓷碎片的色彩特征，在后续中的古陶瓷碎片分类过程中起着重要作用，为提高效率需要采用针对古陶瓷碎片颜色的聚类量化算法。

4）对分析完成的古陶瓷碎片进行图像纹理特征的提取和分析，对优化后的图像纹理特征进行有机融合，完成对古陶瓷文物的编号归类。通过基于核模糊聚类的图像分割算法，对瓷片图像进行分割处理，最后得到古陶瓷碎片的纹理图片。

5）利用 Pro/E、UG 等三维 CAD 软件绘制产品曲面，完成三维产品造型虚拟重塑。

在三维建模过程中将面数降低，以便完成的古陶瓷碎片的纹理赋予材质和贴图，选用 Virtools 外壳材质和 Unwrap UVW 命令完成古陶瓷模型。

6）以简约的标准，构建古陶瓷文物时代背景和灯光等要素，渲染效果图。

7）将完成的模型图像放入准备的天空盒中，一同导入 VRP 软件中制作 360 度全景浏览效果。

8）在 VRP 中完成其他后续操作并将其导出成 flash 控件。将生成的虚拟古陶瓷文物归类整理放入博物馆的数据库中，然后动态网站会自动完成古陶瓷文物的信息上传和展示。到这里采用 VR 技术对于古陶瓷文物的复制和展示就基本完成了。由于这种方法能够很好地保护和保存文物和遗址，同时亦有良好的应用前景，现在已经成为最佳的博物馆展示方法。

3.VR 全息文物修复

（1）VR 全息文物修复

1）新科技背景下的产物

VR 全息文物修复课题的研究是在新媒体技术兴起、VR 技术的应用愈加广泛和文物修复发展遭遇瓶颈的背景下提出的。VR 技术又称虚拟现实技术，综合了计算机图形技术、计算机仿真技术、传感器技术、显示技术等多种科学技术。它在多维信息空间上创建一个虚拟信息环境，能使用户具有身临其境的体验，具有与环境交互作用的能力，并有助于启发用户对环境的思索。虚拟技术的核心是建模与仿真。VR 技术作为一项尖端科技，是一门年轻的科学，其所营造出的沉浸式体验势必成为未来各信息领域的发展趋势。全息技术作为 VR 技术中重要的一部分，它的优点在于能够呈现出真实、立体的虚拟图像，达到以假乱真的效果。

全息显示技术通过光的折射和反射原理，使影像物体显示在空气中，显示在全息结构的空间中，观众可以不配戴任何 3D 眼镜就可以看到立体的画面效果，加上幻影幻真的动态影像，虚实结合带给观众强烈的视觉刺激和感受。全息技术为虚拟现实中的手段之一，而全息成像是基于全息科技的成像技术，将物体的全息影像投射到透明介质上，产生 3D 立体观感，提升视觉效果。全息成像系统也称虚拟成像，是基于"实景造型"和"幻影"的光学成像结合，将所拍摄的影像投射到布景箱中的主体模型景观中，演示故事的发展过程。由立体模型场景、造型灯光系统、光学成像系统、影视播放系统、计算机多媒体系统、音响系统及控制系统组成，可以逼真展示大的场景或大型产品。

近年来，全息技术越来越广泛应用于社会的多个行业或领域，并逐渐走进公众的视野。全息技术的发展和兴起同时成了 VR 全息文物修复课题完成的技术保障。

2）文物修复的行业困境

在 VR 技术发展得如火如荼的同时，文物修复行业的发展却处于停滞状态。

文物的修复与复制是一项技术性很强的工作，文物的类别不同，它的修复方法也不同。修复人员要掌握各方面的知识，结合科学的保护措施灵活运用修复方法。文物修复工作有两个方面的内容：一是清除文物上的一切附着物，二是修补文物的残缺部分，其目的是恢复它的本来面目。而在这两项内容的操作过程中没有任何一个专业人员能够做到对文物的零破坏。文物保护修复的复杂性也导致了文物修复行业现在的行业现状：

第一，历史文化遗产及其周边环境遭受建设性大破坏。第二，紧缺专业修复人员。库房深藏大量残破文物和极度稀缺专业修复人员之间形成的"不对称"由来已久，近年随着媒体的报道更成为文化遗产保护中一个著名的"矛盾"，以现有的人员规模，要修复全部受损文物需要上千年。第三，传统文物修复人才流失严重。第四，因为传统文物修复是一个耗时而回报很低的工种——修一件文物长则几年，短则数月，却看不到明显的经济回报，这也导致就业人员的数量逐年降低。第五，由于文物所处年代的特殊性，现代材料无法与之契合，盲目修补等于对文物的二次破坏。第六，文物受损严重或体积较大（古建筑遗址）不易修复。

我国文物保护修复领域遭遇困难与瓶颈，是 VR 全息文物修复诞生的起因。

3）VR 全息文物修复的诞生

在 VR 技术在国内大快步发展和文物保护修复行业遭遇困难的两大背景前提下，VR 全息文物修复应运而生。VR 全息文物修复课题的研究将 VR 全息技术引进文物修复技术，这一课题的实现将帮助文物修复行业解决大部分的行业难题。

（2）VR 全息文物修复的创新点

它具有以下几个创新价值：第一，对文物零破坏。利用 VR 全息技术可以在完全不破坏文物原有形态的基础上，通过电脑模拟复原文物达到修复的目的。第二，可复制性。实体文物的不可复制性为参观带来局限，而通过 VR 全息技术修复的文物可以大批量复制，打破地域性局限满足更多研究及观赏需求。第三，全新的观看模式。VR 全息技术提供了全新的观看模式，虚拟仿真文物不但可以"360 度"观看，还能同步展示文物所处时代、历史典故等的各项信息，使参观者更直观全面地了解文物。第四，节约成本。VR 技术人员与文物修复师的合作大大提高了文物修复的效率，缩短了人员及时间成本。第五，指导作用。VR 全息文物修复能够提供全方位的立体展示，它的加入满足了文物展览展示需求的同时为文物修复提供了前期的指导性作用，也为高校文物修复的教学课程和研究提供了非常重要的辅助作用，提供新的教学方式和方法。

（3）VR 全息文物修复课题主要内容

主要是专业 VR 技术人员在文物修复专业人员的指导合作下利用计算机图形技术虚拟合成修复文物，再通过全息技术达到立体的呈现展示。具体分为以下几方面内容：

1）VR 全息文物修复系统的建立

①文物数据库。数据库的建立对于 VR 全息文物修复的完成起到了奠基性的作用。首先收集大量的文物资料。包括年代信息，材质信息，造型信息等。

②文物扫描系统。文物扫描系统是将实体待修复文物纳入虚拟修复系统的桥梁。利用文物扫描系统将所修复文物进行"360 度"扫描至计算机中。

③文物虚拟构建。将扫描结果利用计算机图形技术对文物进行虚拟复原。计算机图形技术对扫描好的文物进行材质、颜色、形状等方面的数据进行分析和比对，然后进行虚拟复原。

2）VR 全息文物展示柜

VR 全息文物展示柜是利用 VR 全息技术即虚拟成像技术制成的，可完成"360 度"的全息裸眼 3D 效果，对文物进行全方位的展示。

（4）VR 全息文物修复的意义

VR 全息文物修复的研究意义在于，从一方面来讲，其有利于文物保护与修复行业的发展，从另一方面来说，它为 VR 行业乃至整个新媒体技术行业的发展提供了新的平台。其最具特色的意义在于它将两个学科结合起来，进行了跨学科的领域合作，利用新的科技手段帮助传统的技术手法。随着科技的不断进步和发展，未来 VR 全息文物修复系统的研究也将持续得到改进与完善。这项课题将成为一项持续性的研究，为人们的精神文明建设添砖加瓦，其任重道远。

第五节 考古发掘文物保护新技术探索与应用

一、RP 技术在文物保护中应用前景的探讨

RP 技术是 20 世纪 80 年代后期发展起来的快速成型（RapidProto typing，RP）技术，被认为是近年来制造技术领域的一次重大突破，其对制造业的影响可与数控技术的出现相媲美。RP 系统综合了机械工程，CAD 数控技术、激光技术及材料科学技术，可以自动、直接、快速、精确地将设计思想物化为具有一定功能的原型或直接制造零件。而以 RP 系统为基础发展起来并已成熟的快速模具工装制造（Quick Tooling）技术、快速精铸技术（Quick Casting）、快速金属粉末烧结技术（Quick Powder Sintering）则可实现零件的快速成品。

RP 技术，迥异于传统的去除成型（如车、削、刨、磨）、拼合成型（如焊接）或

受迫成型（如铸、锻，粉末冶金）等加工方法，而是采用材料累加法制造零件原型，其原理是先将 CAD 生成的三维实体模型通过分层软件分成许多细小薄层，每个薄层断面的二维数据用于驱动控制激光光束，扫射液态光敏树脂，使其固化，以逐层固化的薄层累积成所设计的实体原型。

RP 技术能将 CAD 的设计构想快速、精确而又经济地生成可触摸的物理实体。国外常把快速成型系统作为 CAD 系统的外围设备，并称桌上型的快速成型机为"三维实体打印机（3D Solid Printer）"。

（一）RP 技术在文物保护中的应用前景

随着 RP 技术的发展，从最初的模具制造到后来的产品开发、实体设计、外科美容，越来越多的领域引入了该技术。该技术以其精密、便捷、无损等优点受到了各界人士的广泛关注。

RP 技术在文物保护中也有着广阔的应用前景。该技术与激光三维扫描技术联用为文物的精密、无损的补配修复及翻模复制提供了一条便捷的途径。

联用的具体方法是将文物用高精度的激光三维扫描仪进行精密的扫描，而后在计算机中建立模型。计算机将这个数字化的模型数据再传导给"实体打印机"，机器按照计算机输出的数据建立模型。

以 DSPC 技术为例，其具体的成模方法为，计算机将被扫描物体进行数字化的纵切，而后将物体的每一个切面的图形数据传输给"实体打印机"，"实体打印机"控制在其底面均匀铺撒一层细质石膏粉，并同时控制喷头按计算机传输的物体的截面数据向这层石膏粉上面喷洒胶合剂。随着胶合剂的固化，物体在该截面的外形就被固定了。而后在这层石膏粉上再铺撒一层新的石膏粉，再按照计算机给出的该高度的物体的切面数据喷洒胶合剂。如此往复，一个物体的模型在短短几分钟之内就被"打印"出来了。这样"打印"出来的实体其实就是用胶合剂胶粘起来的石膏粉。模具再进行抛光、着色等处理就可以完成了。

这样制造出来的模具其精密程度是传统的任何一种翻模方式所无法比拟的。而且它既可以制作模具也可以制作范。从模到范唯一需要进行的工作仅仅就是在计算机中进行一个简单的数据转换。正是因为该技术的诸多特点，它可以应用于文物保护的如下情况。

1.濒临损毁文物的留取资料

在考古现场经常会遇到一个无奈的状况，那就是一些文物或遗迹，其自身的本体已经不复存在而，只临时保留有原本的外形。对于这种状况的文物，传统的方法只能是尽快进行拍照、记录以留取资料。但照片只能从二维的角度来再现文物的状况，且其重现质量往往会受到分辨率的限制。而 RP 与三维扫描技术联用的引人就将会使情况大为不同。当在考古现场再遇到类似的情况时，工作人员就可以先用手持式的三维扫描设备对文物遗迹进行细致的扫描，并将扫描数据传输并保存在计算机中。这样一来工作人员就获得了一个精确的、立体的扫描图像。而后将"实体打印机"与计算机相连接，进行实体打印。这样短短的几分钟之后，在现场就能够获得一个三维的、与原物一模一样的文物遗迹的复制件，该复制件上所保留的信息量将会远远大于传统的照片所能保留的信息量。另外，从博物馆的展陈效果而言，利用 RP 技术再现出的实体模型也要远远高于若干张平面的照片。

2.文物的补配修复

文物的补配是文物修复中经常遇到的一种情况。一般而言，文物的补配均需要在已有的器型上面进行翻模，而后再利用翻出的模具进行补配。传统的这种工作方法需要有丰富经验的修复者进行操作，才能得到令人满意的修复效果。而对于那些经验不足的修复者而言，该工作往往具有一定的难度。但当 RP 技术联合三维扫描技术应用于文物保护之后，问题就变得十分简单了。修复者只需要将已有的文物外形利用三维扫描仪扫描到计算机中，便可精确地沿着文物的残缺茬口"打印"出需要进行补配的残块模型，而后将制作好的残块模型粘补到文物上即可。这种操作即使是完全没有文物修复经验的人员也可以轻松完成。

3.文物的复制

出于文物保护的目的，一些珍贵的文物往往需要进行复制。传统的文物复制方法是利用文物本体进行翻模，而后利用翻出的模具再进行复制品的制作。这种方法存在两种缺陷。其一，翻模的过程很容易造成文物表面的污染，从而对文物自身的美学价值造成损失。其二，传统翻模方法的精度往往不是很高，即使是采用硅橡胶对文物进行翻模，其精度也不是十分理想（况且在翻模后还要进行浇铸）。

利用 RP 技术与三维扫描技术联用对文物进行复制，激光扫描以及快速成型技术的高精度，从而使得该技术制造出的复制品的精度将远远高于传统所有的复制方法。同时该技术可以直接制作出复制品，缩短了文物复制工作的周期。如需大量复制，该技术也可以通过文物的外形在计算机中制作出模具的三维影像，并通过"实体打印机"制造出文物的精密模具，利用该模具便可对文物进行大量的翻模复制。

（二）RP 技术的局限性

RP 技术的优点是：精密、快速、对文物没有任何的损害（不需要接触文物）、模范转换方便等。但由于技术及材料上的限制，它也有一定的局限性，即该方法制模价格较昂贵，因为该技术所使用的仪器设备较昂贵，且原材料多需进口（以 DSPC 技术为例喷洒的胶合剂均为国外进口，国内无生产）。因此该技术只可用于珍贵的、脆弱的文物的修复、翻模、复制等。对于大量的一般文物的保护，应用该技术的成本太高。

（三）前景展望

随着材料科学的发展以及技术的进步，RP 技术较为昂贵的问题必将得到解决。据报道一种新型的 RP 方法即三维打印机和概念模型机正在希望扩张到更大的市场，这些机器是为 CAD 三维建模软件系统的用户而设计的，已经上市的这些机器和传真机、复印机、打印机操作一样的简单、安全和平静，也不需要比其他办公设备更多的空间，同时它也没有像高端 RP 设备那么昂贵的价格。这种新型的办公设备使得设计人员能在不太昂贵的工程设计阶段方便、快捷、经常地制作实体模型。对于文物保护而言，随着这门新兴技术应用的普及，未来文物修复与复制行业必然会迎来重大革新。

二、激光清洗技术在文物保护中的应用

在文物保护修复中，可以使用高精度的激光束的激光汽化分解、激光剥离、污物粒子热膨胀、基体表面振动和粒子振动等作用，单项或综合作用，去除表面硬质结垢、沉积物、变质层，而保护器物的表面。对于石质文物、木质、金属、纺织品、玻璃制品，都可以在不伤害表面和有历史、艺术价值的锈层前提下，进行如此处理。

（一）技术特点

激光清洗机理主要是利用激光高亮度和发散角小的特性，把高能量的激光束聚焦后照射物品需要清洗的部位，基于物体表面污染物吸收激光能量后，或汽化挥发，或瞬间受热膨胀而克服表面对粒子的吸附力，使其脱离物体表面，进而达到清洗的目的。

激光清洗技术具有以下特点：它是一种"干式"清洗，不需要清洁液或其他化学溶液，且清洁度远远高于化学清洗工艺；清除污物的范围和适用的基材范围十分广泛；通过调控激光工艺参数，可以在不损伤基材表面的基础上，有效去除污染物，使表面复旧如新；激光清洗可以方便地实现自动化操作；激光去污设备可以长期使用，运行成本低；激光清洗技术是一种"绿色"清洗工艺，消除的废料是固体粉末状，体积小，易于存放，基本上不污染环境。

（二）激光清洗在金属文物保护中的应用

文物历史悠久，其表面都附着了很难清除的污染物。贵重文物（青铜器、金银器等）表面的老化层已经失去了机械强度和弹性，传统的清洗方法极易划伤文物表面，所以可以采用激光清洗代替传统方法。清洗一般通过选择不同参数的 YAG 激光使金属表面不同的污物吸收从而从基体上脱离下来，而基体本身不会吸收激光的能量。激光清洗采用了非接触清洗方法，不损害文物且去除了文物表面的污物，是一种高度可控和精确的去除污垢层及已经老化的保护材料的清洗方法。

激光清洗技术最初的用途就是用来保护和修复文物的，欧美国家在 20 世纪 80 年代已经将激光清洗技术用于古代典籍、雕塑等文物的保护。我国也在 21 世纪初对此展开研究，但研究对象大都为石质文物，后来，激光清洗用来清洗青铜器等文物。有学者成功地利用 Q 开关 Nd：YAG 激光器去除黄铜艺术品表面的装饰油墨以及腐蚀产物，并且不影响艺术品表面的光洁度。2013 年，又有学者利用波长为 1064nm 的 Nd：YAC 激光器成功去除镀金青铜器表面的铜腐蚀物，但由于镀金层的不均匀性，在表面仍存有部分残留物，因此对镀金层表面性能的研究和激光清洗应用应该同时进行。2016 年，有些学者使用纳秒 Q 开关 Nd：YAG 激光器对纯银制品进行激光去污，发现在不同波长下银制品的颜色和质量会有不同的变化，而在 532nm 可见光波长下未出现这种现象，进而确定了纯银文物的最佳清洗阈值。2017 年，利用 Nd：YAG 激光对镀银铜丝织物进行了腐蚀激光清洗，证实了激光清洗技术比传统的方法更有效。2019 年，等采用准分子激光清洗银表面硫磺结壳，结果表明其可有效地去除硫化物的表面镶嵌。

目前为止，激光清洗在文物保护上取得了长足的进展，但也存在一些问题，例如激光的各项参数选择不当，偏离于文物的清洗阈值，会使文物表面熔化导致微观形态变化和光学反射变化，所以在清洗时最好加入一层液膜以作保护。相比其他保护文物的技术，激光清洗仍有着巨大的优越性，我国对于此技术的研究刚刚起步，作为历史悠久的文明古国，有大量的文物亟待保护，在今后的应用前景是相当大的。

（三）激光清除石质文物表面污染物的操作工艺

激光技术作为清除石质文物表面污物一种技术手段，首先必须符合大的文物保护原则和文物清洗的基本规律，也即必须遵循前文的石质文物表面污染物清除的基本原则和流程，其操作工艺也必须符合激光技术自身的优势和特点。

就文物保护领域而言，激光清洗文物分为干式清洗和湿式清洗两种方式。激光干式清洗法，就是激光直接照射在物体表面，污染微粒或表面吸收能量后，通过热扩散、光分解、气化等方式使微粒离开表面。激光湿式清洗法，就是在要清洗的材料表面喷上一些无污染的液体（如水），然后用激光照射，在液体介质的辅助作用下，会产生爆炸性汽化，把其周围的污染微粒推离材料表面。

对于石质文物的激光清洗，其操作工艺最主要的是确定激光清洗的所采用的工艺参数，对于已经给定激光清洗设备的前提下，即激光波长、脉冲宽度已经确定，需要确定的是损伤阈值和清洗阈值两个参数。在激光清洗技术应用于文物有害污物的清除过程中，文物的安全性是第一位的，确定激光辐射对石质文物的损伤阈值（能量密度）是十分重要的。

损伤阈值定义为在激光辐照过程中导致石材发生损伤时所对应的最小的激光能量或强度。在激光辐照石质文物时，当激光能量和强度超过石材基底的损伤阈值时，会使石材产生损伤。为了确定激光对污染物的清除有效性，常用清洗阈值来表征。清洗阈值就是使石质文物表面污染物脱离的最小激光能量密度。激光清洗文物的辐射能量或强度的安全范围即为污染物的清洗阈值和石质文物损伤阈值之间。

根据上述要求，结合已有研究归纳出激光清洗石质文物的基本操作技术规程，主要包括损伤阈值和清洗阈值的测试，现场清洗实验、效果评估及其记录等内容，以干式清洗为例说明。

1.损伤阈值测试

制备损伤测试样品，选用与待清洗的石质文物材质相同的石材样品，要求样品表面无污染物。

固定设备的激光波长、频率，光斑尺寸、脉冲宽度、脉冲数，调节激光能量，利用激光光斑定位系统的可见指示光瞄准样品表面，对损伤测试样品的不同区域进行激光辐照。

利用实时在线监测系统监测样品表面在激光辐照前后的形貌变化，同时利用高精度的电子天平记录样品在激光辐照前后的质量。

为保证数据的可靠性及重复性，在同一个激光参数下，对多个区域进行辐照。

得到样品表面形貌经过不同激光参数辐照后的形貌变化，及样品在激光辐照前后质量损失量随激光参数变化的曲线。

分析数据，当样品表面形貌变化和质量损失量发生跳变时，认为石材样品发生损伤，此时的激光参数为该样品激光清洗时的损伤阈值。

2.清洗阈值测试

激光参数的设置与调整方式与损伤阈值测试中一致，利用可见指示光瞄准石质文物的待清洗区域，对石质文物表面的不同区域进行激光辐照。

利用实时在线监测系统监测石质文物表面在激光辐照前后的形貌变化。

为保证数据的可靠性及重复性，在同一个激光参数下，对多个区域进行辐照。

得到石质文物表面形貌经过不同激光参数辐照后的形貌变化规律；得到激光清洗

时使石质文物表面污染物脱离的清洗阈值。

3.清洗

当清洗阈值小于损伤阈值时，根据损伤阈值。确定激光清洗能量的安全值范围，即清洗阈值之上，损伤阈值的80%以下，并在其范围内，对石质文物表面污染物进行依次的清除。

4.效果评估

对清除的效果可采用目视拍照，显微观察、色度计测量及其污染物成分检测等方法进行评估。

5.档案记录和报告

清除过程中，必须对每一个步骤做好相应的记录，并依据清洗的各步骤清洗检测、试验、实施及效果评估等内容，撰写完成激光清除污染物报告。湿式清洗步骤与干式清洗方式基本相同，不同的是清洗时采取湿式清洗方式进行，测定湿洗清洗阈值，并在清洗时也采用湿式清洗方式。

第十章 文物藏品修复案例

第一节 魏晋青铜马保护修复研究

魏晋青铜马于 1991 年 10 月 3 日在甘肃省酒泉市行署院内的新建办公楼地基下出土，器物长 37 厘米、高 36.5 厘米，甘肃省肃州博物馆收藏。2008 年进行该器物的保护修复工作，在保护与修复过程中，通过分析检测等科学的手段对青铜器的相关病害进行了研究并成功地保护修复了这件国家二级文物。

一、保存现状与青铜病害分布

保护修复前青铜马通体锈蚀严重，全身布满绿锈，四腿与马尾断裂、两条前腿折断后其中一条保留下半部一小截，两条后腿下半部分全部缺失。

青铜马因物理化学及生物等因素而造成的病害有残缺、表面硬结物、全面腐蚀、瘤状物、孔洞、层状堆积、层状脱落等病害。其中表面硬结物布满了马鞍、马身马腿等处，马头处的绿色锈蚀为层状堆积，头顶、马嘴、马耳、马面有多处宽而深的裂隙，马口大张作嘶鸣状，口内残留有范土，腹部中空与残缺处也可见范土，周身锈蚀较厚，马鞍后坠挂一铜片。

在马鞍、马身上有多处孔洞，此处的锈蚀呈绿色、砖红色和浅绿色。

二、保护修复

在科学的分析检测基础上对青铜马进行了保护与修复工作，具体步骤由表面硬结物与可溶盐的脱除有害锈的去除、粘接补配、缓蚀封护等程序组成。

（一）表面硬结物与可溶盐的脱除

器物上的硬结物和土紧密附在基体或锈蚀之上，有的厚，有的薄，有的坚硬，有的则相对疏松。在对其机械除锈的过程中手动工具和半自动小型器具相互结合使用。对于手工难以去除的坚硬的土锈，采用六偏磷酸钠进一步去除。清除表明硬结物后，运用冷热交替的方法进行可溶盐的脱除。

（二）有害锈的去除

分析结果表明马嘴和腹部的锈蚀产物中含有 Cl^-。这些部位有害锈的清除首先采用了机械除锈法，手工除锈时选择刀刻字机等工具，通过在病害部位敲击或振动等技法将有害锈去除。机械除锈的方法不能将有害锈根治，因此，在机械除锈的基础上采用了局部电解还原、氧化银封闭的化学方法进行进一步的除锈。

（三）补配、粘接

青铜马的四条腿中三条残缺，只有一条腿完整，补配中采取了翻制模具的方法，以这条腿作模，翻制出其他腿来，然后将翻制好的腿焊接或者粘接到相应的位置上去。具体方法是，在完整的马腿上涂抹一层隔膜剂，截取一段棒胶经揉捏后翻制马腿的一个侧面。固化后在模具的边缘涂抹隔膜剂再翻制另一侧面，再次固化后取下模具，在其内腔涂抹隔膜剂。然后将残存的右前腿的马蹄部位卧进模具中，用揉捏好的棒胶填充在空腔中。然后合上模具并捆紧，待其固化后，取下模具，一条完整的马前腿就复制好了。两条后腿的制作跟前腿略有不同，因为膝盖以上部位前后腿不同，不能将断腿合在磨具中，所以只能根据两条断腿的缺失尺寸，按照上面的方法，在模具中做出两条后腿，然后和断口对接，最后将四条腿全部粘接到相应的位置上去。

（四）缓蚀、封护

为了避免因涂刷过程中造成的不均现象，魏晋青铜马采用了整体浸泡的缓蚀方法。由于青铜马锈蚀层较厚且腐蚀产物有的区域相对疏松，为了保证缓蚀效率，在缓蚀时增加了浸泡时间和次数。青铜马的封护采用刷涂和漫涂方法，Paraloid B72 对青铜器表面的锈蚀层很容易渗透，因而加强了对青铜器表面的附着力，刷徐中根据马头、马尾等不同部位选择毛刷，器物平面部位涂刷时要蓄少量的 Paraloid B72 溶液从上到下的刷动 2 次，对于棱角等部位则需选用合适的刷子刷。

第二节 贵州成化钟修复

一、概述

在贵州省大方县"奢香博物馆"陈列大厅内，陈列着一口铸铭汉、彝两族文字的青铜吊钟。该钟铸于明成化二十一年（1485 年），系水西彝族贵州宜慰使安贵荣和夫人奢脉为祈福捐资铸造。

该钟通高 135 厘米，口径 110 厘米，腹径 80 厘米，壁厚 2.5-5 厘米，重 300 余公斤。钟顶部为六角钟耳，耳两面中柱为浮雕饕餮形，钟身上部饰云雷信中，四方各块八卦铭文。其间相对铸有"日""月"铭文各一。八块彝、汉铭文成上下排列铸于钟身中部一周。在"月"字图案下联语为"皇图巩固风调雨顺"；左乾坎卦下有两块铭文，上块汉文阳铸："大明国贵州宣慰使司，水西日革信官宣慰使安贵荣、同缘夫人奢脉、男安佐。伏威贵荣，叩承世禄，职守边疆。扪心有自，报谢无由。是以夫妇谨发诚心，就于本境内之永兴寺所，喜舍资财，装塑佛像。铸造钟一口于本寺，朝暮声鸣，以镇一境。尚析佛佑，俾我子孙代代。"共103字。下块为彝文，均模糊不清。

二、铜钟保存现状及历史意义

钟身大部保存较好，但通体内外存在若被有害锈腐蚀的若干小坑；另在近口处（即"法轮常转"联语下），有长约100厘米、高16厘米的一块不规则缺口，并沿缺口两侧各有一条长约18厘米横向裂缝。

大方成化钟，是目前已发现的全国最早的西南彝族铭汉、彝文字文物。系安贵荣在云南大理引进名匠铸造，工艺极为精湛，即便在修复以前破损的情况下，若敲击钟体，其洪亮的响声仍可传至数里。所铸汉、彝铭文，为研究明代中原与西南少数民族地区间的政治、文化、经济之交融和"崇巫尚鬼"的地区佛教融汇史、西南青铜铸造工艺等，提供了极为珍贵的实物史料。特别是彝汉文并铭的风格，为其后的千岁衢碑、水西大渡河建石桥碑、慕都桥碑（这三座桥碑均为贵州省级文物保护单位），都具有不可估量的影响。

三、修复经过

（一）除锈、补配

该钟通体遍布严重的有害锈，钟体表面和内部被有害锈腐蚀成大小不等的若干小坑。补配前对钟体进行了有害锈的剔除。在没有铭文和纹饰的地方，采用传统的方式细致小心的剔除；在有纹饰和铭文的地方，采用化学方法予以除锈，比如用倍半碳酸钠浸泡，直至有害锈完全脱落。

该铜钟造型由多曲面构成，各曲面相互连接。而且其功能主要是用于敲击，无论对其形状、曲面间的有机结合与走向、合金比例弧度、角度、厚度等各个方面，都要求必须保证声音的有效传递。正是由于本铜钟所具的苛刻条件及考虑到修复后的声响效果，在制订修复方案时，注重对以上因素进行了再三的慎重研讨、采用不同配方材料一比较，以试片进行若干次的试验，并取样送请北京首都博物馆文物检测试验室对其合金成分做定性定量等几个方面的检测分析。根据分析结果，该铜钟的铜锡合金比例为73.828：27.720；铜、锡在铜钟上的背散射成分像状况为铜84.176%，锡石15.353%；检测结果还显示，铜钟对应的面铜（Cu）、锡（Sn）的分布状况是93.406%、5.392%。在这样的基础上，又请本省铸铜专家再次参与方案的制订，最终以最接近原钟的合金比例为成分进行浇铸补配，请技术好的老师傅做打磨。至此，铜钟的关键性环节才得以完成。

（二）着色、做旧、封护

浇铸环节完成后，剔除缝隙中多余毛刺，使浇铸面与原器物曲面平整吻合，按原纹路以传统的錾刻方法对钟体表面进行细致的修饰。同时，用氧化色、矿物颜料根据原锈蚀的形成层次，采用传统的弹、涂、刷、点等技法进行着色做旧处理，使之与原器物达到和谐统一。最后是对铜钟进行封护处理。采用的是首都博物馆有关专家推荐的 B72 材料进行喷涂保护。良好的封护可以阻止空气中有害物质对钟体的侵蚀，另外，此隔离层也可防止做旧颜色的褪色及脱落。这件残破的、庞大的青铜器物经过全体工作人员的协作努力，克服修复中各道难题，最终使之完整的再现在世人面前。

第三节 春秋时期洛阳青铜鼎的修复和研究

春秋战国时期的铜鼎是笔者最近修复比较多的一类青铜器。春秋战国时期的青铜器和商周时期相比，在器型和纹饰还有铸造工艺上有着明显的不同。

一、青铜鼎的破损情况概述

铜鼎总重 15 公斤，通高 28.2 厘米，外口直径 48.5 厘米，内口直径 45 厘米，双耳间距 59.5 厘米。器物器身被坑土覆盖，有大量锈蚀。器身严重变形，有三处开裂，器身保留有一足，连接处凸起变形。铭文部缺失约三分之一，字迹模糊。器身有一处明显补铸现象，经专家鉴定为原铸时有缺陷而补铸。器物本身缺失一足，有一足残损掉落。器物耳旁有部分缺损。

二、制订青铜鼎初步的修复方案

在与会专家整体看过铜鼎的完残情况后，经过讨论一致认为：首先要收集铜鼎有关考古发掘资料，对于残片尽可能收集，这些资料由洛阳博物馆提供给首都博物馆技术部后，首都博物馆才可以开始修复工作。铜鼎器身的墓土要进行检测，了解出土地点的环境及埋藏情况，分析锈蚀成分；进行 X 光检测了解内部损伤、垫片分布等铸造信息；基体合金成分检测，了解铜鼎铜质合金状况。专家指出：要注意进行整体加固处理后才可以进行清洗，对于器身整形过程中要做到基本完整，需要进行补配的部位进行铅锡补配。

根据铜鼎现状和专家意见特制订修复方案如下。

1.对文物拍照

采用 X 光检测文物内部情况，对不同部位的土样和锈样进行分析检测。

2.铜鼎清洗

用绳子对铜鼎外部捆绑进行加固，去除表面浮土及污渍，去除下的土样要进行收集和保留。由于铜鼎锈蚀比较严重，故清洗时要多加注意，以免再次开裂变形。

3.建档

清洗后将残损铭文部分做拓片，留档备案，所缺铭文部分没有依据不予保全。

4.对铜鼎进行整形

用大芯板做外套，把整个器物坐在外套上，一点一点进行外部整形。用卡兰对底部凸起部位进行卡住整形，慢慢调节卡兰位置，达到最后整形的目的。开裂的三处先进行整体拼接，拼接好后根据器物自身情况用不同的方法处理。如铜质较好则进行焊接，用一般锡焊即可；如铜质较差可以采用胶粘法进行拼接。

5.对铜鼎缺失一足进行翻模补配

用原有掉落一足作为补配依据，根据情况进行翻模，翻好石膏模后再铸出锡足，最后将铸造出的锡足根据铜质状况选择是否进行焊接。

6.标准

根据文物保护法不改变历史原貌的原则，做到器物外部适应展览的要求，外部花纹清理要相当仔细，达到基本完成，内部可以保留部分痕迹，为以后进一步研究做基础。

7.器物的做旧

要根据修旧如旧的原则进行器物的做旧。用矿物颜料和丙烯颜料结合的方法对器物做旧，器物外部做旧要精细，以达到展览效果。

8.档案资料整理

所有修复过程的资料都要留有文字及影像资料记录，建立完整的修复档案。

三、青铜鼎的具体修复和分析研究过程

首先对铜鼎进行了细致的拍照，把每处破损情况都精细地记录下来，这样不仅在修复过程中可以起到很大的作用，而且在修复后也能起到一个对比的作用。在拍照结束后根据制定的修复方案对铜鼎进行了采样，从器身、口沿、足部和器物内部分别取土样，和实验室的老师合作对器物进行了金属成分的分析工作。经过馆领导和博物馆领导的批准，对铜鼎进行了无损探伤的实验，经过和实验室老师的密切合作用仪器对铜鼎内部、外部补铸部分都进行了实验。通过实验能清楚了解到铜鼎内部是否有残缺。

通过这样一个无损探伤的实验，既保护了器物本身没有受到伤害，还能清楚地了解器物在铸造或者埋藏期间存在哪些补铸痕迹和内部的伤痕。这是第一次和实验室合作来完成青铜器的无损伤实验，在今后的修复过程中和实验室进行进一步地合作，为科学修复文物打下良好的基础。

在进行了对器物本身的取样研究后，接下来就要对铜鼎进行修复了。本着不破坏器物本身这个前提，为了不在修复过程中再次损坏器物，经过和姚老师讨论决定在器物整形的过程中，使用卡兰进行外部整形。使用大芯板做外套把整个器物坐在外套内进行局部的整形，这样的方法不仅可以使器物不再因为外力进一步开裂破碎，而且在整形过程中还可以用卡兰卡住后进行局部的焊接和粘接。

局部部位如铜质较差可以采取粘接的方法，不管是焊接还是粘接一定要保证接缝平滑对齐，这样能为修复后的做旧工序节省不少时间。铜鼎开始送来修时经过查看缺失一足，虽后来找到缺失的一足，但还是根据来时情况对缺失的一足进行了复制工作，这在修复过程中也是十分关键的。经过对原有一足的仔细测量和比对，用石膏翻模法对缺失的一足进行复制，复制后用锡水进行烧铸，成型后与原有足形状、尺寸大致吻合。翻模时需要注意的事项很多，主要是石膏的调兑比例和浇铸时温度的掌握。新足浇铸成功后如需补配在器物上就要在新足的内部加装铜片，这样一来补配后才能更加牢固。

在对器物外部进行整形焊接和粘接后，下面要对器物内部和腿部、足部进行补配和整形了。器物的下部从中间断开，腿部靠近器身部位仅仅连接一小部分。首先采取粘接的方法，对腿部下段进行拉网式粘接，所谓的拉网式粘接就是用美国堵漏胶先进行底部的粘接固定，然后在上面拉一层铜网。铜网的作用是加大接触面积，使器物粘接处更加牢固。最后在铜网上面再粘一层914胶，这样粘接后的部位比一层胶粘接更加耐用牢固。

用同样的方法，对器物的两个足部进行了补配和粘接。在进行完足部的修复工作后，器物基本可以站立起来，但是器物的外圈还是需要铜箍进行加固。进行加固的铜箍也是这次修复时第一次用到。先测量出器物口沿外径的尺寸，然后用铜片裁成铜条形状，两头分别安上螺丝，这样不管器物在进行移动或者是翻转的时候都可以保证器物焊接和粘接后的接口处不会再次开裂。

外部的整修和补配完成后就要进行内部和口沿的补配了，器物口沿部分需要补配的较多，用铜片根据缺损的形状进行相应的补配。因为器物本身的铜质不是很好，很多地方已经矿化，基本没有铜质，所以只能采取粘接的方式进行补配。在粘接时还是与外部补配的方法一样，进行拉网式的粘接，提高粘接强度，内部有几处比较大部位的缺失也进行了铜板的补配。器物在某些地方出现了高低不平的现象，这是因为器物整体变形得比较严重，通过补缺的方法对不平的地方进行了整体的填补，这样一来从外观上看整个器物还是比较规整的。其中比较大的缝隙处，如果只是采用胶粘的方法很难起到牢固的作用，因为器物本身也有一定的变形，所以运用订书器的原理，在比较大的缝隙处用铜棍做成卡子，在粘接完成后再卡住粘接部位，这样强度就更大了，安全性也更高。

最后，整体的补配和整形完成后就要进行整体的清洗和做旧工作了。在进行整体的清洗工作时，首先用纯水进行了局部的清洗，尤其是花纹和铭文部分；其次在坑土比较多的地方使用了苯丙三氮唑配置的药水，对部分坚硬的坑土部位进行了处理。在做旧的同时器物四周的花纹处有一小部分缺失，根据局部花纹的特征，再结合花纹的规律对缺失的部分进行了雕刻，用矿物颜料和丙烯颜料进行最后的做旧处理。整个铜鼎修复完成后使用 3%的 B72 溶液对器物进行了整体的封护保护处理。这样一来整个的铜鼎修复过程就完成了。

第四节 三彩珍珠条纹盖罐的修复

唐三彩是一种低温釉陶器，也是唐代彩色釉陶的总称。唐三彩所烧作品除黄、绿、白（或红、绿、白）三色外，还包括蓝、赭、紫黑等颜色。它多以纯净的白色高岭土烧造而成，烧成后的胎体颜色有白色淡粉色或淡黄色等多种。20 世纪初，唐三彩首次发现于洛阳，目前出土多集中于西安洛阳等地。作为华夏文化的一朵奇葩，唐三彩继承了我国历代工艺品的优秀传统，创立了唐代彩色塑陶艺术的独特风格。唐三彩器物的造型浑厚丰满、做工细腻、刀法质朴、线条流畅，它采用我国独有的低温烧制工艺，各种釉彩自然融熔流动，互相渗化，产生了五光十色绚丽多姿，人工彩绘难以期冀的艺术效果，体现了我国古代雕塑艺术的成就。

本节所叙述的是一件盛唐时期三彩珍珠条纹盖罐的修复过程。它是为了洛阳博物馆新馆陈列所修复的一批三彩文物中的一件，出土于洛阳关林大道，胎体为淡红色，圆口、短颈、丰肩、鼓腹下收平底。口、颈部施黄釉，腹以上及盖以绿釉为底，间施带珍珠白斑的棕黄釉竖条，色彩艳丽，造型美观，为盛唐时期不可多得的珍品。在修复前罐体较为完整，只是一侧腹身及器盖破碎，其中盖的外廓已完全破碎。罐高 21.5 厘米、口径 10.6 厘米，共残 16 块。经认真拼接比对，罐体残块 5 块，盖残块 11 块。拼对时以纸胶带在内侧对残片简单对比复原后，发现腹部有缺失长约 10 厘米、宽 8 厘米的破洞；盖上有缺失长 5 厘米宽 5 厘米的破洞，而且盖沿处也缺失近三分之一。

一、修复方案

文物修复是一项综合性的学科，每件文物修复前都要根据它现存状况和材质作出全面、综合的分析研究，制订出科学的修复方案。方案中要明确使用什么样的方法，什么样的材料，达到什么样的目的。作为博物馆修复，目标就是要保护文物，在保护的同时能够达到展出要求。所以，方案的核心内容就是通过科学、合理的修复手段，最大限度的延长文物寿命，做到对文物的保护。因此，所使用的修复方法材料、工具一定要安全可靠，确保对文物无害。同时，还要对修复过程作出全面综合的分析，对修复中可能会出现的各种不利因素要具有预见性，并设计出安全可靠的操作程序，避免不利因素的产生，做到心中有数，万无一失。

这件三彩珍珠条纹盖罐由于在库房内存放时间较久，表面已布满灰尘，从断口处观察，它出土后未做仔细的清洁，每个残片断碴处都有不同程度的土蚀，虽然不严重，但有些已侵入胎体。釉面用较潮纱布轻擦后除灰尘并无其他侵蚀，清洁较为容易。根据它的保存现状及对修复过程的综合判断，制订出了较详细的修复方案。修复方案在确保安全的前提下，考虑到操作中的一些不确定性，具体细节根据实施过程再进行完善。方案的操作步骤为清洗粘接补缺做色复原四步。考虑到釉陶胎体较脆，特别是它的断口处并不平整，有些地方斜面较大，不小心就会再次断裂，所以在方案中明确了操作一定要小心谨慎，绝不可由于人为原因而再添新碴。同时也根据以往的修复经验，在粘接过程中由于残片较多，粘接剂在粘接残片时本身会产生一定的厚度，对整体复原会有所影响，很可能难以顺利按原碴复位，这种情况只有待实际操作中将大块残片复原后，根据实际情况再研究处理。

二、修复过程

（一）清洗

在三彩修复中，平常所常用的清洗工具有软刷、毛刷、排刷牙刷、纱布等，清洗液使用的是蒸馏水，因为自来水中含有大量的漂白粉或氯气等有害物质，对文物是有损害的，所以不能作为清洗液使用。操作过程先用微湿纱布对表面土尘洁除，在不伤釉面的情况下用牙刷轻轻刷去较厚土锈小包。清洁断面过程中一定要注意不可碰伤斜面较大的碴口，用手术刀和牙签对断碴处土蚀仔细剔除，再以牙刷蘸水轻刷，反复多次，直至断碴处洁净。在此次清洗过程中，对于较为平整的断碴使用了洁牙机清除土蚀，效果尤为不错。方法是将洁牙机出水量调整较高，使水雾较强，超声波挡位调低，在操作中轻微细致，以洁牙头平面低档轻触式慢慢清理，切不可用洁牙头尖部去清，以免损伤胎体。

（二）粘接

文物粘接所使用的黏合剂分为天然黏合剂和化学合成黏合剂两类。20 世纪 50 年代左右使用的是由虫胶树胶、鱼胶等为代表的天然黏合剂。从 60 年代开始，环氧类胶就开始广泛运用于文物修复，品种有环氧树脂 618、SW-2 等。而现在使用较为普遍的是 914、AAA 等，其中 AAA 超能胶由于粘接强度牢、固化速度快、耐老化、无色透明，防酸防碱耐低温等特点已逐步替代其他型号的环氧树脂，并被广泛使用在文物修复中。

本次三彩珍珠条纹盖罐的粘接剂就使用了合众牌 AAA 超能胶。经过上一步清洁处理后，先对器盖破碎的 11 块进行了粘接复原，根据整体性的原则，先确定每块残片的具体位置，再一片一片粘接，在粘接时都能顺利合碴复原并保持表面平整，但粘接处釉面缝隙较大，表面所溢出胶液先以棉签擦拭，再以棉签蘸丙酮清洁釉面残留胶渍，盖体粘接顺利完成。

器身粘接时由于残片较大，在比对时就发现即使不考虑胶液产生的厚度，本身如果按原碴口复原就有残片整体卡不进槽的情况，按多种方法拼接试验，无论是先局部还是先整体，最后一步均无法合人器身，总是有相错部位。如果卡入器身，表面会外拢，同时原碴处裂缝也会较大。仔细比对后，在器身一侧有长约 2 厘米、厚度约 3 毫米部位已与原碴无法吻合，形成了小凸而无法合缝。如果在器壁内侧打磨掉这 2 厘米部位，就能顺合合缝使表面恢复原状。经反复验证，确定在内侧打磨并不伤及釉面的情况下，对胎体内侧打磨掉了长约 2 厘米、厚 3 毫米左右的部位进行了细微打磨，使得器身完全吻合。粘接后，使用热熔胶进行固定，待胶液完全凝固后轻轻铲去热熔胶，粘接工序完成。

（三）补缺

陶瓷器补缺材料较多，修复后的效果各不相同，如环氧树脂和滑石粉、白水泥、云石胶和石膏等。现在越来越多的新材料也被广泛应用于文物的补缺，此件三彩珍珠条纹盖罐就使用了由瑞士产的爱牢达 CDK520 环氧基类树脂，我馆曾用它修复过多种不同类别的器物，它分为两组份，按 1∶1 比例调和后，颜色呈淡红色，和罐的胎体十分接近。CDK520 在夏季通常半小时后固化，它在硬化的同时有极强的黏着性，可牢牢的与断面连接，固化后可打磨平整，稍作色彩处理就会与原胎体融为一色。另外由于粘接后表面缝隙较大，它还可以用于填缝加固粘接面。

器身操作步骤为：先补破洞，再填缝隙，最后修整。器身处缺失破洞以锡纸衬入洞的内侧，用纸胶带固定，再以手术刀抹 CDK520 树脂在洞的侧壁面上先刮一层，使树脂能够咬住器壁，然后再将大片树脂填入洞内直至完全填充。填充完成后，用手衬托锡纸，以医用压舌板将表面的树脂抹匀并尽量抹平整，至此器身破洞补缺完毕；破洞补完后以压舌板抹树脂再将器身处粘接时的缝隙填补完整，完成填缝工序。待树脂完全干燥固化后，先用裁纸刀细微地削平表面，再用细砂纸打磨，直至光滑合缝。

器盖的缺失处使用了树脂和石膏相结合的方法，这样考虑主要是为了节约成本。因为CDK520树脂是进口材料，价格昂贵，而器盖由于相对器身来说器型较小，而且AAA超能胶完全可以达到盖身的粘接强度。所以，在盖沿缺失部位使用的是树脂材料进行补缺，而盖面上的破洞及填盖使用的是石膏材料。操作步骤和器身修复一样，直至最后将表面打磨平整，整体的补缺工序结束。

（四）做色

修复的最后一道工序是做色复原，也是最难掌握的一道工序。做色不仅要有良好的美术基本功，还要有良好的实际操作能力。一件器物修复的好与坏实际上很大部分取决于最后的做色工序。平常在做仿釉时，一般使用两种方法：一是清漆内加入稀释剂和颜料调和后做色，然后罩亮光漆；另一种是以颜料直接调好后做色，再罩亮光漆。针对这件三彩珍珠条纹盖罐色彩较为丰富多样的特点，使用后一种方法，即用丙烯颜料来做色，后再罩亮光漆。上色时一定要先将颜色在调色板上调好，认真与器物上的颜色比对后用毛笔涂色，反复多遍，直至与原物色彩一致，融为一体。最后再喷上一层仿釉亮光漆达到釉色效果，修复完成。

第五节 馆藏明代《钟馗驾牛图》的修复

一、《钟馗驾牛图》相关背景

此画为明代人所画，画的是钟馗驾牛。钟馗，是中国民间传说中驱鬼逐邪之神。民间传说他系唐初终南山人，生得豹头环眼，相貌奇丑，然而却是才华横溢，满腹经纶的风流人物，平素为人刚直，不惧邪祟。在唐玄宗登基那年（712年），他赴长安应试，取为贡生之首。可殿试时，唐玄宗和奸相卢杞却以貌取人，从而使其状元落选。钟馗一怒之下，头撞殿柱而死，震惊朝野。民间流传甚广的钟馗捉鬼，来自《逸史》记载的一则故事，使人认为含有趋吉避凶之意，故多喜之，逢年过节经常购买，挂于家中。

二、文物现状

由于该画年代久远保存不善等原因，在送修时整幅画颜色暗淡，水渍油渍、污渍严重（尤以天地头水渍污垢最为严重），画心左下方有白霉，并有多处折痕，左半部翘起多处，画心一部分已酥脆，布满破洞，破洞处原全色发黑，天杆开裂，地杆轴头缺失。

修复前所看到的只是整幅画的表象，只有在实际工作中才能了解其内在的情况，对整幅画和破损部位做了详细的拍照，并在初步制订了文物修复方案后，才开始动手进行修复。本幅画是在 2008 年 12 月开始修复的，室内温度控制在 18℃-22℃之间，相对湿度为 55%-60%。

三、修复过程

第一步，清洗。首先用鸡毛掸子把画面上的浮土扫去，再用小刀把虫屎、污点等污垢剔除。然后用毛笔蘸温水将天、地杆浸湿，待松软后，揭开包天、地杆的绫子，将天、地杆取出。之后用软排笔蘸 80℃的开水清洗画心局部有霉处，并对画心起翘处加固。待白霉较淡后，用温开水对整幅画轴进行淋洗。具体方法：首先用排笔蘸温开水淋洗，淋洗时排笔不要接触到画心，以免对破损的画心造成伤害，然后把带有污渍的黄水用排刷轻轻挤出。待整张画心洗过一遍后，用潮毛巾由上至下、由下至上滚动把污水吸掉。照此程序淋洗数遍，直至无黄水为止。

第二步，揭镶料。本着文物修复的最小干预原则，在能够保留原物就保留的基础上，对画幅本身的镶料进行了仔细观察，觉得还是比较完整的，所以只对其进行了清洗除污，采取保留原画本身镶料的方法。清洗过后，先将镶料沿着镶缝揭下，把镶料背面的褙纸与镶料本身的托纸揭掉。接下来又重托了一层宣纸。在上纸前，托纸还需潮水、叠好，让水汽自然闷透，再打开刷平，给绫子背面刷上糨糊，进行托纸。上完托纸后，为了上墙绷平而又不伤镶料，还要在镶料四周上软距条后再上墙。天地头、两边、上下隔水都采取了此方法。

第三步，揭画心。使用了修复绢本画时的传统技法，把画心正面用水油纸加固，这样做既能固定画幅，又能对画心起翘处有加固的作用。做完此项工作后，接着两人把画撑起拉平，使画心扣于案子上排实，进行揭取。在揭掉部分褙纸后发现，此画以前修复时，使用的是整托绢的方法。因此考虑揭整托绢的画心在揭取时会对画心本身伤害很大，并且在进行仔细观察后，发现画心与整托绢还是比较牢固的，所以决定只揭掉褙纸，并在整托绢上再加托一层染色的薄棉连纸。

第四步，隐补、贴条。虽然画心的背面已加托了一层宣纸，但破洞的地方仍少一层本纸，与四周厚薄不一致，即造成拉力不均，须进行隐补。画心背面的破洞地方用单层宣纸进行隐补，补时用纸要大于破洞，多余的部分用小刀轻轻刮掉，周围刮出毛茬。对画心折裂、断裂的地方，也要贴条加固，目的是为防止日后画心从有折痕的地方再次断开。最后刷上胶矾水，再垫上水油纸排刷。刷胶矾水的目的是为了全色打基础，能防止涸散，固定颜色。最后上墙抻平。

第五步，全色。为了使画意更加完整，就需要链接缺失的画意，补全颜色，所以全色是装裱过程中十分重要的环节。将明矾和骨胶调成的混合剂刷于画心背面（因为明矾的晶体有吸水性会使全补的颜色吸附在画心而不会扩散），衬垫水油纸进行排刷，使混合剂充分渗透于画心。全色不能像画家画画那样一气呵成，而是要一笔一笔，反复地全色，由浅入深，先补小洞和缝隙，再修补大洞的颜色。此次修复，还使用了分光测色仪，对画的颜色进行了观察，并对全色后与原画的色彩进行了分析对比，达到了良好的效果。

第六步，装裱成品。因为使用的是原镶料进行装裱的，在镶活前，对画心和镶料进行了厚薄的测试，由于画心原本经过修复，使用的方法是整托绢，而且为了保护画心又加托了一层薄棉连纸，要比镶料略厚一些，所以在镶活后又在镶料后面加托了一层单宣纸，以达到包后均匀的效果。又经过卷边，覆褙，装杆研活。最后装裱成轴，恢复了原画的神韵与风采。

第六节 国家博物馆馆藏家具修复

中国国家博物馆馆藏家具来源分为三个部分：一是新中国成立初期来自社会的捐赠；二是由故宫博物院和国家文物局调拨；三是近几年海外征集。故宫博物院调拨的一批家具占主要部分，当年调拨的主要目的并非藏品，而是充当办公家具用品。虽然历时多年，这批家具在原中国历史博物馆的保护下得以幸存，其中不乏有很多优秀的明清家具掺杂其中。由于对古代家具历史阶段的不同认识，尤其被充当为实用家具，其历史阶段多次修复，对家具造成不同的破坏和损伤。

随着社会对古代家具认识的不断提升，国家博物馆由历史博物馆和革命博物馆合并后，首先提出增设一个古代家具馆，馆内家具藏品的修复也提到日程上。

首先，国博工作人员汇总所有的馆藏家具，分类、造册、拍照，聘请家具专家评定，挑选一批有代表性和价值较高的家具作为首批修复对象，共同制定了修复计划和修旧如旧的修复原则，现选两件颇具代表性的家具介绍。

一、紫檀官帽椅一对

此椅高98厘米、宽48厘米、长62厘米，为清前期"造办处"所制。其中一只搭脑、背板、扶手、联帮棍、脚枨下罗锅尽失，经核实，曾经"鲁班馆"动手修复过。软屉被改成硬屉，为了方便装扮贴席，藤席嵌槽做降低处理，弯弓改成直穿带。为了掩饰，其底部做了灰底处理。原为一只，可幸的是修复前在国博位于西华门的仓库内又发现另一只，经过比对称测，确属一对。搭脑和背靠板均在，经申请得以拍照和拓样，得到准确数据。

第一步工作是拍照，记录修复的每一个过程。第一步是拆卸，为了不损坏原件的内部结构，一般采用多次热水浇灌或浸泡的方法化胶，然后用橡皮锤适度震荡，拆卸后，座面内槽均露出藤眼部位的痕迹证实为软屉结构，由于历史上的粗劣修复，格角内暗榫均被破坏只遗留下一处。

接下来是选料及补配丢缺部分，座面柜架内槽部分做了垫高处理，由于得到准确数据，搭脑及背板线条和体量的细微变化得以再现。补配结束后，要整体合成校对一遍，然后再拆散，以便油工进行下一步工作，局部做旧。做旧也是一份颇具挑战性的工作，首先要了解古代硬木家具整个工艺过程，这些工艺过程一步不可缺少，在这些基础上才能做旧，取得与其他老部件色泽一致的效果，做旧完成后，整体胶合，一般采用可溶于水的胶（例如鱼皮胶、猪皮胶），最后一步是编藤。藤料是购于马来西亚的细藤，购回后还要重新加工削薄，进行整形处理，获得不超过1mm宽的藤皮，以此种原料织出来的藤席可与旧时的藤编相媲美。全部工序完成后，还要进行保养，一般采用美国原装的柠檬油擦拭。

另一件与之成对的紫檀南官帽椅不久也送来修复，座面也同为硬板贴席，最为可惜的是靠背板在过去修复时画蛇添足的嵌入桦木瘿两片，极不和谐，取出后嵌的瘿木部分，重新填入与背板木纹相适应的紫檀木，由于背板在视觉上是首要部位，给做旧工作带来很大难度，经过一个多月的反复擦拭、比对。获得一定的效果。

二、清前期紫檀塌

在盘点国博位于西华门的仓库时，我被一样残缺的紫檀塌深深吸引，这件紫檀塌目前还是孤例，艺术价值较高，于是着重申请修复此塌，得到馆方批准。

此塌四足缺损，其下部结构造型不明，因为孤例，很难找到比对，该塌四周牙板有不同程度的破裂和损伤，边抹也有局部的缺损，藤面系后编，效果粗糙。

家具的修复要根据每件家具的特点和具体情况制订出合理的修复方案，予以科学的修复。应该特别说明的是，绝非所有丢缺部位的家具都能得到准确的复原，丢缺部分在原物中所处的方位和重要程度对家具的复原十分重要，整体的风格是否一致，都与之息息相关。修复小组反复参考了大量家具的图文资料，几易复原图，甚至打了木样效果，最后才确定造型方案。在接腿的工艺中，遵循把损伤降到最低的原则，并且为了加强连接部分的强度，采用套接的方法，其交接处以暗榫相连。在取料时颇为费神，尽力挑选与原旧物木纹相对应的紫檀材料，为以后的做旧创造良好的条件。此件家具经过拆散后，发现其大抹边有变形的倾向，采用浸泡加热蒸校直，腿部连接后，雕塑工作人员进行细致的塑形工作，得到与原物气息相通的艺术效果，接下来是一连串做旧胶合，编藤和保养工作。最后取得令人满意的效果。

修复旧家具比做新家具更费工时，技术难度更高，像外科手术医生。同时每一件家具的修复都是一次新的挑战，家具修复也是一门艺术，需要很高的修养。

第十一章 数字博物馆中藏品信息管理技术

博物馆藏品数量多、信息量大，加上信息时代的到来，各种多媒体信息被使用到博物馆中，因此人工的管理方式不能满足日益膨胀的博物馆数据，数字博物馆的建设是大势所趋。由于博物馆种类、规模的差异较大，工作流程各有不同，并且全国各类博物馆数字化建设起步时间不同、建设情况也不同，从总体上看，国内博物馆数字化建设事业中存在的问题也很复杂。本章将对析论数字博物馆中藏品信息管理技术进行分析。

第一节 绪论

一、绪论

博物馆信息开始于考古发现，包括藏品的征集、藏品信息的采集，这些环节每一次都会产生大量的文字信息和声像信息，这些信息与藏品一样是博物馆对外展出，实行其展示教育作用的重要组成部分。如何高效地管理这些浩如烟海、种类繁多的信息是博物馆工作的重要内容。计算机技术的使用无疑给信息的管理带来的巨大的便捷。随着 20 世纪 90 年代 Internet 的发展和 Web 技术的使用，网络迅速在世界范围普及，尤其近几十年来因特网更是得到了空前的发展，网络已经遍及世界各个角落，渗透到了每个人的生活中。为了更好更全面的发挥博物馆功能，数字博物馆随着网络的发展应运而生。同时由于计算机网络在全世界的迅速普及，我国的博物馆数字化工作与日俱进，不仅一些大规模的博物馆进行数字化改革，许多小型博物馆也加入了数字化行列。

目前，以美国为代表的西方国家在数字化博物馆方面处于领先地位，尤其是计算机兴起的源头美国。我国的数字化博物馆进程虽然很快，但是仍有一些问题，笔者认为主要是信息采集标准太低，以及数据库的使用不够合理，这些都不能满足博物馆日后的发展。本文将数字博物馆中的信息管理分为信息采集、信息存储以及信息查询三个方面进行分别探讨，尝试完善信息管理的细节，探讨更有优越性，更能适应博物馆未来发展的信息管理方式。

二、相关概念界定

1.数字博物馆

目前来看对于数字博物馆有许多不同的说法，例如"数字化博物馆"、"数字博物馆"、"虚拟博物馆"、"信息化博物馆"等，虽然说法不同但是"数字""数字化"一直是重点。根据各种不同定义，总的来说数字博物馆包括两个方面，一方面是实体博物馆的数字化建设，不仅是实体博物馆中藏品信息的数字化管理，还包括在展览中运用计算机技术、远程技术等数字化手段以及整个在实体博物馆人事管理、安保系统等方面进行数字化建设；另一方面就是虚拟的数字博物馆的建设，数字博物馆是完全建立在计算机信息技术构建的虚拟网络空间上博物馆，虽然在现实世界不占有空间和位置，但是数字博物馆同样具备博物馆的各种功能。根据国际博协对博物馆的完整定义："博物馆是为社会和社会发展服务、并向公众开放的非营利性永久机构，它以研究、教育、欣赏为目的，征集、保护、研究、传播和展示人类及其环境的见证物。"数字博物馆也具有作为博物馆的三大职能：收藏、研究和教育功能。当然，数字博物馆的藏品是以二进制编码形式保存的文字、图像等数据信息。数字博物馆的数字藏品主要来源于对实体化博物馆的藏品进行数据采集后获得的数据资源。数字博物馆和数字化博物馆是两个不同的概念。数字化博物馆是指将博物馆中所有信息数字化，是相对实体博物馆而言的虚拟博物馆，也就是所谓的博物馆网站。

2.藏品信息

关于博物馆藏品的定义随着我国博物馆学的发展也一直在发展。《中国大百科全书·文物·博物馆卷》中对藏品的描述是"藏品一词内容非常广泛，博物馆藏品系博物馆收藏物的总称，它具有特殊的含义不是任何事物都能成为博物馆藏品的，而只有那种能够反映人类和人类环境的具有历史、艺术、科学价值的事物才能成为博物馆物品"。藏品是具有人文价值、社会价值的并且被博物馆搜藏、研究的物品，通过藏品能够探寻人类文明、自然发展。陈宏京先生在《数字化十日谈》中将藏品信息分为"具体的形态信息和抽象的涵义知识"，具体的形态信息就是藏品客观的外部形态信息，抽象的涵义知识就是藏品其能反映的人类文明或自然变迁。博物馆在将藏品收集入馆时通过录入描述形态的指标项以及照相等形式记录下藏品的形态信息，在日后的研究中挖掘其深层次的涵义知识。

第二节 藏品信息采集

藏品信息采集模式随着科技手段的进步，几十年来有了很大的改变。藏品信息采集主要有登录和编目两个重要流程，从最早期数码设备不发达时的纯手工登录到现在的计算机系统登录，藏品信息采集方式虽然由于技术的发展而改变，但其本质上依靠专业博物馆人士对藏品进行文字描述以达到良好的注释、展示效果并没有改变。当然，计算机系统登录方式无疑大大提高了工作效率，简便了信息的检索和存储，但真正能体现博物馆素养的藏品文字描述还是需要有经验有学识的专业人士来完成。

一、藏品信息采集模式转变

早期的藏品信息采集工作完全是人工展开的，在电子设备并不发达的时期，对藏品的信息采集主要来自专业人士的文字描述，全部采集、编排工作由人工完成，工作主要由登记、编目、建档三个部分组成。作为博物馆工作的重要一步，当时的大型博物馆将采集工作专业化，在保管部门下设有专门的登记组、编目组，聘用专门的登记人员。在手工登录的方式下，藏品信息、藏品编目、展览记录以及研究著录这些信息全是由登录员登录，信息量巨大，信息管理工作繁重，并且有许多重复的信息登录人员也不得不重复登录，内容冗余，十分不利于信息的检索分类。并且藏品信息的档案记录反映出博物馆人员的专业素养，需要一定的知识累积和语言能力，因此登录员还需要具备相当的专业知识和鉴定能力。与此同时，藏品的形象信息是通过绘图、拓片、摄影等手段完成的，同样需要有一定专业技能的人员来完成，因此，在博物馆专业化趋势的发展下，在明确了工作任务、配备的专业人士后，博物馆藏品信息采集也形成了一套成熟的手工登录模式。此后，由于手工登录模式存在诸多不便以及计算机的普及，藏品信息采集的计算机模式也由此诞生了。

计算机登录模式相较于手工登录的优越性不言而喻，计算机操作快速便捷，存储容量大，且便于分类查询。为了更能适应博物馆工作，博物馆或自主或与软件机构合作按照一定的标准开发藏品信息采集软件。事实上，由于每个博物馆已经形成了各自特有的工作方式和工作习惯，可以说没有两个博物馆对信息采集软件的需求是一模一样的，所以虽然也有一定的标准作为指导，但是每个博物馆所使用的信息采集软件都是根据博物馆自身需求或定制或修改功能。当然，无论机械化水平程度有多高，工作的主体离不开工作人员，计算机模式下的信息采集仍然主要由登录员操作完成，因此，此时对登录员的要求不仅限于具备藏品知识，还要求其能够简单操作计算机。登录员需要根据一定标准对藏品信息进行登录，这些标准包括藏品定名、藏品分类、著录规范等。此时对藏品信息的档案描述水平仍然取决于登录员的专业素养。与此同时，对藏品的形态采集工作也有了相应的标准，这些标准包括图像质量、图像格式及大小等。

二、现有采集模式

为了保证藏品信息的真实性和完整性，藏品信息的计算机模式采集流程首先是整理纸质文档，然后是登录和保存藏品信息、审核藏品信息，这种模式明显是延续了手工登录的工作模式。

各个博物馆所使用的信息采集系统一般都是根据各自的工作习惯，加上要求自行开发或与专业开发机构合作开发。基本上每个博物馆所使用的系统都是不同的，但是其使用流程、标准还是大致相同的。

鉴于一个管理系统的关联性，藏品信息采集系统已经成为藏品信息管理的一个部分。藏品信息系统的设计应该严格按照国家文物局出台的规定，对需要记录的藏品信息的规定，在人文艺术类博物馆中，根据有关规定，一件藏品的指标群有藏品信息、藏品管理工作信息和藏品文档信息、研究论著信息与声像资料，藏品信息指标群包括名称、类别、年代、质地等、藏品管理工作信息指标群包括搜集、入馆、鉴定、定级等、藏品文档信息、研究论著信息与声像资料包括管理文档、研究论著、声像资料信息，全部指标群共计183个指标项，必填的核心指标项25个，包括基本组信息、计量组信息、收藏组信息、保存组信息和系统内部信息。根据要求，每件藏品的文字描述大约在平均30至50个指标项之间，所有这些指标的填写方式分为填写和下拉列表的选择方式。填写方式自然是由登录人员根据标准自行填写，而下拉列表中的选项是系统开发人员事先填好的。在计算机数据库中所有信息都是以表格的形式存储的，表格中每一列代表藏品的一个属性，称为字段也相当于这里所说的藏品信息的一个指标项，每个字段对应的数据类型和长度是固定的，例如有的指标项只能填写数字就不能填写文字。在这个例子中，全部指标项中有29个是下拉列表式的，选择型指标项优点很明显，可以便于检索、保障精确性并且有效提高工作效率，但是也存在一些问题，最突出的即使分类指标不唯一，例如"文物类别"选择，例如登录员在登记一件陶质砚台时文物类别选择中又有"陶器"又有"文具"选项，这两个选项一个根据质地来分类，一个按照功能来分类，两者都可以，这就是选项意义重叠现象，不利于标准的统一，这样的问题存在比较普遍，在业内也并没有达成一致，这种问题也确实很难做出一个标准。但是从计算机使用上来说，其实这个问题似乎也并不是问题。人工登录时代卡片、书面材料必须根据一个严格的类别分别摆放，但是在计算机数据库中，如何摆放在空间上并不是问题，重要的是检索时使用的关键字，因此只要指标项够全面，这种意义重叠的选项在使用中不是障碍。系统在开发时程序员就预留了使用人员的用户名和密码，不同的工作人员拥有不同的权限，例如登录员负责登录只有输入信息的权限，校对员则拥有修改已有数据的权限。计算机在信息登录中还能很好发挥其对数据良好的操作性，现有的登录系统中往往能够复制藏品信息、批量更新藏品信息等功能，两件相似的藏品不要重复填写几十个相同的指标，同一类型的藏品的某些相同的指标也不需要反复填写，有效地提高了信息登录的效率。

1.现有模式分类

从用户使用界面上可以大致将信息采集系统分成固定报表式和可选指标式。固定报表式的采集系统主要在早期使用，这种系统几乎就是将采集工作由原先登录在卡片上增加了一步登录到电脑上的步骤，由于其工作流程与手工登录模式十分接近因而很容易被博物馆工作人员接受，广西壮族自治区博物馆、成都博物馆、苏州大学博物馆所采用的仍然是这种界面方式。这种界面的系统最大的问题就在于标准性的统一了，由于其对采集指标项的设置与现行的标准并不一致，并且要在后台程序中修改程序改变其指标项设置也是一项较大的工程，要从根本上解决这个标准性的问题最好还是重新设计新的系统，代价比较大。

可以事先在各个指标项中填充选项的下拉列表式采集系统出现了，该类型系统比较有代表性的有由北京世纪易格软件开发公司开发的易宝藏品管理系统、上海复旦大学文物与博物馆学系与计算机系合作开发的人文类藏品信息采集系统等，并被国内大小博物馆广泛使用。这种界面的程序由于已经有了一个权威标准做指导在著录的标准性上得到了很大的进步和保障，但是这样的标准如果考虑到博物馆更长远的发展其实还是不够的，因为虽然已经有了一定的标准指导，但是各个博物馆由于其各自硬件环境、工作方式、人员配置等的差异使用的系统仍然是根据各自的情况自行开发的，仅仅是著录指标项的相同但是其数据封装、数据库使用各不相同，不利于将来区域性博物馆数据库的建设。

由于各个博物馆的类型不同所以工作流程并不完全一致，工作习惯也各有不同，而藏品信息采集系统往往是根据自身的工作习惯开发的，所以每个博物馆使用的系统肯定各有不同；同时不同的开发机构的开发习惯也不同，所开发的软件也是互不相同。

2.信息采集现状

目前，随着计算机的普及，我国绝大多数博物馆都使用计算机系统作为采集信息的工具，尤其是一些规模不大的，或设立时间不长的博物馆，数字化工作开展比较顺利，例如北京延庆博物馆，不过一些一级博物馆来说，由于其在长期的对藏品的管理工作中已经形成了自己独有的数据采集、数据记录方式，可以说没有两家博物馆的数据采集、记录项会是完全一致的，尽管颁布有有关规定，但是由于一些大型博物馆开设时间长，工作模式固定，藏品数量巨大，已有的藏品档案建立完备，在统一的标准下进行藏品信息化工作可以说原来的藏品档案与标准规定肯定不能吻合。目前，手工账册仍然是博物馆工作的重要形式，因此这类大型博物馆在进行信息化建设时不仅要输入大量藏品数据，还要修改以往的手工档案，任务繁重。这类博物馆使用的采集软件势必会将数据记录项开放，一来方便已有信息导入数据库后方便修改，二来可以应对将来官方标准的变化。

而对于一些信息化建设开始时著录标准已经得到规范、系统开发已经有丰富经验的博物馆来说，其使用的系统比较规范，比起建设早的博物馆，这类博物馆的数字化工作少走了很多弯路。

三、信息采集标准

由于各个博物馆在长期的工作中形成了各自独有的数据采集、数据记录方式，可以说没有两个博物馆的工作模式是一模一样的，所以为了更好的实现博物馆的数字化，有一个统一的数据采集、著录规范是首要条件。现在的信息标准主要根据国家文物局颁布的有关规定。总的来说都是将藏品信息进行详细的文字描述，对于日常等级、分类工作确实能起到很好的工作指南作用，但是就现实情况来看规范内容还不够细致，尤其是对于虚拟的数字博物馆来说，观众浏览数字博物馆更注重多媒体信息的使用，并且由于计算机技术发展较快，规范内容往往很快会跟不上技术的发展。由于网络上的数字博物馆总的来说就是实体博物馆的网站，所以藏品的信息对于实体博物馆和虚拟博物馆是可以共用的，一般来说虚拟博物馆的数据库内容主要还是来源于实体博物馆的数据库，所以在做藏品信息采集时完全可以更多的照顾到虚拟博物馆的使用。因此，考虑到网上博物馆的使用，在这里将藏品信息根据存储格式分为文本信息、二维图像信息、音频信息和视频信息。现在许多虚拟博物馆还会制作动画视频、三维视频等来丰富内容，由于三维技术本身的标准也还不明确，所以暂不讨论。

将信息分为文本信息和数据信息两类，文本信息即是根据《著录规范》而进行的对藏品的相关描述，事实上，这个规范就是围绕将藏品信息用文字表达的，其中仍然存在一些规范性的问题，例如在登录过程中"文物分类"并没有规定到底是根据藏品的质地还是功能做分类标准；数据信息就是藏品的例如高度、宽度等数字表示的信息。这种分类方式显然不是站在计算机的角度，当然，针对文字表达做出的标准要求，平均每件藏品约有 30 至 50 个指标项用作描述，多媒体信息的标准主要是根据有关规定，对藏品二维影像做出如下要求：藏品数码影像及扫描图像均采用 RGB 真彩色模式的位图表示法；藏品数码影像每个原色的灰度等级不低于 64 级；藏品直接数值化采集数码影像时，每帧不小于 300 万像素；正规文物数码影像应采用 TIF 格式，一般文物的数码影像科采用 JPEG 格式存储，压缩后影像质量为"中"，扫描图像扫描仪分辨率不低于出于美观和日后的使用方便，可以将二维影像素材标准略微提高，彩色图像颜色数不低于 256 色，灰度图像不低于 128 级。这一标准较数码技术发展来说有些落后，不过由于数码产品的日新月异的进步，一定要在这方面定一个长期的标准也是不很现实的，该标准还是能起到指导工作的作用，从使用上来说，在现有条件上二维影像采集自然是分辨率越高越好，但是高分辨率带来的一个问题就是巨大的内存空间，一些硬件有效的小型博物馆往往没有能够存储大量高清影像的条件。

对于音频信息的采集标准目前并没有一个严格的权威标准，但是音频信息已经在各大博物馆中广泛使用，甚至有些音乐类的博物馆其藏品主要就是各类音频，同时许多博物馆在也常使用讲解音频。如果并不是音乐类博物馆这样将音频作为重要的藏品，而是仅仅出于使用方便和效果的考虑，音频信息的采样频率应不低于11Khz，量化位数至少为8位，声道数至少为单声道，目前网络上通用的音频数据格式主要有WAV，MP3，MIDI等。从存储的角度来说这些格式都是可以的，但是如果需要运用到网络中则需要将音频格式首先转换成流式媒体格式。

很多时候仅用图像资料并不能很好的将某些比较特殊的文物展示出来，需要通过录制视频的手段来展示。而同样的对于视频信息的采集标准并没有十分严格的规范，出于使用方便和视觉效果的考虑，视频素材一般使用四种存储格式：AVI格式、MPEG格式、Quick Time格式和流式媒体格式。就存储角度来说，四种格式都是可以的，但是网上实时传输需要使用流式媒体格式，因此所有视频都需要制作成ASF流式媒体格式，其中每帧颜色数不低于256色；视频信息的采集使用Y，U，V分量采样模式，采样基准频率为13.5Mhz。因此，如果不是流式媒体格式的文件可以复制两份，一份原文件作为存储，另一份为展示使用。作为记录藏品重要信息的视频，例如现在许多博物馆将保存和推广非物质文化遗产作为重要工作内容，这样需要长期保存的记录性视频其质量自然是越高越好，若是将视频作为网站或者实体博物馆展厅中的展示材料，那么可以根据视频内容设置关键帧一遍将视频压缩：若是画面动作比较快的视频，每一帧画面差别大，不能任意压缩；若是画面比较安静的视频可以适当减少关键帧，压缩比较大。

四、数字化采集手段

由于计算机采集模式的使用，存储方式越加便捷，能够存储的信息方式已不仅仅是简单的文字和二维图像了，因此不同格式的信息开始在博物馆中使用，信息采集手段越来越丰富，许多新式的采集手段也运用到了博物馆中。

现在的博物馆展览已经不满足于仅仅由传统的图片、文字、音频等常用信息格式来组建，三维图像在全方位展示藏品方面的效果比二维图像要好很多，更能真实展现藏品形态，所以无论在实体博物馆的展厅中展示还是在虚拟的博物馆网站上都得到越来越多的使用。随着三维采集技术的进步和对数字博物馆建设的加深，三维图像会得到越来越多的使用。

构建三维模型的方法有三种：第一种是利用 AutoCAD、3DMAX、Maya 等软件人工绘制模型；第二种是利用三维扫描工具进行建模，目前三维物体坐标测量仪器主要也有两大类，一类是接触式三维测量仪，另一类是非基础是三维扫描仪，前者主要用于医学领域，后者运用较为广泛，在藏品信息采集中现在使用比较多的有三维激光扫描仪和编码光三维照相机，例如美国 Cyberware 公司的 3030RGB scanner head、我国北京大学研发的三维激光扫描仪等。通过对藏品不同面的扫描得到三维数据后建立模型结构，后期加上藏品的图片，在人工辅助下最终生成三维模型，这种方式总的来说后期工作量还是比较大的；第三种方法是利用图片建模，通过藏品不同角度的照片，经过计算机加工自动建模。

相比较来看第三种方法只需要提供藏品照片，与前两种方法相比操作简单，自动化程度高、成本低，在三维建模领域有一定优势。另外两种三维建模方法也有其实用性，有些文物不能搬动，例如石窟、浮雕等照相机很难全方位拍摄的文物，那么三维激光扫描仪是很好的工具。目前三维模型的标准没有统一，格式使用较为混乱，在网页展示中的浏览器插件也没有统一的标准，这样的现状不利于三维模型的推广使用。

虚拟现实技术为艺术展示提供了全新的方式，被认为是艺术在数字技术中的发展方向之一。目前，关于虚拟现实技术在博物馆展示中的运用的讨论研究和实践也是比较多的，主要运用在博物馆网站中，应用方式又分为两类：一类是几何式虚拟现实技术，另一类是影像式虚拟现实技术。几何式虚拟现实技术就是将藏品利用三维技术支撑立体图像，使观众可以从任意角度观看藏品的各个细节；影像式虚拟现实技术是利用摄影的方式取得真实场景的影响，再使用三维技术合成 3D 效果图，最后营造出三维空间，并且参观者能够在虚拟场景中行动，例如世界上最大的高精细虚拟现实作品"数字故宫"，给观众提供了多方位欣赏故宫的视角，获得全新的观赏感受和体验。除了提高展示质量，虚拟现实技术还可以用动画的形式来展示藏品的发展过程，例如由北京印刷学院制作的大钟寺数字博物《盛世钟韵》，《盛世钟韵》在展示中用三维动画展示了编钟的浇铸工序，为了增强互动性和提高展示趣味性，观众还可以敲击编钟不同部位，发出的声音会被记录下来，还可以回放。

第三节 藏品信息存储

信息化时代的到来不仅在数据操作处理上给人们带来的便利，其电子存储方式也大大释放了存储的空间。传统的纸质存储媒介被磁质存储媒介代替，一种更有效更便捷的存储方式已经普及到了每一个博物馆，数字化博物馆的建设的基础就是数据库的建设。当然，这并不是意味着纸质存储时代的彻底结束，对于博物馆这样的单位来说，纸质材料永远不会淘汰。张小朋先生说："对于虚拟博物馆的藏品文物信息的保存分为两种方式，一种是基于藏品信息管理系统而存在的，一种是依附于虚拟博物馆有系统的数字文物展示而存在的，即这种展示本身就是一种有序的保存方式。"

美国加州大学伯克利分校的数字图书馆计划提出了一种决定数字资源馆藏级别的模式，他们将数字资源分为4个等级，根据等级决定资源应该存储在什么位置、该馆在管理和长期保存方面应履行的职责，分别是永久保存级、服务级、镜像级和链接级。永久保存级既是资源由该馆所有并长期保存；服务级既是资源存储在该馆的服务器上，并且这类资源对用户是有用的，但该馆没有决定是否长期保存；镜像级既是该馆拥有存储在另一馆的相同数据，但没有承担保护该数据的责任。在这个等级上，另一馆负责该资源的保存。链接级既是资源在其他地方，该馆与该地方进行链接，对该资源没有所有权。除了永久保存级的资源，其他3个等级的资源都可以根据用户的需求和图书馆的馆藏政策更改等级归属，这种模式对我国有一定的借鉴作用。

一、数据库的使用

信息技术中十分重要的一项就是关于信息存储。根据《信息检索导论》中的定义："信息资源是经过人类主观或客观处理了的，并且能够被传播或传输的文字、声音、图像、数据"，那么经过采集的藏品信息就是很好的信息资源，《信息检索导论》中还将信息资源分成纸质文献型信息资源和电子型信息资源（包括电子出版物和网络信息资源），其中电子型信息资源指的是以数字化形式（即二进制代码0、1），把文字、图像、声音动画等多种形式的信息存储在光磁等非印刷型介质上，以光信号、电信号的形式传输，并通过相应的计算机和其他外部设备再现出来的信息资源。所以藏品信息经过输入电脑，转换成二进制代码的形式储存在电脑中就完成了藏品信息的数字化。随着信息技术的发展，存储技术也是日新月异，对信息的保存已经不仅仅是简单的将信息以表格、图片等形式保存在电脑或存储媒介中，将庞大的博物馆藏品信息随便地储存在电脑中，除了工作量巨大也不能很好地将辛苦采集的信息利用起来，若是在如汪洋大海般的信息中查找想要的信息就是巨大的工程，如同直接在库房中查找藏品一样的工作量使得之前的数字化信息采集工作完全付诸流水。如何存储合理有效地存储信息是数字化建设中十分重要的一部分。不论是信息的管理还是信息的推广，数据库的合理使用是必不可少的。而数据库的使用合理与否在于数据库的选择和对博物馆工作的需求分析是否正确。因此要建立一个高效有序的数据库需要了解博物馆工作，了解藏品信息的著录规范。博物馆藏品信息主要有文本、二维图像、视频信息和音频信息，有些博物馆还会有一些动画信息，三维图像、虚拟现实等目前还没有作为藏品信息采集规范中的必要对象，一般用作展示使用。

1.数据库建立原则

数据库的建立要以确保数据的安全性和可靠性为前提，做到规范化、高效性、紧凑性和易用性。其中规范化要求数据库基本符合 3NF 范式要求，尽量减少数据冗余；高效性要求数据库将满足系统性能放在首位，兼顾规范和效率，在需要的情况下可以适当进行反规范式；紧凑性要求提高数据库存储利用率和系统性能，同时兼顾可扩展性；易用性要求数据库能够被用户和开发人员很好的了解和使用。

合理存放数据对于数据的检索、利用具有重要意义，如果数据在存储阶段没有一个合理地安排，不能形成一个规范的结构，那么不仅会造成数据冗余浪费数据库资源，并且不利于对数据的增减、修改这样的管理工作的进行和数据的查询使用，尤其对于一些大型的博物馆，由于其藏品信息数据量大、数据类型复杂，其数据库的建设更为复杂。这类型的博物馆数据库建设时常使用的方法是将数据分类存放，鉴于博物馆数据类型主要有文本和多媒体，可以分为文本素材库、图像素材库、音视频素材库、三维实体素材库等，再由一个管理数据库控制各个数据库的数据增加、删除等工作，以此来合理摆放数据，便于管理。当然，不同情况的博物馆使用的方法不同，但是这种分类摆放的方式是比较合理通用的。

2.常用数据库

根据博物馆藏品的数量、人员素质和经费情况不同，也就是博物馆大小不同，在数据库类型的使用上并不相同。目前来说主要使用的数据库有三种：Access、MSSQL和 MySQL。

Office 软件中的 Access 由于其本身特点在中小型博物馆中使用比较多。Access 是微软公司的办公软件 Office 软件中的一款程序。主要由表格和窗体组成，操作便捷，创建起来也简洁；由于是微软公司 Office 办公软件中的一个程序，Access 的使用对大多数能熟练使用像 Excel、Word 之类的办公软件的人来说是比较好上手的。但是如果博物馆藏品数量多、信息量比较大的话 Access 就显得不够用了，所以对于有一定规模的博物馆来说数据库一般选用 MySQL 或者 MSSQL 数据库。

MySQL 数据库是中小型企业最常用的数据库，是瑞典 SQLAB 公司开发，由于其体积小、速度快、性能高、总体拥有成本低，尤其是开放源码这一特点，许多中小型网站为了降低网站总体拥有成本而选择 MySQL 作为网站数据库。开放源码数据库是指软件的底层代码可以被所有人任意查看、修改或重新开发，且 MySQL 数据库结构体系快捷易于定制，软件内代码具有广泛可重用性，能够简单的实现多种功能，无论是速度、稳定性和使用简易性上都很有优势；其价格优势在于相对于传统的商业化数据软件每处理器售价两三千美金，价格最高的开源数据库软件售价只有每处理器1500美元，而且如果仅仅是企业使用的话这种类型的数据库软件基本是免费的；其优势还体现在平台自由，源代码随意可以访问，使其不会锁定于某个特定的公司或平台内；可用于20多种不同平台，包括现在市面上三个主流Linux、Mac OS X和Unix系统，通用性非常高；结构简单所以运行速度快，能够处理企业数据库绝大多数的应用需求。

据统计，全世界安装量已经超过1100万，每天被下载5万次数，其中中国下载量累计超过380万，所以说MySQL的运用是非常广泛的。虽然与大型数据库如Oracle、DB2、SQL Server等相比，MySQL规模小、功能有限，但是对于博物馆来说是一个很好的选择。不论是单机版的博物馆信息管理系统还是网络版的系统，MySQL强大的性能对于博物馆是很和用的。著名的电子商务平台阿里巴巴所使用的数据库就是MySQL，可见其功能比较强大，适用范围十分广泛。

MSSQL也就是Microsoft SQL Server是一个实用性很高的数据库管理软件，其提供一个功能强大的客户端/服务器平台，由于其也是微软公司的产品，所以其与微软公司的服务器能够结合紧密。该类数据中使用较多的是Microsoft SQL Server 2000，该数据库也被广泛使用。

不论是Access还是My SQL，其在开发时定制痕迹十分明显，一般来说由MySQL或者MSSQL开发的管理系统针对性很强，不具有广泛使用性。

目前市面上使用较为广泛的易宝藏品管理系统和由文物局主持开发的藏品管理信息系统使用的都是MySQL数据库，其系统开放性比较好，适用范围广

二、存储现状

博物馆尤其是大型博物馆中的信息具有数据类型多、信息量大、信息量增长迅速的特点。博物馆的数据资源主要有文物档案、各种图片、音频视频资料以及相关的学术研究成果电子版，博物的数据类型多，并且随着技术和理念的发展，三维技术和虚拟现实等手段的应用使得博物馆数据类型更加复杂。

1.存储模式发展

我国的绝大多数的博物馆都建立有《藏品分类账》《藏品总登记帐》以及《藏品编目卡片》，因此在纸质登录时代，需要存储的对象就是一张张登记着藏品信息的卡片和各种文字档案。这三类主要纸质档案的产生大致流程就是藏品入库首先要经过鉴定和定名，然后产生藏品编目卡和保管卡，登入总账，并且规定藏品存放的架位。传统的

人工工作方法就是人工卡片编目法，在卡片编目法为每件藏品对应制作一张藏品卡片，卡片按照入藏顺序或登记号排序；然后再根据藏品某些特征，例如质地、主要用途等将卡片长列分类。这样的传统方式的存储不能全面的反应藏品多层次的关系，只能单一的以一个侧面来表达藏品的某一个特性，不能全面反应藏品的属性，并且按入藏时间或登记编号排序的方法给查找工作带来很大的不便，如果不能得查询博物馆信息，那么博物馆的作用就大打折扣了。当然，即便工作手段发生变化，现代博物馆即便早就普及的计算机，但是这些卡片这些材料仍然作为重要的资料使用、保存。并且人工工作习惯依然决定了现在计算机化的工作流程。

而数据库的使用在很多方面都优化了信息的存储。首先在空间上极大压缩了需要的空间，其次在速度上大大提高了工作效率。由于计算机的数据库中的存储方式其实也以一张张表格的形式存储，但是这些表格不受空间的约束，其查找使用是十分便利的。数据库存储方式给博物馆带来最大的便利不是空间上的，而是其灵活便捷的操作给博物馆工作带来巨大便利。不需要再在无数卡片案卷中搜寻，利用管理系统可以快速找出需要的目标。

2.藏品信息特点

博物馆尤其是大型博物馆中的信息具有数据类型多、信息量大、信息量增长迅速的特点。博物馆的数据资源主要有文物档案、各种图片、音频视频资料以及相关的学术研究成果电子版，博物的数据类型多，并且随着技术和理念的发展，三维技术和虚拟现实等手段的应用使得博物馆数据类型更加复杂。大多数博物馆的都有一定的藏品数量，在对每件藏品进行信息采集时需要登记其质量、材质、造型等信息，还要拍摄扫描多张图片，因此每一件藏品的相关数据至少有十几条甚至几十条，而藏品的数量是不断增长的，随着而来的信息也是没有止尽的。随着技术的发展，各种摄影摄像设备的分辨率与日俱进，而高清的效果带来的不可避免的是数据文件所占内存越来越大，藏品的照片图像、视频资料自然是越清晰越好，以首都博物馆举例来说，扫描图像的内存一平方米可达 800M，一段 16 分钟数字视频的内存高达 8G，除了实体博物馆的展览使用，由于各个博物馆的"上网"，更多的视频等多媒体信息数据被制作使用，这使得博物馆的数据量猛增，以首都博物馆举例，其数据增长量每年都在 6T 以上，这是一个十分庞大的数字。

3.博物馆数据库存储结构

现在市面上信息的储存都是所谓的磁盘存储，由于一些有一定规模的博物馆都有自己的局域网并且连接到广域网，信息的存储不是独立的，不是每台电脑各自存储，而是广泛而有关联的集中存储。一些没有条件的中小型博物馆没有建立网络平台，其日常信息采集工作分别到各台电脑，需要每天结束工作后备份汇总。

目前磁盘存储市场根据服务器类型分类有开放系统存储和封闭系统存储，而绝大多数用户都是开放系统包括博物馆，开放系统的外挂存储根据链接方式分为直连式存储和网络化存储；开放系统的网络化存储根据传输协议又分为网络接入存储（Network-Attached Storage，简称 NAS）和存储区域网络。DAS 已经有几十年的使用历史，这种存储设备存储容量不易扩充，服务器发生问题时不能将连接在服务器上的存储器中的数据备份出来，数据安全性不高；NAS 是一种直接与网络介质（例如电缆和光纤）连接的特殊设备实现数据存储的机制，通过文件及的数据访问和共享提供存储的整合。NAS 是一种通过网线连接的由许多便宜的磁盘组成的容量巨大的磁盘组，所以 NAS 容量大、效能高、可靠性好并且价格便宜，其运用范围也很广，适合中小企业；SAN 是一种高速存储网络，通过路由器、集线器、交换机和网关来实现存储设备和服务器的互联。

综上所述，并且考虑到博物馆实际情况，一些业务量不大的中小型博物馆展厅少，业务单一，需要的服务器少，使用 DAS 就已经足够了；NAS 适用于已经建立基础网络的博物馆，例如像广东博物馆这类局域网建设比较早的博物馆；SAN 具备了 DAS 和 NAS 两种存储方式的优点，尤其适合存储量大的工作环境，适用于数据量大，服务器多的大型博物馆，不过 SAN 费用更高，其使用范围也受到光缆长度限制。

三、数据备份

为了保证数据的安全可靠，数据备份需要加入博物馆日常工作中。随着数字博物馆建设的日益完善，数字博物馆中的数据会随着系统的使用越来越多，尤其是一些大型综合类博物馆，其保存的一部分数据承载着重要的历史意义和文化意义，这些数据若是丢失，那就很难再还原了。因此，为了应对灾难恢复、归档和可操作备份及因存储设备出现损坏、软件发生故障以及病毒，数据备份是必不可少的，同时数据备份也可以恢复删除或有意的数据破坏造成的数据丢失。

备份最常用的介质是磁带和磁盘。磁带这种备份介质使用时间很长，从诞生至今已经有多年历史，虽然磁盘发展很快但是磁盘依然占有一定市场，并没有被淘汰，其成熟的技术可见一斑。磁盘具有体积小、成本低、使用寿命长的优点，其缺点在于性能不高：媒体数据传输速度慢，数据备份、存储时间长。磁盘备份发展迅速，相交磁带来说，磁盘处理数据速度快且便于管理，但是磁盘并不适合作为长期保存数据的介质，如果要用磁盘来长期保存数据其安全性、可靠性并不高，且花费成本大。因此，总的来说，这两种备份手段适用的对象不同，各有优缺点。

第四节 藏品信息查询

所有数据最终的作用都只有在被查询后才能发挥，无论多么高级的数据库其最大的意义在于查询其中的内容，并且计算机技术的使用其带来最大的便利的笔者认为就是在信息的查询中。现在看来，信息查询不仅仅指将已经存入数据库的信息用某些关键字检索出来，任何用来获得用户想要的信息的方式都是信息查询，网站这种形式本身就是一种查询，web 技术本身就是用来将共享的数据展现给每一个想看到的人，可以说互联网技术最大的意义就在于共享信息而 web 技术的意义就在于方便人们从海量的共享信息中查询到想要的信息。而细化到各种小的方面，网站上的搜索栏、分门别类的信息也是信息查询的方式。

一、查询方式发展与现状

查询功能是博物馆发挥其作用的重要步骤，博物馆若不能将其所包含的珍贵信息为广大群众所知就不能发挥其教育作用。尤其是数字博物馆，可以说快捷简便有效的查询是数字博物馆区别于传统博物馆，体现其优越性的重要方面。其对信息陈列的直观性对于信息查询有着重要意义。

1.查询方式发展

从人工登录时代到计算机登录时代，由于数据库和操作系统的出现使得查询的有效性大大提高，但是也可以很明显地发现计算机查询中的工作习惯还是来自于人工时代的习惯。在人工登录时代，对于数据的查询取决于工作人员对文字材料的存储工作，博物馆工作人员将卡片和其他档案或按照入藏时间、登记号等特征作为排顺序的大前提然后再根据某一属性分类别，从大量的纸质材料在查找的时候由于信息量大很容易有遗漏并且耗费大量时间，而进行信息化建设后，利用计算机查询信息不仅简便了过程也很少会出现遗漏。

除了日常工作，从更大的概念上来说，博物馆为了方便观众对其馆藏信息的查询而开设的博物馆网站或者在博物馆大厅、展厅中使用各种引导性终端，来帮助前去参观的观众找到自己感兴趣的展品或是了解自己想知道的信息。查询的效率取决于数据库的构建是否合理，有效的查询是数据库功能的发挥。

2.查询方式现状

博物馆数字化包括实体博物馆数字化建设和博物馆网站的建设。实体博物馆中无论是展厅中的多媒体展示、引导工具还是博物馆藏品工作中使用到的数据检索都是数据查询检索的一部分，而博物馆网站存在的本身就是为了向广大群众提供便利的检索馆内藏品信息的方式。

实体博物馆中设置许多具有引导性的客户端，帮助参观者发现展品、了解展品。许多颇具规模的博物馆在大厅里能够查询馆内平面图、展厅分布的电脑客户端，在展厅里没有能够查询对应展品的详细信息的客户端，参观者可以自行查询找到自己感兴趣的展品，了解想了解的信息，博物馆也精简了工作人员。查询是一个由人发起的主动动作，为了适应网络发展带来的"地球村"，博物馆纷纷"上网"。虚拟的数字博物馆不仅是博物馆数字化建设的内容，更是为了满足广大网民查询需要的产物，博物馆网站本身就是一种查询方式。许多博物馆在数字化建设中将网站的建设作为第一步，并且由于网络技术的日新月异，各个博物馆网站建设也与时俱进。将个人电脑作为终端的浏览方式已经不能满足人们的需求。

除了观众以外，博物馆或其他相关的专业人士也是博物馆信息查询的主要对象。并且这部分对象对信息的查询更精确、更全面，这类使用者所需要的信息往往不是对外公开的展览信息能满足的，因此查询功能在系统中往往需要设置权限，使得一些不便对外公开的信息能够只被有权限的观众查到。

2021年，在北京、上海、成都等地的博物馆、美术馆和公益艺术机构陆续举办并展示千余幅高品质博物馆、美术馆等机构的海报作品。同时，还特别增设了"线上展厅"，汇集数十家博物馆、美术馆的数字展览资源，带领大家一同"云观展"。

二、查询方式类别

对于基于Web技术的查询来说，根据搜索资源划分可以将检索系统分为站内搜索和专业Web搜索引擎，后者主要是百度、谷歌这类算法先进的搜索引擎，博物馆网站中的检索都是站内搜索；对于单机版数据库来说，使用的查询主要是关键词搜索。

1.博物馆网站中的信息查询

博物馆网站中的站内搜索主要是基于关键词的搜索，几乎每一个网站的首页都有一个搜索栏可以将关键词输入以获取结果，输入的关键词可以使用中文、英文、数字等形式，站内搜索引擎根据输入的关键词对数据库中所有文本进行核对匹配，然后按照一定顺序将结果排列后返回，返回的结果都是存于数据库中的以文本为主的内容。

这种传统的基于关键词的搜索对于文本的搜索是有效的但是如果用来搜索图像或者视频等对象，那么结果大多数时候并不能令人满意，并且博物馆数据库中的多媒体信息越来越多，尤其是图像资料，是博物馆对外展示的重要部分，因此基于内容的检索和基于本地的检索被尝试运用到博物馆事业中。

基于内容的检索包括基于内容的图像检索、基于内容的视频检索和基于内容的三维模型检索。基于内容的图像检索技术能够提取数据库中的图像特征存入知识库，观众可以在搜索栏中输入想找的图像的内容或直接输入图像，系统将返回最符合输入的特征的图像，例如观众想搜索关于马的美术作品，在搜索栏中输入"马"，那么系统会将命名为"八骏图"的作品也搜索出来，这在传统的关键词检索中是做不到的。基于内容的视频检索和三维模型原理是类似的。除了上述检索，基于本体的检索系统也被提出并使用到博物馆事业中，在数字博物馆中作为检索图像的手段。本体内容包括图像的外部特征，例如图片风格、作者、保存地点等；图片内在特征，如图像内容事物的颜色、姿态等；以及图像主体内容，主体就是图像中的人物、动物等，主题内容就是人物年龄，动物品种这样的用自然语言描述的。基于本体的画藏检索系统被运用到了徐悲鸿博物馆的画藏检索中。

2.实体博物馆内的查询

相较于基于 web 技术的搜索引擎来说，实体博物馆中的检索更为简单一些。现在各级博物馆大厅和展厅中都设有各类供观众使用的引导性查询终端，例如，触摸屏自助查询设备、自动语音导览系统、语音讲解系统等。这些系统大多用博物馆局域网联网，仅作为内部使用，其内容并不对外网开放，因此与博物馆网站内容不同。

由于智能手机的普及和物联网的发展，二维码也被运用到博物馆中，例如湖北博物馆曾与中国移动合作，将馆内二百余件藏品贴上二维码，观众只需用手机扫描二维码就能获得展品的详细信息，除了文字介绍还有图片、视频、语音介绍等各种方式。这种二维码查询大大增加了展览的趣味性，符合移动终端发展趋势，并且大大节约了博物馆空间，将各种多媒体信息通过移动公司返回给手机用户而不用占用博物馆资源。这种查询方式符合流行趋势，尤其能吸引年轻人。

除了用作展览中的查询外，博物馆日常工作中对于藏品信息的查询使用多是基于关键词的数据库检索，使用藏品管理系统在数据库中进行简单的关键词匹配检索，这种简单的检索对于日常事务处理是足够的。

三、查询中的问题

观众打开一个不很熟悉的网站往往会无从下手，而博物馆网站信息量往往又比较大，种类也很多，观众是不会逐一浏览的，如果没在短时间找到目标或找到感兴趣的内容就会关闭网站，并且博物馆工作又比较注重专业化，分类也不自觉的按照著录的指标项分，不仅缺乏趣味性也不够精简，复杂的页面对于普通观众来说缺乏引导性。因此将分类大众化，面向全体没有文博知识的观众是网站查询功能应该考虑的重要方面。减少藏品分类方式，按照更为大众熟悉的方面进行分类，例如按照人人都熟悉的历史年代来分类等。博物馆网站对大多数观众来说其内容并不那么具有吸引力，也不具有熟悉感。而一个网站的建立往往首先建立在用户向导性原则之上，就是首要考虑用户的需求，将用户想要看到的内容摆在眼前。因此了解大众的兴趣，知道大众想看什么内容是优化网站、提高查询效率的重要之处，可以以问卷的方式了解。简洁而又易于操作也是网页应该具有的特点，在网页上设置过多的操作和花哨的页面都会使得网页打开速度大大减慢，并且根据心理学家 George A.Miller 的研究，人一次性接受的信息量在 7 个比特左右为宜，密集的信息会使用户感到烦躁，因此将主要内容和功能放置于显眼处就可以，不需要在网站首页使用过于复杂的页面。这也是许多博物馆馆网站需要改进的地方，很多网站在首页一股脑将所有类型的信息都放上去，反而使人找不到重点，并且信息量大的页面对许多观众来说也是十分不具有吸引力的。

而对于博物馆建筑内的引导、科普型终端，往往其使用率也并不高，因为很多时候观众并不知道如何使用这些终端，也不知道这些终端有何作用。因此查询终端的使用界面应当简单简洁便于使用，并且应当给终端的功能做一个提示性的介绍，让观众知道该终端的作用。

第五节 现有藏品信息管理系统及问题分析

根据从计算机技术角度分析藏品管理的信息采集、存储和查询功能的实现和现状，结合现有藏品信息管理系统，笔者认为我国现有的藏品信息管理中存在的主要在于数据传输中数据的标准不统一以及博物馆专业与计算机专业交流不够。

一、现有藏品信息管理系统

由于博物馆种类多，规模也各不相同，所以目前并没有统一的系统供使用。目前国内博物馆使用较多的系统有易宝藏品管理系统和由中国文物信息咨询中心主持开发的博物馆藏品综合管理信息系统。也有一些颇具规模的一级博物馆尤其是数字化建设开始比较早的博物馆使用的系统是自行开发的，例如上海博物馆、南京博物院等。

易宝藏品管理系统集合了信息查询、库房管理、陈列展览、账务统计、以及藏品征集、照相等各种业务管理，并支持视频、动画、音频、三维环视等多媒体格式。中国文物信息咨询中心开发的管理系统包含了博物馆信息采集、存储、统计、查询等业务管理功能，相对易宝藏品管理系统来说功能较简单。两者对指标项都开放，两者都使用 MySQL 数据库。这两个系统的功能大致相同，相比较来说易宝藏品管理系统更灵活，操作页面更精致更简单。

由博物馆自主开发的管理系统更具有针对性，更能满足博物馆的工作要求，除了像上海博物馆这样数字化建设开始得比较早的博物馆以外，还有像矿物博物馆这样与人文艺术类博物馆工作内容有较大差别的专门博物馆，其数据库的建立、数据的采集都需要定制，例如昆明大学矿物博物馆，其系统数据库中的分类定制性很高，与综合类、人文类博物馆在各个方面都有很大差异。

二、相关问题分析

虽然易宝藏品管理系统和文物信息咨询中心开发的藏品管理系统在国内博物馆中有一定的占有率，但是仍有相当一部分博物馆使用自行开发的管理系统即便是同样的藏品管理系统如果运用到不同类型博物馆中，仍需要作出一定改动，易宝藏品管理系统也预留出了修改的空间。鉴于博物馆类型、规模有着巨大差别，因此标准性问题一直是博物馆事业中的巨大难题。在博物馆的信息化建设中，最主要的就是藏品数据库的建设，为了建立统一的信息资源，不仅需要采用统一的数据采集标准，更需要一个统一的数据描述。

1.数据标准问题探讨

现下的数字博物馆建设已经不是只停留在单独一个馆的建设上，数字博物馆的发展方向是建立特色数字博物馆、数字博物馆群乃至国家性数字博物馆系统，在这样的情况下，信息标准的统一保证后续工作展开的有力保证。藏品信息的标准化问题一直是博物馆工作的难题，而对于数字博物馆来说这个标准问题已经不仅在于藏品信息采集的指标项标准、著录标准，而是深入到数据库的川建设和数据在网络的传输标准。因此在数字博物馆中，数据标准应该不仅仅是描述一个具体藏品所需的数据项集合和著录标准，还应该包括使用的数据库中的计算机程序语言。而标准性的一再强调是为了实现资源整合、共享，方便全国的文博信息以统一的格式传播、使用，由于互联网的发展，海量的博物馆藏品信息需要在网上展示，不同博物馆之间的大量数据需要进行交换，数据在网络上的传输要求数据的内容和变现方式有所说明，而目前还没有形成数字博物馆的数据表示标准，这个标准不仅可以作为统一的信息采集标准，更重要的是能够实现网络数据传输标准。

博物馆信息不仅数量大而且类型多，博物馆中藏品信息多是非结构化数据，这种类型的数据不利于存储和查询；并且现在很多提出要建立区域性的博物馆联网，实现博物馆信息资源共享，建立大型藏品数据库。要实现这样的计划，如果能够快捷地导出各个博物馆数据库中内容并且轻易地整合到一起那么不仅大大减少工作量而且在重新建立新的数据库时也能有序进行。要实现这样的目标首先需要已有的博物馆数据库中的数据是结构化的并且这些博物馆数据库群在数据库的建立上都有一定的标准。于是元数据的概念被运用到博物馆事业中，元数据的本质是 data about data（关于数据的数据），是提供关于信息资源或数据的一种结构化的数据，是对信息资源的结构化描述。

元数据并不是一个新的概念，它自人类将信息分类管理开始就出现了，诸如传统的图片卡片、磁盘的标签等就是一个元数据，在博物馆中来说规定的内容也是元数据的一种。由于网络信息资源呈现出无标准、不规范、不开放的特点，为了规范网络信息资源而促成了元数据的发展，由于博物馆数字化建设进程的推进，元数据这个概念开始被运用到博物馆事业中。元数据被用来描述网络上的各种资源的属性，可以同时整合文字、图像、音频等信息，元数据可以为各种类型的数字化信息提供规范的描述，这样可以既便于信息传输也能够加强检索，使资源能够被快速发现。因此元数据这个概念本身就是为了统一标准。我国现阶段关于数字博物馆的元数据研究并不深入，主要借鉴国外较为成熟的元数据作为参考。主要有加拿大遗产信息网的数字博物馆标准体系、英国的 SPECTRUM（Standard ProcEdures for CollectionsRecording Used in Museum）以及都柏林元数据核心元素集（Dublin Metadata CoreElement Set），此外还有非博物馆类的元数据标准 VRA Core，CDWA 等元数据标准也在国际上被使用。

要将元数据这一概念运用到数据库中需要使用 XML 语言（可扩展标记性语言），由于 XML 语言本身具有的特性使得其十分适合用来做标签。因此，博物馆元数据标准的研究不仅要考虑如何通过指标项的文字描述将博物馆藏品各方面特性清晰准确的表达出来也需要了解 XML 语言的使用方法和特性。结合 XML 语言的标签特性，博物馆藏品的元数据结构应该是多层次的，最核心的元数据结构以核心指标项为主，结合其他指标项，按照其重要程度分出层次。博物馆中元数据的标准确立的困难之处在于不同类型的藏品其核心指标项不同，因此首先要将博物馆藏品做一个清晰的分类，其次就是计算机登录要求精确，一些诸如藏品年代、计件方法等指标项的规定并不十分清晰，由于现有的指导规范都是根据手工登录需求制定，因此并不完全适用于计算机登录模式。

元数据不仅可以统一藏品信息采集的标准，而且对于信息的数据化存储、数据库的建立于基于 web 网页的信息传输的标准都有相当重要的意义。我国已经有山东大学数字博物馆和长江金鑫数字博物馆作为实验型博物馆项目，其各自提出适用于表示文物信息的元数据模型，并取得理想效果，但是距离一个权威的、合理的元数据标准的出现还有很多研究要做。

2.加强学科交流

博物馆的数字化建设离不开计算机工作者，事实上，目前来看，博物馆藏品管理系统的开发和使用是两批人。博物馆工作者对计算机技术不熟悉，计算机工作者对博物馆工作内容也不熟悉，这样的隔阂使得系统的建立没有长久性，容易忽略未来发展，并且后续维护工作升级工作也往往不顺利。

在知网中输入"博物馆数字化"这样的关键词能够得到期刊论文与学位论文二百多篇，其中相当一部分都是计算机专业人士撰写，许多文章都是讨论将某些技术运用到博物馆建设中。笔者认为其中有部分技术并不适宜用到博物馆事业中，例如某些数据库技术、查询技术等，没有考虑博物馆实际情况以及博物馆事业的未来发展。同样的，许多博物馆专业人士并不熟悉计算机技术，没有操作复杂系统的能力，更不用说维护和更新系统。因此笔者认为加强学科交流在现阶段是保证博物馆数字化工作有效进行的保障。

计算机技术的兴起很大程度改变了我们的生活，其渗透到我们生活的各个角落，便利人们的工作生活。同样对于博物馆来说，数字化建设是大势所趋，只会随着技术的发展不断前进。在这个发展过程中一定会出现各个方面的问题，并且我国计算机技术的出现相比较发达国家较晚，博物馆业在我国也属于比较新的事业，我们还有很多问题在摸索。经过一段时间的快速发展，我国的博物馆数字化建设已经有了一定的成果，而在此阶段的数字化建设目标已经不仅停留在对于某一个博物馆的建设上，而是致力于构建区域性的、系统的大型博物馆类数据库，整合一定范围内的博物馆资源，建立大型数据平台以供数据的保管和使用。因此，落实到每一个博物馆的数字化建设工作中，其工作目的应考虑如何方便未来的数据资源整合，而关于大型联合数据库的建设中涉及的具体到各个参与的博物馆的数据库标准研究也将是这一阶段博物馆数字化研究的方向。

第十二章 文物藏品档案管理现状及对策研究

前文对文物保护工作进行讲述，本章主要对文物藏品的档案管理进行讲述。

第一节 文物藏品档案及管理现状

一、文物藏品档案

（一）文物藏品档案的定义

对于文物藏品档案，国家文物局早在1991年就明确规定了藏品档案的定义，即"藏品档案是反映藏品全部情况的记录材料。"这一概念是对藏品档案的规范化解释，但较为笼统概括。而目前，档案学界及博物馆学界对于文物藏品档案的具体定义尚存争论，各执一词，甚至对于文物藏品档案这一名称的界定也各有不同。有的直接将其称为文物档案，并套用档案的定义将其表述为文物档案是记载、记录和反映文物工作中直接形成的并具有保存价值的文字、卡片、图表、照片、录像、实物等的材料。有的将文物藏品档案与文物保护单位记录档案混为一谈，统称为文物档案，指记述和反映文物事业管理和文物的保护、研究、利用等工作的历史记录。而笔者在调研文献、综合分析的基础上，采用属概念和种差相结合的定义方法，即将档案的基本定义和文物藏品档案的具体特点相结合，试给出文物藏品档案较为科学、准确的具体定义，表述如下：

文物藏品档案是文物藏品在发掘、收集、鉴定、登记、管理、保护、研究、修复、珍藏、展览及流动等一系列过程中直接形成的并具有保存价值的文字、卡片、图表、照片、声像等不同形式的历史记录。

要正确理解这一定义，就要从其属概念"档案"和种差"文物藏品"两方面入手。首先，要明确文物藏品档案是档案的一种类型，是众多档案大家族中的一员，具有：档案的本质属性——原始记录性。目前虽然档案学界对档案的具体定义尚存争论，国内外已有的档案定义也有几百种之多，但都普遍认同档案这一事物的本质属性为原始记录性。因此这一特性也是文物藏品档案区别于文物资料等其他事物的根本所在。无论是文物发掘过程中产生的发掘报告、采集记录，还是文物藏品管理过程中产生的鉴定意见、出入库登记、保管修复记录、提供使用记录以及编研成果等，无一不体现了信息的原生性。这对于确定文物藏品档案管理方法的方向也具有着决定作用，即文物藏品档案管理必须以维护历史原貌和档案本质属性为原则。其次，要明确文物藏品档案不同于其他类型档案的特点。文物藏品档案产生于文物考古及保护利用领域，是这些活动的记录和伴生物，其内容性质就必然带有鲜明的领域特征，如藏品档案由实物转化而来，某些藏品本身就是一种历史的文书档案，藏品档案的形成是一个不断积累的过程等，这些特点在下文将有具体论述，这里暂且不一一赘述。

总之，文物藏品档案是文物研究与保护工作的重要成果，是文物修复工作的重要依据，更是文物交换与收藏必不可少的重要文书。科学地整理并保管、利用好文物藏品档案是文博单位和藏品档案工作者的义务和职责，必须予以高度重视和深入研究。

（二）文物藏品档案的类型

文物藏品档案是文博行业博物馆、文管所、考古研究所等各项业务活动的物质基础。各级文博单位拥有着大量的精美文物藏品，而记录详实可靠的文物藏品档案是藏品能否发挥作用的关键，它准确地表达了藏品的价值，又为科研和陈列展览提供了第一手的资料。所以，藏品档案对于文博工作有着至关重要的地位和作用。而所说的文物藏品档案，是指广义上的藏品档案。具体来说，可以分为以下三种类型：

1.藏品本身的档案

即有关藏品本身的所有具有保存价值的材料。如藏品的原始材料、鉴定意见、藏品总登记账、藏品分类账、藏品目录、藏品编目卡、藏品修复记录、出入库（馆、所）凭证及藏品调拨手续等。另外，藏品的照片、拓片、音频和视频资料等同样属于这一类型。

2.藏品参展档案

有的藏品因为较为珍贵或不适合对外出借等原因，仅在原保管单位妥善保存，不会出借展出；而有的相对历史价值较小或同类藏品数量较多的藏品，则会在不损害藏品本身的前提下参与出展，也就是我们所说的"展品"。这些成为展品的藏品具备了交流、宣传的功能。相关材料如展品点交册、装箱单、展品清单目录、有关展览现场的照片、音像资料、展览图录、展览报道以及相关的文件等，这些也都属于文物藏品档案的范畴。

3.与藏品相关的信息资料档案

即与藏品本身无关，但是有关藏品的重要信息材料。如博物馆学、考古学及档案等相关学术领域对文物藏品档案科研项目的开发与合作、文物考古部门对藏品直接或间接研究的考古发掘报告以及藏品图鉴、藏品考证等。

由此可见，藏品档案可以说是由图文声像所组成的一个平面资料系统，它是计算机藏品档案的资料来源。

（三）文物藏品档案的特点

文物藏品档案是围绕着藏品而建立的档案，它来源于藏品，丰富于藏品，揭示了藏品博大精深的历史、艺术、科学等多重价值，有着不同于其他档案的独特性质和工作程序。

1.文物藏品档案是围绕藏品建立的档案

文物藏品是人类社会实践活动中保存下来的物品，它们质地各异、功能不同，是人类科技、文化、艺术的物质载体。而文物藏品档案是围绕着藏品而建立的档案，它来源于藏品，丰富于藏品，揭示了藏品博大精深的历史、艺术、科学等多重价值，有着不同于其他档案的独特性质和工作程序。前文所述的文物藏品档案的第一种类型——藏品本身的档案，就是对文物藏品采用文字、图像、声像等多种形式进行如实客观地记录描述，从而将藏品信息转化成书面或多媒体材料，形成具有保存价值的文物藏品档案。即先有文物藏品，才有文物藏品档案。这种档案与伴随着社会实践活动过程产生发展且由文件转化形成的其他类型档案相比，形式更广泛多样，内容更丰富系统。因此，建立藏品档案必须科学研究、缜密论证，并采用一定的技术手段才能准确揭示藏品的内在因素与外部特征，这也是文物藏品档案不同于其他档案的重要特点。而某些文物藏品如甲骨档案、金石档案、简册档案和锦帛档案等，由于其上镌刻或承载得：文字、图画等信息具有原始记录性，因此具有文物和档案的双重性质，属于特殊的藏品类型，不在本书研究范围之内。

2.藏品档案具有现实使用价值和永久保存价值

文物藏品是人类社会的文化遗存和精神财富，是国家的宝贵文化财产。因此我们要妥善保管，传承于子孙后代。因此从某种角度上说，需要伴随着藏品永久保存下去的精心建立的藏品档案也是一种珍贵的文化遗产，能够为今后的专业研究提供参考资料和借鉴数据。而其他档案与藏品档案相比，有些如人事档案或重要的科技档案，由于保存期限和机密程度等条件限制，只能由有关部门使用或组织掌握，限制了其现实使用性：有些保存价值不高的文书档案，由于其价值递减的规律，一定时期后就丧失了保存的必要性，须根据相关规定予以销毁。由此可见藏品档案与其他档案不同，它既具有永久保存性，又具有现实使用性。

3.藏品档案的形成是一个不断积累的过程

藏品档案是文物的伴生物，文物产生之时，就是藏品档案的形成之际。以文物被博物馆等文博单位收藏为界限，可以将藏品档案分为入藏前的档案材料和入藏后的档案材料两种类型。从文物产生之时到被文博单位收藏之前这一漫长过程中所形成的全部材料，可以称为入藏前的档案材料。而入藏后，在文博单位各个业务环节中又形成了大量的档案材料，即称为入藏后的档案材料。因此，文物藏品档案工作就是要收集整合不同时期、不同地点、不同部[]分散形成的档案材料，由少到多，由简到繁，不断地加以补充和完善。其中，追补记载也是完善、丰富藏品档案的一种重要手段。总而言之，藏品档案的形成始于文物的发掘，尔后在收藏、鉴定、修复、流动等过程中都将不断产生新的档案，直到该文物寿终正寝为止。这一特点也说明了，对于文物藏品档案的收集整理工作，必须采取跟踪追加的方式，全程进行，不断完善。

（四）文物藏品档案的价值

1.文物藏品档案是保护文化遗产的重要措施

中国是拥有五千年历史的文明古国，而蕴含着无尽智慧的文物藏品则代表着我国的灿烂文化和悠久历史，是中华民族不可多得的宝贵财富。而文物藏品档案是记载、记录和反映文物工作中直接形成的并具有保存价值的文字、卡片、图表、照片、录像、实物等的材料，它是进行文物考古、发掘、保护、修复和研究的依据和必要条件。重视文物藏品档案的建立与管理，一方面是维护国家文化和社会价值积极态度的体现，另一方面也是保护文化遗产必须履行的法律职责。

另外，由于文物藏品大部分均为孤件或孤本，一旦损坏就无法再生。所以藏品有严格的提用程序和环境要求，尤其是对于一级藏品更是严格控制使用。而完整的藏品档案，其应用不受任何条件限制，可替代原件藏品作为陈列展览、研究参考之用。如由纤维构成的丝帛、纸张等质地的藏品，对温湿度和紫外线反应特别敏感，如频繁提取展示，就会加速其光老化，缩短保存寿命。而如果建立了藏品档案，就可大大减少藏品的提用频率，提高藏品的安全系数，降低藏品的人为损耗。一般来说，参观者和研究者通过完备的藏品档案就可了解藏品情况，不必再提取藏品。这就从利用角度，对文物藏品的保护进行了前端控制，具有极其重要的现实意义。

2.文物藏品档案是追索流失文物的有力武器

由于战争历史原因及买卖文物的不法行为，我国大量的珍贵文物流失海外。如法国佳士得拍卖公司在巴黎举行了"伊芙圣罗兰与皮埃尔贝杰珍藏"的专场拍卖，拍品中包括1860年自圆明园掠走、流失海外辗转多年的鼠首和兔首铜像，并且将两座铜像起拍价分别定为八百万至一千万欧元，总价约为二亿元人民币。最终中华抢救流失海外文物专项基金的收藏顾问蔡铭超以总计3149万欧元的价格成为最后竞拍者，但其声称拒绝付款，从而一石激起千层浪，引发海内外各界人士的广泛关注与巨大争议。

其实，国人关注鼠首与兔首的命运并不是一件孤立的事件。因为据联合国教科文组织的不完全统计，目前在全世界47个国家200多家博物馆的藏品中，有中国文物164万件，包括民间收藏在内的流失海外的中国文物总数至少在1700万件，远远超出我国本土博物馆藏品的数量。而其中有相当一部分是因战争等不道德方式从中国运走的，其实国际上有针对于此的公约，因战争等原因而被抢夺或丢失的文物都应归还。道理诚然如此，但操作起来难度却相当大，因为没有相关的约束机制。那么通过何种途径追讨海外流失文物最为切实有效呢？原国家文物局副局长现为中国文物保护基金会理事长马自树先生曾介绍说通过法律途径可以追讨那些具有完备文物档案和足够证据的流失物品，最后促使所有者无偿返还文物，一般来说成功追讨的文物都属于这种类型。因此建立完善的文物藏品档案管理机制，发挥有力的法律凭证作用，刻不容缓。因为流失文物一旦具有完备的记录档案，就会为我们的追索行动提供铁一般的法律凭证，实现成功追讨。这一法律武器在国际文物追赃行动中的运用屡见不鲜，最为成功的当属意大利TPA——专管艺术品追赃的"特种部队"。作为世界上第一支专门追踪艺术品盗贼与赃物的劲旅，1969年成立的意大利艺术遗产防护指挥部（简称TPA），据报道迄今为止，已经追回15万件馆藏文物以及超过30万件盗掘的考古珍品。实现如此高的追讨成果，秘密武器是什么？答案就是详实充分的文物档案资料。TPA有一个庞大而翔实的资料库，所有被盗文物档案资料全部记录在案。一旦某件失踪的文物出现在市场上或某个商贩手中，这里的精确档案文件便是确认赃物的最权威信息。另外，TPA执行外勤任务的工作人员，每天都在系统地监视全意大利古董商、拍卖会和展览会，他们将待售的文物拍成照片发回总部。专家们将照片与他们资料库电脑里的资料进行对比，以便判断是不是被盗文物。由此可见，文物档案在流失文物的追讨行动中具有不可替代的凭证作用。

3.文物藏品档案是鉴定文物真伪的关键凭证

藏品档案的根本属性在于它是藏品的真实原始记录，具备了极强的凭证价值，这也是藏品档案不同于和优于其他各种材料的最基本特点。因此，藏品档案作为确凿的原始材料和历史记录，可以成为查考、研究、鉴定和处理问题的关键依据。一旦发生战争、过失损坏或自然灾害等意外情况，藏品档案就可及时提供藏品详情。尤其是照片、图片、拓片、视频等非纸质档案材料反映了藏品的具体形象特征，提供了藏品修复和复制的第一手材料，对于重现藏品原貌具有重要的依据作用。换句话说，藏品档案就相当于文物藏品的一张身份证，以证明其身份，鉴别其真假。

当今社会，由于市场经济逐利规律的负面影响和诚实守信基本道德的严重缺失，文物造假泛滥成灾，甚至已经形成了完整的产业链，导致民间文物市场鱼目混珠，真假难辨，同时也为博物馆、文管所等文物保护单位的文物收购征集和甄别鉴定工作，带来了相当大的难度。此时，一件文物是否具有从发掘、收藏、鉴定、修复、流动等贯穿于其生命过程的完备详实的相关记录档案，就成为了判定其真伪的有效凭证。

4.文物藏品档案是管理文物藏品的科学依据

一方面，文物藏品档案是在文物发掘、收集、鉴定、研究、修复、珍藏、展览、流动等过程中形成的文字、图表、声像等不同形式的历史记录。建立文物藏品档案是文物部门管理工作中必要的法定程序。各文物收藏单位征集的文物经过鉴选后，严格履行国家文化财产登记手续，这不仅是确定国家藏品产权的法律依据，而且是国家文化行政管理部门掌握、检查藏品保存情况的业务依据。

另一方面，馆藏文物是国家宝贵的科学文化财产，也是文博单位一切业务活动的物质基础。一个博物馆要办好各种陈列专题展览、搞好宣传教育、出版书刊、音像资料以及深入地进行藏品研究，一个很重要的因素就是看藏品登记各个工作阶段所登录情况的准确性和完整性。在进行文物藏品登记时，通过原始凭证、登记表、编目卡、登记账各项档案材料的编制，将藏品特征和相关情况详细记录下来，这种记录的目的就是对所收藏的文物，做到有据可依、便于统计藏品，从而对藏品的高效管理、深入研究和合理利用奠定坚实的工作基础。

一百多年前，当博物馆学尚未成为一门科学时，博物馆藏品征集和管理大部分杂乱无章，部分藏品都属私家收藏，谈不上对藏品资料的收集、研究和整理。因此，博物馆通常把陈列藏品作为单独物品来展出，没有进一步说明其意义的辅助材料来配合。'而到了近代，只有少数大型博物馆开始尝试编制目录，但并不系统规范，其他小型博物馆及地方文管所等的藏品编目工作就更是无从谈起。藏品缺少登记说明和编目记录，直接导致了新中国成立前文博单位内保存的大量文物藏品擅自挪用甚至不知所终。新中国成立以来，随着经济的发展和社会的进步，我国政府相关部门越来越重视藏品建档工作。

随着相关法律法规的陆续出台，各级文博单位逐步重视文物藏品档案的建立，并将其作为一项业务内容，形成长效机制，日益发展成熟。

5.文物藏品档案是进行学术研究的第一手资料

随着改革开放和社会主义建设的迅速发展，科学研究领域也在不断拓展与深入，社会各个领域对博物馆等文博单位的需求量也随之日益扩大。他们为研究社会科学、自然科学或为编写地方史、地方志，编著教材和为生产实践等目的，需要到文博单位借鉴藏品，查找有价值的资料和根据。而系统完整的藏品档案，既可为他们提供可靠的信息，也可为研究人员提供第一手资料，满足他们的需求，从而将历代的科学、文化等信息资源传递于当今社会，传承人类文明。

二、文物藏品档案管理概述

（一）文物藏品档案管理的必要性

如前文所述，正是基于文物藏品档案在保护文化遗产、追索流失文物、鉴定文物真伪、管理文物藏品和开展学术研究等方面不容忽视的重要意义，决定了我们必须高度重视对藏品档案的科学管理，不断改进管理方法，创新管理方式，提高管理水平，从而使藏品档案充分发挥其传承人类文明、延续档案文化的积极作用。

（二）文物藏品档案管理的现状

1.管理理论

文物藏品档案属于档案大家族中的一员，因此其管理理论同其他类型的档案相同，都是采用中国档案界档案管理的基本理论，将档案管理工作划分为八项内容，即收集、整理、鉴定、保管、统计、检索、利用、编研八个业务环节。并在具体工作中，结合文物藏品档案的特点，遵循来源原则、文件生命周期理论、价值鉴定理论等普世公认的档案管理原则与方法，对文物藏品档案进行统一规划、科学管理。

从征集文物标本之时，就必须注意搜集原始材料，认真做好科学记录，及时办理入馆手续，逐件填写入馆凭证或清册，编写鉴定意见，编制藏品总登记账、分类账和编目卡片。在鉴定后凡符合入藏标准的文物，应连同上述有关材料一并入藏，且每年装订成册，集中保存。该办法适用于全国文物系统所属的各类型博物馆及各级文物考古研究所和文物保管所，也是文物藏品档案管理理论在法律层面的具体体现。

2.管理现状

作为文博单位业务工作基础的文物藏品档案工作虽然得到了一定程度的重视与发展，但总体来说未能适应文博事业快速的发展步伐。尤其是随着知识经济时代的到来和计算机技术的突飞猛进，文物藏品档案工作在具体实践中显现出诸多不足和欠缺之处。文物藏品档案工作没有一个全国统一的专门管理机构，缺乏统筹规划和协调管理，没有系统可行的技术标准和内容规范，没有长效的信息合作共享机制，致使地方各级文博单位的文物藏品档案工作在工作深度、建档规范、交流合作等方面缺乏客观具体的指导和标准，档案质量无法得到有效保障，建档技术相对落后，共享利用程度低。因此，针对我国目前的文物藏品档案工作现状进行广泛调查、深入研究，同时借鉴已经试行建立的国家一级文物藏品档案数据库系统的成功经验，为文物藏品档案工作的系统化、规范化建设提供丰富详实的事实依据和理论基础，具有十分必要的现实意义。

第二节 文物藏品档案管理存在的问题

一、宏观管理存在的问题

（一）专职管理机构未建立

现阶段我国各级文博单位的文物藏品建档工作主要由各级地方人民政府负责组织实施，其中各博物馆的《一级藏品档案》和《一级藏品目录》则报本省、自治区、直辖市文物行政管理部门和国家文物局备案。目前国内尚未建立负责文物藏品档案总体工作的专职管理机构，缺乏统筹规划和组织协调，对文物藏品档案工作有计划、有组织、有步骤、有指导的长期开展产生了不利影响。

（二）法律法规不完善

目前，与我国文物藏品档案工作相关的法律规范主要有两种类型，一种是文物保护相关法规中对藏品档案工作的制度性规定；另一种是藏品档案载体制作与编制格式上的规范标准。与欧美等文物保护法律相对完善的国家相比，我国在后一种类型的法律规范方面存在较大不足，缺少对藏品档案工作的具体化标准和技术性规范，直接导致了文物藏品档案的编制水平参差不齐，也加大了藏品档案鉴定工作的难度。

（三）工作开展不全面

当前，我国文物收藏主要集中于全国文物系统所属的各类型博物馆，以及各级文物考古研究所和文物保管所，但由于受文物管理体制缺陷的影响，非文物系统收藏单位和文物系统的一些研究机构（如文物考古研究所）、基层文博单位（如县级博物馆和文物保管所）对入藏文物的鉴定、登记、备案工作未能得到重视和全面开展，使得在文物藏品档案工作方面远远落后于大中型博物馆的管理水平，馆藏文物建档及相关管理工作未能全面展开，不利于对文物藏品的利用和研究。究其原因，主要有以下几点：

1.领导建档意识缺乏。建档工作是文物藏品保管工作的重要环节和法定程序。然而，由于长期受"重保护、轻利用"思想的影响，基层文博单位的领导往往缺乏文物藏品档案意识，对藏品档案工作重视力度不够，导致一些单位的文物藏品建档工作发展缓慢甚至停滞不前，难以提升档案质量。

2.人员编制过少、身兼多职。基层文博单位由于机构小，编制少，客观上也影响了文物藏品档案工作的开展。例如，一个文物保管所一般只有二到三人，而其工作任务却包括普查、保护、管理野外遗址，对文物进行绘图、照相、建档、修复、整理入库、历史研究等多项内容。如此细致繁杂的工作职责，使得工作人员分身乏术，往往无暇顾及或延误了建档工作。

（四）资金投入不到位

《国际博物馆协会章程》对博物馆的定位是"博物馆是一个为社会及其发展服务的，非营利的永久性机构，并向大众开放。它为研究、教育、欣赏之目的征集、保护、研究、传播并展示人类及人类环境的物证。"由此可见，博物馆是收藏人类过去记忆的凭证和熔铸新文化的殿堂。众所周知，文物藏品及其档案资料的社会功能的有效发挥离不开一定的人力、物力及财力的投入，但长期以来，博物馆作为全额财政拨款的事业单位，人们受博物馆不以营利为目的的观念影响和对藏品档案重要性的认识不足，造成藏品档案工作没有得到应有重视，巧妇难为无米之炊，资金投入严重欠缺，远远不能适应文物保护工作的需要。因此许多文博单位的藏品档案实际工作情况不尽如人意，具体表现在：一是库房狭小，难以适应数量众多的文物藏品排放与保管的要求；二是设备简陋，影响对文物藏品及其资料的高效管理；三是档案从业人员缺乏专业技术培训，尤其是对现代计算机信息技术应用能力不高，制约了文物藏品档案工作的数字化、网络化进程。

（五）交流合作不充分

文物与档案历来有着不可分割的历史渊源，许多藏品如甲骨、碑刻、汉简、印章等，即集文物、档案于一身。因此，文物与档案就像一对孪生的姊妹，共同承担着记载历史文化、传承人类文明的重任。近年来，随着经济的发展和社会的进步，社会公众的怀旧情结和对历史追忆的心理诉求都在日益增长，文博单位的宣传教育作用日益凸显，文博事业蓬勃发展。而作为文博单位的一项重要业务工作一文物藏品档案工作，涉及到考古发掘、文物保护及档案管理多个领域与学科，因此加强考古、文保和档案部门之间的联系与合作，实现文物档案资源的共享，不仅有利于藏品档案工作的健康发展，更是各部门生存发展、实现双赢的重要途径。但是，由于体制、机制及观念上的诸多原因，考古、文博及档案部门相互间的联系与合作并不频繁，各谋其政、各行其是，未能突破学科间、部门间的界际领域，缺少跨学科跨专业的交流与合作，不利于提高文物藏品档案的工作质量和发挥文物藏品档案的社会作用。

（六）从业人员存在诸多问题

1.从业人员数量相对不足

如前文所述，由于受体制缺陷、客观条件、档案意识缺乏等原因的影响，对于非文物系统收藏单位和文物系统的一些研究机构（如文物考古研究所）、基层文博单位（如县级博物馆和文物保管所）来说，人员编制过少这一问题普遍存在，从而导致藏品档案编制人员过少或身兼多职无暇顾及或延误建档工作。即使如苏州博物馆这样的国家一级博物馆，也没有专职的藏品档案工作人员，而是由保管部的两位工作人员兼任，一名负责总账管理，另一位负责分账管理。由此可见，相对于庞大的馆藏数量和繁杂的工作内容，档案从业人员的数量是何等缺少。

2.从业人员敬业精神部分缺失

人的因素是决定着主观能动性的最关键因素。文物藏品档案工作是一项细致、复杂的工作，不但耗费时间长，而且专业性强、技术性高。这就需要从业人员具有高尚的职业道德和对藏品档案工作发自内心的热爱。而如果档案人员对藏品档案的历史价值和藏品建档的重要作用缺乏深入了解，缺失敬业精神，那么就算有充足的人力物力和优越的客观环境，也无法形成高质量的文物藏品档案。

3.从业人员业务素质总体偏低

建立藏品档案涉及到历史学、博物馆学、档案学、电子计算机等多个学科知识，而负责建档工作的主要是文博专业人员和藏品保管人员。文博专业人员根据所学的文博专业负责不同业务，藏品保管人员则根据所保管藏品的种类分别负责不同类型。在进行文物藏品的展示、交流、宣传、研究等具体工作时，我们首先就需要利用文物藏品档案查找、选定所需文物，然后才能进行下一步工作。这就对文物藏品档案从业人员提出了较高的工作要求，他们需要具有开阔的视野和广博的知识，具备扎实的业务素质，保证文物藏品档案的完整性和准确性。否则，如果藏品档案不真实、不规范、不准确，就会直接影响利用藏品的质量和水平。而目前藏品档案工作者的文化结构参差不齐，多为从事文物保护工作多年的老同志，他们一方面具有深厚的历史文化知识和丰富的文物保护工作经验，有的还在工作中实践总结了一套自己的工作方法，但另一方面欠缺全面系统的档案理论知识和较强的计算机操作技能，特别是对于文物藏品的测量、绘图等专业科技知识相当欠缺。鉴于这种情况，全面提高藏品档案人员的业务素质，势必成为一项紧迫的工作任务。

二、微观管理存在的问题

正是由于宏观层面上体制机制的不完善和法律法规的不健全，才导致了在文物藏品档案在收集、整理、鉴定、保管、统计、检索、利用等业务环节的微观管理层面，出现了一系列的问题与不足。

（一）管理制度不严谨

博物馆、图书馆和其他文物收藏单位对收藏的文物，必须区分文物等级，设置藏品档案，建立严格的管理制度，并报主管的文物行政部门备案。因此，确立严格完备的文物藏品档案管理制度，不仅是科学管理藏品档案的必由之路，也是遵守相关法律法规的必然举措。然而长期以来，我国文物藏品管理实行"分散管理、集中备案"的原则，在实际工作中，由于管理制度存在漏洞，或者即使有制度却没有切实可行的配套措施，从而导致不能及时将文物藏品及档案材料归入统一的管理部门进行有效管理，在文物定级和文物建档的进度、质量方面均存在着不容忽视的问题。主要表现为：

1.政策导向不明确

广大文物收藏单位对认定一级文物存在顾虑，一怕被盗受损承担责任，二恐赴境外展出受到限制，三惧上级部门调拨或其他单位借展不还，消极对待一级文物鉴定、备案工作，使一些业已确定的保护管理目标无法如期实现。

2.档案填写不完整

各级文博单位在编写藏品档案时，由于前期相关原始材料的收集不足或者缺乏敬业精神，导致藏品档案填写缺失、失范的现象仍然存在，如对于藏品档案册的有些栏目少填甚至不填，用词也不符合规范，不利于维护档案的完整性。

3.档案内容不准确

藏品名称不准确是这一方面的主要体现，另外在藏品内容描述和历史时期等重要条目由于从业人员的理解能力有限或笔误问题，也容易发生不准或错误情况。

（二）材料移交不充足

征集文物标本时，必须注意搜集原始材料，认真做好科学记录......所谓相关原始材料，是指文物在入馆成为藏品之前的所有有关材料，如考古发掘单位形成的考古发掘报告、文物捐赠、征购时的鉴定文件及收集工作文件等。上述材料代表了文物自发掘以来的前世今生，对于藏品档案的丰富完整，有着至关重要的作用。因为收集的藏品原始材料越齐全，据此编写的藏品档案内容就越完整，藏品档案的质量也就越高，最终会大大提高该藏品的现行价值和历史价值。但长期以来，由于受制度缺失、监管不力及单位利益等主客观条件所限，各文博单位各自为政，在移交文物的同时并未及时移交相关原始材料，导致了藏品档案的"先天不足"。比如在调研中，我们就了解到苏州博物馆原下设有考古部，负责考古的调查、勘探、发掘等工作，因此一旦有文物发掘出土，由于存在隶属关系，文物及相关考古资料就自然而然地一并移交给博物馆保管部，为之后文物藏品的建档工作奠定了有利基础。但后来，由于考古事业的发展和现实管理的需要，考古部从博物馆分立出来，成为一个独立的机构，即苏州市考古研究所。这一方面有助于考古工作的进一步开展，但另一方面却无形中增加了顺利移交文物及原始材料的难度，考古研究所出于自身工作开展的便利性，对于该收集的材料没收集没整理，或者已经收集整理完毕却不愿移交，而考古所与博物馆又不存在直接隶属关系，不受其监管，从而导致了只移交文物但考古档案却移交慢、移交难的问题。使得藏品的原始记录过于简单，甚至有些只有名称、时代其他资料一律没有，对提高档案的质量产生了不利影响。

（三）建档标准不统一

《博物馆藏品管理办法》规定了对于入馆文物应进行认真鉴定，以确定其真伪、年代、是否入藏并分类、定名、定级，但这一规定仅仅是原则性的强调规范，并没有具体的统一标准，从而导致了各文博单位在实际档案工作中，划分标准纷繁不一，档案质量参差不齐。

1.藏品分类不统一

目前，博物馆对藏品尚无统一的分类办法，一般分为历史文物、艺术藏品、自然标本三大类。'藏品档案即根据博物馆对藏品的分类进行分类管理。这就使得各文博单位只能根据实际经验，摸索自定分类标准，因而无法保证分类的科学性和统一性。如苏州博物馆按照文物的类别将馆藏品划分为瓷器、书画、玉器、金器、丝织品、古书、砚台、印章、碑帖、杂件、集品（即出土文物的集合品）、杂件等大大小小共28类，而相应的藏品档案也分成了28项分类账。虽然看似条理清晰，但类别繁多冗杂，给藏品档案的快速检索与有效利用带来了不便。

2.分级标准不明确

区分文物等级，就是要根据文物的历史价值、艺术价值、科学价值对文物进行分级。根据有关规定，我国将文物藏品分为珍贵文物和一般文物。珍贵文物分为一、二、三级。具有特别重要历史、艺术、科学价值的代表性文物为一级文物；具有重要历史、艺术、科学价值的为二级文物；具有比较重要历史、艺术、科学价值的为三级文物。具有一定历史、艺术、科学价值的为一般文物。所以，文物藏品一般分为一、二、三级，不够级别的，可作为资料品或参考品加以保存。区分文物等级的意义，在于根据文物价值的不同，采取不同的保护措施。而级别的划定，就要依靠鉴定小组和鉴定委员会对馆藏文物的鉴定，这就不可避免地带有一定的主观性，且对于一、二、三级藏品仅用"特别重要"、"重要"和"比较重要"等较为模糊的形容词界定，缺乏量化的标准，这就不得不使我们对于藏品分级的科学性和准确性产生质疑。

3.藏品定名不规范

规范、准确的定名是藏品科学化管理的前提，同时也对藏品档案的编写提出了更高的要求。藏品定名不规范，主要体现在三个方面：

（1）定名不明确，无法从名称判断其年代或质地。文物的名称缺少年代和质地，如"千佛座释迦像"，"送子观音像"，"观音像"。

（2）藏品制档内外称呼不一。如编目为"元化观世音菩萨铜像"，账页却是"辽代千佛座卢舍那佛铜立像"；编目为"春秋青玉谷纹壁"，账页却是"春秋青玉黑斑壁"，表里不一，无法对应。

（3）定名过于繁琐，题无主干。如"三蹄足双附耳环钮弦纹鼎"，"素面折壁折沿双环耳"等，名称既冗长，又难于理解，不适合普通大众的接受水平。

（四）鉴定标准不细化

鉴定工作是整理文物藏品档案的关键环节，是对档案真伪和档案价值的双重鉴定，决定着档案的生死存亡。然而，长期以来由于缺乏具体的质量标准和技术规范，文物藏品档案鉴定内容只限于针对档案格式的标准性和内容的完整性，而对于档案内在质量的判定则缺乏全面细化的具体标准与办法。鉴定完毕后，对于档案的不规范之处专家组会给出总体的修改意见和最终的鉴定意见。但是，对于文物藏品档案的内在质量，尤其是对于文物藏品的分类、分级和定名，只能从鉴定程序是否完备，鉴定材料是否齐全等外在的形式特征予以评判，而对藏品档案内容的准确性和科学性缺乏具体细化的鉴定标准。由此可见，现阶段我国的文物藏品档案鉴定工作对藏品档案的内在质量缺乏有效控制，太过粗放，使本应发挥的"去伪存真、去粗取精"的重要作用大大削弱。

（五）检索工具不先进

21世纪已进入网络时代，因此加强博物馆文物藏品档案I作是博物馆电脑化管理的基础工作，这不仅有利于改善博物馆的工作环境，增加藏品的信息与活力，更有利于提高藏品档案的检索和利用效率，使文物藏品档案工作的管理更加科学化、规范化、现代化。目前，我国已近70所博物馆实行电脑联网，但由于各馆的人员素质及资金投入等主客观条件所限，很多博物馆还处在手抄账本、人工登记、手工检索等现状，即文物藏品的档案资料主要是采取人工制作编目卡，文字登记、照片制作等，没有充分利用现代计算机信息技术及数码照相技术进行数字化、网络化的档案管理。正是基于这种落后的手工编制方法，编制的检索工具种类也较为单一，主要是藏品编卡片、藏品总登记账和分类账。这些落后于时代的管理方法和单一的检索工具，严重制约了文物藏品档案信息资源的开发与利用，极不适应社会发展的需要。

（六）共享利用不充分

收藏档案的根本目的，就是满足广大档案用户对档案信息资源的利用需求，使档案所具有的特殊功能与档案用户的利用需求发生一定的关系，才能充分发挥档案的积极作用，为社会创造更多的物质财富和精神财富。而文物藏品档案利用工作就是通过档案记录直接传递文物信息，在满足用户利用需求的同时体现档案价值，这也是建立、保管文物藏品档案的根本目的。出于保护国家文化遗产的需要，一般文物藏品档案的保管期限都为永久保存。具体来说，一般性文物藏品档案其保管期限与文物期限同寿命，特别重要和珍贵的文物藏品档案应永久保存。微观层面上，目前较为完整的文物藏品档案分散在各博物馆、考古研究所及文物保管所，但各单位对藏品档案往往存在着"重保管轻利用、重保密轻共享"的传统意识，对于藏品档案一般都有保密要求，难以及时公布于众，也谢绝上门借阅，有的还在工作条例中明文规定非总账保管人员不得随意翻阅总账纸质文本，如因工作需要也需通过相关手续方能查阅电子文本。有些博物馆则将藏品档案存放在综合档案室或者地下库房，由于该类档案在编号、分类等方面有其特殊性，一般不参与综合档案的达标检查藏品建档工作动力不足，缺乏更新方法和手段，加之服务跟不上，直接影响了藏品档案的利用效率。而宏观层面上，保存在国家文物局数据中心的"全国一级文物藏品档案数据库管理系统"也仅限于内部人员管理使用，尚未面向社会实现信息共字。因此目前各文博单位的藏品档案共享利用水平普遍不高，作为一名文物爱好者或普通研究人员，很难直接查阅到完整的藏品档案，不利于发挥藏品档案巨大的社会价值。

第三节 文物藏品档案管理的对策研究

一、宏观管理方面的对策

（一）建立专职管理机构

成立全国文物藏品档案工作的专职管理机构一全国文物藏品档案管理中心。该机构主要负责全国文物藏品档案的统筹规划、监督管理、评估鉴定、科学研究、信息公开等工作，组织制定藏品档案制作规范、技术标准，向各地相关主管部门及文博单位提供业务指导和专业咨询，并提供经费支持，从而在行政体制上确立文物藏品档案工作的独立地位。考虑到我国文博单位数量众多且级别不等，因此还可在各省、自治区、直辖市成立相应的省级藏品档案管理机构，负责组织、规划本辖区内文物藏品档案工作以及评估鉴定、信息发布等工作。

另外全国文物藏品档案管理中心在人员构成方面要体现"政管分开",不能由行政管理领导一手负责,而应该多方聘请相关领域的专业人士,如考古学、历史学、博物馆学、计算机学等方面的专家学者,提供专业的指导意见和技术支持,促进跨学科、跨专业的交流与合作,从而提高工作成效,保证文物藏品档案工作有组织、有计划、有指导地长期开展。

(二)完善法律法规体系

要立足现状,针对不足,完善和细化对文物藏品档案相关法律法规的制定。一方面要在借鉴国外先进经验和结合本国具体国情的基础上,实现藏品档案基础工作的标准化,尽快制定出台藏品档案编制规范。为藏品档案的编制格式、文本制作、藏品分类、分级、定名等具体业务环节提供细化、量化、具体化的统一标准和操作规范。另一方面对二级、三级文物、一般文物以及参考品的藏品档案工作给予法律上的原则性规定,并将文物级别复审工作定期化,制度化,形成长效机制,从根本上提高对非一级藏品建档工作的重视程度,促进藏品档案工作健康、良性的发展。

(三)全面开展藏品档案工作

加强对非文物系统收藏单位和文物系统研究机构藏品档案工作的重视和开展,力所能及地提供必要的人力、物力和财力。当然,在实际工作中,还应从实际条件出发,因地制宜,对于规模较大、机构齐全的大中型博物馆,可设置专门档案室和档案库房,并指定专职档案工作人员,负责藏品档案的收集、整理、保管等工作;对于规模较小条件有限的基层博物馆和文管所,可由账簿管理人员兼任或由行政主管部门指定有关单位统一制作和存放藏品档案,实现节约成本和方便管理的双重目的。

(四)多方拓展资金筹措途径

一方面国家文物行政管理部门应对文物藏品档案工作予以重视,加大政府资金投入和财政拨款,为藏品档案工作提供坚实的物质基础;另一方面,各级文博单位也应充分发挥主观能动性,改变以往一味"等、靠、要"的依赖观念,将加大资金投入与主动筹措资金相结合,集思广益,多方筹措,实现资金来源多元化,扭转档案工作的被动状态,开创档案工作新局面。具体来说,可以有以下几种举措:

1.鼓励社会力量参与捐资办馆

各级博物馆在不改变办馆主体性质的情况下,可以适当引入市场机制,将博物馆推向社会走向市场,争取社会各界关注文博事业发展的有识之士的大力支持。这方面可以充分借鉴国外先进的办馆经验，比如加拿大的皇家安大略博物馆，其整个管理就是以企业形式运作，最高机构为董事会，办馆经费则来自于政府、基金会和私人赞助三部分，董事会成员也相应由以上三部分人员组成，分工明确，各司其职，使博物馆各项工作有条不紊、正常运转。这一成熟的办馆经验值得我国博物馆学习、借鉴。

2.大力开发文物藏品周边产品

各级博物馆可以在确保文物安全的前提下，"靠山吃山，靠水吃水"，充分发挥馆藏优势，积极开发博物馆及文物藏品的多种衍生品，实现文物传承和可持续发展。在国家政策的支持和引导之下，以国家一级博物馆为龙头，以文化创意产品为核心，培育博物馆文化产品研发基地，创新博物馆衍生品和文化产品。苏州博物馆在这一方面就是较为成功的案例。苏州博物馆为外国参观者提供有偿的外语导游服务，并在馆内开设了博物馆商店，出售馆藏文物鉴赏图册、馆藏文物缩微复制品、博物馆馆徽、明信片以及苏州民俗商品等，这些周边产品不但制作精美、价格适中，而且具有较高的收藏价值和文化价值，深受广大参观者的喜爱，既提高了博物馆的收益，也满足了人民群众的实际需要。

（五）充分实现跨界交流合作

要打破体制、机制和观念上各自为政的传统束缚，促进考古部门、文保部门及档案部门等各领域的交流合作，拓展联系沟通的新思路，挖掘交流合作的新形式。不但要加强对文物藏品档案信息的共享研究，而且要促进人力资源、场地资源以及工作经验的全面共享，建立考古、文保及档案部门联系合作的长效机制。从机制上保证强强联合、优势互补，共同挖掘文物藏品档案的教育科研资源。比如，各级博物馆可以积极主动地与当地乃至国内的高等院校和科研院所相联系，与它们的博物馆学、考古学、档案学等相关学科院系建立合作关系，将博物馆作为学生的实习培训基地和专家学者的教学科研基地，在合作中达到锻炼培养后备人才和提高藏品档案工作水平的目的。

（六）提升藏品档案从业人员素养

在立足馆情，确保专职或兼职档案人员进行文物藏品档案管理的基础上，加强对藏品档案从业人员的职业道德教育和档案业务培训，提高档案工作人员的综合素质。一方面要加强职业道德教育，使藏品档案人员明确自己所肩负的传承社会档案文明、保护人类文化遗产的重要使命，恪尽职守，兢兢业业，甘于寂寞，不图浮华，培养高尚的职业道德；另一方面要定期开展针对文物考古知识、现代化档案管理技能等相关能力的专项业务培训，聘请专业考古人员讲授考古绘图、拓片、基础美学等课程讲座，学习参观优秀文物藏品建档单位的先进经验。使藏品档案人员在持之以恒的学习中，不断提高业务素质，提升业务技能，适应文物藏品档案管理规范化、信息化、系统化与科学化的发展要求。

二、微观管理方面的对策

（一）健全文物藏品档案管理制度

制度健全，是管理藏品档案的基础。因此，应严格遵循国家颁布的有关规定中对博物馆藏品管理工作"制度健全、账目清楚、鉴定确切、编目详明、保管妥善、查检方便"的24字总体要求，因地制宜，制定一套全面、系统的文物藏品档案管理制度。使文物从进馆之日起的登记入库、鉴定分级、分类定名、入库排架、建档编目、信息处理、保存管理、统计检索、利用编研、调拨注销等各个业务环节都有章可循，有规可遵。并明确奖惩制度和激励制度，提高档案工作人员的积极性。同时在制度中还要明确藏品档案的归档范围、归档时间、归档手续等，规定归档立卷的材料应包括藏品的原始材料、鉴定记录、研究与著录资料，保护措施记录、提供使用记录、调拨注销手续以及照片、拓片、绘图等形象资料等。

另外，虽然各文博单位由于各自收藏文物的种类不同而各具特色，但文物藏品管理的工作目的、工作任务和工作流程基本一致，具有很多共性。因此可考虑建立一个统一的工作程序，并在文物藏品档案管理制度中加以规范。当然，在实际工作中，可以结合本单位的藏品情况和工作性质，适当增制适合工作进展的业务环节，使工作程序更加切实可行。

（二）重视文物藏品档案收集工作

要高度重视文物移交时对相关原始材料的收集工作，避免文物藏品成为无源之水、无本之木，为藏品档案的建立和挖掘潜在价值奠定坚实的物质基础。为此，可从以下几方面着手：

1.制定接收文物实施细则

在接收文物时使接收人员明确工作职责，在接收文物的过程中，根据发掘、出土、征集、收购、捐赠、调拨、移交等不同来源，注意同时收集文物的相关原始材料。如发掘文物应有发掘考古单位的发掘报告、现场文字资料和图片资料等，出土文物应有发现者的证明材料、出土地点和出土原因等，征集、收购、捐赠文物应有相关协定文本和单据，调拨、移交文物应有调拨清单和收据件等。

2.制定考古档案移交制度

考古发掘文物是文博单位文物藏品的主要来源，也是文物藏品原始材料收集工作的难点所在。解决这一问题，就要在国家层面上对考古部门制定考古档案移交制度，实行前端控制。应从制度上规定在考古发掘活动结束之后，必须将发掘报告、发掘现场照片、摄像、绘图等相关材料按照规范化要求及时归档，并随发掘文物一并移交收藏单位。同时还应将考古档案管理工作纳入到部门年度绩效考核体系和工作目标，从根本上杜绝档案移交拖欠现象，从而起到有效的督促作用。

（三）制定全国统一的文物藏品建档标准

对于影响藏品档案质量高低的藏品分类、分级和定名问题应尽快制定全国统一的具体标准，从而为各文博单位提供指导依据。

1.统一藏品分类

在总结实际工作经验的基础上，统一文物藏品分类标准，即按照文物性质不同划分为历史文物、艺术藏品、自然标本三大类。同时，在每一大类再细分小类。比如，历史文物可分为：古代文物、民族文物、革命文物、外国文物等逻辑类别。但小类类别不可过多，以便于管理和检索。

2.明确分级标准

对于珍贵文物和一般文物应明确其价值大小的衡量标准，尤其是一级、二级、三级文物之间的价值区别，比如可根据文物藏品的年代、数量、艺术形式、市场价值等量化指标，同时还可列举不同级别、不同类别的文物分级实例，提供参照系，从而使文物分级更具有可操作性，提高准确性。

3.规范藏品定名

对历史文物定名应包括三个组成部分，即：年代、款识或作者；特征、纹饰或颜色；器形或用途。同时结合每件文物的具体情况，适当增减，但总体上应采用时代+特征+质地+型制的方法，不得缺项，力求简明、确切、有特征。而且一经定名，就应保持名称的固定性，一般情况下不得随意更改

（四）出台全面系统的藏品档案鉴定标准

相关部门应在借鉴国外先进经验和总结我国工作规律的基础之上，尽快出台对于藏品档案内容鉴定的规范性文件。特别是对于文物藏品的分类、分级、定名、价值大小等关键性内容指标，提出量化、细化的执行标准，以使藏品档案的操作流程、分级要求、建档规则、评估标准等都具备相对统一的参照标准，从而全面控制和掌握藏品档案的内在质量，促进藏品档案的健康、良性发展。

（五）开展非一级文物藏品档案编制工作

在保证一级藏品及时建档和全面备案的前提下，陆续开展非一级文物藏品的档案编制工作。特别是对于成立时间较早、文物藏品丰富的大中型博物馆，更要坚持轻重缓急、有序处理的原则，有组织、有计划地开展建档工作。先对重要的一级文物藏品和利用率较高的藏品建档，然后再依次对二级、三级文物和一般文物进行建档。同时在建档过程中，应以利用工作为重，不能因为编写档案而中断藏品的陈列展览、调拨交流等工作。总之，各级文博单位应根据本单位客观条件和馆藏文物的特点，分步骤、分阶段、分层次地开展藏品建档工作，力争使藏品档案不断完善，不留空白。

（六）运用计算机技术编制多种检索工具

在检索工作中，要在熟悉藏品档案的基础上，逐步引入计算机技术，编制分类卡片、分类目录、全宗目录、专题卡片、专题目录、专题介绍等多种检索工具，从而构成一个全面揭示和介绍博物馆藏品档案内容和成分的检索工具体系，方便文物藏品的检查和提用，保证利用工作的顺利开展。同时，在编制过程中还应注意不同种类检索工具的功能互补，检索工具设置与利用需求的相互吻合，以及检索语言的规范化。要严格按照有关规定对藏品信息进行著录、标引，为藏品信息的流通功效和藏品档案的计算机管理创造有利条件。相关的具体技术措施，在第五章将有详细阐述，这里就不再赘述。

（七）促进文物藏品档案信息的共享利用

文物藏品档案利用工作在广义上包括学术利用、实际利用和普遍利用三种，提供利用的方式有档案阅览服务、档案外借服务、制发档案复制本、档案目录信息服务、公布出版档案、委托利用服务、咨询服务等。而博物馆应以用户为中心，以服务为宗旨，不断创新服务方式，改进管理方法，促进文物藏品档案信息的交流与共享。

1.开展藏品档案编研工作

要以文物藏品档案为基础，深入开展对藏品档案信息资源的二次、三次加工，主动系统地为社会公众提供利用服务，保护珍贵馆藏文物。如苏州博物馆下设的编辑出版部，编辑出版多种文物鉴赏丛书和馆藏文物精品集面向社会公众出售。

2.开创公众参与多元形式

在正确处理保管与利用藏品档案的前提之下，积极拓宽公众参与的多种途径。如成立"博物馆之友"等民间文物研究组织，定期举办文物学术讲座等。一方面为广大文物爱好者鉴赏馆藏文物提供了便利，另一方面也增强了文博单位的吸引力和亲和力。

苏州博物馆在这方面就采取了多种形式，取得了较好的社会效果。例如苏博充分发挥博物馆网站的宣传推广作用，在该馆网站上开设了本馆介绍、参观指南、学术动态、收藏鉴赏、教育园地、网站链接和留言簿等多个功能模块。特别是其中的学术动态和教育园地两大版块，分别下设了考古发现、吴文化研究、藏品鉴赏、古籍整理、博物馆学以及社会教育、公益讲座、志愿者之家、资源下载等面向公众的栏目，及时发布博物馆文物知识讲座信息，分享馆藏文物鉴赏研究成果，提高了文物藏品档案的利用水平，密切了博物馆与社会大众之间的联系，不失为加强保管与提升利用行之有效的新方法、新途径。

三、文物藏品档案管理的现代化

（一）建立全国文物藏品计算机管理系统

我们可以现有的文物藏品档案为基础，并借鉴参考国家一级文物藏品档案数据库系统的成功经验，建立一个全国范围的文物藏品计算机管理系统。一方面，该系统可以替代博物馆、考古研究所等文物保管机构传统的藏品编目卡片式管理，通过藏品的任一属性即可进行快速查询、复制，有助于对文物档案的科学管理和广泛利用；另一方面，国家级的文物藏品计算机管理系统，就好比是一个巨大的文物藏品身份证数据库，记录了每一件文物的名称、时代、作者、纹饰、器形及图片。一旦某件文物藏品因自然灾害、人为损坏、战争、盗窃等极端情况遭到破坏或丢失，就可以通过这一一全国联网系统，迅速检索到最为详实准确的第一手相关信息，为文物的修复和追索提供及时依据。当然在实际工作中，我们还应遵循精简高效的原则，采用一定的技术手段，将该系统与已建成的国家一级文物藏品档案数据库系统相兼容，避免重复建设造成资源浪费。

（二）加大对文物藏品管理现代化的投入

资金投入是实现文物藏品管理现代化的物质保障，因此应加强投入力度，具体说来就是要加大人力和物力两方面的投入。一方面，要开展业务培训。使广大藏品档案从业人员成为既具备文物藏品管理专业知识，又熟练掌握现代计算机信息技术的高素质复合型人才，逐步实现文物藏品档案管理的数字化、网络化管理目标。另一方面，要加大设备投入。"工欲善其事，必先利其器。"，文物藏品现代化管理，离不开先进的技术设备，因此应大力引入扫描仪、数码摄录产品及计算机等数字化设备，为藏品档案管理模式的变革提供良好的物质基础。

（三）制定藏品信息数据标准和格式规范

工作的标准化是实现文物藏品科学管理的前提。如前文所述，目前文物藏品档案工作中存在的一个重要问题就是藏品建档标准的不统一，藏品的分类、分级及定名至今都没有形成具体细化的标准，也就直接导致了文物藏品档案数字化过程中信息数据的规范化难题。因此，必须对文物藏品所涉及到的全部数据如级别、类别、品名、数值等制定一套统一的藏品信息数据标准和格式规范，统一分类、分级及定名的标准与内容。只有这样，才能保证藏品信息的完整性和准确性，才能充分发挥计算机管理对于藏品档案工作的积极作用。相信随着相关法律法规的进一步完善，这一问题会逐步得到根本性的解决。

（四）开发适应藏品管理要求的应用软件

文博单位建立藏品信息管理系统，关键问题就是要积极开发功能完备、操作便捷的管理软件。这就要求藏品档案管理人员应结合实际，加强与软件开发商的交流合作，提出切实可行的功能需求，研发适应本单位藏品情况的应用软件，并在软件应用过程中总结不足与缺陷，不断改进和完善软件的管理功能，真正实现文物藏品出库入库、调拨提用以及藏品档案检索查阅的数字化、网络化。

第十三章 博物馆文创产品创新设计与创意产业新趋势

我国文创产品的开发模式依然停滞于传统简单复制阶段，没有及时引入先进的技术、科技，这也极大程度上遏制了博物馆文创产品健康发展。对此，为了最大程度上发挥出我国博物馆的功能，就需要积极更新观念，将创新博物馆文创产品提上重要日程。

第一节 博物馆文创产品的传播价值

一、博物馆文创产品的界定

从文创产品的分类而言，文化产业活动所提供的产品就是文创产品，它可以分为文化商品和文化服务两大类。文化商品主要包括图书、杂志、多媒体产品、软件、唱片、电影、录像、视听节目、工艺品和设计，且以有偿的形式出现。文化服务指的是政府、私人、半公立机构或公司取得文化利益或满足文化需求的活动。

其以从文创产品具有的特征与属性而言，文创产品是由文化产业相关人士或部门创作的，以文化或艺术为主要内容，能够满足人类精神需求，反映社会意识形态，满足大众娱乐的文化载体。文创产品应具有文化和商业两重性，并且能够具有促进和保存文化的性质。

博物馆文创产品，是由博物馆藏品和展览衍生出来的一系列具有纪念意义的文化商品，承着与博物馆主题相关的历史、科学、文化信息，既体现了地方特色、文化个性和艺术品位，又可以发挥科学普及的功能。博物馆创意型文创产品，又称"博物馆文创产品"，它是依靠创新设计理念和运用现代科学技术开发出来的一种博物馆文创产品。

（一）博物馆文创产品的要素

1.文化内涵。文化内涵指的是博物馆文创产品中的文化含义，它是通过外观造型、图案、色彩和装饰等要素来表现的。

2.制作材料。制作材料指生产和制作博物馆文创产品所使用的原材料。原材料的差异，是文创产品之间差异形成的重要因素。就地取材制作出来的器物，具有较浓厚的当地特色。

3.制作工艺。制作工艺是指博物馆文创产品的加工制作方法。这些制作方法有：当地与异地制作工艺、手工工艺与机械工艺、传统工艺与现代工艺等。如中国的牙雕艺术品采用了传统的雕、描、刻、烫艺术技法；糖画制作工艺是艺人用糖做墨，在光洁的大理石板上采用抖、提、顿、放、收等技法，把飞禽走兽、花鸟虫鱼、神话人物等形象栩栩如生地呈现出来。

4.功能用途。功能用途即博物馆文创产品的物质功能与精神功能。物质功能指的是能满足购买者的某种物质方面的需要，精神功能则是民族特征、价值观念、审美情趣反映出来的给予购买者的精神享受。

（二）博物馆文创产品的分类

1.典藏仿制品类。这一类产品是对馆内珍藏精品文物的复制或仿制，属于传统的博物馆文创产品种类。它的主要功用就是满足喜欢珍藏古玩的藏家将"文物"带回家的愿望，满足大众传统的文化和睹物思情的情感认同。这类产品在制作开发的过程中，一定要谨慎地对待藏品的原貌、比例和技术。

2.出版品类。出版品类主要包括博物馆的一些学术资料、图录等，主要宣传和展示博物馆的理念与研究成果。同时，它也是博物馆重要的一类宣传品。出版品的开发种类繁多，主要包括馆内藏品的相关书籍专刊、学术资料、多媒体光盘、电子出版品和博物馆导览手册等。以博物馆普及读物为例，它用来普及博物馆的研究成果，属于书籍专刊系列。

3.体验活动类。这一类别主要是博物馆比较特殊的服务项目，诸如加盖博物馆的纪念戳、现场定做的个性化纪念品、学习传统工艺等。这一类型的文创产品由于具有很强的互动性和趣味性，因此对游客的吸引力巨大。如在中国丝绸博物馆内有专门的印染工坊；在南京博物院内开设有专门的趣味陶艺制作馆；在山西博物院内有搭建古代木结构建筑的体验活动。这类产品适应了时代和公众的需求，能够使博物馆教育的对象，从被动接受变为主动探，有助于推进博物馆教育发生本质的变化，给博物馆的教育职能增添无穷的活力。

4.创意品类。文化创意产品类不是对馆藏文物图案、纹饰或造型的直接复制，而是加入创意设计，以经典藏品为创意设计元素，并结合创新设计的理念和现代科学技术的运用开发出兼有创意感和实用性、具有更高艺术价值的产品。

（三）博物馆创意型文创产品的特点

1.创新性。创新是文化创意产品的本质特征。创新性主要是指在开发和生产的过程中，文创产品的生产要具有自主知识产权的原创性研究。博物馆文化创意产品的开发，是开动脑筋的创意性行为。一流的博物馆文创产品一定是历史和现实的衔接、审美与实用的结合。

2.文化性。"以文化为根"是开发创意产品的基本原则，博物馆创意型文创产品的开发更倾向于满足人们的精神文化需求，这也是文创产品的基本属性。只有具备了文化内涵，文创产品才能获得真正的生命力，才能突出每个博物馆之间的文创产品差异。只有找准了文化特色的元素，才能创造出具有深厚文化底蕴的产品。

3.教育性。博物馆文创产品与一般产品最大的不同在于其具有教育性，这是博物馆的职能所决定的。博物馆文创产品作为博物馆教育功能的延伸，是游客"可以带回家的博物馆"。人们可以把这些具有文物符号的产品带回家，细细品味，甚至可以融入我们日常的生活中。

4.宣传性。宣传性也是博物馆文创产品的特性之一。那些被人们"带回家的博物馆"，不仅走进了人们的日常生活，也将博物馆的历史、艺术、科学信息传播到家家户户。博物馆文化创意产品是博物馆最好的宣传品，也是博物馆最好的"名片"。

5.品牌性。品牌是代表博物馆和博物馆文创产品的符号。文化创意产品创造的是无形资本，积累的是品牌效应。如台北故宫博物院的文创产品，从钥匙扣、手机链、服饰到家居生活用品、3C产品等，都印有其品牌标识。正是品牌，将博物馆文创产品从其他文创产品中区分了出来。

6.知识产权性。文化创意产业的核心生产要素是信息、知识、文化和技术等无形资产，这就是知识产权的内涵。如果博物馆文化创意产品没有知识产权的保护，将会面临被随意复制和盗版的混乱局面，而博物馆文化创意产业也会面临生存和发展的危机。因此，加强知识产权保护是发展博物馆创意型文创产品的必由之路。

二、博物馆文创产品的当代传播价值

（一）博物馆文创产品的传播特点

1.形式新颖以引发关注。文艺创作的内容会因其独到性、创新性引起广泛关注，形式同样，如报纸、电影、电子游戏等。博物馆文创产品自出现在大众面前，就以创意为宣传概念，以创新为旗帜吸引大众、创造话题。创意是文创产品的立足之道和必要内涵，故而在文创产品发展初期常见的简单复制、人物卡通化等创意方式应不断更新进化，若创意逐渐流于俗套，文创产品千篇一律，"创意"二字成为大众公认的噱头，则文创产品的传播效应也会随之消减。

2.形象具体以刺激传播。博物馆文创产品将抽象文化具体化，将历史文化当代化，不仅为大众提供了具体形象以便理解，同时也为想要亲近文物的受众提供了机会。如前文所述，文化的传播以符号为基础，符号是人类思想文化的载体，器物层面的传播并非只是物的传递，而是传播物所承载的历史、精神与审美等文化元素。

具体而美观的物极具魅力，它们不断刺激着大众的欲望，吸引大众的目光，具体化、当代化的文创产品对文化的传播具有极大的助力。通过符号，大众得以窥见抽象的思维与精神，文创产品是对器物元素的提取利用，是对物质的转化与非物质的凝聚，它以鲜明的、亲和的、易识别与欣赏的形式吸引大众并引导大众走进更深一层的文化世界。

3.延续记忆以接轨生活。对于旅行者而言，博物馆文创产品是旅行的一部分，是旅行意义的延伸与保留，它储存着旅行者对旅行活动、历史文化的个人情感与感悟，并以一种能够长期留存的形态伴随着旅行者。旅行中所购买的纪念品所产生的记忆存留，是对旅行空间和旅行时间的延展。

人对物的依恋是永恒的，从半坡时代的图腾象征物，到殷商时代的祭祀礼器，到被历代诗化、神圣化的黄鹤楼，到历代不断复建、新修的兰亭，到如今风靡粉丝群体的明星周边物，无不证实着这一点。而物对人的无穷诱惑，正是人精神需要的体现，实体的物是抽象与虚拟事物的明确展现，也是对往日不可追的补足。人与外界的接触需要以物作为媒介，怀想、思念、追忆、幻想等思维活动同样需要通过符号进行。如今历史文化景区、历史博物馆等地，成为文史爱好者的朝圣之地，人以物寄托精神，物凝聚着历代人的思维、情感与情怀，并以长存于世的姿态跨越时间与空间传播着这些精神元素。

（二）博物馆文创产品的传播价值分析

1.文化思维的培养

（1）普及文化知识。博物馆文创产品对人文化思维的培养首先体现在对文化知识的普及。博物馆文创产品是馆藏文物文化元素的携带者，展现、宣传与销售皆是传播历史文化元素的方式，一定程度上可以使得大众对部分文物、历史人物、历史事件有初步的了解，同时美观、有趣的文创产品也将会吸引部分受众进一步了解相关历史文化。博物馆文创产品自走红伊始，以创意、创新、古今传承为旗帜，以趣味化、亲民化等设计方式为表达手段吸引大众，在诸多乐于消费的好评声中便也不乏质疑的声音。

文创产品是文化传播的新形式，新形式的出现是对以往文化传播的补充和发展，且形式是内容的载体，博物馆在开发设计文创产品时应以尊重文物、尊重文化为前提，这是传承文化的需要，也是免于文创产品流于庸俗而后无人问津的需要。博物馆文创产品以博物馆为平台，博物馆是承担着社会教育、文化传承等责任的公益性场所。文创产品是设计者/传播者自身文化思想的表达，所以传播者应对相关文化知识有清晰的理解。

从消费者的角度而言，关注、购买文创产品是出于个人情怀或产品的文化象征意义，若使其他纷杂的元素喧宾夺主，便如乱花迷人眼，看似风格多元、种类繁多，实则愈发流俗、自降格调。文创产品有着文化培养的传播价值，应以引导大众、培养大众为目标，迎合流量则无流量，跟随潮流则不能自成潮流。

（2）营造文化氛围。博物馆文创产品更为重要的传播意义，即是为文博赋予"新"的概念。博物馆文创产品即是以"新"、以"创意"为概念的，即便一个曾经对历史文化不感兴趣并且相关知识经验不足，以至于不足以解释该文化元素的受众，也会对文创产品有自己的解释。

2.生活方式的培养

生活方式是人类生命活动的其中一种表现形式，由人类生命个体、物质资料、时间与空间四项要素组成。博物馆文创产品的出现是对物质资料的丰富，是对生命个体生活时间、空间和消费结构的重构。吸引大众的目光、诱发旅行活动等个体行为以改变人的时间规划；购买产品装饰个人生活空间，以及旅行活动带来的空间位移是对生活空间的改变；同时以文创产品为原点，聚集了相关爱好者群体，对参与者的社会关系、交往理念也产生了一定影响。媒介时刻影响着人的生活方式，博物馆文创产品的大量出现也势必对人的生活方式有培养作用。

博物馆文创对文具类产品非常重视，如苏州博物馆推出的一系列彩色钢笔墨水，其命名与色彩的设计均来源于历史人物、诗文以及馆藏文物。如"瓷之色"系列钢笔墨水，瓷器的发展演变源远流长，伴随中华文明走过千年历史，釉色是瓷器的华美装饰，是传统美学观念的展现，苏博的文创设计将这些华美的色泽提取利用展现给当代大众，并为大众所用。如"瓷之色"系列中的"钧瓷"墨水，钧瓷是我国古代五大名瓷之一，以其"人窑一色，出窑万彩"的神奇窑变现象闻名，钧窑釉呈现由浅入深的天青色，光泽柔和且质感高雅，设计制作的"钧瓷"墨水也体现了这一特点，下笔如淡蓝水光，逐渐氧化后呈现蓝紫相间的渐变"窑变"，是对钧瓷釉色的良好诠释。

3.审美理念的培养

美是产品创意设计的重要追求效果，也是消费者追求的对象，欣赏"美"，是欣赏视觉之美和享受心理舒适。文创产品的文化元素取之于文物用之于生活，以意象寄托意义，可以为消费者营造一定的文化意境，美的意境使消费者处于一种沉浸的舒适状态，被美感俘获也逐渐接受着这一种审美理念，在之后传播过程中，这种审美理念也会逐渐巩固与拓展。

博物馆品牌化可以促进粉丝的凝聚，有利于审美理念的传播，进而可以在长期的传播与接受的互动中培养大众，培养大众的生活趣味与美学观念。不同的博物馆应具备自身独特的文化气质，文化气质来源于博物馆对自身馆藏资源的深度分析与相应时期历史文化的解读，以独特的文化气质形成独特的文化品牌，对美学理念的继承与发展均有至关重要的作用。

第二节 博物馆文创产品的创新设计

一、博物馆文创产品的开发

（一）博物馆文创产品的开发意义

1.开发文创产品是博物馆文化教育功能的延伸。博物馆开发文化创意产品，是人们深入了解博物馆的另一个重要途径。人们可以将这些具有博物馆文化元素的产品带回家之后细细品味和把玩，其中的部分产品甚至可以融入人们的日常生活。这样，观众不再仅仅局限于到博物馆实地参观才能看到精美的文物，精美文物的文化元素在他们的生活中随处可见。观众既可以从这些文化元素中接受教育，还能加深对其文化内涵的认知与理解，因而博物馆文创产品对博物馆的发展起到了加强与巩固文化内涵、文化知识的教育作用。

2.开发文创产品是博物馆文化传播和宣传的需要。宣传是博物馆另一个重要的功能。受场地、传播信息深度和广度的限制，人们只能亲自到博物馆现场去体验和感受，所以博物馆传播信息的范围相对较小。因此，博物馆的文创产品必须具有本馆的文化内涵、地方特色和艺术品位，并承载着历史文化信息。作为历史文化信息的载体，文创产品可以进入流通领域，伴随着人们走出馆门，走出国门，走进人们的日常生活和工作之中。这些被赋予更深内涵的文创产品被销售出去，也就意味着该博物馆的文化被传播了出去。文创产品销售得越多，博物馆的历史文化信息传播得越广。

3.开发文创产品可以促进博物馆经济效益的提高。资金短缺一直是困扰博物馆发展的重要因素之一。自从我国博物馆实行免费开放政策以来，观众数量猛增、博物馆维护与发展资金不足，导致经费压力不断加大，这就迫使其在自身的经营和管理上寻求新的思路。博物馆是以非营利为主导的文化事业单位，资金来源主要依托于政府，而这种生存模式必将成为历史，这就需要博物馆探索和开拓新的资金来源。

发展文化产业，带来合理的经济收入，无疑可以在资金上对博物馆文化事业的发展起到支撑和帮助作用。著名的美国大都会艺术博物馆、大英博物馆、法国卢浮宫博物馆非常注重文创产品的开发，并为它们带来了丰厚的经济利润。

（二）博物馆创意型文创产品的开发原则

时代化是指博物馆创意型文创产品的开发要符合时代的需求和文化特征。每个时代都有属于自己时代的文化，每种文化都有自己所归属的时代。博物馆创意型文创产品的开发，除了一般产品所具有的美观和实用原则外，还必须遵循一些特殊的原则。博物馆创意型文创产品的开发，是与博物馆宗旨、功能相吻合的。必须坚持社会效益第一、兼顾经济效益的原则，突出博物馆社会教育的作用，体现博物馆文化传播的职责。博物馆创意型文创产品必须以本馆的特色文化为一切创意的来源。只有具有了文化内涵，博物馆创意型文创产品才能拥有真正的生命力。博物馆开发文化创意产品具有先天优势，即每个博物馆都拥有自己独特的历史文化遗物。只有根据本馆的特色找准自身的文化内涵，才能成功创造出有"灵魂"的文创产品。

博物馆里的藏品或有故事性，或有与众不同的文化内涵。因此，在开发的过程中一定要重视挖掘藏品背后的故事。如南京博物院设计出的套 Q 版"竹林七贤"卡通人物，就是根据南朝"竹林七贤"画像砖和"竹林七贤"的历史典故设计出来的。在设计产品之前，设计师先翻阅历史典籍，详细了解了六朝时期的衣着服饰、日常器物以及生活习俗。然后对画像砖的七贤形象采用了夸张形象的卡通手法，刻画出了他们的不同坐姿、神态动作和面部表情。

博物馆文化创意产品的开发不仅要符合当下消费主力军的文化思想，同时对于馆藏特色的传统文化传承也是博物馆文化创意产品创新开发的根本生命力。但是只有在吸收和借鉴传统文化内涵的基础上创造出新的形式，并与时代观念紧密结合的文化创意产品才能被消费者所广泛接受。

主题性与系列化相结合的原则是博物馆文创产品得以长期存在的关键。只有提供不断创新的文化主题，紧跟市场潮流，加强市场调研，才能保持文创产品对游客的持续影响力。

博物馆的种类繁务，每一种类型的博物馆都有不同内涵的藏品、不同的展出方式，所吸引的特定观众群也有所不同。一个富有创意的主题，是观众对藏品获得难忘回忆的关键步骤。卢浮宫博物馆从名画蒙娜丽莎出发，既开发了高档的仿制品和丝网印刷品，也设计了包装和规格大小不一的中低档印刷品，还有明信片系列等。贝多芬纪念馆开发的贝多芬雕塑头像，既有名贵的铜雕和大理石雕，也有普通的石膏雕塑。

在主题性的基础上，博物馆文化创意产品的开发应走向系列化。一个题材的博物馆文化创意产品，可以用不同的表现形式来引发观众的关注和兴趣。台北故宫博物院以"翠玉百菜"为主题，开发出了81种相关的创意产品。系列化的博物馆创意型产品具有的优势包括：

1."系列化"产品在功能、造型元素、色彩、结构和材质上具有很强的协同关联性，不仅容易引起注意，更有利于元素主题的推广，主题元素在游客的视线中被重复，无疑可以增强游客对于该主题或元素的注意力。功能的不同也使得这样的产品对比单一产品更能满足不同消费者的需求。

2."系列化"产品更有助于产品深度的挖掘和广度的拓展，完善产品结构的系列化和市场化，这样卖点才更有针对性，同时也使品牌中的系列产品形成了亮点和卖点，产品做到了重点突出，推广做到了有的放矢。文化创意是一个系统，创意开发者只有将创意的主题与系列的产品整体连贯起来，才能开发出获得观众欢迎和业界好评的文化创意产品来。

（三）博物馆文创产品的开发流程

博物馆文创产品具有其特殊性，与一般的产品开发流程有所不同。博物馆是面向各国观众而开放的具有展示、教育和传播功能的公共场所，在开发文创产品时，要遵循以下原则，即以注重观众感受为出发点，以传播传统文化为手段，以教育大众为目的，以获得经济效益和社会效益为最终结果。博物馆文创产品的开发大致可以分为五个步骤：

1.市场调研

科学的市场调研与评量是博物馆文创产品开发的基础，只有通过对现有观众进行调研，获取博物馆文创产品市场的准确数据，发现市场空白点及利润增长点，才能为后续的产品开发提供指导方向。

博物馆文创产品的开发调研最有效的方式是问卷调查，这种方法可以得到定量的验证数据，避免采访式的主观引导误区，有比较高的可靠性。问卷调研方法的优点是访问时间短，可以在访问进行时对问卷真实性及质量进行控制，并可以节省抽样环节和费用。

问卷调研的流程又可以分为搜集资料、分析资料、设计问卷、发放预调研、小批量问卷分析、问卷调整、大批量调研和数据分析等步骤，而大批量的问卷调查可以得到更加准确的数据。调研的内容，要采取明确性、合理性、有效性、逻辑性及非诱导性的原则。

博物馆文创产品最基本的调研内容有：参观博物馆观众的年龄组成、性别构成、文化程度、购买的目的及购买倾向、可接受的价位、对现有文创产品的看法以及购买过的印象最深刻的文创产品等。

博物馆可以通过调研，可以统计出消费者对文创产品的期望，诸如做工更精细、更具现代感、种类更具多样性、增强美观性、富有创意感、提高便携性、增加实用性、价格更合理等。

2.组织策划

经过市场调查之后，进入组织策划阶段。博物馆文创产品的开发不仅仅是开发部门的工作，还需要陈列展览部、文物保管部、文化服务部等其他各部门的配合和帮助。

在组织策划的过程中，开发部门要与陈列展览部确定馆藏精品文物或临时陈列文物的清单，了解和学习有关文物的文化内和背景知识，与文化服务部门确定产品上架售卖的时间与产品的定价等。

目前，我国许多博物馆是通过与企业合作的双赢方式来完成产品开发的，这就需要博物馆与企业进行沟通合作。在与企业的前期准备过程中，博物馆既要提出自己的需求，也要给企业的开发工作提供力所能及的帮助，还要确定完成开发的时间、所需的经费预算和授权时间等。

3.实施开发

设计师在设计开发的过程中，首先要对博物馆和馆藏文物有一个全面的认识，要掌握对文物外在的器型、纹饰、质地，把握内在的功能以及精神层次的文化内涵、故事背景，从而有目的地提炼出与展览主题和博物馆特色相关的文化元素，为设计做准备和参考。

对相符的主题文化元素提炼之后，要对这些传统文化元素进行转换，把器型、纹饰等要素用现代人的审美情趣加以变形，并运用好现代科技手段和先进的材料。同时，根据不同年龄层次的观众需求，将文创产品的种类进行分类，并对应转换后的器型和纹饰组合，形成全新的产品构想。再通过草图或设计图，把这些构想表达出来，然后进行细节上的修改。

博物馆需要对设计的构想进行综合的审核，审核的标准有：产品的文化性、实用性、时代感和美观性，是否体现了博物馆的特色，是否具有原创性等。审核之后，决定修改建议和投入生产。

4.生产销售

文创产品的生产要充分利用地区的闲置资源，通过网络化的管理，形成快速反应的动态制造群，压缩从设计到产品的制造时间，从而降低制造成本。

博物馆一方面要充分依托陈列展览来销售文创产品，另一方面也要积极开拓营销渠道。要对旅游纪念品市场进行分析，要根据不同的产品选择不同的目标市场，产品在规格、档次、款式上也应有所区别。在细分出的子市场中，选择其中一个或多个产品种类作为主打品牌，集中进行营销活动。要创造品牌，使旅游者能够分辨出各种旅游纪念品的不同之处，以利于企业占领自己的目标市场。

为了使旅游者容易识别，经营者要充分利用区域文化的独特性和垄断性，注意突出产品的独特文化特色，加快产品品种和档次的更新，力求适应当时的文化氛围和流行时尚。

5.公众反馈

博物馆应根据产品的销售情况分析其受欢迎产品取得成功的原因，以及对滞销产品的处理和反思。除了从销售情况获取公众的反馈意见，还可以通过售后市场调查来再次了解公众的审美以及公众对新鲜事物的反应。只有抓住了时代的命脉和观众的喜好，并且随时调整产出最新的产品才能在众多博物馆中脱颖而出。

二、博物馆文创产品的新设计

（一）构建多元的文化体验

文化体验是体验式经济时代消费者对博物馆文化创意产品的最新需求。而文化体验下的博物馆文化创意产品则是以消费者的体验为中心，使消费者与产品互动的体验过程中产生文化认知和情感体验，最终将实现博物馆文创产品的教育和文化传播功能。

1.多感官文化体验

多感官文化体验是经由消费者的视觉、触觉、听觉、味觉和嗅觉等对文化产生感知，设计师在博物馆文化创意产品设计过程中通过相应的设计手法实现产品多感官表达，最终建立消费者对博物馆文创产品的多感官文化体验。通过感官刺激使消费者从多方面接受产品信息并感受博物馆文化，进而产生文化认同，最终实现情感的满足。建立博物馆文创产品多感官文化体验，目的是通过多感官刺激满足消费者情感需求。

2.互动式文化体验

互动式文化体验是指消费者通过参与文创产品创造的过程，接受博物馆文化，进而实现精神需求的满足。在文化创意产品设计过程中设计师不再是设计的决策者，而是以消费者的参与为中心，通过建立消费者与文创产品的互动关系，传递设计理念，让消费者参与到产品设计中。消费者的关注重心从产品外形、功能等静止状态，转向与产品互动过程中产生的文化感知。在文化中发现自我，最终引发心理上的响应。

互动的终极目标不仅仅是一个单一物质化的媒体界面，更多的是创造一个"空间"，让人在其中感知、接受并且交流。这种交流过程就是消费者感受博物馆文化内涵并且塑造自我的过程。文化创意产品设计过程中通过可塑性材料（如陶泥、纸张、木头等）

和特殊结构（如纸型结构、榫卯结构等）的结合，给消费者提供固定形态的产品模块并附文物介绍和产品说明，引导互动过程的展开。

文化的互动体验让消费者的身份从产品的被动接受者转为主动创造者。通过互动形式接受博物馆文化创意产品传递的信息将使消费者产生更加深刻的情感记忆。手脑结合的互动方式于消费者而言拓宽了自己的思考空间，于博物馆而言达到了"寓教于乐"的目的，于博物馆文创产品本身而言不再是一个静态的纪念品而是一段产生共鸣的创造过程。经过文化互动完成的产品是消费者调动自己积极性和热情参与的产物，作品的制作过程是消费者"自我实现"的过程，作品完成后会产生精神层面的满足感。同时，消费者根据设计师提供的线索制作完成的博物馆文化创意产品，在作为礼物馈赠亲友时附加了消费者的创造价值，更真切地表达了赠送者的情感。

（二）开发独特文创产品

博物馆开发独创的文创产品种类需要通过产品差异化的方式与其他博物馆形成区分，差异化分为垂直差异化和水平差异化。垂直差异化是指设计出比其他博物馆更好的产品；水平差异化是设计出与其他博物馆具有不同特性的产品。在博物馆文化创意产品设计过程中，通过现有产品的设计优化实现垂直差异化，通过其他产品的设计创新实现水平差异化，两种手段交替使用可最大化地实现博物院文化创意产品设计的独创性。

1.优化现有产品的设计

由于博物馆文化创意产品已经涵盖了大部分文化商品的种类，所以基于现有产品的设计优化，是在博物馆已开发文创产品基本使用价值不变的前提下，通过产品材料的更新、产品制作工艺的提升以及产品外观的重塑等手段实现博物馆文化创意产品质量的提升。设计优化的对象可主要集中在书签、镜子、U盘、钥匙扣、冰箱贴等常见实用文创产品。

2.开拓其他产品的设计创新

对于博物馆文化创意产品而言，开拓其他产品的设计创新是指依据博物馆文化资源，开发区别于现有产品的文创种类，设计全新的文创产品。新产品的开发要依据消费者市场调查的结果，首先要分析博物馆主要消费群体的新需求，设计开发独具馆藏特色的文化创意产品以稳定一部分市场份额。其次，当前博物馆文化创意产品市场中专门针对老人、儿童等人群设计的文创产品较少，故而针对这一类产品的新品开发可以填补博物馆文化创意产品的市场空白。将文物融入日常生活与饮食，全方位、多层次地满足消费者对于文化创意产品的需求，也是博物馆文创产品设计所未达之地。

（三）产品的丰富使用功能

博物馆文化创意产品已经融入消费者日常生活用品和学习用品之中，消费者高标准多层次的消费需求，需要博物馆文化创意产品的功能满足更丰富的精神需求。可开发多功能博物馆文创产品，让产品使用功能更加多样，并在提升博物馆文创产品使用价值的同时，赋予其教育意义和象征意义，最终满足消费者个性化的精神需求。

由于博物馆文化创意产品的意义会随着环境的变化而变化，消费者在博物馆文化氛围中购买的文创产品，在生活中的意义会被削弱。多功能博物馆文创产品通过提高产品利用率来延续自身的价值，有助于节约成本并且给消费者提供更多选择的空间，实现博物馆文化创意产品的可持续性。为了确保多功能博物馆文创产品可以具有较高的市场价值和认可度，在设计多功能文创产品之前首先要确立产品的合理性，从而提高文创产品的可用性和实用性。

随着个性化市场需求的不断提升，各种私人定制服务相继涌现，文化创意产品的个性化设计和私人化体验方式也将是未来博物馆文创产品设计的一大趋势。

第三节 博物馆文化创意产业新趋势

博物馆文创产业的价值对内体现在不同藏品的艺术价值与各博物馆自身的特色。博物馆文创产品的原点价值就体现在藏品的艺术价值上，不同的博物馆文创产品能够彰显此博物馆独有的特色。而博物馆文创产业的外在价值体现在对公众教育与服务功能的实现，以及可以让参观者产生文化认同上。绝大多数的博物馆文创产品的源头创意都来源于馆内藏品，而观众购买博物馆文创产品后，可以获得附着在文创产品上的藏品知识，这样才能让博物馆更好的发挥教育和服务观众的职能；满足观众参观完馆内展览后，购买博物馆衍生产品的需求；同时让参观者在观看浏览或是购物的过程中，产生极强的文化认同感。

由于博物馆的非营利性，所以在定义博物馆文创产业的性质时，不应只看到它的商业性，应该更多的侧重于它的文化性质与自身职能的实现，像是与观众的交互性，提升博物馆自身的品牌形象等。发展博物馆文化创意产业是博物馆发展的必然选择，也是满足博物馆自身需求和观众需求的必然要求。

从博物馆实现外在价值的角度来讲，它有教育公众的职责与义务、有宣传博物馆以及其藏品的责任，同时它还给观众提供了一个休闲娱乐的场所。因为博物馆文创产品着重体现了"把博物馆带回家"的目标。在观众前往博物馆商店购买文创产品并把它们带回家的过程中，观众成为传播者也是知识内容信息的接受者，博物馆的文创产品成为传播的媒介，把博物馆的信息传播出馆外。无形之中，观众既宣传了博物馆、又获得了知识，而且购物满足了他们休闲娱乐的需求。

从观众的需求角度分析，观众进入博物馆的心理动机一般分为以下四种类型，包括休闲娱乐型、猎奇型、知识型和情感体验型。这种对心理动机的划分不是绝对的，人的心理动机是复杂而多变的，人们进入博物馆的目的大多也不是单一的，但无论是哪一种类型的观众在进入博物馆时总带有目的性和期待性。

休闲娱乐型的观众是进入博物馆的观众中人数最多、发展最快的一种类型观众，这部分观众在博物馆中获得的知识信息量需求较小，对他们来说，博物馆不仅仅是一个获取知识的场所，更把它当作休闲、娱乐甚至社交的场所。他们进入博物馆商店，购物博物馆文创产品不是因为物质上的匮乏，更多的是博物馆的展览或藏品拥有可以触动内心的力量，或喜爱之情或产生文化认同感，促使他们有购物的冲动。所以存在这种心理的观众对博物馆发展文创产业有迫切的需求，同时也是购买博物馆文创产品的主力军。

一、中国博物馆文化创意产业的对策

（一）制度与政策

近年来，博物馆文创产业发展呈井喷式的状态。面对博物馆发展文创产业的种种现象，需要政府改革现行机制以及博物馆提高开发、营销等方面的水平。博物馆是非营利性的永久机构，是公益性的事业单位。所以博物馆的运行制度、管理机制和财政问题统一由国家出台政策或法规规定，并受到严格监督。博物馆发展文创产业一般有三种管理方式：博物馆内部设立机构进行管理；由博物馆成立独立于博物馆之外的公司，专门管理博物馆的文创事业；由博物馆内部部门与外部公司共同管理。

博物馆想要发展文创产业，就要单独申请文创资金。并且博物馆的性质要求博物馆"禁止利益分配"，当博物馆商店盈利后，所有的利润资金要统一上交政府，是谓"收支两条线"。

我国在政策上是不允许博物馆进入市场进行资源配置，同样不允许其进行利益分配。所以我国大部分博物馆是靠政府拨款维持日常的运营，但财政的支持只是低水平的保支出，即一般只够基础的日常展览与工作人员工资，博物馆很多时候无力改善其服务水平。同时，博物馆本身并没有进行文创产品开发的经费，如果想要开发文创、经营文创需要向财政部门申请专项资金，且资金只能用于博物馆文创产品的开发设计，专项资金并不能用于文创产品的生产上。从根本上讲，政策因素导致博物馆进行文创产品开发和运营有很大的难度。

根据规定，如果博物馆参与市场经营，所获得的盈利要全部上缴国家，再由国家财政部门根据博物馆的经营情况，提供资金拨款并纳入财政核算。所以博物馆进行文创产业经营活动是负有极大风险的，不仅有可能无法盈利，还很大程度上有影响第二年财政拨款的可能性。这样的"收支两条线"就极大的压抑了博物馆发展文创的积极性。

据此，国家应该适应时代的发展，不断对类似博物馆的事业单位的制度进行改革，出台对博物馆开发文创的鼓励机制。同时，应出台更多有关于博物馆发展文创产业的鼓励政策细则，不应该只停留在宏观的角度上，变成具体措施落实在博物馆的文创发展上。

（二）策划阶段

策划阶段主要分为博物馆长期的文创产品发展策略，以及在开发产品前进行细致的市场调查。博物馆在发展文创产业时，应该制定一个长期的发展策略。博物馆需要把握住定位，规划文创产品在博物馆教育和服务公众方面所发挥的作用，并且在长期战略下进行人才和引进和品牌的培育。

在博物馆文创产品整个开发过程中，每一个步骤都需要专业的人才来做专门的事。随着博物馆的发展，博物馆需要的人才已经不仅限于文博专业，越来越需要既懂文博又懂市场、营销宣传和设计等多方面的专业复合人才，专业人才是博物馆文创发展的首要条件。博物馆文创产业发展初期，应该将引进、培养专业人才放在首位，培养文博人才有关于市场的知识，同时通过定期讲座等方式，培养其他类的专业人才的文博知识与文化内涵。

并且在文创产品开发实践中，提高博物馆和博物馆人的专业水平。开发设计文创产品时，在灵感发想、产品概念发展、文化概念转化、商业分析、配套系统设计产品营销测试、最后准备和推出产品的各个阶段都应进行评核。"品牌"是博物馆区别于其他的特色表现，有着质量保证、广告宣传以及彰显个性等功能，博物馆有必要打造专属品牌。西方很多博物馆，甚至大学（大学与博物馆的性质有异曲同工之处）除了本身的展览、教育等功能外，把自身打造成一个知名的艺术品牌。

博物馆在开发文创产品前的市场调查，应该包括开发产品的内容、受众、价格和市场等多个方面。

在探讨博物馆开发文创产品的内容时，首先引用一个"大文创"的概念，有学者对博物馆文创产品的产出类型进行了全面而细致的分析，当我们在思考博物馆文创产品需要做什么的时候，可以运用一个广义的范畴。博物馆文创产品蕴含了有关创意的各种产出，包括可以为观众提供一切具有文化性和创造性的内容以及服务。所以文创产品不再拘泥于有形的商品，也可以是各种类型的服务。许多博物馆仅把目光放在博物馆商店内销售的文创产品，而没有从更大的格局思考文创产品的更多可能性。文创产品不仅是躺在博物馆商店里的商品，它还包括门票设计、餐饮空间设计和开发与博物馆相关的应用程序等等方面，故宫博物院更是将文创产业外延到动漫、音乐、影视等与观众息息相关、喜闻乐见的领域。

我国博物馆的文创产品开发大多以"纪念品"为主，发挥文创产品的旅游纪念的价值，这和我国博物馆存在的外部环境息息相关，对博物馆观众进行调查的结果中显示，大部分观众进入博物馆以休闲娱乐为主，他们的购买取向更倾向于纪念品。产业结构以文化纪念品为主，产业结构单一势必无法形成产业链条，无法提高整个产业的关联性与增值性。文化创意产业本身是具有高渗透和高附加值的特性，博物馆需要改变以单一文化纪念品开发的策略，实现文创产业链纵深化的发展。

博物馆文创产品的主要受众是 90 后的女性，但除了这一群体，儿童也是不容忽视，拥有巨大开发潜力的群体。许多博物馆都会有针对性的推出适合儿童使用的文创产品，如上海博物馆出版的儿童绘本《青铜国》，用孩子们喜闻乐见的卡通形象，带领孩子们参观青铜世界，了解青铜器的有趣知识。除了这些有形的商品，还可以在博物馆展览过程中，运用现代化的科技手段，增加适宜儿童参与的互动体验项目；或是定期为儿童举办有关的公益活动或讲座。

观众购买博物馆文化创意产品，"文化创意"是满足观众的情感需求，而产品则是满足了观众的物质需求。现如今，政策与社会各界都要求博物馆开发观令众喜闻乐见的博物馆文创产品。一件博物馆文创产品能否被称为优秀，要从两个方面考量：文化性是检验其优秀与否的最根本标准，只有产品具有文化价值，它才能够被称为是博物馆文创产品；博物馆文创产品除了必须具备文化性质外，同时还具有商品的性质，作为商品进行市场竞争，就要充分考虑到商品的价格与质量问题，即性价比的高低。

博物馆文创产品的文化性分为两个部分，不仅表现在本产品设计原型的藏品的文化内涵上，更表现在博物馆文创产品的文化传播性。优秀的博物馆文创产品在设计之初就要贯彻"文化"的理念，深度挖掘藏品内涵，同时兼顾它的实用性、审美性和娱乐性等，吸引更多的观众购买的同时，拓宽文创产品的文化传播的道路。

博物馆文创产品的价格略高于市面上同类的产品，这与博物馆文创产品设计开发需要投入巨大的成本，暂时无法批量生产有关。成功的开发经验具有借鉴意义，可并不一定适合每个博物馆的发展情况，还是应该以自身出发，凸显特色为主，认真倾听观众的意见和建议、考察市场，开发适合自己的文创产品。

（三）开发阶段

开发文创产品应以观众的需求为导向，把开发重点放于博物馆藏品的丰富和珍贵程度，强调馆藏文物多少件，其中国宝级、一级品又有多少件，将藏品的历史文化价值与其所衍生的文创产品的开发价值划等号，这从根源上就限制了文创产品的开发道路，减少了创意的来源。这种单一珍藏文物开发的模式——"镇馆之宝-文创产品"，无法使文创产品成为代表博物馆文化的体系，发展文创产业的意义和价值也大打折扣。

博物馆应摒弃低水平的、廉价套路，深刻认识到珍贵藏品的文化价值不完全等同于其开发价值。在文创产品设计开发时，博物馆应该独具匠心，使产品既能传递博物馆藏知识，又具有艺术和实用性。就如苏州博物馆创意的把每年紫藤花种当作礼品出售，并附带紫藤花种植注意事项的卡片，限量1000盒，供不应求。博物馆应该深度发掘自身特色，作出具有自己风格的独特的设计产品。

文创产品应传递知识内涵，开发设计时应凸显其故事性和文化性。博物馆应该摒弃宣传重点在文创产品娱乐性上的做法，减少盲目攀比开发数量与种类的思想，更多的将宣传重点放于文创产品的故事性与文化性。优秀的文创产品背后都是由一个或几个故事构成的，无论是原点价值的藏品故事，还是开发过程中的故事，都构成了文创产品的文化内涵。优秀的博物馆文创产品可以将知识"带回家"。如美国史密森学会所属博物馆商店，每件文创产品旁都附有一张卡片，讲述该文创产品的研发缘由以及背后的故事，使观众在购买时再一次学习。

应善于利用现代科学技术与城市特色结合，为博物馆文创产品增加新的活力。一个博物馆承载着一方水土的文化历史记忆，反映了这个城市的风貌，所以博物馆在设计文创产品的时候，应该适当加入城市的特色。如广东省博物馆在春节来临之际，就开发出一套具有岭南文化的对联、红包等"新年大礼包"。设计者应该提高眼界和格局，创意的来源地不只局限于博物馆内，而是放眼于整个地区、整个城市。

博物馆的文创产业占据藏品资源与品牌效应，在文创产业发展中应处于中心发展位置，应该成为整个行业的领头羊。美感或艺术是引起消费欲望的最佳利器，称之为"美学消费"。人们对于美感、品味和独特的追求有着更强烈的欲，博物馆的文创产品不仅仅应该具有功能性，而且应满足观众的精神追求。

博物馆在开发设计文创产品时，应该树立正确的价值观，不应一味地迎合市场的需求与审美，应尊重、敬畏文化。博物馆在开发文创产品时，应心存敬畏，自我约束，守住博物馆的价值观与底线。

（四）宣传营销阶段

从根本上来讲，不讲究文创产品的"文化"与"创意"的内涵，比较的是开发种类、数量和营业额，会很大程度的导致博物馆缺乏创意产业开发模式的开拓和创新思维。在宣传方面要"大胆"。要宣传博物馆本身与其藏品，使博物馆被大众所认知，观众才能有兴趣进入博物馆，或者查询有关于此博物馆的相关信息，提高博物馆文创产品的曝光度。《国家宝藏》就是最好的例证，它掀起了全民讨论"国宝"的狂潮，博物馆及其藏品突然"大热"。用善用现代发达的信息传递方式，微博、微信、B站（哔哩哔哩动画）抖音等都是优秀的宣传平台。如北京电视台推出《上新了！故宫》的节目，重点展现故宫博物院文创产业的真实工作状态，并邀请几位明星成为故宫文创新品开发员，开发故宫文创新品，文创产品一经推出，受到追捧。

不断扩大文创产品的外延，如《博物馆奇妙夜》就是法国卢浮宫博物馆的文创产品，它表现形式是影视，故宫博物院更是将博物馆文创产业的外延扩大到游戏、社交、音乐、影视、动画等多个方面，多位一体打造故宫IP。这不仅是博物馆文创产业开发内容的创新，更是宣传手段的创新。

任何产业的发展，都应该是在曲折中不断摸索前进的。博物馆文创产业在我国属于新兴产业，更应该积极听取各方面的意见，尤其是文创产品所面对的受众——博物馆观众。观众既是展览的参观者，也是文创产品的消费者，在新博物馆学的理论观点下，观众应该是博物馆的中心。所以博物馆应该积极的引导观众，对博物馆的建设、运营等方面，提出自己的看法，敦促博物馆不断改革提高自身的服务质量。

观众将自己对于博物馆文创产品的期望与购买后的意见或赞美正向反馈给博物馆，让博物馆内的工作人员听见观众的意见。尤其是在互联网高速发展的今天，人们可以足不出户就能使信息流通。观众对博物馆文创产品的意见与看法可以通过博物馆的官方微博、微信，或是网上博物馆商店平台等多种方式反馈给博物馆。观众将意见与想法不断的反馈给博物馆，促使文创产品不断改进，不断进步。

观众进入博物馆的行为，代表着观众本身是对文化有强烈好奇心的，同样表明观众对于感受"美"是有需求的，也是有要求的。博物馆首先要做到"不媚俗"，引导"美"的潮流，其次应努力实现自身的教育功能，培养观众对"美"的感悟。

博物馆内展览的藏品代表着我国优秀的文化与历史，观众如果不具备相应的文化内涵，可能无法深刻理解藏品背后代表着的历史文化内涵，就更无从理解藏品中关于文创产品的价值与意义；博物馆的运营和发展，需要观众不断的反馈有价值的意见与想法，只有观众不断提高自身的文化素质、提升对"美"的品位，才能给予博物馆有价值的建议，促使博物馆的各方面水平不断提高。所以博物馆发挥自己的教育功能，可以与观众达成一个互利共赢的局面。

博物馆应引导观众成为优秀的文创产品的宣传者，让更多的人知道博物馆文创产品，对它们产生好奇心。如设置奖励，引导观众公共社交媒体上分享自己的使用心得，或创新的用法。近年来，许多脑洞大开的 up 主（发布者）对故宫胶带进行创新性使用，粘贴于口红上，引发潮流，让更多的人通过对故宫胶带的喜爱，进而关注故宫的文创产品，甚至是整个博物馆文创产业都产生了极大兴趣，促使其产生进入博物馆参观展览与消费留念兴趣，形成良好的博物馆文化产业发展氛围。

（五）销售阶段

博物馆文创产品主要有两个销售渠道，一个是线上，一个是线下。线上主要包括在电商平台，包括淘宝网、微店等；线下以博物馆实体经营店为主，本节主要讨论如何拓宽线下的销售渠道，中心关键词就是"拓展平台"。

1.与本地机场或知名景点进行合作。如广东省博物馆，就在广州的白云机场开设"广东省博物馆体验馆"，让许多可能没有时间或计划参观博物馆的旅客也可以近距离感受广东的文化，挑选心仪的文创产品，赠送亲朋好友。广东省博物馆与广州市地标建筑"小蛮腰"、上海博物馆与东方明珠等特色景点都达成了合作，对博物馆文创产品进行多点的销售。

2.像南京博物馆牵头成立博苏堂、广东省博物馆牵头成立的广东文创联盟，将省内的博物馆联合起来，将各个博物馆的文创产品放在联盟内的博物馆文化商店内进行售卖，极大拓宽了博物馆文创该产品的销售渠道。

（六）知识产权

博物馆文创授权主要有直接授权、委托授权和综合授权三种方式，相当于在整个开发销售过程中增加了一个环节，无论哪种方式都是以博物馆获得权利金为最终目的，而博物馆文创授权客体（指营利机构）是以盈利为目的参与博物馆的经营性活动，当需要上缴盈利的一部分作为权利金返还给博物馆时，他们一般会在产品价格上进行调整，上调价格以保证自己的利润。与此同时，消费者可能就需要付出更多的钱购买文创产品，让消费者认为此博物馆文创产品的性价比是很高，有减少购物的风险。

中国各博物馆现在都面临对馆藏 IP 授权估值系统不健全的问题，这与博物馆的文创产业在我国出现时间较短，没有足够的数据测算有很大的关系。如果对 IP 估价过高，势必会导致授权费用高，不利于社会力量参与文创；如果估价过低，可能会导致国有资产流失的结果，确立 IP 估值系统已经迫在眉睫，刻不容缓。

目前，我国博物馆文创产品知识产权保护还没有落实到细节处，市场上的仿品层出不穷。甚至许多博物馆人还没有重视知识产权保护的重要性，工作人员需要"与时俱进"，不断总结实践的最新情况，还要树立终身学习的信念，应对新的问题。并且，我国博物馆文创IP估值问题越来越成为社会资金进入博物馆的难点，它并不能像其他的IP，如迪士尼公司的卡通形象一样，有成熟的估值体系，随着实践的不断深入，博物馆首先要转变领导拍脑门决定的观念，IP估值应由专业人才对过往数据精准的分析后，得出理性且合理的价值。

二、著名博物馆文化创意产业发展特色

中国北京故宫博物院的优势是建立于1925年10月10日，位于北京故宫紫禁城内。是在明朝、清朝两代皇宫及其收藏的基础上建立起来的中国综合性博物馆，拥有上下五千年、传承有序的丰富文物资源。所需经费来源主要是政府补助款、基金及企业赞助和遗赠。机会是国家战略发展驱动，文化创意产业政策形势大好，与国际交流合作频繁，运用现代科技让博物馆的数字化趋势日渐显现，受到观众的喜爱。

中国北京故宫博物院的主要藏品：平复帖、梅鹊图、酗亚方樽、清明上河图、青玉云龙纹炉、清乾隆金嵌宝金瓯永固杯、张成造款雕漆云纹盘、郎窑红釉穿戴直口瓶、掐丝珐琅缠枝莲纹象耳炉、彩漆描金楼阁式自开门群仙祝寿御制钟。

中国北京故宫博物院的文创产品：产品研发工作由资料信息部、故宫文化服务中心、故宫出版社、经营管理处四个部门具体负责。产品生产主要采取品牌授权与合作生产两种方式。创意产品种类主要看玩具、文具、艺术品、创意生活等，历经五年文创产品过万种。创意原则是根植于传统文化，紧扣人民群众大众生活。

中国北京故宫博物院的文创产品渠道：线下是院内共有几十处文创产品商店，它们分布在不同区域，为游客消费提供便利。北京市内和澳门艺术博物馆均有固定文创产品专卖店。线上的文创网络作为经营主体，故宫博物院文化创意馆，故宫博物院文创旗舰店，故宫淘宝店，故宫商城。

中国北京故宫博物院的文创产品促销：借助国内外展览活动、故宫游戏、数字故宫建设进行文创产品的营销推广。

著名博物馆文化创意产业发展特色如下：

1.整体营销下的文创产业。博物馆营销的方式多种多样，以产业经营手段为主，主要有研发销售文化创意产品、出租场地、与品牌企业联合举办商业展览、提供餐饮和观影服务等。如法国卢浮宫博物馆运用对外品牌扩张、修建分馆树立全球品牌影响力，2017年建于阿联酋的阿布扎比卢浮宫开幕，成为国际博物馆界的标志性事件之一，法国卢浮宫从此次扩张中获取了巨大的经济利益。

2.服务与体验的博物馆文化。在文化创意产业的影响下，需将展览、展示看法做出变化，呈现以观众为主的展示主题，必须多元互动且有创意，甚至加入五感体验于展示情境当中，对不同目标市场、不同民众采用不同展示品、文创产品的策略，品牌化博物馆产品，主题内容除了能吸引热爱博物馆的民众之外，也可以吸引对此展示感兴趣的民众，国内外博物馆的馆藏数量众多，通过目标消费者的特性、兴趣来设计，达到真正的以人为本，吸引民众上门。面对博物馆定位的重新调整，服务的质量直接影响民众参观的实际感受，并且影响再次参观的意愿。

3.种类繁多的文创产品。博物馆商店为扮演营销渠道的重要角色、店内所展售的每一件商品都可以向观众传达文物背后所含的信息，当购买行为发生后，博物馆文创产品立即成为一份可以延伸博物馆经验的纪念品，同时具有博物馆教育体系延伸的作用，这些情感的、知识的感知体验共同构成博物馆经验的一部分。博物馆开发的文创产品，除了强调和突出博物馆产品的文化性，还应开发一些具有教育性质的文创产品，利用博物馆产品的包装刺激消费，同时考虑休闲娱乐的要求，刺激观众购买的欲望，以提高博物馆的收入，达到博物馆营销的目的。增加文创产业的概念，博物馆文物藏品所衍生出来的商品多元化且丰富，一般有创意产品、特展类创意产品以及艺术类的复制品等种类。

4.多层面的产品价格。为了吸引观众上门，门票的收费方式也是考虑重点之一，如会员制度，不同类型的会员缴纳不同金钱也享受不同的优待。博物馆文创产品提供多层面的消费产品，这种价格促销方式吸引不同消费层次的民众参与购买，同时也可以配合重点展品和展览进行产品设计、实施优惠措施刺激消费者兴趣和购买欲望。由于社会制度、文化背景和发展阶段不同，各国博物馆在社会综合发展坐标上所处的位置也不同，尽管国际博物馆界对博物馆发展文化创意产业进行了大量的理论探索和实践运作，但随着我国文化体制改革走向深水区，先进的理论和发展模式不一定能拿来就用，博物馆要有主动意识，打破观念障碍，主动了解国际博物馆发展的前沿态势，多交流、学习、考察，并根据自身所处的政治、经济、文化环境，利用现有的资源制定适合自己的发展模式和思路。

三、我国博物馆文化创意产业的未来趋势

博物馆文化创意产业是博物馆文化产业中的一个范畴，是文化产业中对创意最为重视的一部分。利用文化创意理念重新组织博物馆经营活动，将博物馆特有的文化资源按创意产业规律进行创造性加工和整合，形成全新的博物馆文化创意产品，并推向

市场的工作。博物馆文化创意产业包括创意产品和创意服务,它分为有形产品和无形产品两部分,有形产品包括各种基于博物馆藏品、特色文化或者博物馆建筑而设计的产品;无形产品包括博物馆联合举办的展览服务、教育活动、讲座等等。文创产品作为博物馆与社会接轨最具创造力和活力的媒介,能推动博物馆与民众的互动,有助于文化的传播。

立足于我国博物馆文创产业目前的实际情况,融入世界,拥抱人类已经抵达的文明高峰——尤其是制度文明和精神文明,从而产生对文化遮蔽效应的消解,对中国未来生存道路的拓展,以此提出我国博物馆文化创意产业的努力方向。

(一)发展文化生产力

由于人需要的多样性,生产的某种新方式和生产的某种对象就会产生,家庭、国家、法、道德、科学、艺术等等,都不过是生产的一些特殊的方式,并且受生产的普遍规律的支配。文化生产力在当今世界综合国力竞争中的地位日益突出,文化的创造性是人类进步的源泉,文化多样性是人类文化繁荣的前提。人们需要通过文化生产力的发展来启蒙心智、认识社会,获得思想上的教益,实现文化育民;也需要通过文化生产力的发展来愉悦身心、陶冶性情,获得精神上的寄托,实现文化乐民;同时还需要通过文化生产力的发展来助推经济、促进发展,获得物质上的收益,实现文化富民。

将文化融入博物馆文化创意产业,通过对博物馆馆藏文化因素的"创意"转化,将文化资源转化成文化创意产品或服务,通过产业化的中间环节,在设计创意、题材构思、选题策划、生产工艺、销售模式等环节突出文化的引导和增值作用,形成具有文化特征的创意产品或服务,突显文化的生产能力。可以通过各种各样蕴含文化元素,特别是创新的具有传统文化特色的元素的产品消费,实现馆藏文化的传播与发展,进而增强文化的凝聚力和吸引力。博物馆作为中国传统文化的收藏、保存、展示、研究之地,具备丰富的文化资源,发展文化创意产业,形成具有博物馆特色的文化创意产品和服务,无疑是解放文化生产力的重要举措。

(二)优化交流

1.加强国际文化交流。与世界各地加强巡回合作展示,博物馆之间的交流随着发展日益频繁,博物馆因展示、教育、文化交流、研究、合作、宣传、营运、募款等需要,向外借人或借出一些展示或藏品。借展除了是一种暂时性的寄托关系外,同时可能涉及复杂的文物交换、财务往来、法律、社会或政治层面,通过文化外交,让博物馆的藏品及博物馆自身品牌向外延伸达到营销效益。同时,也可通过策略联盟与合作研究,如阿联酋的阿布扎比卢浮宫。博物馆的国际声望不仅建立在其馆藏的质量上,也在其学术成就上。研究也需要博物馆之间长期、累积性的计划和合作，包括其他的人和机构，国内外博物馆应谨慎评估国内外博物馆联盟策略，发展馆际资源互享的合作方式。

2.改善与民众关系。现今博物馆营销着重在于以人为本，以用户为中心作为出发点，博物馆应是尊重不同声音、不同理念的场所。博物馆专业应该重新审视博物馆与社会环境的关系，也应跨越博物馆门槛，以更多元开放的心态将文化资产呈献给社会大众。例如展览、亲子教育活动、表演、工作坊、讲座、设计竞赛等活动，一方面具有教育性，另一方面能与民众之间关系更加紧密，改变以往的展览展示方式比较容易造成的民众走马看花的问题，通过丰富展览内容，开放式的文化体验展示，开发文创产品，增加民众接触博物馆知识的途径，传播博物馆文化知识，提升产品文化内涵与艺术收藏价值。

（三）多元营销

大力发展文化创意产业，可以缓解博物馆行业普遍面临的资金短缺状况，转变传统博物馆的被动局面。良好的博物馆除了具有展示本身与周边服务功能之外，还应有良好的设施与干净的餐饮环境，此外还应加强宣传营销，推广文创产品，利用官方网站宣传博物馆相关信息，运用好各类的社交平台，如微博、微信、短视频进行推广，通过不同的电商平台销售产品，通过 AR、VR 等虚拟现实展示藏品，还可以搭配节庆日、特展、个人展等不同营销活动，售卖特殊开发产品，满足不同年龄、消费群及类型的民众，实现全方位营销。

（四）品牌战略

中国 2018 年开启全面自主品牌新时代，树立民族品牌形象，发挥品牌影响力，全面提升中国品牌的知名度，把中国品牌推向世界。实施博物馆文化创意产业品牌发展战略，努力提高我国博物馆文创品牌在国际品牌市场的话语权。为此要充分利用文创产品的媒介作用，大力宣传品牌，提升产品文化附加值，保持文创产业发展的持久生命力。博物馆文创产品开发要围绕馆藏精品、建筑等核心文化元素，根据民众的需求有计划的开发具有馆藏特色、地域文化特色、国家特色的系列文创产品，同时配合展览与展示，提高民众对审美的认知，创造设计新颖，做工精良的产品，杜绝粗制滥造，避免同质化、地摊化。鼓励和扶持一批博物馆采用独立研发、代销模式、合作研发、市场采购、艺术授权等方法与社会优质企业充分合作，培育一批拥有原创产品品牌、具有较强市场竞争力的优秀文创企业品牌，推进博物馆文创产业不断成长壮大。新时代新要求我国博物馆文化创意产业在文化、教育、经济、社会等层面仍在持续地成长与发展中，顺应时代潮流把握博物馆文创产业发展趋势，发展文化产业，增强文化自信，在文化多元化的浪潮中站稳脚跟，将我们的文化推向全世界。

结语

　　总而言之，越来越多的文化遗产出现在公众视野中，博物馆与社会环境、普通大众的互动更加密切。在新博物馆学的理念指导下，博物馆形成了以观众为中心的运作理念，精心打造了一批具有吸引力的公众综合体验项目，以彰显其公益性和教育性等社会服务功能。现阶段，博物馆正从通过媒介"解释它们是谁"变成"与公众之间建立对话关系"，其功能已从局限于保存和展示文物，转变为既可以是学习中心、社区活动中心，同时也是人们思考和交流的场所，即更加注重观众感官、知识、美学等方面的多层次体验。博物馆提供优良"文化宝库""国家宝藏"等具有高品质的传播内容，通过新的阐释手段，吸引更多的观众群体。在今天这个"超级连接"的数字化世界，博物馆应通过创新手段、创新方法、创新体验，充分发挥连接作用，与世界各地的博物馆机构增强联系，让中华优秀传统文化焕发新的生机。

　　每一种文明都延续着一个国家和民族的精神血脉，既需要薪火相传、代代守护，更需要与时俱进、勇于创新。博物馆运用自身独特的功能，为社会公众提供了丰富多彩的精神文化产品，架起多种文化之间的沟通桥梁，承载着文化外交的重要使命。

参考文献

[1]张立乾编.文物保护技术[M].北京：文物出版社,2022.04.

[2]龚钰轩.文物保护技术[M].合肥：中国科学技术大学出版社,2022.06.

[3]靳花娜.文物保护管理及其技术研究[M].长春：吉林出版集团有限责任公司,2022.07.

[4]武仙竹编.科技考古与文物保护技术第 4 辑[M].北京：科学出版社,2022.10.

[5]容波,赵静作.陶质彩绘文物保护修复材料性能及应用效果评价[M].北京：科学出版社,2022.10.

[6]马瑞文,张玉静,黄瀚东作；山东博物馆,邹平市博物馆编.风华再现邹平市博物馆藏文物保护修复与研究[M].济南：齐鲁书社,2022.09.

[7]穆克山著.故宫文物保护工程体系构建与实施基础设施建设[M].天津：天津大学出版社,2022.05.

[8]史宁昌.故宫文物保护修复文集[M].北京：故宫出版社,2021.06.

[9]孔健,徐艳著.博物馆文物陈列与文物保护研究[M].长春：吉林大学出版社,2021.08.

[10]李承先作.中国文物艺术品的鉴定与保护[M].北京：新华出版社,2021.08.

[11]谭秀柯.淄博革命文物保护与利用研究[M].北京：中国文史出版社,2021.09.

[12]张杨.皮革文物保护研究[M].合肥：中国科学技术大学出版社,2020.10.

[13]祁庆国主编.文物保护与利用专刊[M].北京：北京燕山出版社,2020.

[14]巨利芹,乔迅翔,杨彬著.文物保护区划及地下文物埋藏区研究[M].郑州：河南文艺出版社,2020.06.

[15]武仙竹主编.科技考古与文物保护技术第 3 辑[M].中国科技出版传媒股份有限公司,2020.12.

[16]符燕,朱海,宋美娇著.文物保护与修复技术[M].长春：吉林文史出版社,2020.07.

[17]李宏松著.不可移动石质文物保护工程勘察技术概论 2020 年[M].北京：文物出版社,2020.08.

[18]夏春峰主编.考古技术与文物保护实验教程[M].兰州：甘肃文化出版社,2020.08.

[19]解欣,董旭编.石家庄市文物保护单位概览[M].北京：科学出版社,2020.11.

[20]任丽莉,沈真波.近代建筑文物保护与建筑旅游应用设计[M].长春：东北师范大学出版社,2020.

[21]曹兵武.析情探路：符合国情的文物保护利用与改革发展[M].北京：文物出版社,2020.06.

[22]弥卓君,刘瑶.现代博物馆在文物保护中的实践探究[M].延吉：延边大学出版社,2020.

[23]张亚娜,郑佐一.文物库房预防性保护项目报告[M].北京：科学出版社,2020.06.

[24]卢文玉,李金乔主编.文物修复与保护[M].北京日报出版社,2020.01.

[25]李娜著.文物数字化色彩复原的关键方法研究[M].西安:西安电子科技大学出版社,2020.06.

[26]张嵘.博物馆管理与数字化建设应用研究[M].济南：山东大学出版社,2022.06.

[27]（美）玛莎·莫里斯作；宋娴总主编；蒋臻颖译.世界博物馆最新发展译丛博物馆人员与项目管理有效策略[M].上海：复旦大学出版社,2022.10.

[28]刘双吉,杨永忠作.中国创意管理前沿研究系列博物馆体验价值研究基于参观者动机视角[M].北京：经济管理出版社,2022.11.

[29]段勇.当代中国博物馆[M].南京：江苏凤凰文艺出版社,2022.02.

[30]（韩）郑柳河,（美）安·罗森·拉夫编；宋娴总主编；胡芳,李晓彤译.世界博物馆最新发展译丛博物馆的系统思维理论与实践[M].上海：复旦大学出版社,2022.10.

[31]苗岭作.东华文库博物馆展示与新媒体技术[M].上海：复旦大学出版社,2022.12.

[32]宋朝丽作.博物馆资源开发初始产权管理[M].北京：知识产权出版社,2021.06.

[33]赵祥全著.现代博物馆管理的创新策略研究[M].天津：天津科学技术出版社,2020.07.

[34]白焱.博物馆科学管理研究[M].延吉：延边大学出版社,2020.

[35]孟中元著.博物馆科学管理与信息技术应用[M].西安：西北大学出版社,2020.03.

[36]李腾巍,王法东,梁俊.文物博物馆数字资源的管理与展示[M].延吉：延边大学出版社,2020.

[37]任宇娇著.博物馆教育活动理论与实践[M].长春：吉林人民出版社,2020.08.

[38]谢友宁.典藏遗产:博物馆、美术馆与图书馆[M].镇江：江苏大学出版社,2020.10.

[39]崔卉著.博物馆教育项目的策划与实施[M].哈尔滨：哈尔滨出版社,2020.07.